Neste momento em que a cultura norte-americana se divide e o cenário parece girar em torno do jogo de poder nas redes sociais, o livro *Engajamento cultural* é uma obra de referência necessária e muito bem-vinda. A Parte 1 por si só traz uma breve resenha dos livros que já foram escritos sobre a cultura, no que diz respeito à sua importância e à sua formação. Na Parte 2, Josh e Karen providenciam um levantamento das melhores reflexões sobre as questões importantes da atualidade – a questão racial, a de gênero, do trabalho, da arte e dos demais desafios com os quais nos deparamos na vida. É bem difícil encontrar hoje em dia um apanhado geral de pontos de vista divergentes tão respeitoso como este, tanto no meio secular quanto no meio cristão. Ele é muito bem-escrito!

Katherine Leary Alsdorf, *fundadora e diretora do Redeemer's Center for Faith and Work*

O Deus cristão nunca muda, mas nossa cultura se encontra em constante mudança. A cada ano, a cada década e a cada século nos deparamos com novos desafios. *Engajamento cultural* nos traz de volta à linha de frente. Longe de nos estimular a lutar, ter medo ou fugir, este livro nos mostra como abordar as bolas da vez na nossa cultura. Ele também nos capacita a nos posicionarmos diante dos desafios que muito em breve farão parte da nossa realidade cotidiana. Este é um livro de cabeceira para aqueles que não querem mais dar as costas à cultura, mas almejam ver cada questão como uma oportunidade de engajar questões culturais e um diálogo cristão redentor.

Sam Chan, *City Bible Forum, Austrália*

Josh Chatraw e Karen Swallow Prior, com a ajuda de vários amigos, traçam para todos nós as diretrizes do que significa refletir de um modo cristão sobre a interface entre o evangelho e a cultura, e fazê-lo de maneira corajosa e engajada, ao mesmo tempo que nos incentiva a ouvir as pessoas com atenção, cuidado, civismo e uma gentileza que segue o exemplo de Cristo. *Engajamento cultural* proporciona uma formação básica, além de informar e motivar o leitor não somente a desenvolver um engajamento prudente, mas também a viver e servir fielmente ao próximo. Recomendo que este livro persuasivo e abrangente se torne uma obra de referência básica tanto para estudantes quanto para pastores e pensadores com uma ampla esfera de influência. Esta é uma obra na qual assino embaixo!

David S. Dockery, *presidente da Trinity International University e da Trinity Evangelical Divinity School*

Engajamento cultural: um curso intensivo sobre questões contemporâneas e as diferentes perspectivas cristãs destaca os conflitos importantes, as cosmovisões e as etiologias que se apresentam diante da Igreja nos dias de hoje. Como facilitador de diálogo intergrupal e de diversidade cultural, encaro este texto como uma obra de referência bastante útil tanto para os cristãos que trabalham em instituições de ensino superior quanto para o leitor que tem muito a se beneficiar com seu levantamento conciso de todas as facetas do pensamento cristão refletido nas práticas e nas ideologias sociopolíticas. Este livro nos faz lembrar que mesmo na subcultura conhecida como "Igreja norte-americana" existem várias perspectivas impactantes e concorrentes entre si que não devem ser descartadas de imediato, com uma simples caricatura, mas exigem uma compreensão mais profunda.

Christina Edmonson, *reitora de desenvolvimento estudantil intercultural, Calvin College*

Este livro será extremamente útil para qualquer cristão que procura responder a questões culturais de um ponto de vista bíblico. Recomendo muito a leitura para qualquer crente em busca de conteúdo sobre engajamento cultural e, também, fiel às Escrituras.

Phillip Holmes, *vice-presidente de Comunicações Institucionais,*
Seminário Teológico Reformado

Os cristãos conversam muito sobre o engajamento cultural, mas o nosso histórico lamentável das últimas décadas dá a entender que nossas estratégias de abordagem precisam melhorar bastante. Neste livro instigante e oportuno, Joshua Chatraw e Karen Swallow Prior reuniram um elenco abrangente de escritores para debater sobre as questões mais importantes que a Igreja enfrenta nos dias atuais.

Thomas S. Kidd, *patrono da Cátedra James Vardaman de História da Baylor University*

Nós, cristãos, não precisamos somente de respostas prontas a respeito das questões que enfrentamos todos os dias em nossa agenda cultural. Também precisamos entendê-las de forma mais clara. Para que isso aconteça, devemos desenvolver o discernimento bíblico que se cultiva pela inteligência cultural. Louvo a Deus porque Karen Swallow Prior e Josh Chatraw têm isso de sobra!

Richard J. Mouw, *presidente emérito e professor de fé e vida pública*
do Seminário Teológico Fuller

Este livro é incrivelmente necessário "para tempos como estes". No presente momento, em que a retórica e as cosmovisões polarizam tanto e a inteligência elegante e íntegra é bem rara, Karen e Josh conseguem reunir escritores que expressam as ideias bíblicas antigas com uma sabedoria que conversa com as questões éticas da nossa Era Moderna. Não se furtando a lidar com os pontos mais controversos, esta incrível coletânea em um único volume tem uma perspectiva praticamente enciclopédica que tipifica a bondade, o amor e a beleza, enquanto demonstra que os cristãos podem ter alguma margem de divergência sobre assuntos que não são fundamentais sem perder a unidade quanto às questões essenciais da fé.

Allan Yeh, *professor associado de estudos interculturais e de missiologia na Biola University*

JOSHUA D. CHATRAW
KAREN SWALLOW PRIOR

ENGAJAMENTO CULTURAL

*Um curso intensivo sobre questões contemporâneas
e as diferentes perspectivas cristãs*

Dedicamos este livro aos nossos (ex-) alunos
da Liberty University e à equipe do Centro
de Apologética e Engajamento Cultural.

Rio de Janeiro, 2021

Título original: *Cultural Engagement*

Copyright © 2020 Joshua D. Chatraw e Karen Swallow Prior

Edição original por Zondervan. Todos os direitos reservados.

Copyright de tradução © Vida Melhor Editora LTDA., 2021.

Todos os direitos desta publicação são reservados por Vida Melhor Editora LTDA.

PUBLISHER	Samuel Coto
EDITORES	André Lodos e Bruna Gomes
TRADUÇÃO	Maurício Bezerra Santos Silva
COPIDESQUE	Marina Castro
REVISÃO	Eliana Moura Mattos
ADAPTAÇÃO DE CAPA	Anderson Junqueira
DIAGRAMAÇÃO	Caio Cardoso

As citações bíblicas são da *Nova Versão Internacional* (NVI), da Bíblica, Inc., a menos que seja especificada outra versão da Bíblia Sagrada. Os pontos de vista desta obra são de responsabilidade do autor, não refletindo necessariamente a posição da Thomas Nelson Brasil, da HarperCollins Christian Publishing ou de sua equipe editorial.

Dados Internacionais de Catalogação na Publicação (CIP)

C437e Chatraw, Joshua D.
1.ed.   Engajamento cultural : um curso intensivo sobre questões contemporâneas e as diferentes perspectivas cristãs / Joshua D. Chatraw, Karen Swallon Prior; tradução de Maurício Bezerra. – 1.ed. – Rio de Janeiro : Thomas Nelson Brasil, 2021.
        416 p.; 15,5 x 23 cm.

        Bibliografia.
        Título original : Cultural engagement
        ISBN : 978-65-56891-61-3

        1. Bíblia – Interpretação. 2. Cultura. 3. Teologia. I. Prior, Karen Swallon. II. Bezerra, Maurício. III. Título.

12-2020/58   CDD 220

Bibliotecária responsável: Aline Graziele Benitez CRB-1/3129

Thomas Nelson Brasil é uma marca licenciada à Vida Melhor Editora LTDA.
Todos os direitos reservados à Vida Melhor Editora LTDA.
Rua da Quitanda, 86, sala 218 – Centro
Rio de Janeiro – RJ – CEP 20091-005
Tel.: (21) 3175-1030
www.thomasnelson.com.br

SUMÁRIO

INTRODUÇÃO
O cenário atual   13

PARTE 1
MÃOS À OBRA!   17

CAPÍTULO 1
Cristianismo e cultura   19

CAPÍTULO 2
O modo como se narra a Bíblia e o engajamento cultural   33

CAPÍTULO 3
Engajamento cultural com virtude   57

PARTE 2
QUESTÕES CONTEMPORÂNEAS   67

CAPÍTULO 4
Sexualidade   69

SEXUALIDADE PURA E SIMPLES
Todd Wilson   75

UMA DEFESA EXEGÉTICA DO CASAMENTO TRADICIONAL
Robert A. J. Gagnon   80

A ARTE DE AMAR NOSSOS VIZINHOS LGBTQIA+
Rosaria Butterfield   89

GÊNERO E SEXO
Michael F. Bird   92

REPENSANDO O RELACIONAMENTO ENTRE PESSOAS DO MESMO SEXO
Matthew Vines   97

6 ENGAJAMENTO CULTURAL

A RESPOSTA TEOLÓGICA E PASTORAL PARA A DISFORIA DE GÊNERO
Matthew Mason — 102

AVALIAÇÃO PSICOLÓGICA CRISTÃ DA DISFORIA DE GÊNERO
Mark A. Yarhouse e Julia Sadusky — 106

PERGUNTAS PARA DISCUSSÃO — 112

CAPÍTULO 5
O papel do homem e o papel da mulher — 115

IGUAIS, MAS DIFERENTES
Wendy Alsup — 120

HOMENS E MULHERES SÃO CHAMADOS PARA A LIDERANÇA
Tish Harrison Warren — 127

A BELEZA DE COLOCAR O LAR NO CENTRO DA VIDA
Owen Strachan — 133

O LUGAR DA MULHER É EM CASA – E FORA DELA
Katelyn Beaty — 138

PERGUNTAS PARA DISCUSSÃO — 142

CAPÍTULO 6
A vida humana e a tecnologia reprodutiva — 145

A FERTILIZAÇÃO *IN VITRO* É A FAVOR DA VIDA
Stephen e Brianne Bell — 152

OS ARGUMENTOS CONTRA A FERTILIZAÇÃO *IN VITRO*
Jennifer Lahl — 157

O TRATAMENTO DA BIOTECNOLOGIA REPRODUTIVA COMO
BEM DE CONSUMO
Charles Camosy — 162

UMA ABORDAGEM AMPLA PARA A ÉTICA REPRODUTIVA
Ellen Painter Dollar — 167

PRÓ-VIDA NA TEORIA E NA PRÁTICA
Karen Swallow Prior — 173

ABORTO É ASSASSINATO
Kenneth Magnuson — 177

PERGUNTAS PARA DISCUSSÃO — 181

CAPÍTULO 7
Imigração e raça — 183

IDENTIFICANDO OS DOIS LADOS DA QUESTÃO RACIAL
Walter Strickland II — 188

OS DESAFIOS DO RACISMO DENTRO DAS IGREJAS EVANGÉLICAS
Lisa Fields — 193

A QUESTÃO RACIAL QUE ENFRENTAMOS
Ron Miller 197

POR QUE OS CRISTÃOS DEVEM APOIAR OS IMIGRANTES
Y. Liz Dong e Ben Lowe 202

REFORMULANDO O DEBATE SOBRE A IMIGRAÇÃO
Joshua D. Chatraw 208

PERGUNTAS PARA DISCUSSÃO 214

CAPÍTULO 8
A criação e o cuidado das criaturas 217

A MUDANÇA CLIMÁTICA É UMA QUESTÃO CRISTÃ
Jonathan A. Moo 221

A NECESSIDADE DE CAUTELA AO DEFENDER POLÍTICAS PARA LIDAR
COM AS MUDANÇAS CLIMÁTICAS
Timothy D. Terrell 227

DEUS SE IMPORTA COM OS ANIMAIS – E NÓS TAMBÉM
Joel Salatin 233

A AGROPECUÁRIA EFICAZ É UMA BOA MORDOMIA
Tom Pittman 237

A PROTEÇÃO DOS ANIMAIS COMO UMA CAUSA CRISTÃ
Christine Gutleben 242

PERGUNTAS PARA DISCUSSÃO 250

CAPÍTULO 9
Política 253

UMA VISÃO CONSERVADORA PARA A REFORMA POLÍTICA
DOS ESTADOS UNIDOS
Robert P. George 257

O ENGAJAMENTO POLÍTICO SEGUNDO A OPÇÃO BENEDITINA
Rod Dreher 260

UMA VISÃO PALEOBATISTA
Nathan A. Finn 265

A CONTRIBUIÇÃO DE ABRAHAM KUYPER À POLÍTICA
Vincent Bacote 271

CRISTÃO E DEMOCRATA
Michael Wear 275

PERGUNTAS PARA DISCUSSÃO 283

8 ENGAJAMENTO CULTURAL

CAPÍTULO 10
Trabalho 285

O TRABALHO TAMBÉM É UMA PLATAFORMA PARA O EVANGELISMO
Alex Chediak 289

O TRABALHO COMO O CUMPRIMENTO DO MANDATO DA CRIAÇÃO
Jeremy Treat 294

O CHAMADO PARA A ADMINISTRAÇÃO RESPONSÁVEL
Darrell Bock 300

O CRISTIANISMO PRECISA DE UMA PERSPECTIVA ECONÔMICA GLOBAL
Matthew Loftus 306

CICLOS DE TRABALHO E DESCANSO
Kayla Snow 311

PERGUNTAS PARA DISCUSSÃO 316

CAPÍTULO 11
A arte 319

A CRIATIVIDADE COMO EXPRESSÃO DO AMOR A DEUS
Makoto Fujimura 323

A ARTE PELA FÉ
W. David O. Taylor 328

ENCONTRANDO A HISTÓRIA DE DEUS POR MEIO DA ARTE
Taylor Worley 332

A ARTE CONTEMPORÂNEA E A VIDA COTIDIANA
Jonathan A. Anderson 338

QUANDO A ARTE PASSA A SER PECAMINOSA
Cap Stewart 344

PERGUNTAS PARA DISCUSSÃO 349

CAPÍTULO 12
Guerra, armas e pena de morte 351

ARGUMENTOS CONTRA A PENA DE MORTE
Matthew Arbo 357

A PENA DE MORTE É BÍBLICA E JUSTA
Joe Carter 363

QUANDO A GUERRA É JUSTA
Bruce Riley Ashford 367

BEM-AVENTURADOS OS PACIFICADORES
Ben Witherington III 372

Sumário 9

É PRECISO LIMITAR O PORTE DE ARMAS
Rob Schenck
377

SERÁ QUE AS ARMAS PODEM SER PRÓ-VIDA?
Karen Swallow Prior
382

PERGUNTAS PARA DISCUSSÃO
386

PARTE 3
SEGUINDO EM FRENTE
389

CAPÍTULO 13
Engajamento cultural orientado pelo evangelho
391

CAPÍTULO 14
Criando cultura
399
Andy Crouch

ÍNDICE
407

AGRADECIMENTOS

Que aventura foi escrever este livro! Ele surgiu de uma amizade bem inusitada. Como uma autora é professora de literatura inglesa e o outro é teólogo, temos um elenco de competências tão diverso quanto a nossa formação acadêmica. Passamos o dia geralmente realizando palestras, escrevendo e pensando sobre assuntos distintos, além do fato de termos personalidades diferentes. No entanto, logo notamos que estamos lutando pelo mesmo ideal de ajudar as pessoas a interagir com as questões culturais utilizando uma ótica evangélica. Com o passar dos anos, fomos amadurecendo pouco a pouco no conhecimento e na sabedoria por meio do convívio com várias pessoas que têm perspectivas e escolas teológicas diferentes. Ao interagirmos com os nossos alunos dentro e fora da sala de aula, percebemos o valor que um livro como este poderia ter, apresentando uma série de assuntos sob o ponto de vista de várias pessoas e de várias escolas teológicas. Enquanto desenvolvíamos o projeto, surgiu a pergunta a respeito de a elaboração de um apanhado geral de artigos de cristãos comprometidos abordando um leque bem amplo de questões culturais em um só volume poder incentivar de fato o crescimento das pessoas. À medida que fomos trabalhando essa ideia, fizemos o nosso melhor para reunir quase cinquenta estudos diferentes a partir dos nossos contatos com as mais diversas esferas de influência. Achamos que isso acabou fazendo com que o processo e o resultado ficassem bem mais interessantes.

Quando estávamos perto de terminar, imprevistos nos cercaram: mudança de emprego e de cidade (Josh) e atropelamento por um ônibus (Karen) – literalmente! –, o que custou uma cirurgia delicada. Assim, iniciamos uma corrida contra o tempo para terminar o livro dentro do prazo. Não teríamos como realizar este projeto ambicioso sem o acompanhamento de uma equipe durante cada etapa.

Kayla Snow, que fez parte da nossa equipe de colaboradores, nos ajudou de forma significativa realizando a pesquisa e elaborando a introdução de cada seção. Maria Kometer e Allison Kasch ajudaram a elaborar perguntas para

12 ENGAJAMENTO CULTURAL

cada seção, com Maria também mantendo a organização no que diz respeito à comunicação com os colaboradores. Os assistentes de pesquisa Rebecca Olsen, Emily Thompson e Joshua Erb nos ajudaram a encontrar as referências e o contexto necessário sobre assuntos bem variados. Jack Carlson cuidou das atividades diárias do Centro de Apologética e Engajamento Cultural, dando a a Josh a oportunidade de trabalhar em vários projetos, dentre os quais este livro.

Queremos agradecer de forma especial a Madison Trammel, que conseguiu entender nossa proposta desde o princípio, nos deu orientação por todo o processo de forma decisiva, foi paciente, nos ajudou em vários momentos e nos incentivou até o fim.

Introdução

O CENÁRIO ATUAL

Reconhecemos a importância das aparentemente inesgotáveis obras escritas por pessoas que se identificam como especialistas sobre as mais diversas questões que enfrentamos na atualidade, mas como estabelecer critérios a fim de escolher os livros e os artigos que valem a pena ser lidos? Quando observamos a quantidade imensa de livros sobre cada assunto, há uma chance razoável de nos sentirmos um tanto intimidados. Os detalhes profundos de cada obra podem confundir a maioria dos cristãos que busca manter sua integridade diante de um cenário cultural que muda a cada instante. Quais livros devem ser lidos? Quem terá tempo para ler tudo isso? De que modo se deve começar a abordar essas questões?

Sem descartar a importância de retratos detalhados das árvores do engajamento cultural, este livro busca trazer um panorama da floresta de respostas cristãs sobre as questões mais importantes, ou, como expressamos no nosso subtítulo, trata-se de um "curso intensivo" sobre as várias questões contemporâneas que a Igreja enfrenta atualmente.

A Parte 1 fornece a base para entender a cultura (capítulo 1) e analisa como a interpretação bíblica das várias escolas cristãs influencia o modo como elas entendem o relacionamento da Igreja com a cultura (capítulo 2). Embora muitos pensadores cristãos influentes discordem sobre vários aspectos fundamentais – como a segunda parte deste livro demonstra –, um número cada vez maior deles concorda que o impacto do testemunho da Igreja tem uma relação direta com o modo como o evangelho forma o nosso caráter. A nossa consciência e o nosso objetivo na vida são moldados, em grande parte, pelas culturas que nos rodeiam – a mídia, a família, o nosso local de trabalho, a nossa escola ou a igreja que frequentamos. Portanto, antes de analisarmos as questões em particular, nesta parte introdutória faremos algumas reflexões iniciais sobre a importância da virtude e da sabedoria ao abordarmos os desafios culturais que

14 ENGAJAMENTO CULTURAL

enfrentamos na vida cristã (capítulo 3). No entanto, como o dever da Igreja é trazer uma amostra do Reino vindouro, refletindo o compromisso do nosso Rei com a santidade, a justiça, o amor, a paz e a misericórdia de forma concreta, não podemos simplesmente abordar o assunto de forma superficial, mas temos que colocar as mãos na massa no que diz respeito às questões discutidas.

A Parte 2 se dedica a trazer uma exposição dos vários ângulos e abordagens que os cristãos comprometidos adotam sobre as questões culturais contemporâneas. Nem todos os artigos nessas seções competem uns com os outros. Alguns têm pontos em comum e trazem lados diferentes sobre o mesmo assunto, e que não são mutuamente excludentes. A fim de evitar a monotonia de ler artigos que tivessem que receber o mesmo formato, tivemos a ideia de dar asas à criatividade. Além disso, no afã de evitar textos reacionários, os colaboradores não tiveram acesso aos outros artigos da mesma seção.[1] Os próprios autores convidados possuem formações diferentes, não somente representando uma disciplina em particular, mas também determinada vocação, gênero, classe social ou grupo racial. Embora alguns deles sejam acadêmicos, muitos se encontram no que se classifica geralmente como "nível básico" quanto às várias causas e questões em pauta.

Ao apresentarmos esses vários artigos em conjunto, não queremos dizer que sejam todos igualmente verdadeiros ou válidos. Alguns discordam claramente uns dos outros. Cada um de nós tem a própria opinião sobre essas questões, e, considerando que a neutralidade não existe na prática, devemos cultivar uma postura de *justiça* na observação e de *boa vontade* na leitura. A ideia não foi reunir esses pontos de vista para fazer com que os leitores participem como nos livros antigos em que cada um escolhe seu final, um livro de moralidade em que "você decide". O provérbio nos faz lembrar que "há caminho que parece certo ao homem, mas no final conduz à morte" (Provérbios 14:12). Só Deus tem um ângulo de visão abrangente e só há um ser humano que vê as coisas por esse prisma. Confessamos que somos simples mortais que só podem ver um ângulo da realidade, mas também confessamos que o único ser humano que tem essa visão completa é o nosso Senhor, que também é nosso Deus. Essa profissão de fé não influencia somente a nossa visão, mas também a nossa postura. A decisão de dobrar os nossos joelhos diante do senhorio de Cristo

---

1   Com a exceção do artigo "Aborto é assassinato: retórica e realidade", que foi escrito originalmente em resposta ao artigo de Karen Swallow Prior, publicado neste livro com o título "Pró-vida na teoria e na prática".

não influencia somente o modo como abordamos a sua Palavra, mas também a nossa postura quando a ouvimos e a proclamamos.

É importante que os pontos de vista alternativos expostos neste livro sejam observados em conjunto pelo simples fato de trazerem uma visão geral da maneira como a Igreja aborda o mundo contemporâneo. Um dos primeiros passos para abordar a cultura com graça e verdade é ser um bom ouvinte (melhor ainda se também der para ser um bom leitor). Como John Stott escreveu de modo eloquente: "O diálogo passa a ser uma demonstração do amor e da humildade cristãos, porque indica nosso compromisso de despojar nossa mente dos preconceitos e caricaturas que possamos nutrir sobre o próximo; de buscar ver o mundo com seus olhos e ouvir com seus ouvidos, de modo que possamos compreender o motivo que o impede de ouvir o Evangelho e de ver Cristo; de nos compadecermos dele, sentindo de forma profunda todas as suas dúvidas e medos".[2]

Embora este livro inclua artigos que representam várias abordagens das questões contemporâneas, ele não se propõe a se deter em análises exegéticas detalhadas sobre os assuntos a que os textos se referem. Ele foi feito para leigos e foi preparado de modo a permitir que o leitor chegue a uma noção geral sobre o assunto, antes de se aprofundar nele por meio de estudos individuais ou em grupo. As perguntas no final de cada capítulo da Parte 2 levam os leitores a aprofundar o estudo e a análise dos principais textos bíblicos sobre o assunto em pauta, da coerência dos argumentos e das estratégias retóricas que foram utilizadas.

Elaboramos uma conclusão na Parte 3 e incluímos um artigo desenvolvido pelo escritor e conferencista Andy Crouch. Essa parte final se baseia na certeza de que o engajamento cultural não vai bem quando deixa de se basear no princípio de que a criação é essencial e simultaneamente boa, de que ela foi profundamente pervertida e de que precisa de redenção. A narrativa da criação e o evangelho nos recordam esses fatos e nos convocam a cuidar da cultura que nos rodeia. Essa seção que encerra o livro também recomenda uma série de atitudes e traz uma orientação teológica, com o intuito de otimizar a aplicação da doutrina da criação e do evangelho ao nosso chamado como cristãos para o engajamento adequado com relação ao mundo que nos rodeia.

---

2 John Stott, "The Biblical Basis for Evangelism", em *Let the Earth Hear His Voice* [Deixe a Terra ouvir sua voz], ed. J. D. Douglas (Minneapolis, EUA: World Wide, 1975), p. 72.

Parte 1

MÃOS À OBRA!

Capítulo 1

CRISTIANISMO E CULTURA

Será que o cristão deve falar sobre "engajamento cultural"?

Algumas pessoas questionam o uso dessa expressão, sugerindo que ela não cai muito bem ou induz ao erro. Andy Crouch, que já foi editor do periódico *Christianity Today*, expressa sua insatisfação comparando a expressão "engajamento cultural" com os e-mails promocionais que as redes sociais usam para atrair o público para sua plataforma sem ao menos se dar ao trabalho de conhecer as pessoas com as quais se comunicam. "Conversar sobre 'a cultura' desse modo nos coloca em uma briga de foice no escuro, que mais se parece com os posts do Twitter. Isso também nos faz perder de vista nossa verdadeira responsabilidade e oportunidade cultural."[1] A preocupação de Crouch é de que a maioria fale da cultura, no singular, em termos gerais, num viés de frases de efeito superficiais, passando por cima do engajamento eficaz do público extremamente diversificado que vive dentro da malha cultural que forma a comunidade.

Sentimos bem de perto o que Crouch aponta. Participamos com alguma frequência de conversas com pessoas que até se animam com o "engajamento cultural", mas não cultivam o mínimo diálogo com os membros de sua comunidade, os quais, com suas culturas, compõem esse mundo tão diverso. O ponto de partida dessa abordagem consiste na interação direta e no relacionamento com o próximo de forma particular, em vez de uma aproximação genérica com um discurso saudosista ou lamentações sobre a sociedade pós-cristã. É possível que a expressão "engajamento cultural" também passe a ideia de que a "cultura" seja algo distante, como se não estivéssemos inseridos nela. Como

---

1   Andy Crouch, "Stop Engaging 'the Culture,' Because It Doesn't Exist", *Christianity Today*, 23 de junho de 2016. Disponível em: http://www.christianitytoday.com/ct/2016/julaug/theculture-doesnt-exist.html. Acesso em: 15 maio 2020.

20 ENGAJAMENTO CULTURAL

veremos neste capítulo, estamos todos envolvidos nesse contexto identificado como "cultura" – ninguém está do lado de fora, e isso inclui os cristãos. Pode até ser que alguém decida se isolar de *uma* determinada cultura, mas ninguém fica alheio à cultura como um todo.

Acreditamos que a expressão continua sendo útil, mesmo com todo esse risco de que ela seja entendida de forma equivocada. A importância do entendimento das tendências culturais, dos referenciais da comunidade e do raciocínio prático que várias vezes surge do discurso público reside justamente no fato de que ele nos ajuda a lidar com as pessoas na esfera individual. Faz parte do engajamento cultural, quando bem entendido, estudar o mundo que nos rodeia – seus anseios, desejos, instituições, expressões artísticas, ideias e questões –, a fim de abordar *as pessoas* que se encontram sob sua influência de forma mais eficaz. Já faz muito tempo que os especialistas em missões mundiais utilizam estudos culturais na abordagem de campo. É possível que o aumento no número de conferências, de centros de estudo e de livros cristãos que destacam a importância da cultura seja devido ao fato de que os cristãos ocidentais começaram a perceber que, em grande parte, estão por fora do que se passa em sua comunidade.[2] Faz-se indispensável desenvolver competências culturais para abordar as questões fundamentais e responder aos desafios propostos pelas mudanças culturais.

---

2   Devido à limitação do espaço, daremos somente alguns exemplos importantes dessas organizações, como ChristianUnion.org, Colson Center, Jude 3 Project, The Witness: A Black Christian Collective, Trinity Forum e Christian Cultural Center (embora usem a expressão "engajamento social" como sinônimo de "engajamento cultural"). Citamos também lançamentos recentes de livros, como o de James Davison Hunter, *To Change the World*: The Irony, Tragedy, and Possibility of Christianity in the Late Modern World [Mudar o mundo: a ironia, tragédia e possibilidade do cristianismo no mundo contemporâneo] (Nova York: Oxford University Press, 2010); o de William Edgar, *Created and Creating*: A Biblical Theology of Culture [Criados e criando: uma teologia bíblica da cultura] (Downers Grove, EUA: InterVarsity Press, 2016); o de Bruce Riley Ashford, *Every Square Inch*: An Introduction to Cultural Engagement for Christians [Cada polegada quadrada: uma introdução ao engajamento cultural para cristãos] (Bellingham, EUA: Lexham, 2015); o de Eric O. Jacobsen, *The Space Between*: A Christian Engagement with the Built Environment [O espaço no meio: um engajamento cristão com o ambiente existente] (Grand Rapids, EUA: Baker Academic, 2012); o de T. M. Moore, *Culture Matters*: A Call for Consensus on Christian Cultural Engagement [A cultura importa: um chamado pelo consenso no engajamento cultural cristão] (Grand Rapids, EUA: Brazos, 2007); o editado por Kevin J. Vanhoozer, Charles A. Anderson e Michael J. Sleasman, *Everyday Theology*: How to Read Cultural Texts and Interpret Trends [Teologia cotidiana: como ler textos culturais e interpretar tendências] (Grand Rapids, EUA: Baker Academic, 2007); e o de Russell D. Moore, *Onward*: Engaging the Culture without Losing the Gospel [Daqui para a frente: engajando-se com a cultura sem perder o evangelho] (Nashville, EUA: B&H, 2015). Identificamos também um crescimento na importância do engajamento cultural nas universidades cristãs, como é o caso do Departamento de Estudos Bíblicos na Judson University, em Illinois; do Instituto Francis Schaeffer, no Covenant Theological Seminary; e do Centro de Fé e Cultura, no Seminário Teológico Batista do Sudeste.

Evitando a subserviência cultural

Antes de começarmos a conversa sobre as questões culturais em particular, precisamos refletir sobre a definição de "cultura". Geralmente, quando conversamos sobre cultura com nossos irmãos na fé, descobrimos que eles estão dispostos a interagir com ela, mas nunca pararam para pensar sobre isso de forma profunda. Mark Noll fez uma identificação clássica da tendência interna dos evangélicos de priorizar um ativismo e um pragmatismo "mais voltado para as questões urgentes do momento" do que para os "esforços intelectuais mais amplos ou mais profundos".[3] Esse impulso ativista está embutido no DNA de muitos de nós que temos formação evangélica e explica em parte porque temos a tendência de nos precipitarmos em "nos engajarmos na cultura" para depois refletirmos sobre isso. No entanto, como Ken Myers destacou, a atenção crescente que a cultura tem recebido não levou necessariamente a uma maior idoneidade:

> O meu receio é de que muitos cristãos bem-intencionados – ávidos em proclamar o evangelho para seus vizinhos e para a sua geração – corram o risco de acabarem se tornando prudentes como as pombas e inofensivos como as serpentes. Sem perceber que o caos de sua cultura atrapalha a sua formação – especialmente pela impaciência promovida pela mídia com o pensamento cuidadoso e sistemático e com suas reservas em relação à formalidade e à tradição –, mesmo desejando ser semelhantes a Cristo de forma admirável, eles não se sentem muito à vontade para seguir o exemplo de Paulo, de Agostinho, de Tomás de Aquino, de Calvino ou de Jonathan Edwards. Acredito que o que está faltando para eles é a consciência de que a Igreja só pode abordar a cultura *sendo* uma cultura.[4]

Mais adiante, Myers complementa seu raciocínio com o seguinte pensamento: "A falta de sabedoria no engajamento cultural leva à subserviência".[5] Em outras palavras, o engajamento cultural bem-intencionado, mas sem a reflexão e a formação devidas, geralmente leva a resultados frustrados e até

---

3 Mark Noll, *The Scandal of the Evangelical Mind* [O escândalo da mente evangélica] (Grand Rapids, EUA: Eerdmans, 1994), p. 12.

4 Ken Myers, *All God's Children and Blue Suede Shoes*: Christians and Popular Culture [Todas as crianças de Deus e "Blue Suede Shoes": os cristãos e a cultura popular] (1989; repr., Wheaton, EUA: Crossway, 2012), p. xviii.

5 Ibid.

22 ENGAJAMENTO CULTURAL

mesmo perigosos. Precisamos ter um entendimento abrangente a respeito do significado da cultura para que cultivemos a sabedoria cultural e evitemos a subserviência à cultura dominante.

As três dimensões da cultura

A cultura é composta de (1) ideias e cosmovisões que são proclamadas e transmitidas às pessoas de forma direta. Embora às vezes popularmente se restrinja a cultura a essa definição, o conceito é bem mais amplo do que a simples propagação de ideias. Além das teorias formais e das crenças, a cultura também se compõe de (2) vieses cognitivos transmitidos ou herdados por meio das (3) dimensões sociais e físicas da vida – as instituições, os símbolos, os costumes e as práticas de um grupo. Essas três dimensões da cultura são interligadas, mas estudaremos cada uma delas para entender a ideia geral.

Definições de "cultura"

A definição de "cultura" é obviamente difícil. Essas são as definições que nos inclinamos a adotar e que acabam complementando umas às outras.

- "Cultura é um ecossistema de instituições, práticas, artigos e crenças que interagem entre si e se confirmam. Dificilmente a cultura é totalmente homogênea ou coerente, mas, apesar disso, é possível distinguir características gerais sobre uma cultura em particular. Mesmo sendo bem complexas, as culturas têm um *ethos* predominante." Ken Myers, *All God's Children and Blue Suede Shoes*, p. xi

- Cultura é "o complexo de valores, costumes, crenças e práticas que constituem o estilo de vida de um grupo em particular." Terry Eagleton, *The Idea of Culture* [A ideia de cultura] (Oxford: Oxford University Press, 2000), p. 34

- Cultura é "um padrão de significados transmitido historicamente, incorporado em símbolos; um sistema de concepções herdadas expressas em formas simbólicas por meio das quais os homens comunicam, perpetuam e desenvolvem seu conhecimento e suas atitudes com relação à vida." Clifford Geertz, *A interpretação das culturas* (Rio de Janeiro: LTC, 2008), p. 66

- A cultura é "composta de 'produtos' e de 'mundos' de significado. A cultura é um produto porque é resultado do que os seres humanos fazem livremente, não do que fazem naturalmente. Adquire-se cultura quando

> se trabalha a matéria-prima da natureza para produzir algo importante [...]. A cultura é um mundo no sentido de que os textos culturais criam um ambiente rico em significados no qual os seres humanos convivem na esfera física e da imaginação. [...] trata-se do prisma segundo o qual se expressa, se experimenta e se envolve um modo de encarar a vida e a ordem social; é a experiência de uma cosmovisão." Kevin J. Vanhoozer, *Everyday Theology*, p. 26
>
> Observe as semelhanças entre essas definições:
>
> 1. A cultura não se limita a crenças e cosmovisões.
> 2. A cultura é complexa.
> 3. A cultura é vivida no contexto da comunidade.

Em primeiro lugar, a cultura se compõe de crenças que são formalmente organizadas e processadas, sendo cheia de ideias e crenças que geralmente são rotuladas como "visão de mundo". Quando a cultura é caracterizada como "cristã" ou "secular", esses adjetivos costumam se referir à declaração de crenças que se atribui com frequência a algum grupo dominante no contexto cultural.[6] Entre as crenças que compõem uma cosmovisão cristã, podemos citar a fé em um Deus que subsiste eternamente em três pessoas e passou a fazer parte da história humana na pessoa de Jesus de Nazaré, que morreu, ressuscitou e depois ascendeu ao céu. Uma visão secular, por sua vez, nega a existência do sobrenatural e afirma que tudo pode ser explicado por processos naturais e materiais. Com certeza, a cosmovisão – um sistema organizado de crenças e ideias – faz parte da cultura. No entanto, embora algumas pessoas tenham destacado quase que exclusivamente esse aspecto, ele não passa de uma das dimensões da cultura.[7]

---

6 No entanto, não se caracteriza uma cultura somente por uma crença religiosa ou ideológica; é necessário identificar outras características que não se limitam ao que é declarado de forma explícita. Em quase toda a história da humanidade, não havia uma separação nítida entre as características da cultura e a religião; elas tinham uma proximidade muito grande. Como Alister McGrath destaca, precisamos ser cautelosos para não desvincular muito a cultura da religião: "Portanto, temos que suspeitar bastante da premissa ingênua de que a *religião* seja uma categoria bem-definida que possa ser diferenciada de forma intensa e cirúrgica da *cultura* como um todo" ("A Particularist View: A Post-Enlightenment Approach", em *Four Views on Salvation in a Pluralistic Age* [Quatro visões sobre a salvação em uma era pluralista], ed. Dennis L. Okholm e Timothy R. Phillips [Grand Rapids, EUA: Zondervan, 1996], p. 155). Por exemplo, dizer que alguém pertence à "cultura hindu" equivale a dizer algo sobre as práticas e as normas que vão além das crenças religiosas formais.

7 Para mais informações sobre o problema de reduzir a "cultura" às crenças expressas de maneira formal, consulte James Davidson Hunter, *To Change the World*: The Irony, Tragedy, and Possibility of Christianity in the Late Modern World, p. 18-31.

24 ENGAJAMENTO CULTURAL

Em segundo lugar, a cultura estabelece premissas precognitivas e implícitas que interpretam a vida e o mundo ao nosso redor. Quando eu era criança (Josh), o meu melhor amigo esqueceu algumas roupas na minha casa. Minha mãe as encontrou, lavou e depois mandou-as comigo para a escola para que as devolvesse. Quando as entreguei, ele disse: "Cara, as roupas estão com o cheiro da sua casa!". Eu não tinha a menor ideia do que ele estava falando. Afinal de contas, era o cheiro da *minha* casa, e para mim isso passava despercebido. Essa é uma boa comparação para explicar como a "cultura" funciona de modo precognitivo. Ela tem uma qualidade olfativa. Parece um cheiro que se apega às roupas e envolve a casa, mas a pessoa que habita nela não consegue sentir.

As premissas e as atitudes da cultura impregnam a atmosfera cotidiana de tal maneira, que as pessoas geralmente não se dão muita conta disso. Sem que percebamos, a cultura estabelece uma matriz arbitrária dentro da qual vivemos e interagimos com o mundo ao nosso redor. O filósofo Charles Taylor descreve o modo como a cultura cria estruturas que "geralmente não se constituem nem mesmo compõem um conjunto definido de crenças que cultivamos", mas, em vez disso, fornecem um "contexto percebido dentro do qual desenvolvemos nossas crenças".[8] Em outras palavras, essas matrizes interpretativas geralmente "são introjetadas a um nível extremamente inquestionável, de modo que temos dificuldade até mesmo de nos enxergar do lado de fora delas, mesmo recorrendo à imaginação".[9] Taylor se refere a essas estruturas precognitivas como imaginários sociais, que – ao contrário da primeira dimensão da cultura expressa anteriormente – a princípio não são proclamados como teorias formalmente estabelecidas que escolhemos de maneira consciente.

Por exemplo, se você perguntar a alguém no contexto da cultura ocidental moderna o que deve fazer para curar suas visões frequentes de fantasmas, provavelmente essa pessoa lhe dirá para largar as drogas ou marcar uma consulta com algum médico. No entanto, se fizer a mesma pergunta a alguém dentro de um contexto cultural tradicional, provavelmente você será instruído a procurar o curandeiro ou o sacerdote local. Essas respostas diferentes geralmente terão uma aparência intuitiva, quase de reflexos automáticos, ou de senso comum, por causa do imaginário social preestabelecido. No

---

8   Charles Taylor, *A Secular Age* [Uma era secular] (Cambridge, EUA: Harvard University Press, 2007), p. 549.

9   Ibid.

entanto, como a nossa terceira dimensão destaca, esses imaginários sociais não fluem livremente. Eles são expressos em "imagens, histórias e lendas" embutidas nas instituições, nos símbolos, nos costumes e nas práticas de um grupo de pessoas.[10]

A terceira coisa que temos a dizer sobre a cultura consiste nas dimensões sociais e físicas da vida, como as instituições, os símbolos, os costumes e as práticas que funcionam como transmissores tanto das (1) ideias formais quanto das (2) premissas precognitivas sobre a vida. Embora a ideia de "atmosfera" funcione como uma comparação útil que expressa o modo inconsciente como a cultura funciona, isso não deve dar a entender que as ideias e as premissas estejam simplesmente pairando no ar, sem nenhum vínculo com os outros aspectos da vida. As ideias são baseadas no mundo social ao nosso redor. Como o sociólogo James Hunter explica, a cultura se encarna nas instituições concretas às quais as ideias são vinculadas. Isso indica que, para entender a cultura, precisamos entender "o caráter, o funcionamento e o poder das instituições dentro das quais [...] as ideias são geradas e administradas". É por isso que Hunter propõe que seria mais adequado "pensar na cultura como uma coisa" que é inventada pelas "instituições e pelas elites que as controlam".[11]

As instituições, a economia, o governo, a educação, as religiões, as diversões, a imprensa, a mídia e muitos outros fatores e instituições sociais têm o seu papel na transmissão da cultura. Por causa disso, percebemos que a cultura é o produto de instâncias e acontecimentos históricos complexos, nos indicando que devemos ter cuidado com afirmações bombásticas, como "a cultura mudará se fizermos isso ou aquilo".

À medida que começamos a entender essas dimensões, percebemos que a cultura não é estática: ela parece ser dinâmica. Não dá para pintá-la de fora para ficar diferente; é necessária uma ação coordenada. O compromisso em entender como abordar a cultura exige um entendimento melhor daquilo que ela promove e de como faz isso.

---

10 Charles Taylor, *Modern Social Imaginaries* [Imaginários sociais modernos] (Durham, EUA: Duke University Press, 2004), p. 23-30.

11 Hunter, *To Change the World*, p. 26.

26 ENGAJAMENTO CULTURAL

Três coisas que a cultura faz

1. A CULTURA TRAZ SENTIDO ÀS COISAS

As mensagens transmitidas pela cultura expressam vários interesses que, em conjunto, comunicam uma visão sobre o sentido da vida. Esse sentido é comunicado pela forma e pelo conteúdo. Por exemplo, o teólogo Kevin Vanhoozer nos pede para refletir sobre a mensagem que os perfumes comunicam. Será que um cheiro pode passar a ideia de elegância? Há pouco tempo fiz essa pergunta para uma aluna, e ela logo respondeu: "Claro que sim! Chanel Nº. 5". O perfume pode comunicar riqueza e gosto refinado, como o cheiro de assentos de luxo no carro novo. É importante recordar que o odor não pode *por si só* comunicar riqueza ou elegância. As empresas de perfumaria investem milhares de dólares em campanhas de marketing que treinam nossos sentidos para identificar o cheiro da elegância. Em outras palavras, a cultura – e nesse exemplo vemos o impacto do interesse econômico – comunica como devemos ler o mundo ao nosso redor. "As afirmações culturais são declarações de visão, e os textos culturais têm a capacidade de capturar nossa imaginação. O poder da comunicação cultural não se encontra na informação que ela transmite, mas no seu papel como processadora de informações. A cultura tacitamente comunica um programa para trazer sentido à vida: uma hermenêutica ou estrutura interpretativa por meio da qual entendemos o mundo e fazemos a leitura da nossa vida."[12]

A cultura não comunica somente fornecendo a "lógica" que dá "ordem ao mundo", mas também moldando "nossas dimensões afetivas e avaliativas, influenciando o que gostamos e o que não gostamos, bem como nosso senso de certo e errado".[13] Não se deve subestimar o impacto da cultura e a sua capacidade de trazer de forma clara uma lente através da qual podemos ler o mundo ao nosso redor e tomar nossas decisões diárias. Por exemplo, no livro *O animal social*, David Brooks correlaciona de forma criativa vários estudos sociológicos e neurológicos em um romance com dois personagens principais. Desse modo, faz com que o leitor reflita de modo mais profundo sobre como o processo de decisão funciona de fato. No passado, algumas pessoas pensavam que as decisões, de uma forma bem simples, aconteciam quando as pessoas reuniam

---

12 Vanhoozer, Anderson e Sleasman, *Everyday Theology*, p. 29. Esta seção se baseia nas quatro categorias de Vanhoozer e as modifica. Veja p. 28-32.

13 Ibid, p. 29.

as informações e realizavam uma escolha.[14] Esse é um modo ingênuo de ver esse processo. As várias ciências estão nos levando, de forma independente, à conclusão de que, em vez de algumas pessoas teorizarem as nossas decisões, somos na verdade "peregrinos em uma paisagem social". Como explica Brooks: "Caminhamos em meio a um ambiente de pessoas e de possibilidades. Nessa caminhada, a mente executa um número quase infinito de juízos de valor, que se acumulam para formular objetivos, ambições, sonhos, desejos e o modo como fazemos as coisas".[15] Em outras palavras, nossa cultura comunica e orienta nosso modo de pensar, viver e decidir. Nós não apenas lemos nossa cultura; nós "lemos *através*" da lente que a cultura nos fornece.[16] Sem normalmente trazer afirmações gerais na forma de teoria, a cultura se comunica com mais força criando estruturas pré-reflexivas para a construção do sentido e dos valores.

2. A CULTURA DETERMINA AS SENSAÇÕES

Ken Myers explica as sensações como "a orientação dos sentimentos, a postura da alma, os desejos do coração, as carências e as expectativas".[17] Em termos mais religiosos, a cultura nos chama a uma liturgia e cultiva em nós algumas atitudes de adoração.

Separemos mais um momento para refletir sobre o que podemos aprender com o ramo do marketing.[18] Profissionais dessa área ganham a vida persuadindo. Seu negócio é entender o que motiva as decisões humanas, mas é bem raro ver campanhas de marketing propondo uma tese de forma ostensiva da seguinte maneira: "Você deve comprar uma BMW porque vai melhorar sua autoestima". Também não se veem todo dia comerciais que enunciam cinco razões para comprar um xampu ou uma sequência lógica de afirmações que levam à conclusão de que alguém deve comprar certo tipo de automóvel. Pelo contrário, os profissionais da área vendem uma imagem do que eles acham que o consumidor deseja, definindo uma identidade que aparentemente lhe

---

14 Para ler uma crítica dessa opinião relacionada à política e à religião, veja Jonathan Haidt, *The Righteous Mind*: Why Good People Are Divided by Politics and Religion [A mente justa: por que boas pessoas são divididas por política e religião] (Nova York: Vintage, 2012).

15 David Brooks, *O animal social*: a história de como o sucesso acontece (São Paulo: Objetiva, 2014).

16 Vanhoozer, Anderson e Sleasman, *Everyday Theology*, p. 36.

17 Myers, *All God's Children and Blue Suede Shoes*, p. vi.

18 James K. A. Smith, *Desejando o reino*: culto, cosmovisão e ação cultural (São Paulo: Vida Nova, 2018).

28 ENGAJAMENTO CULTURAL

trará realização, uma hipótese sobre como a vida pode ser... *caso* o produto seja adquirido.[19]

Douglas Atkin, da empresa Merkley and Partners Advertising, explica que atualmente os gerentes de marca, em vez de desempenharem as funções tradicionais de gerentes de marketing, estão sendo desafiados a "criar e manter todo um sistema de sentido para as pessoas, por meio do qual elas possam definir a sua identidade e a sua visão de mundo. A função deles agora é ser um líder comunitário".[20] Sua descrição nos remete ao papel do líder religioso em sociedades tradicionais. De acordo com sua pesquisa e suas entrevistas com seguidores fiéis de um grupo religioso ou consumidores fiéis de um produto, Atkin conclui: "As pessoas têm a mesma motivação ao entrarem em uma seita ou adotarem uma marca: elas querem ter uma sensação de pertencimento e dar um sentido para sua vida. *Precisamos entender o mundo com profundidade e desejamos a companhia das pessoas*".[21] Em outras palavras, os publicitários agora se dedicam a ir ao encontro das aspirações das pessoas, isto é, de seus desejos mais profundos como seres humanos.

As campanhas de marketing fazem parte do que James K. A. Smith chama de "liturgias culturais". Smith entende por "liturgia" as "práticas formativas" da comunidade.[22] No espírito de Santo Agostinho, Smith destaca a natureza religiosa da humanidade. Sempre teremos a tendência de nos dedicarmos a alguma coisa. Sempre empenharemos nosso coração em algo acima de nós. Sempre vamos adorar. As liturgias, isto é, as práticas e os hábitos que adotamos, acabam nos levando a ser um tipo determinado de adorador. A cultura fornece o que supomos ser o cenário básico onde vivemos e que nos "inspira" a cada dia, indicando-nos alguns alvos, cultivando em nós um determinado perfil, para o bem ou para o mal. As práticas culturais funcionam como "pedagogias formadoras de desejos".[23] Com certeza, o marketing é somente um dos exemplos do poder que a cultura tem de cultivar nossas sensibilidades e influenciar-nos

---

19 Ibid. Smith explica de forma impactante a ideia que destacamos nesta seção, e a sua obra nos leva a refletir sobre exemplos de "liturgia cultural" a partir de nossa própria experiência. Para passar a ideia em sala de aula, trago algumas cenas de uma série fascinante produzida pela PBS intitulada *The Persuaders* [Os persuasores].

20 *The Persuaders*, direção de Barak Goodman e Rachel Dretzin, *Frontline*, documentário veiculado em 9 de novembro de 2004, na PBS.

21 Ibid. Destaque nosso.

22 Smith, *Desejando o reino*, p. 24.

23 Ibid.

em nossa formação como adoradores. O calendário nacional (incluindo os feriados que celebramos e sua forma de celebração),[24] o nosso *smartphone*[25] e o entretenimento (filmes, acontecimentos esportivos e músicas)[26] são partes da cultura que nos moldam de forma impactante, e uma parcela de seu charme é a sua discrição. Nós dificilmente pensamos sobre como cada item da nossa rotina, herdada pela nossa cultura como "normal", influencia nosso serviço a Cristo, geralmente cultivando um reino alternativo em nosso coração.

3. A CULTURA SE REPLICA

A cultura já foi descrita de modo correto como um "sistema de herança".[27] Em outras palavras, transmitimos a cultura para a próxima geração por meio da família e das instituições. Nossas práticas, ideias e estruturas implícitas sempre fazem parte de um histórico que recebemos e depois passamos adiante – embora no processo efetuemos várias alterações. Tomemos como exemplo o futebol americano. O esporte evoluiu de um início desorganizado dentro dos muros dos *campi* universitários no início do século 19 para os jogos organizados entre as faculdades na segunda metade desse século, passando então para o uso de capacetes com máscaras na primeira metade do século 20 e para a formação da American Professional Football Association [Associação Americana de Futebol Americano Profissional] em 1920, para acabar se tornando a bilionária indústria complexa do futebol americano universitário e profissional que conhecemos nos dias de hoje. De algum modo, por 150 anos o futebol americano esteve presente e a cultura foi transmitida para a geração seguinte. Todavia, com o passar do tempo, essa cultura (as regras, as tradições e as práticas) sofreu um processo de alteração no decurso de cada uma dessas gerações. Isso não acontece somente com o futebol. A moda, os procedimentos administrativos, a conduta sexual e muitos outros aspectos da cultura têm origens identificáveis na história, demonstrando que a cultura tanto é herdada quanto é adaptada com o passar dos anos.

---

24 Daniel J. Brendsel, "A Tale of Two Calendars: Calendars, Compassion, Liturgical Formation, and the Presence of the Holy Spirit," *Bulletin for Ecclesial Theology* 3, n. 1 (junho de 2016).

25 James K. A. Smith, *Imaginando o reino*: a dinâmica do culto (São Paulo: Vida Nova, 2019).

26 Para este e muitos outros exemplos, veja Smith, *Desejando o reino*; Myers, *All God's Children and Blue Suede Shoes*; Neil Postman, *Amusing Ourselves to Death*: Public Discourse in the Age of Show Business [Divertindo-nos até a morte: discurso público na era do show business], ed. comemorativa de vinte anos (Nova York: Penguin Books, 2005); Vanhoozer, Anderson e Sleasman, *Everyday Theology*.

27 Vanhoozer, p. 30.

30 ENGAJAMENTO CULTURAL

Entretanto, a cultura não somente se reproduz "de forma vertical" por herança, mas também se reproduz "de forma horizontal", já que diferentes culturas interagem através de várias regiões geográficas e grupos demográficos. A globalização incentivada pela tecnologia moderna – trazendo uma "conexão" que nunca foi vista antes no mundo – indica a transmissão rápida da cultura. Um dos exemplos da amplitude do alcance desse tipo de transmissão é a outra modalidade do futebol que se tornou popular em todas as partes do mundo. Nos fins de semana entre os meses de agosto e maio, a Premier League da Inglaterra é transmitida para vários domicílios ao redor do mundo – desde vilarejos do Terceiro Mundo até cidades vibrantes dos países mais desenvolvidos. A cultura do futebol inventado pelos ingleses – que por si só é impactada por outras culturas devido ao influxo de jogadores estrangeiros na Liga – se espalhou por todo o mundo. As camisas, os gritos de guerra, o jargão e as regras da Liga (como o rebaixamento e a ascensão dos times) são adotados por vários países.[28] Reafirmamos que os esportes são somente um exemplo – podemos identificar o mesmo tipo de expansão "horizontal" da cultura praticamente em todas as áreas da vida.

É útil acrescentar que a reprodução cultural não é uniforme. Embora a cultura tenha a capacidade de se espalhar facilmente, algumas culturas se estagnaram ou perderam sua vitalidade. Já foram feitos muitos debates complexos para estudar a causa do crescimento da cultura ou da falta dele nas suas mais variadas proporções. No entanto, o que parece, como James Hunter destacou, é que a cultura geralmente se transforma de cima para baixo. Ele afirma que, embora as crenças e os valores das pessoas comuns, bem como o surgimento de novas invenções e tecnologias desempenhem uma função importante na história da transformação cultural, o fator decisivo procede geralmente dos influenciadores. Depois de comentar de forma bem sucinta sobre a ascensão do cristianismo, a renascença carolíngia, a Reforma Protestante, o Grande Reavivamento, as reformas abolicionistas, o Iluminismo e o socialismo europeu, ele conclui que em cada um desses casos

> encontramos uma fonte rica de patrocínio que trouxe recursos para que os intelectuais e os educadores, no contexto de redes densas de relacionamento, imaginassem, teorizassem e propagassem uma cultura alternativa.

---

28 Veja William Edgar, *Created and Creating*, p. 1-4.

Com muita frequência, também fazem parte dessa elite os artistas, os poetas, os músicos e as celebridades afins que a simbolizam, narram e popularizam. A partir daí, surgem novas instituições que tornam essa cultura concreta, e, fazendo isso, concedem a ela uma expressão tangível.[29]

Resumimos dizendo que a cultura se reproduz, mas de forma desigual. Algumas culturas têm uma vida útil maior e crescem em influência sobre as outras, geralmente efetuando a transformação cultural de cima para baixo.

Conclusão

Embora o instinto cristão de "abordar", "transformar" ou "modificar" a cultura seja bem-intencionado, existe a possibilidade de trazer resultados trágicos quando ele é revertido em ações equivocadas. Parte do problema é a falha em entender os princípios básicos da cultura. Se não entendemos o que de fato estamos abordando – ou melhor ainda, aquilo com que convivemos de forma íntima diariamente –, podemos limitar nossa capacidade de interagir com as pessoas de forma eficaz. No próximo capítulo, veremos como as várias escolas cristãs entendem a história bíblica e como essas interpretações trazem consequências práticas ao modo como os crentes interagem com a cultura.

---

29 Hunter, *To Change the World*, p. 78. Leia todo o capítulo "Evidence in History", p. 48-78. Peter Berger concorda com a descrição que Hunter faz da situação cultural moderna: "Existe uma subcultura internacional composta por pessoas de educação superior no modelo ocidental, em particular no campo das humanidades e das ciências sociais, que é de fato secularizada. Essa subcultura é o vetor principal de crenças e valores progressistas e iluministas. Embora seus membros sejam relativamente pouco numerosos, são muito influentes, pois controlam as instituições que definem 'oficialmente' a realidade, principalmente o sistema educacional, os meios de comunicação de massa e os níveis mais altos do sistema legal. [...] Limito-me a sugerir que temos aqui uma cultura de elite globalizada". Peter L. Berger, "A dessecularização do mundo: uma visão global". Disponível em: http://www.uel.br/laboratorios/religiosidade/pages/arquivos/dessecularizacaoLERR.pdf, p. 16-17. Acesso em: 15 maio 2020.

Capítulo 2

O MODO COMO SE NARRA A BÍBLIA E O ENGAJAMENTO CULTURAL

Há alguns anos um aluno me procurou (Joshua) depois da aula dizendo: "Dr. Chatraw, queria que o senhor me ajudasse com uma dúvida". Sua expressão de preocupação e seu tom vacilante me deram a impressão de que ele compartilharia alguma questão existencial ou alguma dificuldade pessoal para defender a fé. Deixei-o bem à vontade, dizendo que tinha prazer em ajudar. Então ele explicou: "Ultimamente tenho pensado muito sobre a Starbucks". Nem preciso dizer que não era exatamente isso que eu esperava ouvir. Ele prosseguiu dizendo algo assim: "Muitos cristãos apoiam essa empresa, mas as posições que eles assumem sobre muitas questões ferem meus princípios cristãos. Não sei que base teríamos para frequentar essa cafeteria. O que você acha disso?".

A sua própria reação a essa questão da Starbucks é mais reveladora do que parece. Ela tem o potencial de revelar as premissas da sua tradição religiosa sobre a posição adequada do cristão com relação à cultura. Analise as seguintes opiniões sobre como tirar essa dúvida:

- Devemos boicotar todas as empresas com valores que se opõem sistematicamente ao cristianismo. Com isso, podemos pressioná-las a mudar sua política e sua visão de negócio. A ideia é usar o ativismo para influenciar as empresas de forma direta a mudar sua estratégia social.

- Por uma questão de princípios, devemos pelo menos limitar nossa interação e nossa cooperação com as empresas sem orientação cristã. Não há muita chance real de isso exercer pressão para que elas reavaliem sua política, mas pelo menos seremos fiéis aos nossos princípios e não nos deixaremos corromper pelo consumismo e pelos valores do mundo. Devemos patrocinar as empresas "cristãs" ao máximo, ou pelo menos aquelas que defendam valores semelhantes aos nossos.

34 ENGAJAMENTO CULTURAL

- Podemos continuar a ir à Starbucks para estabelecer relacionamentos com os baristas e com os outros colaboradores para evangelizá-los. Nossa missão é nos concentrar em "fazer discípulos", em vez de pressionar as empresas e modificar a cultura.

- Podemos agradecer a Deus pelo café que eles preparam – ele nos deu a matéria-prima (isto é, os grãos de café, as vacas para o leite etc.) e criou à sua imagem as pessoas que o preparam, dotadas de criatividade para fazer esse café tão maravilhoso. Além disso, a Starbucks gera empregos e se baseia em normas de acesso a todos, com algumas noções morais louváveis.

- Ao refletir sobre como o evangelho molda a maneira como os cristãos participam de todas as atividades culturais, devemos incentivar os empresários cristãos a abrirem cafeterias e outros tipos de negócio que favoreçam a prosperidade humana.

- Devemos abrir cafeterias cristãs que nos abriguem das pressões corruptoras que surgem por estarmos envolvidos demais na cultura secular.

Quem sabe essa não seja uma questão que nos faça perder o sono, mas mesmo assim esse exemplo mostra que, quando o assunto é o modo como os cristãos devem interagir com as instituições e as pessoas à sua volta, o que parece "senso comum" para você pode não ser tão *comum* para muitos outros cristãos. Reconhecemos que as opiniões que citamos não têm que ser mutuamente exclusivas, entretanto costumamos ter uma tendência profunda a assumir uma ou mais dessas posturas, tanto com base em nossa própria tradição quanto por aversão à tradição contra a qual estamos reagindo. Conceituamos "tradição" como um conjunto de práticas e crenças comunitárias transmitidas através das gerações. No caso do cristianismo, a tradição está inserida num contexto mais amplo que relata a ação de Deus no mundo e o papel da Igreja dentro dele. Geralmente não se fazem estudos amplos para analisar esses contextos. Em vez disso, é bem mais conveniente supor que nossa tradição é "óbvia", sem considerar as preocupações bíblicas, teológicas e práticas que levaram às várias posturas alternativas sobre o relacionamento entre a Igreja e a cultura.

Cultura, religião e Igreja Primitiva

A maioria das pessoas no Ocidente pode identificar pelo menos algumas diferenças entre a cultura geral e a religião. No entanto, as sociedades tradicionais partem do princípio de que os deveres e as normas civis, sociais e religiosas estão interligados.

- É impressionante que, nesse contexto antigo, a Igreja Primitiva fizesse questão de cultivar uma distância respeitosa das práticas políticas e culturais do Império Romano. Os cristãos primitivos se recusavam a prestar culto a qualquer outro "Senhor". Os líderes cristãos insistiam que os crentes não participassem do culto pagão que fazia parte das práticas políticas e culturais do Império. Também ensinavam os crentes a respeitar os governantes e a serem bons cidadãos (Romanos 13:1-7; 1Timóteo 2:1-3; 1Pedro 2:13-17).

- Esse equilíbrio de uma atitude de honra sem veneração levou Tertuliano a elaborar uma das primeiras defesas da liberdade religiosa: "É um direito humano fundamental, um privilégio da natureza, que todos devam prestar culto de acordo com suas convicções. [...] Com certeza não faz parte da religião constranger a pessoa a praticá-la. [...] O cristão não é inimigo de ninguém, muito menos do imperador romano, a quem reconhece como alguém escolhido por Deus, portanto sente o dever de amá-lo e honrá-lo, e [o cristão] deve desejar o seu bem-estar e o de todo o império sobre o qual governa acima de todas as coisas" (Tertuliano, *Contra Escápula*, 1.2.). Ao se referir à identidade religiosa que desenvolvia uma postura exclusivista quanto à sua etnia ou à cultura em geral, o historiador Larry Hurtado destacou que "esse grupo cristão primitivo em particular talvez seja a primeira tentativa de articular o que as pessoas de nossa época reconheceriam como uma identidade coletiva *religiosa* que se distingue, e não se compõe, de um postulado das relações familiares, cívicas ou étnicas" (Larry Hurtado, *Destroyer of the Gods*: Early Christian Distinctiveness in the Roman World [Destruidor dos deuses: a distinção dos cristãos primitivos no mundo romano]. Waco, EUA: Baylor University Press, 2016, p. 104).

O que a Bíblia diz?

O que a Bíblia diz sobre o papel da Igreja no contexto mais amplo da cultura? Uma abordagem possível é simplesmente agrupar referências bíblicas para basear determinada postura com relação à cultura. Embora essa tática possa confirmar, para quem já adotou dada tradição, que eles sempre estiveram

36 ENGAJAMENTO CULTURAL

certos, provavelmente não convencerá outras pessoas e dará margem a pontos cegos. A Bíblia aborda a questão da cultura, mas de uma forma bem mais sofisticada do que a simples compilação de uma lista de referências que "provem" sua posição.

Desde o nascedouro, a Igreja teve dificuldades em definir seu relacionamento com a cultura. Até mesmo os livros do Novo Testamento apresentam várias posturas com relação ao mundo como um todo, portanto existe um consenso cada vez maior de que a pergunta sobre como os cristãos devem abordar a cultura não pode ser respondida simplesmente citando livro, capítulo e versículo.

Tome como exemplo o relacionamento entre a Igreja e o Estado. Lemos em Romanos 13:1-7 que Deus instituiu o governo por razões positivas. Por sua vez, o governo deve "portar a espada" e é servo de Deus para "punir" (Romanos 13:4). Todos os governos, inclusive os pagãos, como os que Paulo tinha em mente, têm um papel positivo a desempenhar no mundo. João, no entanto, analisa o império por um ângulo bem mais negativo ao descrevê-lo alegoricamente em Apocalipse 19 como uma "grande prostituta". Ainda que haja alguns pontos em comum sobre esse assunto entre os livros do Novo Testamento, D. A. Carson explica que "as condições locais e os princípios teológicos complementares evocam destaques diferentes".[1]

O Cristo de Niebuhr e a classificação cultural

O melhor referencial de classificação das respostas cristãs à cultura foi proposto por H. Richard Niebuhr em meados do século 20. Suas cinco categorias são as seguintes:

Cristo contra a cultura: nesse modelo, a cultura é vista de forma negativa. A Igreja deve se destacar da cultura e evitar a corrupção, afastando-se dela. Coloque esse modelo em um extremo do leque de opções.

O Cristo da cultura: a cultura é vista de forma positiva. Deus está em ação fora da Igreja e a Igreja deve encontrar maneiras de se ajustar e se alinhar com a obra do Espírito dentro da cultura. Esse modelo está no outro extremo da lista.

---

1   D. A. Carson, *Cristo e cultura*: uma releitura (São Paulo: Vida Nova, 2012).

Os outros três modelos, que são variações do que Niebuhr chamou de *Cristo sobre a cultura*, têm mais nuanças e gravitam entre esses dois polos:

Síntese: essa postura busca sintetizar o relacionamento entre Cristo e a cultura entendendo que Deus usa o melhor da cultura para nos ajudar a alcançar o que não podemos com nossos próprios esforços. A lei cultural e a lei divina são vistas como duas realidades diferentes. Como o próprio Niebuhr escreve, de acordo com essa postura, "a própria cultura discerne suas regras, porque ela é fruto da razão dada por Deus, que, por sua vez, faz parte da natureza criada por ele. No entanto, ainda existe outra lei, que o homem racional tem que descobrir e obedecer".[2]

Cristo e a cultura em paradoxo: esse modo de pensar encara os cristãos como pessoas de dupla cidadania, que fazem parte tanto da cultura secular quanto da comunidade sagrada de Cristo. Cabe aos cristãos atuar nessas duas esferas, mas essas responsabilidades não têm nada em comum.

Cristo transformando a cultura: essa abordagem destaca a responsabilidade dos cristãos de ir além do seu papel geral dentro da cultura para transformá-la à imagem de Cristo.

Embora Niebuhr tenha reconhecido que essa classificação era um tanto artificial – devido ao fato de que a vida é sempre mais complicada do que os modelos teóricos podem explicar –, ele acreditava que o modelo transformacional era o ideal. Embora a taxonomia de Niebuhr tenha influenciado muitas análises sobre o relacionamento entre a Igreja e a cultura, alguns críticos expressaram uma série de restrições a essa classificação.[3] Ainda que possamos entender algumas delas, é necessário adotar algum tipo de classificação geral para montar um panorama que retrate como as várias escolas têm abordado esse assunto. Corre-se o risco, ou até mesmo não há como evitar, de ser genérico demais quando se faz uma introdução sobre um tema complexo. Para cumprir os propósitos deste livro, escolhemos explicar as várias abordagens adotando três narrativas subjacentes básicas. Caso queira analisar uma classificação justa e detalhada que aponta os pontos fortes e fracos de cada abordagem, consulte o livro de Timothy Keller intitulado *Igreja centrada*, p. 230-264.

---

2   H. Richard Niebuhr, *Cristo e cultura* (Rio de Janeiro: Paz e Terra, 1967).

3   Veja, por exemplo, Carson, *Cristo e cultura*: uma releitura; Craig A. Carter, *Rethinking Christ and Culture*: A Post-Christendom Perspective [Repensando Cristo e a cultura: uma perspectiva pós-cristandade] (Grand Rapids, EUA: Brazos, 2006); Angus J. L. Menuge, ed., *Christ and Culture in Dialogue*: Constructive Themes and Practical Applications [Cristo e a cultura em diálogo: temas construtivos e aplicações práticas] (St. Louis, EUA: Concordia Academic Press, 1999).

38 ENGAJAMENTO CULTURAL

Você pode também meditar sobre duas passagens do Antigo Testamento. Em Jeremias 29, o profeta envia uma carta para o povo de Deus que tinha sido levado cativo para a Babilônia e o instrui a fixar residência, ter uma vida produtiva e orar por sua nova casa, buscando a paz geral e a prosperidade dessa cidade pagã. O que ele diz é diferente de outros textos do Antigo Testamento que fazem um apelo para que o povo de Deus se separe de seus vizinhos pagãos. Por exemplo, lemos em Levítico 20:26: "Vocês serão santos para mim, porque eu, o Senhor, sou santo, e os separei dentre os povos para serem meus". A maneira como se entende a história bíblica compõe parcialmente a base de como se entende essas referências em particular e a sua importância para os dias de hoje. A Bíblia está recheada de gêneros literários diferentes que são interligados por uma estrutura narrativa. Para entender e aplicar os textos bíblicos de forma adequada, temos que entender como essa trama se encaixa.

As Escrituras não transmitem somente verdades abstratas nem uma lista abrangente de instruções para cada situação contemporânea possível. Em vez disso, a Bíblia contém a verdade aplicada a situações culturais e eclesiais concretas do contexto do autor humano. Por essa e muitas outras razões, na verdade a Bíblia tem coisas diferentes a dizer a respeito da postura adequada com relação à cultura. Essa diversidade não equivale à contradição. Quando duas coisas não podem ser verdadeiras porque se opõem uma à outra, isso se chama *contradição*. Se sou uma pessoa casada, não dá para ser ao mesmo tempo um solteirão. Afirmar algo diferente disso seria uma contradição.

A Bíblia não se contradiz quando apresenta posições diferentes diante da cultura. Em vez disso, ela expressa uma diversidade legítima – um tipo de diversidade que se deve admirar e desejar, já que Deus inspirou sua Palavra para orientar seu povo em situações da vida real, em vez de uma existência teórica afastada dessa vida caótica. Considere o segundo exemplo citado. A nação de Israel foi chamada para ser santa e um reino sacerdotal. Não devia se deixar corromper pelas nações pagãs que a rodeavam. A Aliança Mosaica ensinou ao povo como ele deveria cumprir esse papel. Na referência de Deuteronômio 23:6, que é semanticamente ligada a Jeremias 29, as pessoas recebem a orientação, como parte do juízo de Deus, de "não buscar o shalom" (a amizade) dos amonitas e dos moabitas.

Com o desenrolar da história, descobrimos que Israel por várias vezes deixou de viver o chamado de Deus para ser uma nação santa e finalmente foi levada para o exílio. Em um momento posterior, na passagem que lemos em

O modo como se narra a Bíblia e o engajamento cultural **39**

Jeremias, parte do povo de Deus não se encontrava na Terra Santa. De que modo eles deveriam viver a partir de então? Deus usa a mesma expressão de Deuteronômio 23:6, mas os instrui de forma contrária a "buscar o shalom" da cidade. O profeta Jeremias diz essencialmente: "Tendo em vista esse contexto e o que Deus está fazendo no mundo, vocês devem pensar e agir desse modo. Vocês devem buscar a prosperidade dessa cidade pagã". Como em toda história boa, existem várias reviravoltas na trama bíblica.

Não havia templo nem tabernáculo na Babilônia para que fossem realizados sacrifícios. Deus não alistou seus escolhidos para uma guerra contra a idolatria pública da nação estrangeira onde estavam morando (embora, com certeza, eles devessem se abster do culto idólatra), mas conseguimos discernir nas instruções de Jeremias referências aos capítulos anteriores da história bíblica: plantem jardins, casem-se, multipliquem-se e sejam uma bênção para essa nação estrangeira (veja Gênesis 1; 2; e 12). Em outras palavras, essa é a mesma história com o mesmo Deus no centro de tudo.

Existe uma *diversidade* na história cristã, o que também é uma razão – não somente por motivos práticos, mas também por motivos bíblicos – para fazer coro com o sociólogo James Davison Hunter e reconhecer que, "quanto à estratégia de engajamento no mundo, possivelmente não existe um modelo único para todas as épocas e todos os lugares".[4] Essa é a razão pela qual, como veremos no nosso próximo capítulo, boa parte do engajamento cultural está baseada na sabedoria e na virtude, em vez de numa lista de regras ou num plano universal que podemos extrair da Bíblia.

Entretanto, existe também uma *unidade* nas Escrituras que entremeia todas as histórias do mundo no tecido único da grande história de Deus.[5] Essa unidade proporciona uma estrutura para que pensemos e vivamos dentro dela enquanto aguardamos o seu estágio final.

---

4   Hunter, *To Change the World*, p. 276.

5   Richard Bauckham expressa a ideia da seguinte forma: "Embora a Bíblia não tenha o tipo de unidade e coerência que um único autor humano pode dar a uma obra literária, mesmo assim existe uma margem considerável em que os próprios textos bíblicos reconhecem e afirmam, de uma forma necessariamente cumulativa, a unidade da narrativa que contam". Bauckham, "Reading Scripture as a Coherent Story", em *The Bible in the Contemporary World*: Hermeneutical Ventures [A Bíblia no mundo contemporâneo: riscos hermenêuticos] (Grand Rapids, EUA: Eerdmans, 2015), p. 3. Essa diversidade em meio à unidade da metanarrativa bíblica é uma das razões pelas quais Bauckham se refere à Bíblia como um livro que oferece uma metanarrativa extramoderna que não é totalizante. Veja também Richard Bauckham, *Bible and Mission*: Christian Witness in a Postmodern World [Bíblia e missão: testemunho cristão em um mundo pós-moderno] (Grand Rapids, EUA: Baker, 2003).

40 ENGAJAMENTO CULTURAL

Conforme veremos na próxima seção, a diversidade legítima propõe uma série de questões para a Igreja enquanto buscamos aprender como aplicar a Bíblia em nosso contexto particular. Por toda a história da Igreja, várias escolas teológicas diferentes se desenvolveram em resposta à pergunta de como os cristãos devem se relacionar com a cultura.

Com o esclarecimento sobre a unidade e a diversidade que se encontra nas páginas da Bíblia, uma das maneiras de entender as várias escolas teológicas e como elas se relacionam com a cultura é entender como elas contam a história da Bíblia de forma geral. As histórias têm elementos diferentes, e a Bíblia está cheia de gêneros além da narrativa – lei, profecias, provérbios, poesia –, e ainda existe uma história principal que é essencial para o entendimento de vários gêneros e narrativas interligadas e que dá sentido para as partes menores. Além da prática da interpretação bíblica, a "história" é essencial para a comunicação diária e para o entendimento do mundo ao nosso redor. Alasdair MacIntyre demonstra isso em sua obra de referência *Depois da virtude*:

> Estou esperando um ônibus e o jovem que está ao meu lado diz subitamente: "O nome do pato selvagem comum é *Histrionicus histrionicus histrionicus*". Não há problema quanto ao significado da frase que ele pronunciou; o problema é como responder à pergunta: o que ele está fazendo ao dizer isso? Vamos supor que ele diz essas frases a intervalos aleatórios; seria uma forma possível de loucura. Ele tornaria inteligível seu ato elocutório se uma das seguintes condições se revelasse verdadeira: ele me confundiu com alguém que se aproximara dele na biblioteca na véspera e lhe perguntara: "Você saberia, por acaso, o nome científico do pato selvagem comum?"; *ou* ele acaba de sair de uma sessão de psicoterapia que o convenceu a vencer a timidez conversando com estranhos. "Mas o que devo dizer?" "Ah, qualquer coisa!" *Ou* ele é um espião soviético que marcou encontro ali e está dizendo a senha mal escolhida que o identificaria para a pessoa por quem espera. Em cada um dos casos o ato elocutório tomou-se inteligível ao encontrar seu lugar numa narrativa.[6]

As conversas e as situações corriqueiras não fazem sentido sem uma narrativa mais ampla que lhes traga o contexto necessário. No exemplo de MacIntyre,

---

6 Alasdair MacIntyre, *Depois da virtude* (Bauru: Edusc, 2001), p. 353.

O modo como se narra a Bíblia e o engajamento cultural **41**

não parece haver como entender o que o rapaz no ponto de ônibus está querendo dizer sem que haja uma história por trás para dar sentido às suas palavras. De modo parecido com as conversas do cotidiano, não se pode entender corretamente a maneira como as Escrituras se encaixam e comunicam nossa responsabilidade ao nos relacionarmos com a cultura sem que se descubra como os vários textos se encaixam na história geral da Bíblia. O grande desafio é que as diversas escolas teológicas contam o todo da história bíblica de forma diferente. Na próxima seção, daremos uma olhada em três relatos da história bíblica, destacando o relacionamento entre o povo de Deus e a cultura. Nosso propósito não é dizer que um desses três relatos está certo, mas sim descrever como essa história está sendo contada pelas várias escolas cristãs.[7] Esses resumos para uma análise geral têm o propósito de auxiliá-lo a identificar com uma precisão maior as premissas subjacentes, as quais, mesmo sem ser mencionadas, geralmente são decisivas quando os cristãos abordam algumas questões.

Três narrativas sobre a cronologia e a cultura bíblica

1. O MANDATO CULTURAL EM VIGOR ENQUANTO ESTAMOS NO MUNDO[8]

Como portadores da imagem de Deus, os seres humanos são chamados a ter uma vida de relacionamento com Deus enquanto obedecem à sua comissão de administrar a criação. Com a função da vice-regência, chamados para "governar" a todas as criaturas, devemos cuidar da criação e preservá-la (Gênesis 1:28-30). Nosso relacionamento com o criador se relaciona com o nosso papel na criação. Deus criou o mundo "bom" e instruiu os que portam a sua imagem para que "enchessem a terra e a sujeitassem" e dominassem "sobre os peixes do mar, sobre as aves do céu e sobre todos os animais que se arrastam sobre a terra" (Gênesis 1:28). O dever da humanidade era espelhar o papel de Deus e ser veículo de suas bênçãos para o mundo,[9] recebendo assim um "mandato cultural"

---

7   Cada uma das três histórias a seguir poderia ser contada com pequenas variações, porém ainda continuaria se enquadrando na categoria geral representada aqui.

8   Identifica-se sempre essa narrativa como kuyperiana ou neokuyperiana, com base no nome do teólogo e político Abraham Kuyper.

9   Ao se referirem ao homem como "portador da imagem de Deus", os especialistas do Antigo Testamento recorrem à prática antiga que os reis cultivavam de erigir estátuas com sua própria imagem nas cidades para lembrar os cidadãos de que eles os estavam governando.

42 ENGAJAMENTO CULTURAL

da sua parte.[10] Embora a criação fosse boa, ela se achava incompleta. O mundo tinha potenciais imensos, e Deus criou os seres humanos com o mandato de desenvolver esses potenciais latentes como seus vice-reis. Como o especialista em Antigo Testamento Richard Middelton declara, em Gênesis 1 e 2 Deus dá àqueles que portam sua imagem um mandato que "inclui representar e quem sabe até ampliar de algum modo o governo de Deus sobre a terra por meio de práticas comunitárias da vida sociocultural da humanidade".[11]

Entretanto os seres humanos se afastaram de Deus e do modo virtuoso que ele tinha em mente para cumprirmos esse mandato. A raiz do dilema humano se situa no fato de que as criaturas buscaram usurpar a soberania de Deus e subverter sua autoridade, abandonando a inocência moral. Essa quebra em nosso relacionamento com Deus teve consequências universais para a criação e para a nossa função dentro dela. Ainda temos a tarefa de cultivar e desenvolver o que o Senhor criou, mas a imagem de Deus e o mandato da criação – o qual envolve descobrir, desenvolver e criar – foram prejudicados. A idolatria, o poder do pecado e os "principados" do mal comprometem esse mandato.

O evangelho é a mensagem de "boas novas" sobre como Deus reconciliou os portadores de sua imagem consigo mesmo: entrando no mundo como homem, morrendo na cruz e ressuscitando para remir os pecadores, derrotando o mal e conduzindo à nova criação. Quem está em Cristo é restaurado à comunhão com Deus, transformado pelo seu Espírito e chamado para proclamar seu nome enquanto administra a criação. Esta última incumbência inclui cuidar do mundo e compreendê-lo. De acordo com essa opinião, devemos trabalhar contra o caos e os males de um mundo decaído enquanto desenvolvemos os potenciais que já estavam presentes na criação desde o princípio.

---

10   Ao se referir a Gênesis 1, o especialista em Antigo Testamento Richard Middleton explica: "O próprio chamado humano como *imago Dei* [imagem de Deus] é de desenvolvimento e de transformação, e uma maneira útil de entendê-lo é vê-lo como o esforço ou o trabalho de formar a cultura ou de desenvolver a civilização". *The Liberating Image*: The Imago Dei in Genesis 1 [A imagem libertadora: a *imago Dei* em Gênesis 1] (Grand Rapids, EUA: Baker Academic, 2005), p. 89. Os seres humanos foram criados para "organizar e transformar o meio ambiente em um mundo habitável", e Middleton observa que posteriormente o livro de Gênesis destaca "as conquistas culturais da humanidade e as inovações tecnológicas como a fundação de cidades (4:17; 11:1-9), o pastoreio nômade, a música e a metalurgia (4:20-22)" (Ibid., p. 89). Devido à função especial dos seres humanos dentro do templo cósmico – para tomar emprestada a linguagem utilizada nos primeiros capítulos de Gênesis –, sua tarefa dada por Deus consiste tanto em "definir a cultura" quanto em passar a ser "sacerdotes da criação", "sendo instrumentos da bênção divina para todos os outros seres e coisas", e, depois da corrupção que o pecado trouxe ao mundo, "intercedendo em favor de uma criação que geme até o dia em que céus e terra forem transformados de modo redentor para cumprir o propósito de Deus de justiça e *shalom*" (Ibid., 90).

11   Middleton, *The Liberating Image*, p. 60.

O modo como se narra a Bíblia e o engajamento cultural **43**

Como portador redimido da imagem de Deus, o povo escolhido deve seguir seu chamado cuidando de toda a criação com base na revelação de Cristo e refletindo as prioridades de nosso Senhor ressuscitado. Não trazemos o Reino de Cristo declarando esse pensamento de forma aberta, mas devemos servir de exemplo do cuidado do Rei pelo mundo e ser uma amostra da manifestação do seu Reino. Deus promete que um dia habitará com uma nova humanidade em uma nova criação (Apocalipse 21). Como a ressurreição física de Jesus prefigura, tanto os remidos quanto a própria criação serão renovados nos últimos dias (Romanos 8:21) e diversos produtos culturais serão apresentados no dia final (Apocalipse 7:9; 21:24; Isaías 60). Para viver como portadores plenos da imagem de Deus, transformados pelo Espírito, devemos refletir a glória de Cristo e da sua vinda em todas as áreas da vida enquanto aguardamos o dia no qual Deus trará os céus à terra.[12]

2. O MANDATO CULTURAL CUMPRIDO EM CRISTO[13]

Essa visão destaca a bondade da obra de Deus ao criar o mundo, de modo semelhante a todos os relatos da história bíblica sobre o mandato cultural vigente. Os seres humanos são criados de maneira especial à imagem de Deus, exercendo o domínio essencial para serem portadores dessa imagem. Portanto, como o teólogo David VanDrunen explica: "Os seres humanos foram criados para a atividade *cultural* porque Deus lhes deu uma tarefa cultural a cumprir por meio do serviço fiel a ele".[14] Até aqui, essa narrativa soa basicamente como a anterior, mas essa escola destaca que a função dada por Deus a Adão foi somente um meio temporário para uma finalidade maior. "O primeiro Adão não foi portador da imagem de Deus para trabalhar sem objetivo com a criação original, mas para terminar seu trabalho neste mundo e então fazer parte de uma nova criação e se assentar no trono em um descanso real."[15] A tarefa que foi dada ao primeiro ser humano se tratava de uma "aliança de obras" que deveria levar ao descanso das atividades propostas de cultivar e povoar a terra.

---

12 J. Richard Middleton, *A New Heaven and a New Earth*: Reclaiming Biblical Eschatology [Um novo céu e uma nova Terra: recuperando a escatologia bíblica] (Grand Rapids, EUA: Baker Academic, 2014).

13 Essa escola geralmente é chamada de "Teologia dos Dois Reinos".

14 David VanDrunen, *Living in God's Two Kingdoms*: A Biblical Vision for Christianity and Culture [Vivendo nos dois reinos de Deus: uma visão bíblica de cristianismo e cultura] (Wheaton, EUA: Crossway, 2010), p. 40, 93.

15 Ibid., p. 40.

44 ENGAJAMENTO CULTURAL

O primeiro Adão não conseguiu alcançar o descanso por meio da "aliança de obras". Se tivesse passado nesse primeiro teste, "todos nós ainda teríamos vindo a existir e participaríamos da glória do mundo vindouro com ele na presença de Deus".[16] A atividade cultural da humanidade ainda prossegue depois da queda, mas sempre levará ao "fracasso pecaminoso". Essas atividades levam à "morte e à destruição". VanDrunen resume essa reformulação da narrativa:

> O desenrolar da história humana que foi contado até agora não passa de uma tragédia terrível. Deus criou os seres humanos com uma alta posição, com um chamado nobre e com um destino glorioso. Adão tinha uma tarefa cultural grandiosa pela frente, a qual consistia em se concentrar em suas atividades e proteger o jardim do Éden. Pelo fato de levar consigo a semelhança de Deus, o fruto do seu nobre trabalho neste mundo deveria ser um descanso real no mundo vindouro, mas o fato de ele não ter conseguido executar essa tarefa mergulhou a raça humana na culpa, na condenação e na corrupção. A raça decaída não consegue assumir seus esforços culturais com uma justiça aceitável a Deus; ela acha que o mundo natural não tem a menor possibilidade de cooperação e perdeu o controle, além de enfrentar a morte eterna como o único fruto de seu trabalho na terra.[17]

A boa notícia é que os cristãos são justificados pelo novo Adão, Jesus Cristo. Enquanto o antigo Adão não conseguiu cumprir a aliança, o novo Adão obedeceu a ela perfeitamente. Jesus cumpriu o mandato cultural de modo que, pela fé nele, podemos ter acesso ao descanso em que o antigo Adão teria entrado se tivesse sido obediente.

Depois da queda, Deus instituiu formalmente dois pactos: o pacto com Noé e o pacto com Abraão. O pacto com Noé foi com toda a humanidade, estabelecendo o reino comum. O reino comum é o lugar da atividade cultural, onde cristãos e não cristãos agem juntos. Todas as instituições deste mundo, com exceção da Igreja, fazem parte desse reino comum. Não se trata de atividades necessariamente espirituais, nem diretamente relacionadas ao evangelho. As atividades culturais devem ser exercidas como um meio pelo qual Deus cuida do mundo de forma providencial nesse estado decaído temporário, mas não

---

16 Ibid., p. 41.
17 Ibid., p. 47.

devem ser espiritualizadas demais. Jesus Cristo é o único que cumpriu ou que poderia cumprir o mandato público. Quem é remido por ele não deve buscar o cumprimento da tarefa cultural de Adão.

Além do reino comum, os seguidores de Cristo fazem parte do reino redentor, que foi instituído formalmente pela aliança com Abraão, diferindo-se da aliança com Noé porque "a aliança abraâmica [...] se ocupa *da fé religiosa e do culto* (em vez de atividades culturais), contempla um *povo santo* que se *destaca* dos outros seres humanos (em vez da raça humana como um todo), *concede os benefícios da salvação* a esse povo santo (em vez de preservar a ordem natural e social) e está firmada *para todo o sempre* (em vez de ter duração limitada)".[18] A tarefa da Igreja é proclamar a mensagem salvadora da Bíblia e aplicar todos os variados meios de graça para a salvação, em vez de usar a Escritura de modo direto para transformar a cultura do mundo atual.

A nova criação que virá substituirá a antiga, que será aniquilada (2Pedro 3:1-7). Com exceção dos corpos humanos que serão ressuscitados, o resto do mundo será destruído, e um novo céu e uma nova terra serão criados por Deus. Embora seja um novo mundo físico, nenhuma atividade do reino comum se estenderá para toda a eternidade.

3. O MANDATO CULTURAL CUMPRIDO DENTRO DA IGREJA[19]

O mundo que Deus criou era bom. Os homens foram criados à imagem de Deus e receberam o mandato de administrar a terra e enchê-la, vivendo em um relacionamento obediente com seu Criador.[20]

Os primeiros seres humanos se rebelaram contra Deus, provocando um estado de separação de Deus e de caos no mundo. O pecado contaminou toda a criação, pervertendo o propósito original de Deus para o mundo.

Por sua misericórdia, Deus chamou Abrão para que saísse do paganismo e criasse um povo especial, separado do mundo. Deus abençoaria as nações

---

18 Ibid., p. 82.

19 Essa narrativa geralmente é associada com os neoanabatistas.

20 Embora o início dessa narrativa não se choque diretamente com as outras duas versões, as primeiras cenas não se revestem de muita importância nessa maneira de contar a história. Veja, por exemplo, as obras de John Howard Yoder, *The Christian Witness to the State* [A testemunha cristã do Estado] (Newton, EUA: Faith and Life Press, 1964); *The Politics of Jesus* [A política de Jesus], 2ª ed. (Grand Rapids, EUA: Eerdmans, 1994); *Revolutionary Christian Citizenship* [Cidadania cristã revolucionária] (Harrisonburg, EUA: Herald, 2013); Rod Dreher, *A opção beneditina*: uma estratégia para cristãos no mundo pós-cristão (Campinas: Ecclesiae, 2018); Stanley Hauerwas e William Willimon, *Resident Aliens*: Life in the Christian Colony [Estrangeiros residentes: a vida em uma colônia cristã], ed. comemorativa de 25 anos (Nashville, EUA: Abingdon, 2014).

46 ENGAJAMENTO CULTURAL

com a existência dessa nação santa, um reino de sacerdotes com leis diferentes e com um modo de vida especial.

De forma parecida com a da história contada no Antigo Testamento, Deus chamou a Igreja do Novo Testamento a se separar como uma cidade estabelecida sobre um monte para refletir o seu caráter para o mundo. A ética do evangelho, como se vê no Sermão do Monte que Jesus pregou, se choca com os princípios naturais do mundo. Para viver essas instruções, a Igreja deve se ver como uma nação santa de estrangeiros residentes em um mundo decaído. Isso não quer dizer necessariamente que a Igreja esteja negligenciando sua missão com relação à terra. Na verdade, esse é o modo como o povo de Deus traz a redenção a todos, porque a Igreja permanece "em conflito com o mundo para que possa servir fielmente a ele".[21]

Rod Dreher não descreve sua abordagem, que se encaixa melhor nessa terceira categoria, como "escapismo" ou "inércia", mas sim como uma "saída estratégica".[22] Outras pessoas cuja postura pode guardar certa semelhança com a opção de Dreher preferem falar em "separação" em vez de "saída".[23] Se essa narrativa inclui a ideia de "mandato cultural", uma expressão que nem sempre faz parte da linguagem que se usa nessa narrativa cristã de forma clara, poderíamos dizer que ela deve acontecer dentro da Igreja, já que a Igreja cultiva sua própria cultura para que o mundo possa ver e ser convidado a participar. Pode-se dizer que, dentro dessa narrativa, a Igreja tem de fato um mandato cultural, contudo o destaque imediato não se encontra em compartilhar os bens da criação que estão no jardim do Éden (Gênesis 2), mas em manter o jardim dentro da Igreja como um testemunho público fiel. A Igreja pode preservar uma cultura, uma amostra terrena do Reino vindouro somente se guardar suas fronteiras, não

---

21 Hauerwas; Willimon, *Resident Aliens*, p. 182.

22 Dreher, *A opção beneditina*, p. xvii.

23 Apesar da semelhança básica, parece haver alguns pontos importantes de divergência entre os que partilham das principais partes da narrativa descrita anteriormente. Por exemplo, veja Tran, "Trump and the Specter of Christian Withdrawal", *Marginalia*: The Los Angeles Review of Books. Disponível em: https://marginalia.lareviewofbooks.org/trump-and-christian-withdrawal/. Acesso em: 15 maio 2020. Tran diferencia com cuidado a narrativa de Hauerwas, à qual se refere como "separação", da opção beneditina de Dreher: "Pode-se descrever a obra de Hauerwas como uma teologia do testemunho, em que a posição política se mantém diferente, mas não se afasta da arena. A retirada desiste de tudo. Devido ao fato de a saída da opção beneditina de Dreher se tratar menos de um testemunho, menos de servir e influenciar o mundo, e mais de proteger a integridade moral do próprio cristianismo, ela faz do afastamento, enquanto retiro eivado de princípios e estratégico, uma opção viável de acordo com os seus princípios. De fato, isso se faz necessário porque ela vê a posição do cristianismo no mundo como unidirecional, além de estar sob ameaça, e a corrupção do mundo ameaçando a justiça moral do cristianismo, deixando o afastamento como a única opção para que a virtude sobreviva. Essa é a base da *opção* beneditina".

O modo como se narra a Bíblia e o engajamento cultural **47**

permitindo que os valores e os ideais do mundo decaído penetrem nas fileiras de sua cultura redimida. É preservando e cultivando uma contracultura cristocêntrica e convidando o mundo para participar, "provar e ver", que esperamos a vinda de Jesus para salvar sua Igreja e trazer a paz final ao mundo.

Narrativas importantes?

Existem outras maneiras de contar as três narrativas que acabaram de ser expostas. Por exemplo, faz parte da classificação útil de Tim Keller o modelo de importância (*Igreja centrada*, p. 230-265). No entanto não há como explicar essa categoria de forma fácil trazendo um resumo de sua narrativa da história bíblica. Isso se deve ao fato de que aqueles que a utilizam ou carecem de um compromisso maior de se harmonizarem com a narrativa da Bíblia, ou tentam ir além dela, ou simplesmente tentam ser mais pragmáticos quanto à tarefa da Igreja no contexto cultural. O que une os que se encaixam na categoria da "importância" é que eles veem muitas atividades positivas acontecendo na cultura para além da Igreja ou do evangelho. Eles entendem que o papel da Igreja é ser paralela à cultura e se engajar nela para promover o Reino de Deus.

Por exemplo, para alguns evangélicos tradicionais, o foco não é tanto a crítica ou a transformação da cultura, mas sim o uso dela para atrair as pessoas para a mensagem cristã. Embora a mensagem não deva ser mudada, há uma insistência de que as instituições e os produtos culturais são instrumentos positivos – ou pelo menos neutros – que podem ser usados em prol do evangelho. Os cultos e as programações da Igreja devem ser repaginados considerando as transformações culturais, mas a mensagem principal do cristianismo não deve mudar. Essa forma é adaptável: o que é importante é a mensagem, a única coisa que deve ser guardada como sagrada. Esse destaque não entra necessariamente em choque com as metanarrativas que relacionamos neste capítulo. Algumas adaptações culturais, também conhecidas como "contextualizações", são impossíveis de evitar, e são afirmadas e exemplificadas na Bíblia. O que acaba sendo discutido são os limites para essa contextualização.

Muitos têm questionado a noção de que a *forma* pode ser separada facilmente do *conteúdo*. Se pensamos em quando o evangelho é empacotado com o marketing orientado para o consumidor e com serviços centrados na diversão, como se pode entender a mensagem de arrependimento, graça e abnegação trazida por Jesus? No mínimo, pode-se dizer que se passou dos limites do cristianismo histórico quando as doutrinas centrais são alteradas em favor de um alinhamento melhor com a cultura atual. Um dos exemplos é a teologia liberal clássica, que tentou responder ao ceticismo moderno com

> relação ao sobrenatural abrindo mão dos milagres para resgatar o fundo de verdade por trás das noções pré-modernas encontradas na Bíblia. Quando se age dessa maneira, comprometendo as partes essenciais do cristianismo, a cultura dá as cartas para defini-lo, e o caráter distintivo do evangelho se perde.
>
> Para saber mais sobre os limites e a necessidade da contextualização, veja Joshua D. Chatraw e Mark D. Allen, *Apologetics at the Cross: An Introduction for Christian Witness* [Apologética na cruz: introdução ao testemunho cristão] (Grand Rapids, EUA: Zondervan, 2018), cap. 9.

As histórias bíblicas e a graça em ação

Uma das lições que podemos aprender com esse esboço dos três entendimentos sobre a narrativa bíblica é que a estratégia de "só usar a Bíblia" para discernir uma abordagem cultural temente a Deus não funciona. Apesar desse conceito popular, todos nós interpretamos as Escrituras com algum tipo de viés, seguindo alguma escola ou narrativa. Reconhecer nossas próprias tradições e como elas explicam a Bíblia permite que sejamos intérpretes melhores e pessoas mais abertas para as possíveis limitações dentro de nossa escola teológica. Essa prática pode até nos fazer pensar em nos convertermos a outra escola cristã. É preciso continuar buscando na Bíblia para perceber qual narrativa se encaixa melhor, enquanto se reconhece como essas três metanarrativas diferentes podem se interligar ou se entrelaçar em alguns aspectos. Já que essas narrativas com certeza não são sempre mutuamente exclusivas, no mínimo essas escolas diferentes podem fazer com que se reflita sobre as sugestões que se pode obter a partir de outras abordagens e sobre como é preciso ajustar a escola que se adota.[24] Em segundo lugar, observamos que a Bíblia apresenta uma diversidade legítima, já que seus vários autores humanos a escreveram em contextos diferentes para abordar questões particulares dentro de suas comunidades. Isso significa que simplesmente compilar uma lista de todas as passagens que falam da relação da Igreja com o mundo e depois aplicá-las de forma direta

---

24 Um grande exemplo disso é o livro de James K. A. Smith, *Aguardando o Rei*: reformando a teologia pública (São Paulo: Vida Nova, 2020). Embora Smith narre a história bíblica destacando a escola a que nos referimos como "o mandato cultural *em vigor* enquanto estamos no mundo", ele aplica ideias das outras escolas, como as de Hauerwas e Willimon, para "ampliar" e "repensar" sua própria tradição – especialmente o que vê como a tendência dos kuyperianistas de assimilar os ideais deformativos da cultura dominante.

aos dias de hoje pode não resolver a questão. Entender como esses textos se encaixam em uma narrativa maior é bem mais recomendável para abordar a diversidade encontrada na Bíblia.

Tendo esse panorama em mente, precisamos acrescentar um item para a análise. A teologia – estudo de Deus e de sua revelação – envolve não somente pensar como esses textos diferentes realmente se encaixam, mas também se relaciona com as doutrinas teológicas refletidas pela narrativa das Escrituras. A inserção de conceitos teológicos pertinentes relacionados à autorrevelação de Deus ainda "preenche" as lacunas dentro das três interpretações diferentes da narrativa.

REVELAÇÃO GERAL

Por meio da revelação geral, Deus se revela de forma universal em sua criação. A passagem clássica que exemplifica a revelação geral é Romanos 1:19-20: "Pois o que de Deus se pode conhecer é manifesto entre eles, porque Deus lhes manifestou. Pois desde a criação do mundo os atributos invisíveis de Deus, seu eterno poder e sua natureza divina têm sido vistos claramente, sendo compreendidos por meio das coisas criadas, de forma que tais homens são indesculpáveis". Ou reflita sobre Salmos 19:1-4:

> Os céus declaram a glória de Deus;
> o firmamento proclama a obra das suas mãos.
> Um dia fala disso a outro dia;
> uma noite o revela a outra noite.
> Sem discurso nem palavras, não se ouve a sua voz.
> Mas a sua voz ressoa por toda a terra,
> e as suas palavras, até os confins do mundo.

Não é necessária uma Bíblia ou algum profeta para observar e ver as estrelas e o céu. A Bíblia nos diz que tudo o que vemos é obra das mãos de Deus e constitui uma revelação dele mesmo, porém os teólogos debatem sobre em que proporção o pecado distorce ou até mesmo oculta o sentido dessa revelação geral.

GRAÇA COMUM

A graça comum é uma doutrina abrangente que engloba a revelação geral. É a misericórdia de Deus expressa por meio de presentes imerecidos dados às pessoas, independentemente de sua fé ou virtude particular. No Sermão do Monte, Jesus explica que Deus "faz raiar o sol sobre maus e bons e derrama chuva sobre justos e

50 ENGAJAMENTO CULTURAL

injustos" (Mateus 5:45). Por causa de sua graça comum para com a humanidade, Deus presenteia todos os seres humanos com a revelação geral. Toda habilidade com que indivíduos – de artistas a atletas, de comediantes a cirurgiões – contribuem para a cultura foi dada por Deus, o concessor de todo bom presente.

REVELAÇÃO PARTICULAR

Em contraste com a revelação geral, Deus concede a revelação particular (ou especial) para pessoas específicas e em épocas específicas. Por exemplo, Deus falou a Abraão, fazendo uma aliança com ele (Gênesis 12), falou à Igreja pelo seu Filho (Hebreus 1:1-2), proclamou o evangelho por intermédio de Pedro no dia de Pentecostes (Atos 2) e fala pelas Escrituras para aqueles que têm acesso a elas. Jesus Cristo é a revelação particular por excelência, a revelação real do próprio Deus.

GRAÇA MÉDIA

Um conceito importante que ultimamente tem recebido uma atenção maior nessas análises é o de "graça média". O teólogo que criou essa expressão, Peter Leihart, a descreve como uma categoria que existe entre a revelação especial e a revelação geral:

> Todo o consenso moral existente não vem da "graça comum" somente (destituída de qualquer contato com a revelação), nem da "graça especial" (conhecimento salvífico de Deus por meio de Cristo e da sua Palavra), mas daquilo que chamo de "graça média" (conhecimento de Deus e da sua vontade, que não é salvífico e que vem tanto da revelação geral quanto da revelação específica). Em outras palavras, devido à influência da Bíblia, os incrédulos dos Estados Unidos são mais cristãos do que os que moram em Irian Jaya. Para expressar de outra maneira, não existe nem nunca existiu uma situação cultural de "graça comum" pura.[25]

---

25 Peter J. Leithart, *Did Plato Read Moses? Middle Grace and Moral Consensus* [Platão leu Moisés? Graça média e consenso moral] (Niceville, EUA: Biblical Horizons, 1995), p. 4-5. "A Palavra de Deus se encontra tão interligada com a nossa civilização, que é praticamente impossível separá-las. Os princípios morais distintamente bíblicos para o pensamento ocidental parecem ser os preceitos da natureza, acessíveis a todo homem razoável com o mínimo de senso comum. O Deus no qual os ateus não creem é o Deus bíblico (não se trata de Baal ou Kronos), e muitos relativistas afirmam que o único princípio absoluto é a virtude paulina proeminente: o amor. Um mito sobre um dilúvio do Oriente Médio registrou que os deuses o enviaram porque as pessoas que vagavam pela terra estavam fazendo tanto barulho, que os deuses não conseguiam dormir à noite. As pessoas modernas acham isso pitoresco ou chocante, porque foi a religião bíblica – não alguma abstração chamada de 'graça comum' – que deu forma ao nosso conceito sobre qual conduta é agradável a Deus. A herança comum do Ocidente se trata exatamente do que é especial, teologicamente falando" (Leithart, *Did Plato Read Moses?*, p. 19).

Nem todos que destacam a graça média são tão radicais quanto Leithart parece ser nessa citação. Para muitas pessoas, é possível que haja algum consenso moral por meio da graça comum. Mesmo assim, o conceito por trás da graça média está sendo cada vez mais defendido por vários escritores, embora se utilizem palavras diferentes para expressar a ideia. Os direitos humanos, a benevolência universal, a dignidade e o valor de todas as pessoas e as várias premissas que se encontram por trás da ciência moderna e da democracia liberal ocidental não consistem em um fruto simples da "graça comum". Pelo contrário, essas conquistas culturais e morais dependem contingencialmente da revelação especial que entrou em contato com determinada cultura.[26]

Os teólogos e suas respectivas escolas geralmente concordam sobre a existência da revelação geral e da revelação especial. Dada a existência do pecado no mundo, o debate se concentra na proporção que se deve dar à atuação da graça comum *versus* a necessidade da revelação especial nas atividades culturais.

Graça comum e revelação especial

A escola que propõe que **o mandato cultural está sendo cumprido dentro da Igreja** não tem muita consideração pela graça comum e destaca o papel da Igreja como luz do mundo, com recursos mantendo sua pureza dos males de um mundo decaído. Para ela, a revelação especial redireciona de forma radical todos os valores na vida de quem é salvo, de modo que a Igreja vive em constante conflito com o mundo à sua volta. Por meio de suas palavras e obras alheias à

---

26 Por exemplo, de especialistas de várias escolas que destacam o impacto especial da teologia sobre as premissas morais, sociais e políticas do Ocidente, veja John Gray, *Sobre humanos e outros animais* (Alfragide, Portugal: Lua de Papel, 2017); Jürgen Habermas, *Era das Transições* (Rio de Janeiro, Ed. Tempo Brasileiro, 2003); Jürgen Habermas, *Religion and Rationality*: Essays on Reason: God, and Modernity [Religião e racionalidade: ensaios sobre a razão: Deus e a Modernidade] (Cambridge: Polity, 2002), p. 149; Jürgen Habermas et al., *An Awareness of What Is Missing* [Conscientização sobre o que está faltando] (Cambridge: Polity, 2010), p. 18-21; Oliver O'Donovan, *The Ways of Judgment* [Os caminhos do julgamento] (Grand Rapids, EUA: Eerdmans, 2005), p. 309-12; Oliver O'Donovan, *The Desire of the Nations*: Rediscovering the Roots of Political Theology [O desejo das nações: redescobrindo as raízes da teologia política] (Cambridge: Cambridge University Press, 1996), p. 226; James K. A. Smith, *Aguardando o Rei*; Larry Siedentop, *Inventing the Individual*: The Origins of Western Liberalism [Inventando o indivíduo: as origens do liberalismo ocidental] (Cambridge, EUA: Belknap, 2014), p. 245; Charles Taylor, *Sources of Self*: The Making of the Modern Identity [Fontes do ser: a criação da identidade moderna] (Cambridge, EUA: Harvard University Press, 1989); Charles Taylor, *A Secular Age* [Uma era secular] (Cambridge, EUA: Harvard University Press, 2007); Brian Tierney, *The Idea of Natural Rights*: Studies on Natural Rights, Natural Law, and Church Law [A ideia de direitos naturais: estudos sobre direitos naturais, lei natural e lei da igreja] (Atlanta, EUA: Scholars Press for Emory University, 1997), p. 1.150-1.625; Nicholas Wolterstorff, *Justice*: Rights and Wrongs [Justiça: acertos e erros] (Princeton, EUA: Princeton University Press, 2008), p. 311-361.

52 ENGAJAMENTO CULTURAL

cultura, a Igreja cumpre um papel profético, chamando o mundo a se arrepender e a ingressar na Igreja. Voltando ao caso da Starbucks, que expusemos no início do capítulo, vejam algumas respostas possíveis sobre como essa escola entende a narrativa bíblica e essas questões teológicas:

- Devemos abrir cafeterias cristãs que nos abriguem das pressões corruptoras que surgem por estarmos envolvidos demais na cultura secular.

Por uma questão de princípios, devemos pelo menos limitar nossa interação e nossa cooperação com as empresas sem orientação cristã. Não há muita chance real de isso exercer pressão para que eles reavaliem sua política, mas pelo menos seremos fiéis aos nossos princípios e não nos deixaremos corromper pelo consumismo e pelos valores do mundo. Devemos patrocinar as empresas "cristãs" ao máximo, ou pelo menos aquelas que defendam valores semelhantes aos nossos.

Já a escola do **mandato cultural cumprido em Cristo** dá mais valor à graça comum do que à revelação especial nas atividades culturais. Embora as outras duas narrativas não descartem completamente a graça comum, elas não são tão otimistas sobre o impacto da graça comum sobre a cultura. Quem segue essa escola dá mais atenção à capacidade de todos os seres humanos, sem o auxílio da revelação especial, de se destacar nas atividades culturais. Para apoiar essa ideia, eles indicam que a revelação especial não é necessária para a maioria das tarefas culturais. Deus faz com que as ordenhadoras tirem o leite das vacas, com que o mecânico conserte os carros e com que o médico faça diagnósticos e trate as doenças. Não existe um modo cristão ou bíblico especial de cumprir essas tarefas. Portanto, a função principal da Igreja é aplicar a revelação especial para proclamar as realidades espirituais e praticar as disciplinas espirituais. Voltando mais uma vez ao exemplo da Starbucks, duas respostas se encaixam nessa abordagem:

- Podemos continuar a ir ao Starbucks para estabelecer relacionamentos com os baristas e com os outros colaboradores para evangelizá-los. Nossa missão é nos concentrar em "fazer discípulos" em vez de pressionar as empresas e modificar a cultura.

- Podemos agradecer a Deus pelo café que eles preparam – ele nos deu a matéria-prima (isto é, os grãos de café, as vacas para o leite etc.) e criou as pessoas que o preparam à sua imagem, dotadas de criatividade para fazer esse café tão maravilhoso. Além disso, a Starbucks gera empregos e se baseia em normas de acesso a todos, com algumas noções morais louváveis.

O modo como se narra a Bíblia e o engajamento cultural **53**

A **escola do mandato cultural em vigor enquanto estamos no mundo** destaca a revelação especial e a graça média como fatores essenciais para promover a justiça, a paz e a caridade no mundo. Embora não descarte necessariamente a graça comum, essa escola destaca que a cultura ocidental continua a se "beneficiar por empréstimo" da revelação especial. Ainda que a Bíblia não forneça instruções específicas para a maioria das atividades culturais, ela é uma lente ou uma "cosmovisão" por meio da qual todas as tarefas devem ser vistas. O fruto da proclamação do mundo que Deus criou e a prática das disciplinas espirituais devem levar a caminhos diferentes – em algumas ocasiões, de modo óbvio, e, em outros momentos, de forma implícita – na busca da vocação e na atividade cultural.[27] Por fim, observe como os dois exemplos de resposta ao estudo do caso Starbucks que se encaixam nessa categoria têm em comum um destaque no engajamento cultural, embora tenham posturas diferentes quanto à cultura.

- Ao refletir sobre como o evangelho molda a maneira como os cristãos participam de todas as atividades culturais, devemos incentivar os empresários cristãos a abrirem cafeterias e outros tipos de negócio que favorecem a prosperidade humana. Devemos boicotar todas as empresas com valores que se opõem sistematicamente ao cristianismo. Com isso, podemos pressioná-las a mudar sua política e sua visão de negócio. A ideia é usar o ativismo para influenciar as empresas de forma direta a mudar sua estratégia social.

Um denominador comum

Dentro da área do engajamento cultural, controvérsia é o que não falta. Essas divergências vêm das metanarrativas maiores que acabamos de explicar e que são responsáveis por alguns artigos divergentes que você encontrará neste livro. Não é o propósito deste capítulo defender alguma escola em particular, mas trazer à tona as questões essenciais que geralmente estão por trás da abordagem cultural. Mesmo assim, existem pelo menos duas áreas em que notamos uma concordância cada vez maior que pode dar lugar a um possível denominador comum.

Em primeiro lugar, muitos líderes cristãos no passado foram tardios em reconhecer a complexidade das questões culturais. Com muita frequência

---

27 Para analisar a decorrência disso, veja o livro de Timothy Keller e Katherine Aldsdorf, *Como integrar fé e trabalho*: nossa profissão a serviço do Reino de Deus (São Paulo: Vida Nova, 2014).

54 ENGAJAMENTO CULTURAL

ouvimos frases como "Não se trata de uma questão racial, é o pecado que está por trás disso" e outras máximas que simplesmente indicavam que mudar "a mente e o coração" pelo evangelismo seria a única estratégia cristã para resolver as questões culturais mais amplas. Hoje em dia, muitos pensadores cristãos começaram a chamar a atenção para a complexidade intrínseca desses temas sem descartar a necessidade e a importância da conversão pessoal. Um número cada vez maior de igrejas e ministérios está reconhecendo que as abordagens aparentemente unidimensionais e limitadas no engajamento cultural demonstram ser insuficientes e ineficazes. Por exemplo, uma questão cultural da atualidade é a preponderância de comunidades marcadas por taxas surpreendentemente altas de depressão, por dependência excessiva de drogas e pela ausência de uma estrutura familiar estável. A tentação para alguns tem sido tentar isolar rapidamente o "problema" e oferecer uma solução, mas os pensadores estão mais dispostos a observar essas situações com maior cuidado e concluir que esses assuntos são complicados, envolvendo fatores religiosos, econômicos, sistêmicos e históricos. As questões culturais são complexas porque as pessoas envolvidas são holísticas e vivem em comunidades multifacetadas, com problemas interligados. Para encarar esses desafios de forma eficaz, observamos um interesse cada vez maior em abordagens interdisciplinares de engajamento cultural. A segunda parte deste livro, com sua diversidade de especialistas de áreas e escolas de pensamento diferentes, não somente tem o propósito de proporcionar um leque de perspectivas teológicas diferentes para que se escolha alguma delas, mas também deseja incentivar o engajamento com os pontos de debate dentro das várias disciplinas.

Em segundo lugar, um número cada vez maior de líderes das mais variadas escolas está destacando que o testemunho fiel da Igreja na esfera cultural está diretamente relacionado com quanto nosso caráter é formado pelas culturas evangélicas que neutralizam as liturgias seculares da nossa época. Por exemplo, embora a *Série Liturgias Culturais* de James K. A. Smith e *A Opção beneditina* de Dreher – duas posições que causaram um impacto grande e amplo – apresentem diferenças significativas, elas concordam que as contraculturas que cultivam as virtudes são essenciais para a fidelidade cristã diante do nosso mundo secularizado. A nossa consciência e os nossos objetivos são formados, em grande parte, pelas culturas que nos rodeiam, seja pela mídia, pela nossa família, pelo nosso local de trabalho, pela nossa escola ou pela igreja que frequentamos. Um exemplo gritante do poder formativo da cultura é o modo como as mensagens enviadas na cultura ocidental criaram a mentalidade ubíqua que cultiva a autorrealização como seu bem maior. O colunista do *New York Times*, James Brooks, que chama esse fenômeno de "O grande Eu", explica como o mesmo tema pode ser visto em tudo, desde os filmes e shows populares da televisão até os discursos de formatura: "Siga sua paixão. Não aceite limites. Crie o seu próprio caminho. Você tem a responsabilidade de fazer grandes coisas, porque você é ótimo!".[28] Por trás dessas frases de efeito tão conhecidas se encontram noções sobre a vida, seu significado e sobre o que é bom. Além disso, o que mais impressiona sobre a mentalidade do "grande Eu" é que ela não está presente somente na cultura secular; ela se infiltrou no coração dos cristãos e na cultura das nossas instituições, propagando evangelhos de interesse próprio e de autoconfiança.

O *ethos* do evangelho de Cristo se opõe totalmente aos padrões predeterminados da cultura do "grande Eu". Os últimos serão os primeiros. O maior será servo de todos. Os fracos são fortes. Para viver, antes você precisa morrer. O que parece ser loucura para o mundo constitui a sabedoria de Deus – o evangelho que nos salva para que possamos personificar o Reino vindouro.

O sociólogo James Davison Hunter destacou que os cristãos no passado tinham a tendência de se concentrar e interagir principalmente com as mudanças que presenciavam no cotidiano – com as leis, as políticas, as afirmações dos políticos e até mesmo com as últimas postagens no Twitter. No entanto, essas mudanças são só a ponta do *iceberg*: "O mundo mudou de uma forma bem mais profunda do que percebemos e por razões bem mais complicadas do que a ascensão da cultura secular. Quando as pessoas observam um enfraquecimento da moral pública ou do caráter pessoal tradicional na sociedade, elas tendem a colocar a culpa nos efeitos da mudança, e não nas causas".[29] Hunter é um porta-voz representativo de um consenso cada vez maior ao destacar que a Igreja deve fundar congregações locais que cultivem as virtudes, que priorizem o evangelho e deem uma amostra dos valores do Rei e do Reino que está por vir.[30] Vamos passar à exposição desses valores do Reino.

---

28 David Brooks, *O caminho para o caráter* (Barcarena, Portugal: Ed. Marcador), p. 7.

29 James Davison Hunter, "The Backdrop of Reality", Cardus.ca. Disponível em: https://www.cardus.ca/comment/article/4617/the-backdrop-of-reality/. Acesso em: 15 maio 2020.

30 Partes desta última seção foram adaptadas da obra de Joshua D. Chatraw, "Cultural Engagement: Integration and Virtue", *Didaktikos*, v. 1, n. 2 (2018).

Capítulo 3

ENGAJAMENTO CULTURAL COM VIRTUDE

Por cerca de cinquenta anos, o cristianismo norte-americano, particularmente os evangélicos tradicionais, mergulhou em um modelo de engajamento cultural classificado adequadamente como "guerra cultural". A metáfora da guerra tem, como toda figura de linguagem, muitas conotações. O poder dessa imagem é tão grande, que não somente a descreve, mas também dita posturas e táticas correspondentes. Já que a base cristã da cultura dos Estados Unidos, de forma um tanto incoerente, foi comprometida pelo secularismo cada vez mais generalizado, muitos cristãos, comumente da escola teológica conservadora, deixaram que o medo do que se pode perder nessa guerra ofuscasse as preocupações com o modo como devemos nos engajar culturalmente. Em regra, na tentativa de resgatar o caráter da cultura em termos morais, nós nos descuidamos de preservar o nosso próprio caráter ou virtude.

De fato, até mesmo a distinção entre *moralidade* e *virtude* praticamente se perdeu nesse processo. Em termos básicos, a moralidade diferencia o certo do errado, enquanto a virtude, desde o conceito aristotélico, simplesmente aponta para a *excelência*. A virtude humana refere-se às qualidades universais do caráter do homem que fazem com que ele seja excelente. Trata-se das características que a Bíblia diz que definem o cristão que é guiado pelo Espírito, como amor, alegria, paz, longanimidade, benignidade, bondade, fidelidade, gentileza e domínio próprio.

Como acabamos de explicar, a moralidade se ocupa de diferenciar o certo do errado. Quando se coloca diante de um agente moral a escolha entre o certo e o errado, ele escolhe o que é certo. A moralidade parte de regras ou leis, como os Dez Mandamentos, que definem o bem e o mal. Até mesmo uma sociedade pós-cristã como a nossa tem suas próprias "regras" de morali-

58 ENGAJAMENTO CULTURAL

dade, mesmo sendo baseadas em valores que mudam constantemente (como a tolerância) em vez de princípios absolutos e imutáveis. De forma diferente do agente moral, a pessoa virtuosa desenvolve, com o cultivo de hábitos, o tipo de caráter que personifica as várias características excelentes da natureza humana, como a coragem, a humildade, a paciência, a justiça, a prudência, a temperança e a dedicação. A ética das virtudes é uma área da filosofia moral que estuda a maneira como o caráter leva a uma vida ética de uma forma que as abordagens que se baseiam em regras ou resultados nunca poderão levar.

A virtude pressupõe o *telos*, ou o propósito: a virtude do cavalo de corrida é a sua rapidez, a virtude da serra é cortar bem, mas a virtude do ser humano é ser parecido com Cristo. Se alguém acha que o propósito da serra é ser usada da mesma forma que o martelo e tentar martelar com ela, não a considerará tão virtuosa ou excelente. Do mesmo modo, não há como declarar que uma tesoura é excelente se não se souber para que ela serve. Portanto, entender a virtude humana pressupõe uma crença comum sobre o propósito principal da existência do homem. Essa crença era característica das épocas e das culturas antigas (essas crenças comuns não se restringiam a sociedades cristãs).

No entanto, uma característica que define a Modernidade é a de que não acreditamos mais em um propósito essencial, ou *telos*, para a existência humana. Isso acontece porque "propósito" pressupõe um desígnio, e o desígnio pressupõe um *designer*. Faz parte da própria definição de "secularismo" que essa premissa de um sentido ou propósito transcendental seja descartada. Charles Taylor descreve a transição para a sociedade secular como a mudança de uma cultura "em que a crença em Deus era inquestionável e, de fato, não oferecia problema algum, para outra em que ela é entendida como uma opção entre muitas outras, e não muito fácil de abraçar".[1] Não sabemos mais o que leva uma pessoa a ser virtuosa ou excelente porque não concordamos sobre o propósito ou o sentido da existência humana.

Quando se abre a possibilidade de essa fonte de sentido existir, buscamos encontrá-la e expressá-la de algum modo, mesmo quando negamos estar fazendo isso. Alasdair MacIntyre afirma em *Depois da virtude* que, em uma época que não adota a crença em um *telos* unificador e transcendente, nós até utilizamos a linguagem da virtude, mas não falamos nela para identificar as excelências que caracterizam a essência humana, colocando as nossas preferências pessoais no

---

1   Charles Taylor, *Uma era secular* (São Leopoldo: Ed. Unisinos, 2010), p. 4.

lugar. MacIntyre chama essa tendência de "emotivismo", que ele define como "juízos morais que expressam sentimentos e atitudes".[2] Em outras palavras, quando uma fonte de sentido e propósito externa objetiva é substituída pelos sentimentos internos subjetivos, não há base alguma além da emoção para a moralidade e a virtude. Portanto, se nossos juízos morais se baseiam em nossas preferências emocionais e pessoais, julgamos que os outros também fazem o mesmo. Logo, não temos base para determinar o que torna um argumento moral mais válido do que o nosso, porque todos são igualmente subjetivos. Além do mais, como MacIntyre defende, devido ao fato de o emotivismo se investir da linguagem da moralidade, fica cada vez mais difícil diferenciar a verdadeira virtude de um "simulacro [imitação] da moralidade".[3] Até mesmo o cristianismo foi influenciado por essas repercussões, um desdobramento que contribui, pelo menos em parte, para algumas divergências sobre as questões apresentadas neste livro.

Apesar do fato de que os cristãos vivem em uma era que vem "depois da virtude", uma época que não reconhece mais um *telos* humano comum em direção ao qual nossas virtudes devem ir, os cristãos ainda têm a responsabilidade de conhecer e viver de acordo com esse propósito e de cultivar essas qualidades que nos permitem cumprir esse chamado com excelência. Essas são as qualidades que refletem a imagem de Deus em nós. Não podemos mais simplesmente pressupor que todos os cristãos (até mesmo os que frequentam igrejas) aderem ao *telos* humano transcendente que era pressuposto antes da ascensão do secularismo.

É muito útil entender que as virtudes são vistas tradicionalmente como a média entre dois extremos, o excesso e a falta. Por exemplo, Aristóteles acha que a coragem se trata da média virtuosa entre a precipitação (coragem excessiva) e a covardia (coragem deficiente).[4] De modo parecido, Aristóteles diz que ser verdadeiro sobre as próprias capacidades e conquistas é a média virtuosa entre o orgulho e a falsa modéstia.[5] A essência da ética das virtudes é muito bem-resumida no velho provérbio que apela para a "moderação em todas as coisas" (que se percebe também na tradução da Almeida Revisada e Atualizada de Filipenses 4:5:

---

2   Alasdair MacIntyre, *Depois da virtude*, p. 32.

3   Ibid., p. 15.

4   Aristóteles, *Ética a Nicômaco*, 3.7.

5   Ibid., 4.7.

60 ENGAJAMENTO CULTURAL

"Seja a vossa moderação conhecida de todos os homens"). Independentemente de qual modelo achamos mais bíblico para o nosso relacionamento com a cultura (entrar em guerra com ela, engajar-se nela, transcendê-la ou transformá-la), os cristãos são chamados a ter um caráter virtuoso.

Embora os filósofos de todas as épocas identifiquem várias virtudes e categorias de virtudes, todas elas dependem umas das outras; uma virtude não pode compensar a ausência da outra. Por exemplo, um ato de coragem depende da prudência (outra virtude) e deve ser direcionado à justiça (mais uma virtude) para se tornar de fato uma virtude. Enquanto a pessoa verdadeiramente virtuosa tem todas as virtudes cooperando entre si, algumas virtudes são dignas de uma atenção especial dentro do contexto do engajamento cultural[6] (e de nenhum modo a lista apresentada esgota as virtudes necessárias para que ele ocorra da melhor maneira).

Uma das primeiras virtudes necessárias para o cristão que busca um engajamento cultural eficaz e temente a Deus é a diligência. Na verdade, a Bíblia descreve a diligência como a base das outras virtudes: "Por isso mesmo, vós, reunindo toda a vossa diligência, associai com a vossa fé a virtude; com a virtude, o conhecimento; com o conhecimento, o domínio próprio; com o domínio próprio, a perseverança; com a perseverança, a piedade; com a piedade, a fraternidade; com a fraternidade, o amor. Porque estas cousas, existindo em vós e em vós aumentando, fazem com que não sejais inativos, nem infrutuosos no pleno conhecimento de nosso Senhor Jesus Cristo" (2Pedro 1:5-8, ARA).

A palavra "diligência" vem de um termo que significa "cuidado" ou "atenção". Uma característica de nossa época é que, quando se colocam tantas notícias e informações diante de nós a cada minuto, é impossível dar a devida atenção para cada calamidade em particular, ou a cada debate ou repercussão de algum fato. Na era do "comentário imediato", em que se espera que todos tenham alguma opinião na ponta da língua sobre as questões atuais e se vê o silêncio com frequência como sinônimo de indiferença, temos a tentação de julgar todas as coisas de maneira precipitada, independentemente da escassez de informação que temos a respeito do assunto.

No entanto, a diligência exige que tomemos cuidado e que prestemos atenção nas questões que desejamos abordar. Como Andreas Köstenberger

---

6 Parte do que é explicado nesta seção se baseia no livro de Karen Swallow Prior, *On Reading Well*: Finding the Good Life through Great Books [Sobre boas leituras: encontrando a melhor vida por meio de ótimos livros] (Grand Rapids, EUA: Brazos, 2018).

Engajamento cultural com virtude **61**

explica: "Faz parte da dedicação uma preocupação com os detalhes em vez do exame superficial". Ele observa que uma das marcas da superficialidade é conhecer somente as fontes cujos pontos de vista se alinham com os seus.[7] A dedicação envolve buscar pontos de vista diferentes sobre uma questão a partir de várias fontes (discernindo a confiabilidade das fontes e a verdade de suas conclusões). Com certeza, é impossível abordar com diligência todos (ou até muitos) assuntos, simplesmente porque é impossível saber de tudo ou mesmo ter o entendimento de muitos assuntos de uma vez. Na verdade, parte da motivação por trás deste livro é o desejo de ajudar o leitor a se dedicar mais na compreensão dos assuntos que abordamos (que já foram selecionados de um leque bem amplo de temas importantes).

Algo que ajuda muito a refletir sobre as virtudes é meditar sobre os vícios que se opõem a elas. O vício que se opõe à diligência é a preguiça. O livro de Provérbios contrasta essas duas qualidades várias vezes. Por exemplo, lemos em Provérbios 12:24 a afirmação: "As mãos diligentes governarão, mas os preguiçosos acabarão escravos". Geralmente se usa as palavras "preguiça" e "comodismo" como sinônimas, mas os primeiros monges tinham uma percepção mais sábia sobre esse vício. A palavra grega para preguiça, *acedia,* significa "sem cuidado", o que chamaríamos hoje de "descuidado" ou "apático". Quando pensamos sobre apatia ou descuido dentro do contexto do engajamento cultural, é útil refletirmos sobre duas expressões desse vício. O que se pode entender de forma mais clara se relaciona à apatia demonstrada ao se dar pouca ou nenhuma atenção para algum assunto, mas existe um significado de *acedia* menos óbvio, mais sinistro e mais generalizado que vai na linha do descuido. Percebemos que a ideia do descuido se relaciona mais com o baixo nível de atenção do que com a falta dela. Ao executarmos uma tarefa de qualquer maneira, o problema não é deixar de executá-la, mas sim deixar de executá-la de modo excelente. Na verdade, essa é a razão pela qual a ocupação crônica que caracteriza a maior parte dos dias que atravessamos – a realização de várias tarefas ao mesmo tempo, o ritmo frenético e o ziguezague que definem a vida no mundo moderno – não passa de uma expressão da *acedia*, por mais estranho que isso possa parecer. Não existe manifestação mais forte desse vício no engajamento cultural do que a nossa tendência de pressupor ou adotar uma opinião sem nos empenharmos

---

7 Andreas J. Köstenberger, *Excellence:* The Character of God and the Pursuit of Scholarly Virtues [Excelência: o caráter de Deus e a busca de virtudes eruditas] (Wheaton, EUA: Crossway, 2011), p. 95.

62 ENGAJAMENTO CULTURAL

na pesquisa e no entendimento da questão. Outro vício que talvez seja menos perigoso, mas que se torna cada vez mais comum, é a prática de compartilhar um artigo nas redes sociais sem ler ou mesmo verificar a fonte, um erro no qual alguns de nós acabamos caindo de vez em quando. Pode-se dizer com um alto nível de segurança que o fenômeno das *fake news* ocorre porque a virtude da dedicação se acha em falta.

Não dá para ser especialista em tudo, mas podemos assumir o compromisso de ter um conhecimento mais profundo sobre as questões que definem e inquietam a cultura atual. A prática da virtude da diligência exige que abordemos as questões nas quais escolhemos nos engajar com o cuidado e a atenção necessários – e evitemos exposições bombásticas, já que esse cuidado e essa atenção revelam a necessidade de outra virtude: a humildade.

A tradição cristã defende há muito tempo que o orgulho é a raiz de todo o pecado. Portanto, a humildade, que é o contrário do orgulho, costuma ser vista como a virtude principal. Na sua essência, a humildade é uma avaliação precisa de si mesmo e, por associação, das próprias opiniões, ideias e competência pessoal (ou falta delas) no engajamento cultural.[8] A avaliação humilde tem como referência nossa limitação como seres humanos finitos diante do Deus onisciente. Exige que nossas opiniões sobre as questões clássicas e sobre os pontos controversos do presente sejam aferidas pelos princípios permanentes da palavra imutável de Deus.

Amadurecemos em humildade quando nos avaliamos – com a perspectiva da nossa época – no que se refere à história e a todos os homens e mulheres sábios que viveram há décadas, séculos ou até mesmo milênios antes de nós. Estudar a sabedoria e os erros do passado é, por si só, um ato de humildade. Quando agimos assim, podemos perceber os fortes alicerces teológicos e filosóficos que foram lançados, fazendo com que nossas opiniões modernas pareçam pontas minúsculas de *icebergs* intelectuais gigantescos que foram construídos ao longo da história. No entanto, nenhuma época passou sem apresentar pelo menos um ponto cego moral. Isso nos leva a fazer a pergunta mais honesta possível, que não é "Como eles não enxergavam isso?", mas "O que não estamos enxergando hoje?". Andreas Köstenberger observa: "Sem humildade, não conseguimos enxergar nossas próprias fraquezas, nem reconhecer as falhas mais óbvias no

---

8   Para saber mais sobre o assunto, vejaTom Nichols, *The Death of Expertise*:The Campaign Against Established Knowledge and Why It Matters [A morte da especialidade: a campanha contra o conhecimento estabelecido e por que isso importa] (Oxford: Oxford University Press, 2017).

nosso raciocínio, nem dar margem para que os outros nos corrijam. Essa virtude permite que a pessoa aprenda de verdade, ao se render às evidências e se deixar corrigir pelos conhecimentos mais exatos que recebe de outras pessoas".[9]

A Bíblia tem muitas coisas a dizer sobre a humildade e sobre o vício que impede que ela floresça: o orgulho. Ela nos conta várias vezes que Deus olha o humilde de modo favorável. A maneira como abordamos a cultura em geral, ou mesmo como abordamos questões pontuais, deve ser caracterizada por um espírito humilde se quisermos que Deus se agrade de nós. Deus não precisa que estejamos certos tanto quanto nós precisamos que ele se agrade de nosso comportamento.

A integridade – que geralmente é definida como pureza ou envolvimento completo – é uma virtude que se expressa de duas formas diferentes que não deixam de ter certa ligação entre si: a moral e a intelectual. A integridade moral está relacionada a como as práticas de uma pessoa concordam com suas crenças. A intelectual investiga tanto a verdade em termos gerais quanto, por causa disso, a maneira como alguns fatos, conhecimentos e crenças se interligam com esses imperativos maiores.

O conteúdo e a forma do engajamento cristão com a cultura devem ser marcados pela integridade moral e intelectual. Infelizmente, não é difícil achar pessoas que afirmam crer em alguma coisa e agem de forma diferente, demonstrando que não são moralmente íntegras. Não são poucos os cristãos destituídos de integridade intelectual que se escondem atrás de perfis anônimos nas redes sociais enquanto afirmam agir "em defesa da fé", tendo uma atuação que não tem nada de amável, muito menos de humilde. Sua própria relutância em se envolver abertamente em debates sugere que a base do seu ponto de vista é instável demais para suportar o menor questionamento dos opositores. Na verdade, este livro incomodou algumas pessoas – motivando até críticas mordazes – por incluir esse ou aquele ponto de vista classificado como claramente *equivocado*, mas a integridade no engajamento cultural não abrange somente aquilo em que a pessoa acredita, mas também a razão pela qual acredita, o modo de aplicar e praticar essa crença e a disposição de abrir um diálogo confiante com as ideias opostas.

É preciso mais do que o simples conhecimento para cultivar essa integridade. Ler um livro como o que você tem em mãos oferece uma amplitude de

---

9   Ibid., p. 207.

64 ENGAJAMENTO CULTURAL

conhecimento sobre todo um leque de questões, bem como várias perspectivas sobre elas. Esse conhecimento é bom, porque, como nos lembra Köstenberger, "ignorância não é virtude". Ele acrescenta: "No entanto, nem mesmo o conhecimento constitui uma virtude se não for aplicado e praticado de forma adequada". A sabedoria é a "aplicação do conhecimento para as situações da vida real".[10] Trata-se da "capacidade de discernir ou julgar aquilo que é verdadeiro, justo ou duradouro; conhecimento".[11] Pode-se ler e entender todas as teses deste livro sobre algum assunto e dez vezes mais para se armar com conhecimento. Entretanto, julgar e aplicar todo esse conhecimento exige sabedoria. Como observamos antes, a humildade nos leva a reconhecer nossos pontos fortes e nossas limitações; a sabedoria nos leva a agir com base nesse conhecimento de forma adequada, seja transmitindo-o, seja guardando-o para nós mesmos.

Todos nós conhecemos quem se destaque pela sabedoria – e quem não seja assim. Pode até parecer que algumas pessoas nasceram com isso e outras não. Embora seja verdade que algumas pessoas nascem com algumas qualidades (inclusive a sabedoria) que são parte da sua identidade, o campo da ética da virtude ensina que as virtudes podem ser adquiridas pela prática intencional e frequente. Ainda que a sabedoria possa parecer a virtude mais difícil de alcançar, é bem útil refletir sobre os elementos dessa qualidade. Entre eles podemos citar a capacidade de reflexão, a experiência, o conhecimento, a ponderação e a temperança. Todos esses comportamentos podem ser praticados e cultivados por todos nós e podem nos levar a crescer em sabedoria.

Mesmo assim, enquanto a sabedoria humana pode ser cultivada pela prática, a sabedoria piedosa vem de Deus e supera toda a sabedoria humana. "Mas a sabedoria que vem do alto é antes de tudo pura; depois, pacífica, amável, compreensiva, cheia de misericórdia e de bons frutos, imparcial e sincera" (Tiago 3:17). Lemos em Tiago 1:5 a seguinte exortação: "Se algum de vocês tem falta de sabedoria, peça-a a Deus, que a todos dá livremente, de boa vontade; e lhe será concedida". Quando Deus disse a Salomão para pedir o que quisesse, Salomão optou pela sabedoria. Como ele fez uma escolha tão sábia (isso sem falar na sua humildade), Deus lhe concedeu muito mais do que ele pediu – riquezas e honra (1Reis 3:4-13). Podemos agir da mesma maneira. Em

---

10 Köstenberger, *Excellence*, p. 178.

11 *The Free Dictionary*, verbete "wisdom". Disponível em: https://www.thefreedictionary.com/wisdom. Acesso em: 22 abr. 2020.

seu engajamento cultural, o cristão não deve buscar somente o entendimento humano, mas a sabedoria que é dom de Deus.

Além das virtudes da dedicação, da humildade, da integridade e da sabedoria, que podem ser alcançadas pela graça comum, e da sabedoria piedosa, que só pode vir de Deus, o cristão é chamado a manifestar o fruto do Espírito. Esse fruto é fundamental para o engajamento cultural eficaz, porque a cultura humana é definida por um espírito de mundanismo, não pelo Espírito do Senhor. Alguns cristãos evitam escutar com seriedade e interagir com as pessoas porque sabem que o risco de serem influenciados pela cultura em vez de influenciá-la é real e está sempre presente. Apesar de os responsáveis por este livro não serem a favor da mentalidade separatista, é uma atitude insensata ignorar ou minimizar o perigo que o cristão corre de ser vencido pelo espírito do mundo em vez de ser guiado pelo Espírito de Cristo. Infelizmente, onde quer que pouse o nosso olhar, podemos ver esse espírito mundano no coração daqueles que se envolvem na cultura em nome de Cristo. Ousamos dizer que o engajamento cultural caracterizado por um espírito de mundanismo que afirma usar o nome de Cristo equivale a usar o nome do Senhor em vão. Como demonstramos, a melhor forma de combater esse espírito mundano não é se afastar do mundo, mas ser cheio do Espírito. Se não demonstrarmos as virtudes do amor, da alegria, da paz, da longanimidade, da benignidade, da bondade, da fidelidade, da gentileza e do domínio próprio (Gálatas 5:22-23) ao abordarmos o mundo (ou os nossos irmãos na fé), nossos esforços serão inúteis. Além disso, mesmo se adotarmos a postura correta ou assumirmos a opinião certa, se não tivermos amor, seremos como o "prato que retine" (1Coríntios 13:1).

No livro *A Theology of Reading: The Hermeneutics of Love* [Teologia da leitura: a hermenêutica do amor], Alan Jacobs se refere a uma passagem famosa do livro de Agostinho chamado *A doutrina cristã*, na qual o pai da Igreja diz que um sentido impreciso na interpretação da Bíblia não se trata de um erro pernicioso ou enganoso se objetivar o cultivo do amor. Jacobs afirma que essa hermenêutica do amor não se aplica somente à Bíblia, mas também a outros tipos de leitura. Ele explica: "A aplicabilidade universal do mandamento duplo de Jesus faz com que a instrução caridosa de Agostinho seja tão importante para a interpretação de poemas épicos quanto para a leitura das Escrituras Sagradas".[12] Jacobs destaca que "somente se entendermos o amor de Deus e ao

---

12 Alan Jacobs, *A Theology of Reading*: Hermeneutics of Love (Nova York: Routledge, 2001), p. 11.

66 ENGAJAMENTO CULTURAL

próximo como pré-requisito da leitura de *qualquer* texto poderemos cumprir 'a lei do amor' em nosso pensamento, em nossas conversas e no nosso modo de trabalhar".[13]

Por fim, o engajamento cultural não é nada mais – nem nada menos – que buscar a verdade para amar com um amor temente a Deus.

---

13 Ibid., p. 12.

Parte 2

QUESTÕES CONTEMPORÂNEAS

Capítulo 4

SEXUALIDADE

As palavras da Bíblia sobre a sexualidade são imutáveis – mesmo que as interpretações dessas palavras possam ser discutidas. No entanto, as opiniões sobre a sexualidade nas várias culturas e nos vários períodos da história são bastante diferentes. Quando se olha sob o prisma da nossa cultura e da nossa época atual, é fácil entender o pensamento bíblico, especialmente em meio ao clima político de hoje, como em conflito total com a opinião pública, mas é importante refletir sobre o modo como as opiniões sobre a sexualidade foram dando lugar a outras e se transformando com o passar do tempo.

Embora o relacionamento com pessoas do mesmo sexo seja apenas um assunto entre vários dentro dos debates relacionados a questões sexuais e de gênero, serve como um ponto de partida adequado para os artigos nesta seção, porque não dá para pensar simplesmente no "ponto de vista bíblico" contra o "ponto de vista cultural" quando se trata desse tema, já que as opiniões dentro e fora das culturas variam de forma bem dramática.

Devido ao fato de os debates sobre o relacionamento entre pessoas do mesmo sexo serem tão proeminentes tanto na Igreja quanto na cultura em geral, pode parecer surpreendente que a Bíblia só se refira de forma clara ao assunto em poucas passagens do Antigo e do Novo Testamento. Alguns teólogos, como o especialista em Novo Testamento Richard B. Hays, sugerem que a baixa frequência de referências ao tema indica que ele "não é tão importante" em termos do destaque bíblico.[1] No entanto, provavelmente isso se deve ao fato de que a relação sexual entre homem e mulher como a fonte da fertilidade que transmite a imagem de Deus e como um tipo de união entre Cristo e a sua

---

1 Richard Hays, *The Moral Vision of the New Testament*: Community, Cross, New Creation: A Contemporary Introduction to New Testament Ethics [A visão moral do Novo Testamento: comunidade, cruz, nova criação: uma introdução contemporânea à ética do Novo Testamento] (Nova York: HarperCollins, 1996), p. 381.

70 ENGAJAMENTO CULTURAL

Igreja é mencionada por toda a narrativa bíblica, desde Gênesis até Apocalipse. Essa é a norma implícita, e é tendo esse entendimento como pano de fundo que surge a menção da proibição dessa prática.

A história de Sodoma e Gomorra que se encontra em Gênesis 19 faz parte das páginas do Antigo Testamento que abordam o assunto. Os homens da cidade de Sodoma vêm à casa de Ló, exigindo que Ló lhes traga seus dois visitantes – anjos que parecem homens – para terem relações sexuais com eles. Deus destrói a cidade por causa do seu pecado, que posteriormente é identificado em Ezequiel 16:49 como orgulho, licenciosidade e comodismo, bem como omissão no auxílio aos pobres e necessitados, não mencionando a relação sexual com pessoas do mesmo sexo. No entanto essa narrativa tem sido citada por toda a história da Igreja como passagem importante na denúncia dessa prática.

A lei levítica é bem mais clara do que a história de Sodoma e Gomorra na condenação do sexo entre homens. Lemos em Levítico 18:22 e 21:13 a proibição de que um homem se deite com outro "como quem se deita com uma mulher" e a declaração de que isso é uma "abominação". De acordo com Hays, essa "proibição legal inconfundível permanece sendo a base da rejeição universal ao sexo entre homens no seio do judaísmo".[2]

No Novo Testamento, a condenação mais clara e detalhada da relação sexual entre pessoas do mesmo sexo (tanto entre homens quanto entre mulheres) se encontra em Romanos 1:18-32. Essa passagem indica o poder transformador do evangelho, distinguindo esse poder dos comportamentos que expressam uma rebelião contra Deus na recusa de aceitá-lo. Essas formas de conduta, das quais faz parte o comportamento homossexual, são apresentadas basicamente como idolatria. De acordo com esse relato, a consequência para esses rebeldes é que Deus os "entregou" a suas paixões e prazeres, inclusive aos atos eróticos entre pessoas do mesmo sexo.[3]

Em 1Coríntios 6:9-11, Paulo apresenta uma lista de "perversos" que "não herdarão o Reino de Deus". Faz parte dela uma palavra que geralmente é interpretada como "homossexual", mas nem todos a entendem desse modo. O problema na tradução é que as categorias que identificam as pessoas de acordo com o comportamento ou "orientação" sexual não existiam naquela época,

---

2   Ibid.

3   Ibid., p. 383-87.

Sexualidade 71

conforme veremos logo adiante. Existem problemas parecidos de tradução em 1Timóteo 1:10 e Atos 15:28-29, embora normalmente se entenda que essas passagens incluem as relações sexuais entre pessoas do mesmo sexo nas práticas que a Escritura qualifica como desobedientes, ilegais e contrárias à sã doutrina do evangelho.

Independentemente de quaisquer problemas na tradução, as leis levíticas esclarecem muito bem o pensamento de Deus a respeito do relacionamento sexual entre pessoas do mesmo sexo, e o relato da criação em Gênesis traça um retrato da complementariedade intrínseca do ato sexual.

Embora a norma da relação sexual entre homem e mulher seja essencial no cenário bíblico, o conhecimento sobre a cultura das nações ao redor explica a razão pela qual foi necessária a menção do relacionamento entre pessoas de mesmo sexo nos textos bíblicos.

Nas culturas pagãs dos países vizinhos de Israel, geralmente a norma consistia na relação sexual entre pessoas do mesmo sexo (embora essa relação não seja identificada como prática homossexual). Muitas imagens e afirmações sobre atos eróticos com pessoas do mesmo sexo na arte e na literatura do mundo greco-romano da Antiguidade proporcionam um retrato claro de suas opiniões. Platão, por exemplo, no seu livro *O banquete*, fez comparações positivas entre a arte da conversa e a arte de seduzir um jovem.[4] No contexto da Grécia e da Roma clássicas, o sexo conjugal entre homem e mulher servia principalmente para a produção de herdeiros legítimos; o sexo entre os homens – particularmente entre um homem mais velho e outro mais novo – não era considerado somente normal e saudável, mas também ideal, elogiado nas artes, na literatura e na filosofia.

As categorias de comportamento (e de juízo moral correspondente) dentro do mundo greco-romano antigo não diziam respeito a relações homossexuais ou heterossexuais, mas ao papel ativo ou passivo dentro dessa relação. O amplo vocabulário latino relacionado com as várias práticas sexuais, na sua maior parte homossexuais, revela várias categorias de comportamento sexual diferentes do mundo judaico-cristão ou mesmo do mundo atual. Os papéis nos atos eróticos eram expressão de conquista e poder (ou da falta deles), sem que se considerasse

---

4 W. L. Bryan; C. L. Bryan, eds., *Plato the Teacher: Being Selections from the Apology, Euthydemus, Protagoras, Symposium, Phaedrus, Republic, and Phaedo of Plato* [Platão, o professor: trechos selecionados de Apologia de Sócrates, Eutidemo, Protágoras, O banquete, Fedro, A república e Faedo] (Nova York: Scribner's, 1897), p. 129-131.

72 ENGAJAMENTO CULTURAL

a moralidade ou a justiça destacada no pensamento bíblico. A aprovação do relacionamento íntimo entre pessoas do mesmo sexo nesse contexto tinha uma motivação totalmente diferente daquela que norteia a aceitação franqueada pela nossa sociedade nos dias de hoje.

Mesmo na Idade Média, quando a palavra "sodomita" era usada para descrever quem se envolvia em um relacionamento sexual com pessoas do mesmo sexo, ela não se aplicava a uma categoria de desejo ou atração, mas somente a um comportamento, seja entre pessoas do mesmo sexo, seja entre pessoas do sexo oposto.[5] As categorias "homossexual" e "heterossexual" que fazem parte do contexto de hoje na verdade só tiveram início no século 19 a partir do nascer da disciplina da psicologia, que surgiu nessa época. O desenvolvimento dessas palavras naquele momento refletia a mudança epistemológica moderna, que cada vez mais se baseava na ciência e que buscava causas médicas e biológicas para todo tipo de comportamento humano.

No entanto, essas categorias binárias precisas acabaram sendo rejeitadas pelos teóricos pós-modernos. Michel Foucault, por exemplo, chamou a atenção para a artificialidade de categorias como "homossexual" e "heterossexual", observando que essas classificações não conseguem explicar a grande diversidade da atração, do comportamento e da identidade sexual no decorrer da história humana.[6] Os construcionistas sociais afirmam que "não existe forma de sexualidade independente da cultura; até mesmo o conceito e a experiência da orientação sexual são frutos da história".[7]

Esse descarte das categorias rígidas e a mudança rumo a um afastamento das explicações biológicas priorizando a experiência emocional e a identidade pessoal colocaram em pauta as questões da identidade de gênero, do transgenerismo e até mesmo a neutralidade de gênero em todos os debates que contrariam o pensamento tradicional que agora é classificado como "heteronormatividade".

Com a visibilidade e a aceitação crescente dos gays, das lésbicas e do relacionamento entre pessoas do mesmo sexo na cultura em geral, o engajamento da Igreja diante dessa questão tem passado por várias mudanças rápidas quanto ao modo como os cristãos conversam sobre o assunto e abordam os grupos sexuais minoritários, sendo algumas delas sutis e outras bem dramáticas. Logo,

---

5   Verbete "Homosexuality", *Stanford Encyclopedia of Philosophy*, versão de 5 de julho de 2015. Disponível em: http://plato.stanford.edu/entries/homosexuality/. Acesso em: 22 abr. 2020.

6   Veja Michel Foucault, *A história da sexualidade vols. 1-3*, (São Paulo: Paz & Terra, 2014).

7   "Homosexuality", *Stanford Encyclopedia of Philosophy*.

do mesmo modo que aconteceu na Roma e na Grécia antigas, bem como na Idade Média e no século 19, foram criadas palavras novas para lidar com essas questões, inclusive no seio da Igreja.

Tanto as congregações quanto os indivíduos cristãos que consideram o desejo e o comportamento homossexual totalmente aceitáveis para Deus se identificam como "acolhedores" ou "apoiadores". Os termos "lado A" e "lado B" aprofundam ainda mais o debate, com o lado A expressando a opinião de que Deus abençoa o desejo pelo mesmo sexo e as uniões de pessoas do mesmo sexo, e o lado B opinando que os cristãos gays recebem um chamado vitalício para o celibato. Outros cristãos rejeitam esses dois lados, afirmando que o desejo sexual por pessoas do mesmo sexo é pecaminoso e não pode ser identificado como parte integrante da identidade de um cristão – mesmo no contexto do celibato.

Mesmo nessa análise superficial fica claro que as atitudes culturais e o entendimento com relação à identidade, ao comportamento e à prática sexual mudaram drasticamente com o passar do tempo e provavelmente continuarão a mudar. No entanto o cristão ainda pode ter uma base segura no conceito bíblico sobre a sexualidade para abordar esses pensamentos que mudam a cada instante de forma crítica.

No ensaio que abre esta seção, Todd Wilson associa o argumento de que a sexualidade é binária ao primeiro capítulo da Bíblia, ao consenso da Igreja no decorrer da história e à imagem de Deus revelada na criação. Em seguida, temos uma dissertação de Robert Gagnon, que traz uma defesa exegética do apoio bíblico ao relacionamento homem-mulher como pré-requisito básico para o casamento. O artigo de Rosaria Butterfield traz o testemunho de sua experiência sobre o modo como sua conversão e sua fé transformaram sua vida, fazendo com que ela finalmente se afastasse da comunidade lésbica e da sua carreira para seguir Cristo. Ela nos desafia a repensar o modo como expressamos nosso amor pelos nossos vizinhos e amigos LGBTQIA+, tendo o empenho de compartilhar com eles a verdade plena do evangelho. Michael Bird analisa as questões culturais em torno do debate sobre gênero, considerando em particular os efeitos do sistema restritivo de classificação binária que tem pautado o modo como geralmente discutimos a questão. Segue-se a opinião completamente diferente de Matthew Vines, insistindo que os cristãos façam um novo exame da maneira como entendemos o debate a respeito do relacionamento homossexual, afirmando que as interpretações que moldam o nosso entendimento da questão não estão formulando as perguntas certas

74 ENGAJAMENTO CULTURAL

ou estruturando o diálogo no contexto de um relacionamento monogâmico e amoroso entre duas pessoas do mesmo sexo.

Os dois artigos que encerram esta seção tratam da disforia sexual. Matthew Mason explica como o evangelho lida com as questões relacionadas à disforia de gênero, reafirmando o bom caráter da ordem criada e ofertando a promessa da restauração de todas as coisas. Por fim, Mark Yarhouse e Julia Sadusky analisam a questão sob o ponto de vista psicológico, explicando os termos principais, não trazendo somente um parecer sobre a importância do tema no campo da psicologia, mas também uma abordagem integrada para abordá-lo a partir de uma perspectiva teológica e psicológica.

SEXUALIDADE PURA E SIMPLES
A POSIÇÃO HISTÓRICA DA IGREJA

Todd Wilson

A Bíblia fala que os seres humanos se diferenciam sexualmente, homem e mulher, e isso define o propósito do casamento e do sexo. Essa é a visão sobre a sexualidade humana que classifico como "sexualidade pura e simples", uma maneira resumida de se referir aos temas que caracterizaram a visão bíblica histórica da sexualidade em todas as épocas. Ao chamar esse conceito assim, faço referência a C. S. Lewis e seu livro famoso com um título parecido, e quero dizer que é nisso que a maioria dos cristãos na maior parte do tempo e na maioria dos lugares acreditou sobre a sexualidade humana, o chamado "consenso histórico".

Será que esse consenso existe? Com certeza, existe um consenso histórico a respeito da sexualidade humana que faz parte da Igreja em cada uma das suas expressões principais – a ortodoxa, a católica e a protestante. Esteve em voga por séculos, praticamente desde meados do século 4 até a primeira metade do século 20. Além disso, só passou a ser questionado de maneira séria nos últimos quarenta ou cinquenta anos, com a liberalização da ética cristã durante a promoção da revolução sexual da década de 1960.

Isso não quer dizer que exista uma unanimidade sobre todas as questões da tradição cristã. Existe uma diversidade concreta e até alguma divergência no meio da Igreja. Entretanto, apesar delas, o consenso que eu chamo de "sexualidade pura e simples" manteve uma força surpreendente através dos séculos, e é possível identificar suas linhas gerais. Elas são compostas de uma série de crenças e convicções interligadas, mas no âmago da sexualidade pura e simples e do ensino histórico da Igreja sobre o tema está a crença de que a diferença entre os sexos, de ser homem ou mulher, é muito significativa na esfera teológica e moral – trata-se de algo importante para Deus e deve ser importante para nós.[1]

---

1 Em seu livro cuidadosamente pesquisado sobre a importância da existência de sexos diferentes para a teologia moral do casamento, intitulado *Creation & Covenant* [Criação e aliança], Christopher C. Roberts demonstra que houve um consenso cristão sobre a sexualidade por séculos. Ele explica: "Depois de um período patrístico inicial no qual as crenças cristãs sobre as diferenças sexuais eram instáveis e diversas, um consenso em linhas gerais sobre a diferença sexual existiu desde o século 4 até o século 20" (p. 185-186). Ele resume: "Existe uma tradição cristã antiga, desde Agostinho até João Paulo II, em que se defende e se afirma que a diferença sexual é importante" (p. 236).

76 ENGAJAMENTO CULTURAL

Na primeira página da Bíblia lemos que "homem e mulher (Deus) os criou" (Gênesis 1:27). Desse modo, constatamos imediatamente a prioridade canônica e teológica da diferença entre os sexos no pensamento cristão. Ela constitui uma parte essencial da nossa identidade, nunca sendo acidental ou periférica, flexível ou negociável. Essa diferença faz parte da nossa natureza como criaturas. Não se trata de algo elaborado por nós, como *smartphones* ou automóveis. Deus teceu a diferença entre os sexos na trama da criação, e, por causa disso, o fato de sermos homens ou mulheres é parte integrante do nosso chamado como portadores da imagem de Deus, e isso não poderia ser diferente na comunidade mais básica de todas, a qual se chama "casamento". Portanto, não podemos ignorar ou minimizar o fato de sermos homens ou mulheres sem prejudicar nossa capacidade de frutificar e encontrar a realização.

Além disso, já que a diferença entre os sexos é uma parte principal da nossa identidade, ela não será erradicada na ressurreição, mas continuará por toda a eternidade, ainda que seja em uma expressão completamente glorificada. Nosso corpo ressuscitado terá sexo, do mesmo modo que o corpo ressuscitado de Jesus tem. Ele é, e sempre será, um homem judeu circuncidado e crucificado.

Esses são os traços principais do que é o consenso abrangente e consagrado pelo tempo sobre a diferença sexual, tendo consequências que atingem praticamente todas as áreas da nossa vida. Isso é o que chamo de sexualidade pura e simples: aquilo em que a maioria dos cristãos na maior parte do tempo em praticamente todos os lugares crê sobre a sexualidade humana.

A Bíblia diz que termos um corpo com características sexuais é essencial para a nossa identidade, algo longe de ser opcional. É um dom que recebemos, não uma opção. Ou, como Rosaria Butterfield diz: "Os cristãos são essencialistas de gênero e sexualidade".[2] No entanto, a Bíblia também diz que nem os desejos e nem as atrações se resumem a um aspecto da nossa sexualidade.

Confronte isso com as mensagens da nossa cultura que nos dizem que somos definidos por quem desejamos sexualmente – fazendo do desejo sexual um ídolo que tem poder de nos definir de uma maneira que deveria ser reservada somente a Deus. A Bíblia associa nossa identidade ao que se chama *imago Dei*,

---

2 Rosaria Butterfield, *Pensamentos secretos de uma convertida improvável*: a jornada de uma professora de língua inglesa rumo à fé cristã (Brasília: Editora Monergismo, 2012), p. 6. Veja também os capítulos 4 a 5, em que ela descreve o surgimento da noção de "orientação sexual" no século 19 e, com ele, a transformação da identidade pessoal.

Sexualidade 77

ou seja, a imagem de Deus.[3] Encontramos essa expressão em Gênesis 1:26-27: "Então disse Deus: 'Façamos o homem à nossa imagem, conforme a nossa semelhança. Domine ele sobre os peixes do mar, sobre as aves do céu, sobre os animais grandes de toda a terra e sobre todos os pequenos animais que se movem rente ao chão'. Criou Deus o homem à sua imagem, à imagem de Deus o criou; homem e mulher os criou".

Esse é o primeiro capítulo da Bíblia, que traz a base para tudo o que vem depois – inclusive nosso modo de entender a Deus e a nós mesmos. No sexto dia, Deus cria os seres humanos, o ponto culminante da sua criação. No versículo 26, Deus fala na primeira pessoa, indicando que investiu com mais intensidade na criação dos homens do que na criação dos gafanhotos, ou das morsas, ou mesmo das supernovas. Depois, no versículo seguinte, o propósito claro de Deus se revela: "homem e mulher os criou". Essa afirmação está em paralelismo gramatical com ser criado à imagem de Deus nas duas primeiras partes do versículo. Isso é importante, porque ser homem ou mulher é fundamental na criação do ser humano à imagem de Deus.

Portanto, o casamento é a união de uma só carne construída na complementariedade sexual entre homem e mulher – uma união de coração, mente e corpo. Essa visão cristã clássica e histórica sobre o casamento prevaleceu como o pensamento predominante sobre o casamento na cultura ocidental – até recentemente.

Encontramos essa visão do casamento nas primeiras páginas da Bíblia, em que lemos as seguintes palavras: "Por essa razão, o homem deixará pai e mãe e se unirá à sua mulher, e eles se tornarão uma só carne" (Gênesis 2:24). Observe a expressão "uma só carne". De acordo com a visão cristã histórica e bíblica, o casamento é uma união de uma só carne. Não é um vínculo emocional ou uma conexão relacional que se sente com alguém. Em vez disso, é um tipo específico de união – de uma só carne. É a união de coração, mente, espírito e corpo.[4] Aprecio a maneira como o escritor Kevin DeYoung expressa

---

3   A discussão acadêmica sobre a imagem de Deus é imensa, mas, para acompanhar uma avaliação útil, veja John F. Kilner, *Dignity and Destiny*: Humanity in the Image of God [Dignidade e destino: a humanidade à imagem de Deus] (Grand Rapids, EUA: Eerdmans, 2015).

4   Embora haja uma boa chance de que o destaque principal da expressão "uma só carne" em Gênesis 2:24 não seja sexual, mas familiar – ou, como o especialista influente James Brownson diz: "um laço de afinidade vitalícia" (James V. Brownson, *Bible, Gender, Sexuality* [Bíblia, gênero, sexualidade] (Grand Rapids, EUA: Eerdmans, 2013), p. 85-109) –, mantenho minha firme convicção de que inclui uma referência ao relacionamento físico entre o homem e a mulher, especialmente à luz do tema da nudez e da ausência de vergonha em Gênesis 2:25.

78 ENGAJAMENTO CULTURAL

isso: "O *ish* [homem] e a *ishá* [mulher] só podem se tornar uma só carne porque não se trata somente de uma união sexual, mas de uma reunião, da aproximação de dois seres diferenciados, um feito do outro e os dois criados um para o outro".[5]

Essa é a razão pela qual as Escrituras se referem ao casamento como uma união de "uma só carne", e não de um só coração, ou de um só espírito, ou de uma só alma. A união dos corpos, ou da carne, é essencial, não opcional. A expressão "uma só carne" tem o propósito bem concreto e específico de se referir à carne, ao corpo físico, mas, honestamente, é necessária uma afirmação ainda mais específica. A união de uma só carne mencionada aqui não se trata somente de uma união de corpos de modo geral, como a troca de abraços e de apertos de mão. Refere-se à união dos corpos de um modo bem singular. A palavra antiga para descrever essa união é "coito"; uma expressão um pouco mais recente é "ato sexual", o que chamamos hoje simplesmente de "sexo". É o que a tradição cristã e o direito veem há décadas como a consumação do casamento. O homem e a mulher têm somente um órgão que foi criado especificamente para um complemento, e quando esses dois órgãos – o órgão sexual masculino e o órgão sexual feminino – se juntam para executar um ato unificado e unificador, eles formam a união de uma só carne bem literalmente, fisicamente, na verdade até mesmo biologicamente.

Essa é a união de uma só carne, a união completa de duas pessoas, que por séculos chamamos de "casamento"; dentro desse conceito de casamento, o sexo tem o propósito de unir duas pessoas e gerar novas pessoas. Seu propósito é de unificação e procriação.

Entretanto, isso traz consequências um tanto controversas. De modo positivo, toda atividade sexual deveria expressar ou personificar a união de uma só carne chamada "casamento", porque esse é o propósito para o qual Deus criou o sexo, mas, de modo negativo, toda forma de atividade sexual que não consegue expressar ou personificar a união de uma só carne está desvinculada do ensino das Escrituras e não se enquadra na vontade de Deus.

De acordo com a Bíblia e com praticamente toda a Igreja, Deus aprova a diferença sexual entre o homem e a mulher, o ato de unir pessoas em uma só carne chamado "casamento", além do desfrutar do poder de unificação e de

---

5 Kevin DeYoung, *O que a Bíblia realmente ensina sobre a homossexualidade?* (São José dos Campos: Ed. Fiel, 2016).

procriação do sexo – sem a menor sombra de dúvida. Não há nada de errado, ou pecaminoso, ou caótico quanto a isso, e se trata de algo certo, bom e glorioso.

Contudo, com essa aprovação vem uma reprovação clara, porque, de acordo com a Bíblia e com o consenso praticamente unânime da Igreja, Deus não vê com bons olhos as formas de atividade sexual que não se enquadram nessa união de uma só carne chamada "casamento", e permita-me acrescentar que essa reprovação se dá indistintamente, seja para a união entre pessoas do mesmo sexo, seja para a união com pessoas do sexo oposto.

A Bíblia é clara, como é o ensino que a Igreja cristã transmite há séculos, em dizer que a atividade sexual entre pessoas do mesmo sexo não se enquadra na vontade de Deus para os seres humanos. No entanto, a Igreja não mantém essa posição por odiar essa atividade, mas porque essa atividade não se encaixa no padrão da união em uma só carne do casamento. Biblicamente falando, a questão principal não reside no gênero das pessoas envolvidas no ato sexual. O problema principal da atividade sexual entre pessoas do mesmo sexo é que ela se encontra fora do padrão legítimo da união de uma só carne criada exclusivamente para a aliança do casamento. Em palavras mais simples, dizemos que a atividade sexual é imprópria para qualquer pessoa – homem ou mulher, atraída pelo mesmo sexo ou pelo sexo oposto – que não se encaixa no contexto da união em uma só carne, que chamamos de "casamento".

Todd Wilson (PhD, Cambridge University) é o presidente do Centro de Pastores Teólogos, um ministério dedicado a ajudar os pastores a exercer a liderança teológica de suas igrejas. É pastor há 15 anos, sendo na última década pastor sênior da Calvary Memorial Church em Oak Park, Illinois, Estados Unidos.

Ele é autor e editor de mais de 12 livros, incluindo *Mere Sexuality and Galatians: Gospel-Rooted Living* [A sexualidade pura e simples e a carta aos Gálatas: a vida baseada no evangelho].

UMA DEFESA EXEGÉTICA DO CASAMENTO TRADICIONAL

Robert A. J. Gagnon

A união entre homem e mulher como pré-requisito para o casamento – de forma contrária a toda prática homossexual – pode ser chamada com acerto de um "valor fundamental na ética sexual bíblica", já que é sustentado por toda a Escritura.

Um conjunto expressivo de textos bíblicos fala especificamente sobre a prática homossexual.[1] Podem-se destacar três grupos de textos em particular. Em primeiro lugar, existem as proibições absolutas das relações sexuais entre homens (sejam jovens ou adultos) em Levítico 18:22 e 20:13, ladeadas das proibições à bestialidade, ao incesto e ao adultério, considerados ofensas passíveis de pena de morte.[2] O outro grupo se compõe da passagem de 1Coríntios 6:9,

---

1   Para mais informações sobre as passagens bíblicas que falam sobre a união entre pessoas do mesmo sexo, veja meu livro de quinhentas páginas intitulado *The Bible and Homosexual Practice*: Texts and Hermeneutics [A Bíblia e a prática homossexual: textos e hermenêuticas] (Nashville, EUA: Abingdon, 2001); o meu estudo de cinquenta páginas em *Homosexuality and the Bible*: Two Views [Homossexualidade e a Bíblia: duas visões] (Minneapolis, EUA: Fortress, 2003), em coautoria com Dan O. Via; meu artigo de 150 páginas, "The Scriptural Case for a Male-Female Prerequisite for Sexual Relations: A Critique of the Arguments of Two Adventist Scholars", em *Homosexuality, Marriage, and the Church*: Biblical, Counseling, and Religious Liberty Issues [Homossexualidade, casamento e Igreja: aconselhamento bíblico e questões de liberdade religiosa], ed. R. E. Gane, N. P. Miller e H. P. Swanson (Berrien Springs, EUA: Andrews University Press, 2012), p. 53-161; e o meu artigo de 110 páginas, "Why the Disagreement Over the Biblical Witness on Homosexual Practice? A Response to David G. Myers and Letha Dawson Scanzoni, What God Has Joined Together", em *Reformed Review* 59.1 (Outono de 2005), p. 19-130. Disponível em: http://www.robgagnon.net/articles/ReformedReviewArticleWhyTheDisagreement.pdf. Acesso em: 22 abr. 2020. Consulte também os artigos no site www.robgagnon.net, inclusive "Is Homosexual Practice No Worse Than Any Other Sin?". Disponível em: http://robgagnon.net/articles/homosexAreAllSinsEqual.pdf. Acesso em: 22 abr. 2020.

2   Menciona-se também a relação sexual com a mulher menstruada (Levítico 20:18), mas o capítulo 20 relaciona essa ofensa como secundária, além do incesto que não seja entre pais e filhos. Existem vários indicadores no contexto literário que mostram claramente que as leis relativas ao sexo em Levítico 18 e 20 tratam de ofensas morais, não somente de infrações rituais: (1) os atos sexuais proibidos em Levítico 18 são classificados de forma específica como "iniquidade" ou "pecado", não somente como impureza ritual (18:25, KJV). (2) Como se poderia esperar de ofensas morais, essas leis sexuais não permitiam a absolvição (por exemplo, a purificação da impureza) simplesmente por meio de atos rituais como banhos, (3) do mesmo modo que as outras ofensas sexuais em Levítico 18 e 20 (exceto pelo caso mais periférico do sexo com a mulher menstruada, as ofensas sexuais mencionadas nesses capítulos não faziam com que os participantes não pudessem ser tocados). Quando não se menciona a tradução de forma específica, as traduções bíblicas são livres, efetuadas pelo autor. (4) As leis sexuais de Levítico 18 e 20 não castigam as pessoas que

(continua)

Sexualidade 81

em que Paulo inclui na lista de pessoas que enganam a si mesmas, se acham que herdarão o Reino de Deus, tanto os "homens mansos" (*malakoi*, isto é, homens que se efeminam para atrair parceiros masculinos) quanto os "homens que praticam sexo com homens" (*arsenokoitai*; do mesmo modo que em 1Timóteo 1:10).[3] O terceiro provavelmente é o mais importante dos textos diretos, em que Paulo traz uma descrição irrestrita da prática homossexual em Romanos 1:24-27 como "abandono das relações naturais": as duas pessoas que participam "degradam seus corpos entre si" e cometem "atos indecentes", abandonando o "uso natural" (desígnio corporal) do outro sexo, ordenado pelo Criador e óbvio para os seres racionais. Podem-se acrescentar outros textos a esses que abordam a prática homossexual de forma menos direta.[4]

Foram utilizados sem sucesso vários argumentos para invalidar a aplicação desses textos, com base nas seguintes alegações: de que o mundo greco-romano

---

não agem de forma deliberada (observe a fórmula de culpabilidade no capítulo 20: "seu sangue estará sobre a sua cabeça"). (5) Sempre se dá uma justificativa implícita para cada proibição, demonstrando que não é o caso de uma fobia irracional. (6) As leis sexuais em Levítico 18 e 20 não se aplicavam somente aos judeus, mas também aos estrangeiros residentes (gentios).

3   Essa palavra foi criada pelos grupos judeus e cristãos com base nas proibições da prática sexual entre pessoas do sexo masculino, unindo a palavra "homem" (*arsēn*) à palavra "deitar" (*koitē*). Sabemos que os judeus do primeiro século, como Josefo e Filo, entendiam que as passagens de Levítico 18:22 e 20:13 se aplicavam a todas as relações sexuais entre homens, fossem comprometidas, promíscuas ou exploratórias. Para saber mais sobre as palavras *arsenokoitai* e *malakoi*, consulte o livro *The Bible and Homosexual Practice*, p. 303-330.

4   A série principal entre esses textos é a que consiste em três narrativas exemplificando o juízo divino cataclísmico sobre a tentativa ou a prática do estupro de homens contra homens: o ato de Cão contra Noé (Gênesis 9:20-27), os pecados de Sodoma (Gênesis 19:4-11) e o levita em Gibeá (Juízes 19:22-25). Devido ao seu caráter coercitivo, essas histórias não são ideais para enquadrar relacionamentos homossexuais compromissados, mas ainda assim elas não se tornam irrelevantes. O efeito de cada uma dessas histórias é bem parecido com o relato de um estupro incestuoso: quando as entendemos dentro do contexto, não há como ver essas histórias como exemplo apenas do incesto coercitivo. Em vez disso, elas devem ser tratadas como um histórico de várias ofensas que envolvem tanto o incesto como a prática homossexual. O mesmo se aplica à história sobre a transgressão de Sodoma. Em seu contexto literário, no seu histórico interpretativo (especialmente em Ezequiel 16:50; Judas v.7 e 2Pedro 2:6-10) e no contexto histórico do Oriente Médio Antigo, a história deve ser vista como uma narrativa múltipla de ofensas, enquadrando tanto o estupro quanto o sexo entre homens. Consulte também: "Why We Know That the Story of Sodom Indicts Homosexual Practice Per Se". Disponível em: http://robgagnon.net/articles/homosex7thDayAdvArticleSodom.pdf. Acesso em: 15 maio 2020; *The Bible and Homosexual Practice*, p. 63-100. Outro conjunto de passagens importantes consiste na série de textos que demonstram reprovar os homens que se envolvem na prostituição cultual homossexual (Deuteronômio 23:17-18; 1Reis 14:21-24; 15:12-14; 22:46; 2Reis 23:7; Jó 36:14; cf. também Apocalipse 21:8; 22:15). Embora a associação da prática homossexual com a idolatria complique a aplicabilidade desse conjunto de textos para os dias de hoje, esses exemplos no contexto do Oriente Médio Antigo eram vistos como algo condenável principalmente devido à sua tentativa de anular a masculinidade e colocar homens como parceiros passivos na relação homossexual (*The Bible and Homosexual Practice*, p. 100-110).

82 ENGAJAMENTO CULTURAL

não tinha a noção de que "as partes do homem e da mulher se encaixam",[5] de que havia relacionamentos homossexuais comprometidos[6] e de que todas as formas de atração homossexual podem ser determinadas por fatores biológicos.[7] Também não se sustenta a afirmação de que a oposição à prática homossexual no mundo antigo sempre foi baseada na misoginia: de que, porque as mulheres eram consideradas inferiores aos homens, elas deveriam assumir somente o papel passivo ou receptivo na relação sexual, enquanto os homens, somente o papel ativo ou da penetração.[8] Frequentemente se ignora o fato de que a rejeição que Paulo faz da prática homossexual reflete o desígnio de Deus na criação em Gênesis 1:27 e 2:24.

Seria um equívoco sugerir que o número limitado de referências que falam diretamente sobre a prática homossexual indica um relativo desinteresse sobre o assunto. Por um lado, o número menor de referências no que diz respeito a ofensas sexuais pode ser justificado pela gravidade da ofensa (confira a atenção análoga com relação ao incesto e a menção rara da bestialidade). Por outro lado, é mais preciso dizer que toda a Bíblia baseia sua ética sexual no relacionamento entre homem e mulher, a parte positiva do mesmo princípio que proíbe os relacionamentos homossexuais.

---

5   Por exemplo, o médico Sorano de Éfeso do século 2 se referiu aos *molles*, "homens mansos" que desejam a passividade no relacionamento sexual (ou seja, o equivalente latino para a palavra grega *malakoi* em 1Coríntios 6:9), como aqueles que "se entregavam ao uso obsceno de partes do corpo que não tinham essa função" e que desonravam "os lugares do nosso corpo que a providência divina destinou para funções específicas" (*Acerca das doenças crônicas* 4.9.131). De acordo com Thomas K. Hubbard, historiador clássico da Universidade do Texas (Austin), que escreveu as obras de referência mais importantes sobre a homossexualidade na Grécia e na Roma antigas: "A base da defesa da posição heterossexual [na oposição contra a prática homossexual nos primeiros séculos da Era Comum] era o apelo estoico característico para a providência da Natureza, que combinou e encaixou os sexos um no outro" (*Homosexuality in Greece and Rome*: A Sourcebook of Basic Documents [Homossexualidade na Grécia e em Roma: um guia de referência de documentos básicos] (Berkeley, EUA: University of California Press, 2003), p. 444).

6   "A Book Not to Be Embraced: A critical appraisal of Stacy Johnson's *A Time to Embrace*", em *Scottish Journal ofTheology*, v. 62, n. 1 (2009): p. 62-80 (Parte 3. Disponível em: http://robgagnon. net/articles/homosexStacyJohnsonSJT2.pdf. Acesso em: 22 abr. 2020); veja também *The Bible and Homosexual Practice*, p. 347-361.

7   "Does the Bible Regard Same-Sex Intercourse as Intrinsically Sinful?", em *Christian Sexuality: Normative and Pastoral Principles* [Sexualidade cristã: princípios pastorais e normativos], ed. R. E. Saltzman (Minneapolis, EUA: Kirk House, 2003), p. 106-155, em especial as p. 140-152 (também disponível em: http://robgagnon.net/articles/ChristianSexualityArticle2003.pdf. Acesso em: 22 abr. 2020). Como observa Hubbard, "é possível que a homossexualidade nessa época [ou seja, no início do Império Romano] tenha deixado de ser simplesmente uma opção de prática para o prazer pessoal e tenha começado a ser vista como uma categoria essencial e principal da identidade pessoal, de forma exclusiva e antitética à orientação heterossexual" (*Homosexuality in Greece and Rome*, p. 386).

8   "The Scriptural Case for a Male-Female Prerequisite for Sexual Relations", p. 127-129.

Portanto, todos os textos nas Escrituras que tratam de assuntos de cunho sexual (sejam narrativos, preceitos legais, provérbios, poesias, exortações morais ou metáforas) adotam como pré-requisito a atividade sexual entre o homem e a mulher.

Em geral, percebemos um princípio nas Escrituras segundo o qual quanto maior era a gravidade de uma ofensa, mais cedo se fechavam suas brechas. Por exemplo, na Israel Antiga os homens foram dispensados da monogamia e tinham a permissão de ter mais de uma esposa ao mesmo tempo (poligamia). Essa licença só foi revogada no Novo Testamento. A permissão a casamentos de parentes próximos entre os patriarcas de Israel se encerrou antes da poligamia: isso já era proibido no tempo da lei levítica contra o incesto (no capítulo 18 e no capítulo 20 de Levítico). Isso dá a entender que o incesto constitui uma ofensa mais grave do que a poligamia. O fato de que as Escrituras nunca tiveram que fechar as brechas com relação à proibição da prática homossexual atesta o fato de que essa atividade constitui a ofensa mais grave realizada entre seres humanos de forma consensual. Ela viola a própria base da ética sexual estabelecida em Gênesis 1-2.

As passagens mais importantes da Bíblia que mencionam a prática homossexual são as que a abordam de forma indireta no contexto maior do mandato da criação. A primeira delas é a interpretação que Jesus faz sobre o casamento em Marcos 10:2-12 (com um texto paralelo que se encontra em Mateus 19:3-12). Devido ao fato de os cristãos confessarem Jesus como Senhor, é mais difícil até mesmo para os cristãos liberais desmentirem a perspectiva de Jesus afirmando que ele estava equivocado sobre o caráter do casamento ou não tinha conhecimento suficiente. Já que nesse texto Jesus recorre claramente a Gênesis 1:27 e 2:24, essas referências sobre a criação são os outros dois textos mais importantes.

A perspectiva de Jesus sobre o casamento

Muitos dos que apoiam as uniões de pessoas do mesmo sexo observam os comentários de Jesus sobre o casamento e afirmam que eles nada têm a ver com a prática homossexual, mas falam somente do divórcio e do novo casamento. Na verdade, embora Jesus não tenha falado diretamente sobre a prática homossexual,[9] ele realmente proclamou a proibição de se unir a uma outra

---

9   Ele não precisava fazer isso. Nenhum judeu na época de Jesus defendia a relação homossexual, nem mesmo se envolvia nessa prática, e as Escrituras Judaicas eram claras quanto a essa questão.

84 ENGAJAMENTO CULTURAL

mulher enquanto a primeira ainda estivesse viva, dentro da visão do casamento que pressupõe a necessidade de um núcleo formado por um homem e uma mulher. Para Jesus, os textos principais em sua Bíblia (o Antigo Testamento) que descreviam esse pensamento se encontravam em Gênesis 1:27c ("homem e mulher [Deus] os criou") e Gênesis 2:24 ("Por essa razão, o homem [...] se unirá à sua mulher, e eles se tornarão uma só carne").

Para entender a importância das observações de Jesus para a prática homossexual, é fundamental entender que a proibição que Jesus faz do novo casamento depois do divórcio (inválido) também se aplica à poligamia.[10] De fato, se Jesus considera adultério um homem que se junta a uma segunda esposa depois de ter se divorciado da primeira, então ter uma segunda esposa enquanto estiver casado com a primeira é um exemplo bem mais claro de adultério. Com efeito, o novo casamento depois do divórcio é somente uma nova versão da poligamia simultânea: em vez de ter duas ou mais esposas simultaneamente, a pessoa se divorcia de um cônjuge antes de se casar com outro. A questão que se coloca diante de nós é esta: qual é a lógica moral da posição de Jesus de que ter uma segunda esposa enquanto a primeira ainda estiver viva é adultério? Além disso, o que isso diz a respeito do pensamento de Jesus sobre a prática homossexual?

O especialista em Novo Testamento James Brownson, que escreveu uma obra influente promovendo as uniões homossexuais comprometidas,[11] admite que as palavras de Jesus não servem apenas ao propósito de proibir o divórcio e o posterior novo casamento. Em vez disso, elas "pressupõem que o homem não pode se casar com mais de uma mulher ao mesmo tempo (poliginia)". Ainda assim, ele insiste que a "lógica moral" que apoia a referência de Jesus à união de "uma só carne" de Gênesis 2:24 não tem nada a ver com o fato de que o homem e a mulher constituem sexos complementares, nem tem relação alguma com a imagem declarada de Gênesis 2:21-24 do homem e da mulher se reunindo (a mulher sendo formada do homem original) e restaurando a sua unidade de uma só carne. Em vez disso, ele defende que a "lógica moral" por trás da proibição que Jesus faz do novo casamento depois do divórcio se relaciona somente com a instituição do "grupo de uma só afinidade".[12] Para Brownson, a expressão "se tornem uma só carne" em Gênesis 2:24 significa

---

10 Na Israel Antiga, a única forma aceitável de poligamia era a poliginia (ter várias mulheres). Não havia permissão para as mulheres terem vários maridos simultâneos (poliandria).

11 James V. Brownson, *Bible, Gender, Sexuality*.

12 Ibid., p. 32-33, 86, 88, 97.

somente que duas pessoas de qualquer sexo podem se tornar parentes, o que, por consequência, incentiva uma união permanente.

No entanto, existe um grande problema com a interpretação que Brownson faz da lógica moral de Jesus. Não é possível chegar a uma limitação de duas pessoas numa união sexual ao se referir a um "grupo de afinidade", porque laços de afinidade podem existir em qualquer número. Brownson está propondo uma exclusividade a partir de algo inclusivo. Não quero dizer que a expressão "tornando-se uma só carne" não se refira à afinidade oficial entre linhagens consanguíneas. Isso é fato, mas ela ainda se refere à outra coisa. A expressão "uma só carne" se refere também à complementariedade dos gêneros. Tanto a complementariedade quanto a afinidade se fazem presentes na expressão "uma só carne". É só desse modo que Jesus chega à limitação de duas pessoas para a união sexual.

Não é difícil discernir a lógica moral de Jesus por trás de sua afirmação de que só são permitidas duas pessoas em uma união sexual. O único elemento comum entre a oração de Gênesis 1:27c e toda a passagem de Gênesis 2:24 é o tema dos dois sexos: "homem e mulher", "homem" e "sua mulher". Para Jesus, a sexualidade binária que Deus ordenou entre os humanos era a base para a limitação do número de pessoas em uma união sexual a dois. Já que as duas metades da diversidade sexual se unem em um todo sexual, não há necessidade nem desejo de um terceiro parceiro (ou outros mais). Resumindo, a duplicidade dos sexos é a base da duplicidade do vínculo sexual. A dualidade de sexos leva logicamente à união que consiste em dois – um de cada sexo.

Jesus claramente interpreta a expressão "homem e mulher" não como referência a quaisquer pessoas, mas como uma unidade sexual distinta ou um par sexual complementar necessário para o casamento legítimo. Isso concorda com o fato de que a expressão em questão (*zachar unekevá*), que só se encontra fora desse contexto no Antigo Testamento, em Gênesis 5-7, nunca significa simplesmente "todos os humanos", mas, em vez disso, sempre denota um par sexual (Gênesis 5:2; 6:19; 7:3,9,16; cf. 1:27-28). Somente quando a expressão "homem e mulher" é entendida como um par sexual independente e exclusivo é que se traz uma base racional para limitar as uniões sexuais a duas pessoas. Por causa disso, eliminar qualquer relevância da relação sexual binária logicamente elimina a relação binária conjugal e dá margem ao poliamor (ter mais do que um único relacionamento romântico).

86 ENGAJAMENTO CULTURAL

Uma análise mais profunda de Gênesis 2:21-24

O entendimento de Jesus de "uma só carne" em Gênesis 2:24 sem denotar somente uma afinidade, mas uma complementariedade binária, é compatível com o contexto literário desse versículo. Por *quatro vezes*, Gênesis 2:21-23 destaca que Deus formou a mulher tirando uma parte do ser humano (*'adam*). O homem e a mulher são vistos claramente como duas partes complementares de um todo sexual original. A imagem dos dois sexos vindo de uma mesma carne dá base ao princípio dos dois sexos se tornando "uma só carne". Ninguém nega que o texto também aponta para a similaridade da mulher como companheira humana, de modo diferente dos animais, que não eram "ajudadores" idôneos (2:18-20), mas o fato de que um novo ser está sendo construído a partir do material do primeiro humano *que o anterior não tem mais* também é um indicador óbvio de diferença. O elemento perdido é restaurado no encontro com a mulher construída com o que lhe foi tirado.

Brownson se refere a fórmulas de afinidade – "Você é minha própria carne e sangue" e "Sou sua carne e sangue" (Gênesis 29:14; Juízes 9:2; 2Samuel 5:1; 19:11-12; 1Crônicas 11:1) –, afirmando que "não há nenhuma sombra de noção de complementariedade" nessa expressão.[13] No entanto, ele ignora o contexto bem diferente de Gênesis 2:23a (união com algo que foi extraído, não uma extensão por meio de reprodução), uma diferença confirmada no palavreado único, "[...] osso [tirado] do meu osso, e carne [tirada] da minha carne". O fato de que a expressão "uma só carne" não aparece em nenhuma outra parte do Antigo Testamento ou na literatura judaica posterior na Antiguidade além dessa referência de Gênesis 2:23 torna bem improvável que ela denote vínculos de aliança fora do casamento entre homem e mulher. Além disso, o ser humano segue imediatamente a afirmação de mesma natureza em 2:23a, com uma declaração de diferença: "Ela será chamada *'ish-shá* (mulher), porque do *'ish* (homem) foi tirada" (2:23b). Os substantivos com sons parecidos no hebraico indicam tanto diferença quanto igualdade, como as palavras antigas "varão" e "varoa".

Se o escritor bíblico só quisesse destacar a igualdade, e não a diferença entre o homem e a mulher, teria construído a narrativa de modo que a mulher também fosse criada diretamente do "pó da terra (*'adamah*)". Na história mesopotâmica

---

13 Ibid., p. 30.

da criação da humanidade encontramos algo assim. No poema épico *Atrahasis*, sete homens e sete mulheres são formados separadamente de uma mistura de barro e de carne/sangue de um deus assassinado. Tanto esses homens quanto essas mulheres são criados da mesma forma e do mesmo material. A mulher não é moldada de material extraído do homem, portanto não há nada que falte nele.[14] Vários textos do judaísmo primitivo que se referem à criação da mulher a partir do "lado" ou da "costela" do primeiro ser humano destacam a mulher como sendo o elemento que falta no homem no que diz respeito à sexualidade (4Macabeus 18:7; Apocalipse de Moisés 29:9-10; 42:2-3).

Quando Gênesis 2:18 e 20 se referem a Deus formando uma "ajudadora" para o primeiro ser humano, acrescenta-se uma palavra que conota diferença dentro da semelhança: *kenegdo*.[15]As traduções típicas dessa palavra trazem algo como "que lhe corresponda [ou é adequada, que combina com ele]", ou "sua parceira". Algo mais preciso considerando o contexto da criação de um sexo distinto, porém complementar, seria "seu complemento" (ou "sua correspondente", CSB).

No judaísmo primitivo, alguns adeptos não afirmavam que a primeira mulher tinha vindo da "costela" do homem, mas sim do seu "lado", no sentido de "metade do corpo do homem".[16] Existe um bom fundamento para entender a palavra hebraica *tsela'* como "lado", indicando uma extração mais substancial do primeiro ser humano: o fato de que todas as outras 38 aparições da palavra no Antigo Testamento significam "lado", ou algo parecido com isso. Uma delas se refere ao lado (a encosta) de um monte (2Samuel 16:13) e, na maioria dos casos, o "lado" de um artigo da arquitetura sagrada: o "lado" da arca, ou do tabernáculo, ou do altar de incenso (Êxodo); ou "lados" de vários elementos do templo de Salomão (1Reis), ou do templo escatológico (Ezequiel). O que se deduz é que o corpo sexuado do homem e o da mulher em sua interação

---

14 W. G. Lambert; A. R. Millard, *Atra-hasīs:*The Babylonian Story of the Flood [Atrahasis: a história babilônica do dilúvio] (Oxford: Oxford University Press, 1969), p. 54-65, linhas 189-305 da tabuleta I; também G ii 1-18; S iii 1-21. Cf. Bernard F. Batto, "The Institution of Marriage in Genesis 2 and in '*Atrahasis*'", *Catholic Biblical Quarterly*, v. 62, 2000, p. 621-631, especialmente da p. 628 à 630.

15 Essa palavra se divide em três partes: (1) o prefixo *ke*, que significa "como"; (2) o substantivo *neged*, que em todas as outras passagens denota "diante de, na presença de", sempre no sentido de estar do lado oposto; e (3) o sufixo do pronome pessoal *o*, que significa "dele".

16 Veja Fílon de Alexandria em suas obras *Da criação do mundo e outros escritos* (São Paulo: É realizações/Filocalia, 2016), p. 152; *Interpretação Alegórica*, p. 2.19-20; e *Questões sobre o Gênesis* (São Paulo: É realizações/Filocalia, 2016), p. 25; além de uma tradição rabínica primitiva registrada em *Genesis (Bereshit) Rabá*, 8:1; 14:7.

88 ENGAJAMENTO CULTURAL

constituem arquitetura sagrada (cf. 1Coríntios 6:19-20). É importante manter o desígnio complementar do homem e da mulher. A prática homossexual representa uma profanação da construção sagrada de Deus.

Robert A. J. Gagnon, PhD, é formado pelo Dartmouth College (BA), com mestrado pela Harvard Divinity School e doutorado pelo Seminário Teológico de Princeton. Ele é professor de Teologia na Universidade Batista de Houston e autor do livro *The Bible and Homosexual Practice*, além de coautor de *Homossexuality and the Bible: Two Views*.

A ARTE DE AMAR NOSSOS VIZINHOS LGBTQIA+

Rosaria Butterfield

Se estivéssemos no ano de 1999 – o ano em que me converti e me afastei da comunidade de mulheres lésbicas de que gostava muito – em vez de 2018, uma mensagem sobre a santidade dos relacionamentos LGBTQIA+ teria o efeito de um bálsamo de Gileade no meu mundo. Como seria incrível ouvir um cristão declarar o que meu coração gritava: "Sim, eu posso ter Jesus e a minha namorada ao mesmo tempo. Sim, posso prosperar tanto como titular na minha disciplina acadêmica (Teoria *Queer* e Cultura e Literatura Inglesa) quanto na minha igreja". A minha vertigem emocional teria se estabilizado novamente.

Quem sabe eu não precisasse perder tudo para ter Jesus! Quem sabe o evangelho não me arruinasse enquanto eu esperava longamente para que o Senhor me levantasse de volta depois de ter me convencido do meu pecado e de eu ter sofrido as consequências! Talvez para mim tudo fosse diferente do que aconteceu com Paulo, Daniel, Davi e Jeremias. Talvez Jesus pudesse me salvar sem que eu sofresse, ou talvez o Senhor me desse cruzes respeitáveis (Mateus 16:24), ou espinhos fáceis de administrar (2Coríntios 12:7).

Hoje eu ouço a mensagem dos cristãos que aceitam e apoiam os relacionamentos homossexuais e sinto um frio na espinha. Se eu ainda estivesse no meio da batalha contra o pecado interno do desejo lésbico, essa seria a mensagem que amarraria uma pedra no meu pescoço.

Morta para a vida que amava

Para ser sincera, eu não me converti da homossexualidade. Eu me converti da incredulidade. Não troquei de estilo de vida. Na verdade, eu morri para a vida que amava. A conversão a Cristo me fez encarar a questão de frente: o meu lesbianismo refletia a minha identidade (como eu acreditava em 1999), ou o meu lesbianismo distorcia minha identidade por causa da queda de Adão? Aprendi com minha conversão que, quando meus sentimentos dizem que algo está certo, é real ou necessário, mas se opõe à Palavra de Deus, é sinal de que o pecado de Adão de algum modo em particular marca a minha vida. A nossa natureza pecaminosa nos engana. Esse engano do pecado não é algo externo: está bem enfronhado nos meandros do nosso coração.

A maneira como eu me sinto não mostra quem eu sou. Só Deus pode definir a minha identidade, porque ele me criou e cuida de mim. Ele me diz que todos nascemos como homens e mulheres portadores da sua imagem, com uma alma que viverá para sempre e um corpo que tem um gênero e que pode tanto sofrer eternamente no inferno quanto ser glorificado na Nova Jerusalém. Lemos em Gênesis 1:27 que existem consequências éticas e limites em ter nascido homem ou mulher. Quando digo essas palavras nas faculdades – até mesmo nas que se dizem cristãs –, dezenas de protestos dos alunos começam a pipocar. Eles me contam que declarar as responsabilidades éticas de ter nascido homem ou mulher agora se trata de um discurso de ódio.

Chamar a ética sexual de Deus de "discurso de ódio" atende aos caprichos de Satanás. No mínimo, isso é uma insensatez orwelliana. Eu somente me entendo como realmente sou quando a Bíblia se torna o meu padrão de reflexão pessoal e quando o sangue de Cristo corre tanto nas minhas veias, que eu passo a negar a mim mesmo, tomar a cruz e segui-lo.

Não existem concessões da cruz para a pessoa que não se converteu. A cruz é cruel. Tomar a cruz indica a própria morte. Como A. W. Tozer disse, carregar a cruz é uma viagem sem volta. A cruz indica o significado de morrer para si mesmo. Morremos para que possamos nascer de novo em Cristo e por meio de Cristo nos arrependendo do nosso pecado (até o inconsciente) e depositando nossa fé em Jesus, autor e consumador da nossa salvação. O poder sobrenatural que recebi ao nascer de novo indica que em todas as áreas em que tinha um único desejo – o desejo de definir minha identidade por meio dos desejos –, passei a ter uma duplicidade de desejos em conflito dentro de mim: "Pois a carne deseja o que é contrário ao Espírito; e o Espírito, o que é contrário à carne. Eles estão em conflito um com o outro, de modo que vocês não fazem o que desejam" (Gálatas 5:17). Essa guerra só vai terminar quando chegarmos à glória celestial.

A vitória sobre o pecado indica que Cristo está ao nosso lado, não que passamos por uma lobotomia. Meus pecados de estimação conhecem o meu nome e o meu endereço, e o mesmo acontece com você.

Há alguns anos, eu estava dando uma palestra em uma igreja grande. Uma senhora de idade esperou até o final da noite e veio conversar comigo. Ela disse que tinha 75 anos, que tinha sido casada com outra mulher por 15 anos e que ela e sua parceira tinham filhos e netos. Depois ela disse uma coisa bem sinistra. Sussurrou bem sorrateiramente: "Ouvi a mensagem do evangelho e entendo que tenho que renunciar a tudo. Por que ninguém me disse isso antes? Por que as pessoas que amo tanto não me disseram que um dia eu teria que fazer essa escolha?". Essa é uma boa pergunta. Por que ninguém contou para essa querida portadora da imagem de Deus que não havia como cultivar sua paixão ilícita e a paz do evangelho ao mesmo tempo? Por que ninguém – por todas essas décadas – contou a essa mulher que o pecado e Cristo não podem habitar juntos, porque a cruz nunca se associa com o pecado, que tem a função de destruir, pelo simples fato de que Cristo levou nosso pecado sobre si mesmo e pagou o resgate do castigo horroroso que merecíamos por ele?

Nós todos falhamos terrivelmente diante dos portadores da imagem divina que se identificam como participantes da comunidade LGBTQIA+ – criaturas de Deus, como nós, que foram enganadas pelo pecado e por um mundo odioso que coloca a algema do engano da orientação sexual nas nossas mãos. E continuamos falhando terrivelmente. Sob o aspecto bíblico, falhamos ao não conseguir oferecer relacionamentos amorosos e abrir a porta da nossa casa e do nosso coração de forma suficientemente ampla para que esses relacionamentos sejam tão fortes quanto as palavras que proclamamos. Nem mesmo conseguimos discernir o caráter verdadeiro da doutrina cristã do pecado, porque, quando defendemos leis e políticas que abençoam os relacionamentos que Deus chama de "pecado", estamos agindo como se fôssemos mais misericordiosos que o próprio Deus.

Que Deus tenha misericórdia de todos nós!

Esta dissertação foi adaptada de um artigo veiculado originalmente pela Coalizão pelo Evangelho.

Rosaria Butterfield, PhD, foi anteriormente professora titular de Inglês e Estudos sobre a Mulher na Syracuse University. Ela escreveu *Pensamentos secretos de uma convertida improvável* e *O evangelho e as chaves de casa* (conhecido no Brasil por uma adaptação em podcast intitulada *Hospitalidade: o mandamento negligenciado*). Mora em Durham, na Carolina do Norte, EUA, e é casada com Kent Butterfield, pastor da Primeira Igreja Presbiteriana Reformada de Durham.

GÊNERO E SEXO
CONCEITOS SEMELHANTES, MAS NÃO IGUAIS

Michael F. Bird

Problemas com um conceito exclusivamente binário

Um dos assuntos mais complicados e debatidos em nossa cultura contemporânea é relacionado ao gênero, especialmente às identidades de gênero na família, na sociedade e nas várias comunidades religiosas.

O que contribuiu para os conflitos contemporâneos sobre o gênero é que a cultura ocidental por muito tempo considerou o gênero como sinônimo do sexo biológico. Por causa disso, acreditava-se que a genitália e a função reprodutora indicavam se uma pessoa era *homem* ou *mulher*. Achava-se que o gênero era determinado por partes do *corpo*, e suas opções eram exclusivamente *binárias*. O que reforçava isso era a descrição de Deus criando os seres humanos como "homem e mulher" (veja Gênesis 1:26-27; 5:1-2). Achava-se que a redução do gênero à biologia e às suas limitações binárias era garantida pela revelação divina.

O primeiro problema com a abordagem binária é que existem fatores biológicos e psicológicos que complicam bem mais a diferenciação sexual do que a simples classificação de masculino e feminino. Por exemplo, existem pessoas que são intersexo, que têm elementos de órgãos reprodutivos sexuais masculinos e femininos, e, mesmo que um órgão sexual e um conjunto de cromossomos possam predominar, essas pessoas continuam apresentando características dos dois sexos em seu corpo. De modo parecido, até mesmo os cromossomos XX e XY não determinam totalmente a constituição sexual, já que podem ser influenciados por vários genes e fatores ambientais. Por exemplo, o ambiente do útero materno pode influenciar o desenvolvimento sexual de um bebê. Além disso, existe a disforia de gênero, que consiste em um transtorno mental que uma pessoa experimenta quando o sexo biológico que lhe foi atribuído não combina com a identidade sexual que ela assume, o que geralmente é causado por vários fatores ambientais e/ou de desenvolvimento pré-natal. Portanto, o procedimento de dividir as pessoas entre homens e mulheres não reflete todo o leque de opções da biologia e da psicologia humana, que parecem ser bem mais complicadas.

O segundo problema com a abordagem binária do gênero é o fato de sexo e gênero não serem a mesma coisa. Sexo é a capacidade reprodutiva de uma pessoa como macho ou fêmea. Já o gênero abrange mais do que isso. Trata-se das características construídas culturalmente e dos comportamentos esperados de cada um dos sexos e considerados normativos em uma sociedade. Por exemplo, os meninos usam azul e as meninas usam rosa, os homens preparam o churrasco e as mulheres fazem a salada, o macho usa calça, enquanto a fêmea usa saia etc. Essas normas culturais não são naturais, intrínsecas ou inerentes aos sexos; pelo contrário, são construídas artificialmente e até certo ponto são impostas pelo contexto cultural.

Dois outros fatores que contribuem para os conflitos sobre o gênero são o predomínio altamente patriarcal da sociedade ocidental e a tendência de essencializar o gênero – com o sentido de se apropriar das características naturais das mulheres de modo pejorativo (por exemplo, as mulheres são emocionais em vez de racionais, por isso são mais adequadas para cuidar de pessoas em vez de liderá-las). Temos que lembrar que os avanços lentos na igualdade entre homens e mulheres em relação aos direitos políticos, ao trabalho e à família fazem parte da história do século 20, pelo menos nos países ocidentais. Deve-se ter em mente que, há menos de cem anos, em muitos lugares, as mulheres não tinham o direito de votar, não podiam exercer algumas profissões, estavam sujeitas à discriminação de gênero e a todas as formas de assédio, com salários menores do que os homens no mesmo cargo. Até o estupro por parte do cônjuge ainda tinha amparo legal. Algumas dessas injustiças persistem até os dias de hoje. O resultado é que, nas sociedades patriarcais, as mulheres são desamparadas e vitimizadas por causa do seu sexo e do seu gênero. Uma das coisas que facilitou a crença na inferioridade feminina e possibilitou uma discriminação ampla contra a mulher foi essencializar seu gênero, se apropriar do que é natural entre elas e proclamar como algo negativo. As mulheres podem ser criticadas por serem emocionais em vez de racionais, empáticas em vez de eficientes, ou submissas em vez de assertivas. Com certeza, a mesma coisa pode ser feita com os homens, associando a masculinidade com poder, agressão, força e dominação.

Mesmo nos arriscando a uma generalização grotesca, poderíamos dizer que a guerra moderna entre os gêneros não passa de um fruto infeliz de um conceito binário sobre o sexo, da confusão entre gênero e sexo, que vem de uma longa história de dominação patriarcal sobre a mulher, além dos costumes culturais que essencializam o gênero.

Em nossa época, uma ampla variedade de disciplinas e tratados – feminismo, mulherismo, teoria de gênero, teoria *queer*, interseccionalidade etc. – tem propagado diversas ideologias e legalidades criadas para lidar com os abusos percebidos relativos ao gênero. Isso levou a um misto de percepção profunda sobre a existência humana e à correção das injustiças baseadas no gênero, mas também semeou certo grau de confusão sobre o que significa ser um ser humano que tem um gênero.

Quando o gênero fica totalmente desvinculado do sexo

Ao mesmo tempo que distinguir o gênero do sexo biológico tem, como vimos, sua própria série de problemas, um dos aspectos mais problemáticos do discurso contemporâneo sobre a identidade de gênero é que o gênero acaba sendo completamente desvinculado do sexo biológico. Por causa disso, a identidade de gênero passa a ser uma simples elucubração social que pode ser multiplicada de forma infinita. Embora o gênero não possa ser reduzido ao sexo biológico, dizer que o gênero nada tem a ver com o sexo biológico é dar margem a uma antropologia quase gnóstica em que a percepção de identidade de uma pessoa está completamente desvinculada de sua existência humana corporal. Em outras palavras, "eu não sou o meu corpo, nem o meu corpo tem nada a ver comigo". Essa é a razão pela qual as redes sociais, como o Facebook, elaboram uma lista de até 71 opções de gênero diferentes que o usuário pode escolher para se identificar. Entre elas estão o pangênero, o assexual, o dois-espíritos e o neutrois. O conceito por trás deles é que a identidade em qualquer dos seus rótulos – sexual, étnica, nacional ou de capacidade – não é nem herdada nem determinada por fatores externos, mas se baseia totalmente na vontade do indivíduo. Na prática, quer dizer que você pode definir a si mesmo dentro de qualquer sistema eclético de etnias, gêneros, orientações sexuais e capacidades que quiser.

Toda essa ideia de política da identidade – seja relacionada ao gênero ou a outras características da existência humana –, embora tenha intenções nobres e deseje satisfazer necessidades reais, precisa ser evitada, para que não se caia no absurdo da pluralidade infinita ou da igualdade artificial.

Em primeiro lugar, a multiplicação das identidades de gênero e das orientações sexuais que vêm com ela corre o risco de desmoronar sob o peso do seu próprio absurdo. O simples ato de proferir as palavras "eu me identifico como..." não é um pronunciamento legal, nem pode produzir uma mudança ontológica na constituição psicológica e física da pessoa. No máximo, as reivindicações de uma identidade em particular são uma afirmação sobre como a pessoa deseja ser entendida em meio ao turbilhão de pessoas em uma sociedade cada vez mais diversificada. Tratar as pessoas como elas desejam ser tratadas é uma coisa, mas atender a um número infinito de identidades com hibridizações peculiares e derivações estranhas se trata de algo bem diferente.

Um segundo aspecto é que, embora o gênero seja mais do que sexo e biologia, a biologia continua sendo um fator importante no gênero do indivíduo. O fato é que cada célula no corpo humano é codificada com um DNA macho ou fêmea. Além disso, existem diferenças reais entre os homens e as mulheres nos atributos físicos e até mesmo na trama neurobiológica do cérebro. No entanto, também é preciso reconhecer que a diferença entre o homem e a mulher não é maior do que a diferença dos homens entre si e das mulheres entre si. Mesmo assim, devemos reconhecer que existem de fato diferenças entre o homem e a mulher, e que elas foram concedidas por Deus, além de serem boas. Elas enriquecem a ampla gama de experiências humanas e seguramente contribuem para que a raça humana prospere. Portanto, devemos resistir às pressões culturais para buscar uma forma idealizada de existência humana caracterizada por algum tipo de igualdade andrógina.

O que o cristão deve aprender com isso é que Deus criou a humanidade como homem e mulher, mas a complexidade e a beleza do desígnio divino dão a entender que o sexo feminino e o masculino *não são absolutamente binários, mas sim parecidos com um leque.* Todas as pessoas existem na trama da masculinidade e da feminilidade até certo ponto. Isso nos permite explicar fenômenos como o intersexo e a disforia de gênero, além de reconhecer como o fato de ser homem e mulher não é monolítico, e ainda que os atributos podem ser compartilhados entre os sexos. Além disso, como o apóstolo Paulo disse, em Cristo "não há homem nem mulher"; a nova criação nega os gêneros binários, na medida em que as distinções de gênero não podem mais ser usadas como meio de poder e superioridade sobre os outros (Gálatas 3:28). Isso não se dá porque o gênero de algum modo deixa de existir entre os cristãos, pois, afinal de contas, continuamos a ser homens e mulheres, mas

96 ENGAJAMENTO CULTURAL

o nosso sexo e o gênero associado a ele são superados pela nossa identidade cristã particular, isto é, a identificação de sermos batizados em Cristo. O aspecto mais determinante da identidade do cristão não é a genética, os órgãos genitais, o gênero ou a orientação sexual, mas sim a participação na morte e na ressurreição de Cristo.

Michael F. Bird (PhD, Universidade de Queensland) é um sacerdote anglicano e especialista bíblico. Ele é professor no Ridley College, em Melbourne, Austrália, e escreveu *Evangelical Theology* [Teologia evangélica] e *The Gospel of the Lord: How the Early Church Wrote the Story of Jesus* [O evangelho do Senhor: como a Igreja Primitiva escreveu a história de Jesus].

REPENSANDO O RELACIONAMENTO ENTRE PESSOAS DO MESMO SEXO

Matthew Vines

Pelos primeiros 1.500 anos da história da Igreja, todos os cristãos acreditavam que a Terra permanecia estática no centro do universo. Eles também acreditavam que a Bíblia ensinava isso de forma bem clara. Afinal de contas, Salmos 93:1 diz: "O mundo está firme, e não se abalará". Outros versículos descrevem o movimento do Sol, e nenhum versículo descreve a Terra girando ao redor do Sol.

Mas a invenção do telescópio em 1608 questionou essa crença geocêntrica e as descobertas de Galileu apresentaram um desafio à interpretação tradicional da Bíblia. Apesar da oposição inicial dos líderes da Igreja, os cristãos começaram a observar as passagens bíblicas importantes de modo diferente, perguntando se existia uma maneira de interpretar a Palavra que se encaixasse no que eles estavam aprendendo como verdadeiro a respeito do cosmo.

Nos dias de hoje, os cristãos reconhecem unanimemente que os autores da Bíblia escreveram sobre o Sol, as estrelas e a Lua baseados no modo como eles aparecem no nosso ângulo de visão. Seu objetivo era comunicar de forma clara, não ensinar sobre Astronomia. As novas informações sobre o Sistema Solar alteraram o prisma segundo o qual os cristãos interpretavam as Escrituras, levando-os a um entendimento mais detalhado e preciso do texto.

Muitos cristãos atuais questionam a necessidade de reconsiderar a interpretação da Escritura sobre o relacionamento entre pessoas do mesmo sexo que tem sido adotada por quase toda a história da Igreja. Incluí neste texto a história sobre o debate acerca do Sistema Solar como um lembrete de que, no passado, as novas informações levaram os cristãos a repensar visões que duraram muito tempo. Nos nossos dias, as novas informações sobre um assunto bem mais pessoal – a orientação sexual – estão levando muitos cristãos a reconsiderar sua interpretação das Escrituras sobre o relacionamento entre pessoas do mesmo sexo.

Que informações são essas? Durante a maior parte da história da Igreja, o relacionamento com pessoas do mesmo sexo foi visto como um vício de excesso

98 ENGAJAMENTO CULTURAL

parecido com a glutonaria e a bebedice. Esse conceito tinha raízes antigas, desde a declaração de Platão de que esses relacionamentos eram fruto de "uma incapacidade de se controlar o prazer" até a afirmação de João Crisóstomo no século 4, em seu comentário de Romanos 1, de que esse tipo de relação "deseja o que é alheio, e não permanece nos limites estabelecidos".[1] Essas ideias faziam sentido na época, por causa das formas volúveis e egocêntricas de relacionamento com pessoas do mesmo sexo, que eram mais comuns no mundo bíblico: homens casados mantendo relações sexuais com prostitutos, escravos e meninos para dar vazão à sua luxúria visando à satisfação pessoal.[2]

Entretanto o debate na Igreja atual trata de algo diferente. Ele se concentra nos relacionamentos duradouros e monogâmicos entre cristãos homossexuais e bissexuais – seguidores de Jesus que têm uma orientação sexual diferente, não pessoas que se entregaram ao hedonismo. Até mesmo cristãos contrários aos relacionamentos entre pessoas do mesmo sexo reconhecem essa diferença conceitual fundamental. Richard Hays, um professor de Novo Testamento, escreveu que a orientação sexual "é uma ideia moderna que não encontra precedente no [Novo Testamento] nem em nenhum outro escrito judaico ou cristão do mundo antigo. [...] A suposição comum entre os escritores do período helenístico era de que o comportamento homossexual era fruto da cobiça insaciável buscando formas novas e mais desafiadoras de satisfação pessoal".[3]

Foi somente no século 20 que a atração por pessoas do mesmo sexo passou a ser entendida de forma ampla como uma orientação sexual permanente de uma minoria de pessoas. A existência de uma orientação para o mesmo sexo não encerra a questão sobre como devemos interpretar a Bíblia a respeito do assunto, mas, assim como a invenção do telescópio há quatrocentos anos, essas novas informações devem influenciar as perguntas que fazemos quando abordamos o texto.

Quando me assumi *gay* para o meu pai, ele acreditava que o relacionamento com pessoas do mesmo sexo era pecado. Afinal de contas, ele pesquisara o que a

---

1   Platão, *As leis*, 636B-D, citado em Thomas K. Hubbard, ed., *Homosexuality in Greece and Rome*, p. 252. João Crisóstomo em *Patrística vol. 27*.1: São João Crisóstomo: comentário às Cartas de São Paulo/1, Tomo 1, Homilia sobre a Carta de Paulo aos Romanos 1: Quarta Homilia (São Paulo: Paulus, 1997), p. 45.

2   A melhor análise sobre o relacionamento com pessoas do mesmo sexo na Roma Antiga foi escrita por Craig A. Williams, *Roman Homosexuality* [Homossexualidade romana], 2ª ed. (Oxford: Oxford University Press, 2010).

3   Richard B. Hays, "Relations Natural and Unnatural: A Response to John Boswell's Exegesis of Romans 1", *Journal of Religious Ethics*, v. 14, n. 1 (1986), p. 200.

Bíblia tinha a dizer sobre esse tipo de relacionamento e todas as seis passagens se referiam a ele com um tom condenatório. Portanto, em seu conceito, a questão de a homossexualidade ser pecado já estava resolvida. No entanto, à medida que começou a se informar mais sobre o significado da homossexualidade, ele passou a fazer perguntas diferentes em seu estudo das Escrituras. Em vez de procurar simplesmente por referências a qualquer comportamento sexual entre as pessoas do mesmo sexo, ele começou a perguntar o que a Bíblia tinha a dizer sobre o tipo de relacionamento homossexual que eu esperava ter um dia – um relacionamento comprometido e monogâmico que formasse a base de uma família e de um lar. O que a Bíblia teria a dizer sobre um relacionamento entre dois homens ou duas mulheres semelhante ao relacionamento que ele cultivava com minha mãe havia mais de trinta anos?

Quando ele releu a história de Sodoma e Gomorra em Gênesis 19 tendo essa pergunta em mente, o relato terrível de uma ameaça de estupro grupal não parecia falar sobre o mesmo assunto. Nenhuma das vinte referências a Sodoma e Gomorra depois de Gênesis 19 descrevia o relacionamento com pessoas do mesmo sexo como o pecado de Sodoma. A passagem de Ezequiel 16:49 identifica o pecado de Sodoma de forma direta: "Ora, este foi o pecado de sua irmã Sodoma: ela e suas filhas eram arrogantes, tinham fartura de comida e viviam despreocupadas; não ajudavam os pobres e os necessitados". Só existem dois versículos que associam Sodoma à imoralidade sexual em geral – 2Pedro 2:7 e Judas v. 7 –, mas não ao relacionamento com pessoas do mesmo sexo de forma específica. Além disso, a única forma de relação homossexual descrita na história de Sodoma é uma ameaça de estupro grupal, uma situação extremamente distante dos relacionamentos comprometidos de longo prazo.

Vemos palavras claras proibindo as relações sexuais entre pessoas do mesmo sexo em Levítico 18:22 e 20:13, porém, ainda que levemos a lei do Antigo Testamento a sério, Cristo foi o fim da lei (Romanos 10:4), e muitas das suas regras e proibições nunca foram aplicadas aos cristãos. Os mesmos capítulos também consideram o sexo durante a menstruação da mulher uma abominação digna de exílio permanente (Levítico 20:18), mas poucos cristãos nos dias de hoje tratam isso como um pecado. O Antigo Testamento até estabelece a pena de morte para outras coisas que a maioria dos cristãos não vê como questão moral, como trabalhar no sábado (Êxodo 35:2) e cobrar juro nos empréstimos (Ezequiel 18:13). Portanto, mesmo reconhecendo a importância do Antigo

100 ENGAJAMENTO CULTURAL

Testamento, ele não determina o modo como os cristãos devem encarar o relacionamento compromissado com pessoas do mesmo sexo.

O texto principal do Novo Testamento nessa discussão é Romanos 1:26-27, no qual Paulo condena mulheres que "trocaram suas relações sexuais naturais por outras" e homens que "abandonaram as relações naturais com as mulheres e se inflamaram de paixão uns pelos outros". Embora ele se refira ao comportamento "lascivo", os cristãos que não concordam com o relacionamento entre pessoas do mesmo sexo afirmam que essa condenação abrange até mesmo as relações comprometidas e amáveis, porque rotula essas uniões como "contrárias à natureza". No entanto, Paulo usa a mesma palavra grega (*physis*) em 1Coríntios 11:14 para dizer que o cabelo comprido no homem é contrário à natureza, e a maioria dos cristãos interpreta esse versículo como se referindo a padrões culturais em vez de falar do desígnio universal de Deus. A expressão "contrário à natureza" era de uso comum entre os escritores greco-romanos anteriores a Paulo, para descrever a união de pessoas do mesmo sexo, porque esse comportamento violava o papel convencional e patriarcal dos gêneros: se o homem assumisse esse tipo de relacionamento, era visto como tendo uma postura submissa e, a mulher, uma postura dominante.

Em uma cultura na qual a mulher era considerada inferior ao homem, era profundamente vergonhoso para o homem assumir esse suposto "papel da mulher" no sexo. É por essa razão que todos os relacionamentos aceitos entre pessoas do mesmo sexo, mesmo nas sociedades antigas mais permissivas, tinham que ser estabelecidos com termos rigorosamente hierárquicos: um homem livre com um homem escravo, um homem com um adolescente, um cidadão romano com um estrangeiro. Não se concebia a noção de dois homens com a mesma posição social iniciando um relacionamento comprometido e monogâmico em uma sociedade tão determinada a manter a ordem patriarcal.[4]

Por isso, como cristãos, temos que nos fazer essa pergunta hermenêutica básica para nos ajudar a aplicar o primeiro capítulo de Romanos nos dias de hoje: qual é o valor do patriarcado no Reino de Deus? Se afirmarmos, com base no testemunho geral da Bíblia, que as mulheres e os homens têm a mesma posição e que o patriarcado deve ser superado em Cristo, então a lógica por trás do conceito greco-romano da união com pessoas do mesmo sexo como

---

4 Veja David M. Halperin, *One Hundred Years of Homosexuality: And Other Essays on Greek Love* [Cem anos de homossexualidade: e outros ensaios sobre o amor grego] (Nova York: Routledge, 1990), p. 1-40.

"contrária à natureza" não traz uma base sólida para rejeitar todos os relacionamentos homossexuais nos dias de hoje.

Existem muito mais coisas a dizer sobre esse assunto, e as reflexões que teço até aqui somente abordam superficialmente a defesa que faço em *God and the Gay Christian: The Biblical Case in Support of Same-Sex Relationships* [Deus e o cristão *gay*: a defesa bíblica das relações homossexuais], mas, independentemente de seus conceitos, quero incentivar você a construir relacionamentos significativos com cristãos LGBTQIA+, colocar-se no nosso lugar e abrir espaço para nós na sua igreja e na sua casa. Por mais importante que seja a teologia, já que a Igreja causou tanta dor e sofrimento a um grupo de pessoas, nossa primeira resposta deve ser de arrependimento e de amor sacrificial.

Matthew Vines escreveu o livro *God and the Gay Christian* e é diretor executivo e fundador do Projeto Reforma, uma organização sem fins lucrativos que luta para promover a inclusão das pessoas LGBTQIA+ na Igreja. Ele mora em Dallas, Texas, Estados Unidos.

A RESPOSTA TEOLÓGICA E PASTORAL PARA A DISFORIA DE GÊNERO

Matthew Mason

Será que o evangelho cristão se trata de uma boa notícia para alguém que está passando pela disforia de gênero? Segundo o evangelho, como o cristão deve pensar sobre a questão e abordar pessoas que estão sofrendo com isso?

"Disforia de gênero" é um transtorno em que alguém sente que o sexo biológico do seu corpo não combina com sua identidade de gênero verdadeira. O cristão que lida com essa questão tem que se lembrar de duas coisas: em primeiro lugar, não se trata somente de uma "questão" quando estamos lidando com pessoas que foram criadas à imagem de Deus e que lhe são preciosas. Temos que falar de modo gentil, compreensivo e respeitoso. Outro aspecto a observar é que o cristão não tem o direito de tirar suas próprias conclusões e confiar em seus próprios juízos sobre esse ou qualquer outro tema ético. Prestamos contas ao Deus do evangelho a respeito do que falamos e fazemos.

A ressurreição, que se encontra na base do evangelho (1Coríntios 15:3-5), concede a sabedoria com a qual devemos abordar essas questões.[1]

Oliver O'Donovan afirma que a ética cristã depende da ressurreição de Cristo, porque precisa "surgir do evangelho de Jesus Cristo".[2] Ele associa o evangelho à criação, porque, ao pregar a ressurreição de Cristo, os apóstolos proclamavam "a ressurreição da humanidade em Cristo; e com base nela proclamavam a renovação de toda a criação com ele".[3] A criação boa de Deus foi arruinada pelo pecado, mas, por meio da morte e da ressurreição de Cristo, será restaurada e aperfeiçoada. Logo, o evangelho reafirma a ordem inerente

---

1   Para um relato mais detalhado, veja Matthew Mason, "The Wounded It Heals: Gender Dysphoria and the Resurrection of the Body", em Gerald Hiestand; Todd Wilson, eds, *Beauty, Order, and Mystery*: The Christian Vision of Sexuality [Beleza, ordem e mistério: a visão cristã da sexualidade] (Downers Grove, EUA: InterVarsity, 2017), p. 135-147.

2   Oliver O'Donovan, *Resurrection and Moral Order*: An Outline for Evangelical Ethics [Ressurreição e ordem moral: um esboço da ética evangélica], 2ª ed. (Leicester: Inter-Varsity Press, 1994), p. 11, a partir de agora identificado como *RMO*.

3   O'Donovan, *RMO*, p. 31.

Sexualidade **103**

à criação, incluindo os dois tipos de corpo da humanidade como homem e mulher (Gênesis 1:27).[4]

Em 1Coríntios 15, Paulo se baseia na ressurreição de Cristo para proclamar a ressurreição futura para todos os cristãos (vv. 20, 23). Ele faz um contraste entre Cristo e Adão (vv. 21-22) e estabelece duas coisas. Primeiro, que existe um vínculo orgânico entre a ressurreição de Cristo e a ressurreição dos cristãos. Segundo, que esse mesmo tipo de vínculo existe entre o corpo de Adão na criação e o corpo de Cristo na ressurreição.

A partir do versículo 35, Paulo responde à objeção: "Como ressuscitam os mortos? Com que espécie de corpo virão?". Ele afirma a continuidade e a transformação, usando a analogia da semeadura (v. 37), e declara que "Deus lhe dá um corpo, como determinou, e a cada espécie de semente dá seu corpo apropriado" (v. 38). Deus decide o tipo de corpo com o qual o morto é ressuscitado. Ele molda esse corpo conforme a escolha dele, não de acordo com o nosso gosto. A expressão "como determinou" traduz um verbo no tempo aoristo que indica que Deus dá o corpo que ele determinou na criação.[5] Portanto, alguém que nasceu com um corpo masculino (pela vontade do Criador) será ressuscitado com esse mesmo corpo masculino. Isso se encaixa no que sabemos sobre as aparições de Jesus depois de ressuscitar. Ele ressuscitou corporalmente (João 20:27; Lucas 24:31, 37-43), e o túmulo estava vazio. Ele não deixou seu velho corpo para trás. Ele ressuscitou com o mesmo corpo de homem que o Pai tinha preparado para ele na encarnação (cf. Hebreus 10:5).

Ainda que Paulo prometa a transformação gloriosa do nosso corpo (1Coríntios 15:53-54), ele destaca sua continuidade futura com o corpo que temos agora. Por quatro vezes ele declara que é *este* (em grego, *touto*) corpo fraco, frágil e mortal – que Deus nos deu na criação – que será revestido de glória, honra e imortalidade. Isso com certeza inclui a forma masculina ou feminina (Gênesis 1:27).[6]

---

4   Sobre o padrão da criação de macho e fêmea, veja Karl Barth, *Church Dogmatics* III/4 [Dogmática da Igreja III/4] (Edimburgo, T&T Clark, 1964), p. 116-240; Julián Marías, *Metaphysical Anthropology*: The Empirical Structure of Human Life [Antropologia metafísica: a estrutura empírica da vida humana], trad. Frances M. López-Morillas (University Park, EUA: Pennsylvania State University Press, 1971), p. 123-178; Matthew Mason, "The Authority of the Body: Recovering Natural Manhood and Womanhood", *Bulletin of Ecclesial Theology*, v. 4, n. 2 (2017), p. 39-57.

5   Anthony C. Thiselton, *The First Epistle to the Corinthians* [A Primeira Carta aos Coríntios] (Grand Rapids, EUA: Eerdmans, 2000), p. 1.264.

6   Cf. Agostinho, *A Cidade de Deus*, 14ª ed. (Petrópolis: Editora Vozes, 2013), 22.17

104 ENGAJAMENTO CULTURAL

É por isso que a mensagem do evangelho é dura com relação à disforia de gênero: nós não temos autoridade sobre nosso corpo e sobre nossa forma sexual. Vivemos em uma criação moldada pelo propósito de Deus, e não podemos decidir por nós mesmos se seremos homens ou mulheres. Nosso criador decidiu isso por nós, e a ressurreição mostra que ele estabelece um compromisso eterno com essa decisão. O sexo do meu corpo no nascimento será o sexo do meu corpo quando for ressuscitado. Portanto, é ele quem define meu gênero no momento. A ressurreição do corpo mostra de forma impactante que a mudança de sexo é uma rebelião contra a ordem moral que Deus escreveu no nosso corpo na criação. Ela também sugere que, independentemente do tratamento de mudança que alguém esteja fazendo, o seu sexo verdadeiro não muda. Existe uma realidade ontológica nos bastidores que foi concedida e declarada por Deus.

Isso pode ser duro de ouvir, mas também pode trazer conforto e esperança. Algumas pessoas que passam por um tratamento de mudança de sexo se arrependem de sua decisão e querem voltar a ser como eram.[7] Esse processo pode não ter volta neste mundo, mas a ressurreição nos garante que o Médico dos Médicos nos reestruturará de forma perfeita, num momento, em um abrir e fechar de olhos (1Coríntios 15:51-52).

A promessa de renovação e transformação é uma boa notícia para muita gente, mas o que será daqueles que recuarem horrorizados diante da mensagem de que o corpo com o qual nasceram constitui o desígnio eterno para sua vida? Será possível que esse evangelho seja uma boa notícia para alguém que esteja tão alienado de seu corpo e do gênero de sua composição, que julgue pertencer ao sexo oposto? Pela graça de Deus existe essa possibilidade, porque a ressurreição não somente nos dá um choque de realidade, ela "nos contempla e nos faz participar dela".[8] Ela indica a nossa renovação e a nossa reintegração como agentes morais. O Cristo ressuscitado não apenas renova nosso corpo, ele nos renova pelo seu Espírito nas partes mais profundas do nosso ser, mesmo nos vales mais escuros e conturbados da nossa vida. Nesta vida terrena, essa renovação é parcial, mas na ressurreição ela será completa para o cristão. Toda a mágoa e toda a alienação serão curadas de um modo completo para todo o sempre.

---

7   Walt Heyer, "I Was a Transgender Woman", *The Public Discourse*, 1º de abril de 2015. Disponível em: http://www.thepublicdiscourse.com/2015/04/14688/. Acesso em: 23 abr. 2020.

8   O'Donovan, *RMO*, p. 101.

O evangelho transgênero do nosso tempo diz: "Seja fiel a si mesmo. Faça o possível para expressar quem você realmente é". Jesus, nosso Criador e Senhor ressuscitado, diz: "Negue-se a si mesmo, tome a sua cruz e siga-me". Para aqueles que estão passando pela disforia de gênero, esse chamado à morte pode incluir um conflito torturante para se adequar ao corpo que Deus lhe concedeu, mas existe uma promessa que acompanha o evangelho: "Pois quem quiser salvar a sua vida, a perderá, mas quem perder a vida por minha causa e pelo evangelho, a salvará" (Marcos 8:35).

Matthew Mason é membro do Departamento de Pesquisa do Instituto Kirby Lang de Ética Cristã, em Cambridge, na Inglaterra, e do Programa de Fellowship do Centro de Pastores Teólogos; além de estar cursando o doutorado em Religião na Universidade de Aberdeen, na Escócia.

AVALIAÇÃO PSICOLÓGICA CRISTÃ DA DISFORIA DE GÊNERO

Mark A. Yarhouse e Julia Sadusky

Critérios de diagnóstico

A disforia de gênero se refere a uma "incongruência marcante entre o gênero que se experimenta ou se expressa" e o sexo biológico.[1] Necessariamente a pessoa deve demonstrar angústia ou dificuldades na dinâmica social, ocupacional ou em quaisquer outras áreas importantes.

O diagnóstico da disforia de gênero pode ser feito em crianças, adolescentes ou adultos. Para uma criança receber esse diagnóstico, deve haver "um desejo intenso de pertencer ao sexo oposto ou uma insistência de que pertence a outro gênero".[2] Além disso, é necessário satisfazer cinco dos outros sete critérios, que tratam de preferências fortes por roupas, funções e atividades transgênero, e também da rejeição das roupas, funções e atividades típicas do próprio gênero. É possível que a criança expresse insatisfação com suas características sexuais primárias ou secundárias ou mesmo manifeste o desejo de ter as características primárias ou secundárias do outro gênero.

Os critérios que se aplicam a adolescentes e adultos são diferentes daqueles que se aplicam a crianças. É possível que o adolescente ou adulto sinta um forte desejo de mudar de sexo, ou acredite que apresenta as mesmas reações emocionais do outro gênero. Existe também o desejo de se livrar das suas características sexuais primárias e/ou secundárias para receber as características correspondentes ao sexo oposto. Esse adolescente ou adulto precisa satisfazer dois dentre seis critérios para receber um diagnóstico de disforia de gênero.

---

1 The American Psychiatric Association (APA), *Manual diagnóstico e estatístico de transtornos mentais*, 5ª ed. (Porto Alegre: Artmed, 2014), p. 452.

2 Ibid.

Sexualidade 107

Prevalência

A disforia de gênero é um fenômeno relativamente raro, mas provavelmente não tanto quanto sugerem as estimativas atuais. O *Manual diagnóstico e estatístico de transtornos mentais*, em sua quinta edição (*DSM-5*), cita estimativas de prevalência da ordem de 0,005% a 0,014% para o sexo biológico masculino e 0,002 a 0,003% para o sexo biológico feminino.[3] Esses números são problemáticos, porque são baseados em adultos que procuram intervenção médica nas clínicas especializadas da Europa. Há uma grande probabilidade de que eles subestimem a prevalência da disforia de gênero (que pode existir em vários estágios). Na verdade, muitas pessoas com esse transtorno não buscam nenhuma intervenção médica, como tratamento hormonal e/ou cirurgias para mudança de sexo.

A palavra "transgênero" é um termo abrangente para as várias maneiras como as pessoas experimentam, expressam ou vivenciam uma identidade de gênero que é diferente das outras cuja identidade de gênero é congruente com seu sexo biológico.[4] Há indícios de que há mais pessoas que se identificam como transgênero do que pessoas que sofrem com a disforia de gênero (1 em cada 215 e 1 em cada 300, respectivamente).[5] Uma pesquisa da Harris Poll Survey apresenta um percentual bem maior de casos de experiências transgênero: 3% dos pesquisados de 18-34 anos se identificaram como não tendo gênero algum, 3% como tendo um gênero fluido, 2% como transgênero, 1% como bigênero e 1% como não binário.[6] Nem todos que se identificam como transgênero experimentam a disforia de gênero, e é aconselhável diferenciar as identidades de gênero emergentes da disforia de gênero propriamente dita.

Etiologia

A causa da disforia de gênero não é clara. A teoria citada de forma mais ampla é denominada de "Teoria do Sexo do Cérebro" e sugere uma etiologia biológica.

---

3 Ibid., 454.

4 M. A. Yarhouse, *Understanding Gender Dysphoria*: Navigating Transgender Issues in a Changing Culture [Entendendo a disforia de gênero: abordando questões transgênero em uma cultura que muda] (Downers Grove, EUA: InterVarsity Press Academic, 2015).

5 K. J. Conron; G. Scott; G. S. Stowell; S. J. Landers, "Transgender Health in Massachusetts: Results from a Household Probability Sample of Adults", *American Journal of Public Health*, v. 102, n. 1 (2012), p. 118-22; G. J. Gates, "How Many People Are Gay, Bisexual, and Transgender?", em *The Williams Institute* (2011), p. 1-8. Disponível em: https://williamsinstitute.law.ucla.edu/publications/how-many-people-lgbt/.

6 Harris Poll, "Accelerating Acceptance 2017", GLAAD. Disponível em: http://www.glaad.org/files/aa/2017_GLAAD_Accelerating_Acceptance.pdf. Acesso em: 23 abr. 2020.

108 ENGAJAMENTO CULTURAL

Essa teoria vem da observação de que a diferenciação sexual acontece em dois estágios diferentes do desenvolvimento do feto: em uma etapa, existe uma diferenciação da genitália; em outra etapa posterior, existe um mapeamento do cérebro com a tendência masculina ou feminina. A questão proposta, de acordo com a Teoria do Sexo do Cérebro, é se, em casos raros, é possível que a genitália aponte para uma direção e o cérebro aponte para outra.

Outras teorias consideram o papel do meio ambiente e da formação pessoal, baseando-se em uma correlação entre a disforia de gênero e a família e o ambiente de criação, inclusive o desejo expresso pelos pais por uma criança de outro sexo, o apoio dos pais ao comportamento fora do esperado para o sexo biológico e o abuso emocional, físico e sexual.

Outras teorias ainda consideram uma combinação entre a natureza e a formação na etiologia da disforia de gênero.

Tratamento

Enquanto abordamos as opções de tratamento, pode ser útil traçar uma distinção entre os serviços disponíveis para crianças e as intervenções oferecidas a adolescentes e adultos.

Historicamente, há três abordagens para as crianças diagnosticadas com disforia de gênero: facilitar a decisão de continuar com o sexo biológico, esperar sob observação e facilitar a identidade transgênero. A primeira, que é facilitar a decisão de manter o sexo com o qual nasceu, causa preocupação entre os defensores dos transgêneros e de alguns profissionais de saúde mental, que acreditam que essas intervenções podem ser vergonhosas e prejudiciais para uma criança de gênero atípico. Em alguns Estados americanos, houve acréscimos na legislação para tornar essas tentativas de mudança da identidade de gênero ilegais.

A espera assistida é a opção preferida das pessoas que acreditam que a disforia de gênero se resolve sozinha na maior parte das vezes. Essa decisão é citada em 75% a 80% dos casos, e isso pode levar à identidade de gênero não binária, à identidade homossexual, lésbica ou bissexual, ou à apresentação como uma mulher masculina ou um homem afeminado.[7]

---

7   L. Edwards-Leeper, *Balanced Affirmative Mental Health Care for Transgender and Gender Non-Conforming Youth* [Cuidados afirmativos e equilibrados com a saúde mental de jovens transgênero e sem conformidade de gênero] (Portland, EUA: Springer, 2016).

A possibilidade de facilitar a identidade transgênero também é considerada. Seus defensores afirmam que isso concede tempo para o indivíduo conhecer melhor a identidade de gênero preferida e pode diminuir o transtorno e o mau comportamento.

Uma tendência mais recente no tratamento de crianças mais velhas é inibir a puberdade bem no início, com uma intervenção médica. Isso pode ser feito por até dois anos, permitindo que a criança tenha tempo para ver se experimentar o comportamento do seu gênero de preferência ajuda a diminuir a disforia de gênero. A criança, que a essa altura passa a ser adolescente, tem a capacidade de decidir se deixa de inibir a puberdade e forma uma identidade de gênero de acordo com o seu sexo biológico ou se continua em sua identidade de gênero escolhida.

Já se observou que, na infância, a disforia de gênero tende a se dissipar sozinha na época em que a criança chega à adolescência ou à juventude. Se ela persiste no final da adolescência ou na idade adulta, dificilmente se resolve. Não parece haver protocolos psicoterapêuticos estabelecidos para facilitar a resolução da disforia de gênero de alguém em relação ao seu próprio sexo biológico. Muitas pessoas que recebem esse diagnóstico buscam, por tentativa e erro, administrar sua disforia por meio de estratégias específicas (como estilos de roupa, mudança de penteado ou maquiagem, uso de roupas do sexo oposto etc.).

Alguns indivíduos buscam uma identificação transgênero (uma transição social) e/ou intervenções médicas, como o uso de hormônios do sexo oposto e/ou cirurgia de mudança de sexo. O *DSM-5* sugere que, depois desses procedimentos, a pessoa não satisfaz mais os critérios de diagnóstico de disforia de gênero. Um estudo longitudinal de trinta anos, que trouxe algumas provas de que a cirurgia pode aliviar a disforia de gênero, também observou que a intervenção não parece reduzir o nível de questões preocupantes, como mortalidade geral, tentativas de suicídio e hospitalizações psiquiátricas.[8]

Três abordagens

No nosso trabalho anterior, *Understanding Gender Dysphoria*, apresentamos três abordagens para entender as questões da identidade de gênero: integridade,

---

8   C. Dhejne, P. Lichtenstein, M. Boman, A. L. V. Johansson, N. Langstrom e M. Landen, "Long-Term Follow-Up of Transsexual Persons Undergoing Sex Reassignment Surgery: Cohort Study in Sweden", *PloS ONE*, v. 6, n. 2 (2011). Disponível em: https://doi.org/10.1371/journal.pone.0016885. Acesso em: 23 abr. 2020.

110 ENGAJAMENTO CULTURAL

deficiência e diversidade.[9] A abordagem da integridade se baseia no entendimento teológico de que existem uma masculinidade e uma feminilidade essenciais que são propósitos de Deus na criação. Isso estabelece a base para o que se considera um comportamento sexual moralmente aceitável (a intimidade genital complementar entre homem e mulher no casamento), além de questionar se adotar uma identidade transgênero de algum modo entra em conflito com a ordem natural e as diferenças entre homem e mulher.

A abordagem da deficiência interpreta as diferenças de identidade de gênero como uma variação que acontece na natureza em casos raros. Visto desse modo, o fenômeno é uma realidade sem conotação moral que evoca uma atitude compassiva. O cristão que adota essa abordagem dará um destaque moral aos efeitos da queda sobre a ordem criada.

A abordagem da diversidade interpreta as diferenças da identidade de gênero como a expressão de um grupo que deve ser celebrado. Nesse sentido, as variações nas identidades de gênero que podem ser despertas pela disforia de gênero representam uma cultura que deve ser reconhecida e valorizada. Essa abordagem também fornece às pessoas um senso de identidade como parte das comunidades transgênero (e dos grupos LGBTQIA+ de forma mais ampla).

Recomendamos uma abordagem integrada que se inspira no melhor de todas as outras que já existem. A perspectiva psicológica cristã sobre a disforia de gênero reconhece a importância das bases teológicas que a abordagem da integridade traz. O destaque do propósito criador de Deus (Gênesis 1 e 2) traz o ponto de referência para a identidade e reconhece normas com relação a sexo e gênero. O prisma da deficiência reconhece a realidade da queda (Gênesis 3) e destaca o valor de transmitir graça a essas novas condições que não estavam no plano original de Deus. A abordagem da diversidade é forte em sua atenção às questões de identidade e comunidade. Embora discordemos de algumas aplicações da perspectiva da diversidade, ela desafia a comunidade cristã a refletir sobre como trazer um senso melhor de identidade e comunidade para as pessoas que passam pela disforia de gênero.

No cuidado prático com as pessoas com diagnóstico de disforia de gênero, observamos que algumas conseguem viver e expressar uma identidade de gênero mantendo seu sexo biológico, embora possam continuar havendo desafios relacionados a isso. Outras adotam várias estratégias para administrar sua disforia.

---

9   Yarhouse, *Understanding Gender Dysphoria*.

Recomendamos ajudar as pessoas a administrar sua disforia da maneira menos invasiva possível, identificando as maneiras mais invasivas, como as intervenções médicas, os hormônios do sexo oposto e os procedimentos cirúrgicos.

Dr. Mark Yarkhouse assumiu a Cátedra Dr. Arthur P. Rech e Sra. Jean May Rech de Psicologia do Wheaton College depois de ter sido o patrono da Cátedra Hughes da Prática do Pensamento Cristão da Regent University. Ele escreveu vários livros, inclusive *Understanding Gender Dysphoria: Navigating Transgender Issues in a Changing Culture*.

Julia Sadusky é candidata ao programa de doutorado em Psicologia Clínica na Regent University, onde trabalhou como auxiliar de pesquisa no Instituto para o Estudo da Identidade Sexual e completou turnos clínicos na Clínica Sexual e de Identidade de Gênero.

PERGUNTAS PARA DISCUSSÃO

1. Em seu artigo, Mason declara que o gênero é determinado pelo sexo biológico concedido por Deus. Como as pessoas que seguem a perspectiva de Bird podem comentar essa afirmação, e como aqueles que seguem a tradição de Yarhouse e Sadusky podem comentar esse mesmo assunto, especialmente no que diz respeito à "Teoria do Sexo do Cérebro"?

2. Como alguém que segue a abordagem de Vines responde ao uso que Gagnon faz do texto de 1 Coríntios 6:9, especialmente quanto à expressão "homens mansos"? Como os seguidores de Vines poderiam responder à interpretação de Gagnon e qual seria a interpretação deles?

3. Tanto Butterfield quanto Vines contam seu testemunho pessoal no qual interpretaram que a Palavra de Deus dizia duas coisas bem diferentes para suas vidas. Em que ponto começam essas diferenças fundamentais entre os seus entendimentos sobre as Escrituras? Em que definição ou passagem bíblica se encontra a base para suas diferenças de interpretação?

4. Devido a uma diferença na formação vocacional, Yarhouse/Sadusky e Mason empregam tons e linguagens bastante diferentes nos seus artigos. Embora sejam bem distintos, existe alguma área na qual os dois concordam ou coincidem? De que modo as duas linguagens conflitam uma com a outra?

5. O artigo de Wilson conclui que toda sexualidade que se encontre fora de um casamento com aliança e compromisso, na sua interpretação, não se encaixa na vontade de Deus para esse campo. Como Vines pode responder a essa afirmação? Em que ponto Vines discorda de Wilson e como cada um deles estrutura sua interpretação?

6. Vines usa a história do telescópio e da reavaliação feita pela Igreja a respeito da Terra como centro do universo para estabelecer uma comparação com a necessidade do cristão moderno de reavaliar o conceito ortodoxo tradicional sobre o casamento. Ele declara que a Bíblia se refere especificamente a relações homossexuais ilícitas em vez dos relacionamentos homossexuais compromissados e monogâmicos, que não são condenados por Jesus nem

pelas Escrituras. Como Gagnon pode responder a essa afirmação, especialmente quanto aos ensinos de Jesus?

7. Existem muitas palavras que são utilizadas por todos os artigos, e é importante entender o modo como cada autor define os termos que emprega. Como se definem os termos *sexualidade*, *casamento*, *sexo biológico*, *gênero*, *disforia de gênero* e *binário*? Será que alguns autores trazem definições diferentes dos outros?

8. Em seu artigo, Mason faz a seguinte declaração: "É por isso que a mensagem do evangelho é dura com relação à disforia de gênero: nós não temos autoridade sobre nosso corpo e sobre nossa forma sexual". O que Bird apontaria como o problema ou a confusão dessa declaração?

9. No final do seu artigo, Vines menciona que, independentemente de suas crenças doutrinárias, os cristãos devem acolher os cristãos homossexuais em sua igreja com amor, por causa do histórico de discriminação e dor causadas pela Igreja como um todo. No entanto, Butterfield deixa claro que, em seu ponto de vista, fazer com que os cristãos homossexuais creiam que a Bíblia aceita seu estilo de vida é contrário ao amor, uma atitude comparável a amarrar uma pedra pesada em volta do pescoço. Será que é possível conciliar essas duas afirmações? É possível que o cristão receba bem os cristãos homossexuais em sua igreja tendo o tipo de amor que Butterfield expressa como importante, ou essas duas perspectivas são totalmente opostas?

10. No seu artigo, Yarhouse e Sadusky fazem uma síntese dos vários métodos de tratamento disponíveis para os indivíduos que sofrem de disforia de gênero. Será que a Igreja tem um papel a desempenhar para ajudar os membros a buscar ou decidir sobre o tratamento? Em caso afirmativo, qual seria esse papel?

Capítulo 5

O PAPEL DO HOMEM E O PAPEL DA MULHER

Embora os cristãos possam e devam recorrer à Bíblia para encontrar uma base para os papéis dos gêneros, é praticamente impossível desenvolver um entendimento e algumas aplicações desse assunto sem se basear nas percepções culturais sobre a masculinidade e a feminilidade. Apesar de o sexo biológico e os papéis associados à realidade biológica (isto é, força física, maternidade etc.) praticamente não mudarem, muitos papéis associados ao gênero variam de forma significativa dependendo da cultura, do momento histórico e da tecnologia. A opressão histórica da mulher fora da Igreja afeta profundamente o tratamento das mulheres dentro da Igreja, levando a uma grande confusão com relação a quais são os conceitos sobre a divisão de tarefas entre os gêneros que se baseiam na Bíblia e quais se baseiam na cultura, com apoio de algumas referências bíblicas. A alta das questões atuais com relação ao que se atribui a cada gênero dentro da Igreja reflete um senso cada vez maior de injustiça entre homens e mulheres, que veio à tona no final do século 20.

Para muitos especialistas, a questão principal reside nas funções que a mulher deve desempenhar. De acordo com Gregory Boyd e Paul Eddy, a dúvida central é a seguinte: "Será que é adequado para a mulher aspirar a cargos de liderança dentro da Igreja em que ela seja colocada em posição de autoridade sobre o homem?".[1] Embora essa pergunta represente boa parte do debate teológico, ela não reflete por completo o debate cultural mais amplo em volta dele. Com certeza essa questão lida com a essência da passagem de 1 Timóteo 2, mas não vai

---

1 Gregory A. Boyd; Paul R. Eddy, *Across the Spectrum*: Understanding Issues in EvangelicalTheo-logy [Através do espectro: entendendo questões na teologia evangélica] (Grand Rapids, EUA: Baker Academic, 2002), p. 250.

116 ENGAJAMENTO CULTURAL

além disso para as várias outras questões menores que continuam a se apresentar diante do nosso conhecimento bíblico e cultural da divisão de tarefas entre os sexos. Por exemplo, ela não aborda as questões da liderança masculina dentro de casa, conforme se ensina em passagens como Efésios 5 e 1Pedro 3, e, de forma mais ampla, ela só considera a função da *mulher* na Igreja; acaba não lidando com as tarefas e os deveres do homem em casa e na Igreja. Em resumo, esse é o problema. O foco do debate se baseia no que a mulher deve ou não deve fazer dentro da Igreja, em vez de abordar a questão de modo holístico para refletir sobre como o povo de Deus pode cooperar de forma ordenada para estabelecer o Reino de Deus conforme determinado pela Bíblia. Mesmo assim, pelo menos dois aspectos do debate bíblico e teológico já estão resolvidos. O primeiro é que os dois sexos foram criados "à imagem de Deus" (Gênesis 1:26-27) e "têm a mesma dignidade e valor".[2] Em segundo lugar, "já que o Espírito Santo habita em todos os cristãos – homens e mulheres –, todos os cristãos são capacitados por Deus para o ministério dentro do corpo de Cristo".[3]

Duas visões são predominantes na Igreja contemporânea com relação aos papéis dos sexos dentro do Reino de Deus: a visão complementarista e a visão igualitária. Embora essas duas categorias deem conta das classificações gerais, existem outras diferenças e divisões dentro delas. É importante observar que essas duas classes não passam de classificações criadas no final do século 20 e, portanto, constituem um desdobramento extremamente recente dentro da história da Igreja.[4]

Quando o Concílio de Masculinidade e Feminilidade Bíblica se reuniu pela primeira vez em 1987, os líderes evangélicos da época reconheceram a crescente confusão com relação ao tema e procuraram restabelecer uma base segura para repartir as tarefas baseada em uma teologia sólida, na interpretação bíblica e em uma formulação acadêmica criteriosa. Especialistas como John Piper, Wayne Grudem, Wayne House, Dorothy Patterson, Thomas Schreiner, Susan Foh e Andreas Köstenberger se encaixam em algum ponto do leque de pensamentos complementaristas segundo o qual a Bíblia ensina que "o homem e a mulher se complementam, tendo a mesma dignidade e valor como imagem de Deus,

---

2   Ibid.

3   Ibid.

4   Scot McKnight, "Revisionist History on the Term 'Complementarian'", *Patheos,* 2 de março de 2015. Disponível em: http://www.patheos.com/blogs/jesuscreed/2015/03/02/revisionist-history-on-the-term-complementarian/. Acesso em: 23 abr. 2020.

e foram chamados para papéis diferentes, para a glória de Deus".[5] As pessoas que abraçam a visão complementarista acreditam que o homem foi chamado para ser o líder da casa e da Igreja, enquanto a mulher foi feita por Deus para servir como "ajudadora" e "parceira" do homem.[6] Para apoiar essa visão, os especialistas, na maioria dos casos, recorrem à narrativa da criação, observando que Deus criou Adão primeiro, e Eva foi criada para complementá-lo tanto sexualmente como estruturalmente. Não se trata somente de autoridade, mas também de responsabilidade dentro da ordem criada. Embora Adão tenha recebido a responsabilidade final de governar a Terra, Eva recebeu a missão de ajudá-lo a cumprir essa responsabilidade. Portanto, o relacionamento entre eles consiste em papéis complementares, em que Adão lidera sob a autoridade de Deus e Eva segue Adão, ajudando-o a cumprir a responsabilidade administrativa que lhe foi confiada por Deus.

A visão igualitária propõe que os papéis de liderança dentro de casa e na Igreja "são determinados pelos dons em vez de pelo gênero".[7] Os igualitários geralmente examinam os elementos culturais do debate à luz de outras questões culturais que existem nas páginas das Sagradas Escrituras, como a escravidão e a poligamia, as quais em várias passagens da Bíblia são discutidas sem ser condenadas. Boyd e Eddy, por exemplo, explicam que Deus tolerou as normas culturais decaídas por um tempo para finalmente estabelecer sua estrutura ideal dentro do mundo. Portanto, durante a época em que o Novo Testamento foi escrito, Deus estava operando dentro das normas culturais referentes à sociedade patriarcal, mas, como o sistema caiu, do mesmo modo que a escravidão, as mulheres agora estão livres para servir baseadas nos dons em vez de no gênero.[8]

Outros afirmam que, embora o contexto cultural seja importante na interpretação, o Novo Testamento (cf. 1 Timóteo 2:12-13) baseia os papéis diferentes do homem e da mulher na própria ordem da criação, e que a analogia com a prática da escravidão ou da poligamia confunde as categorias, já que o Novo Testamento, enquanto não menciona essas duas, aponta de forma muito clara a diferença das funções entre o homem e a mulher.

---

5   Concílio de Masculinidade e Feminilidade Bíblica, "History". Disponível em: https://cbmw.org/about/history/. Acesso em: 24 abr. 2020.

6   Boyd; Eddy, *Across the Spectrum*, p. 251.

7   Ibid., p. 250.

8   Ibid.

118 ENGAJAMENTO CULTURAL

Dentro da área acadêmica, o movimento igualitário obteve popularidade nos últimos anos, com especialistas proeminentes como N. T. Wright destacando o contexto cultural em torno dessas passagens do primeiro século.[9] Outros especialistas buscaram relançar o debate, como Michelle Lee-Barnewall fez de forma mais notável em *Neither Complementarian nor Egalitarian: A Kingdom Corrective to the Evangelical Gender Debate* [Nem complementarista nem igualitário: um corretivo do Reino para o debate evangélico do gênero], que tenta reformular os termos do debate como *unidade* e *inversão*, em vez de *autoridade* e *igualdade*.[10]

Entre as igrejas dos Estados Unidos, as pesquisas indicam "um aumento lento e firme do número de pastoras".[11] Embora algumas denominações permitam que as igrejas locais decidam essa questão de forma autônoma, a maioria dos evangélicos[12] e a Igreja Católica continuam engajados em manter somente homens no papel de "pastor" ou "sacerdote", enquanto as igrejas protestantes tradicionais e muitas igrejas negras e pentecostais permitem que as mulheres sirvam como ministras ordenadas.

O âmago da questão sobre a divisão de tarefas é como levar em conta as diferenças culturais entre a Igreja do primeiro século e a dos dias de hoje e qual o papel do contexto cultural na interpretação bíblica. A distância entre o contexto patriarcal do Oriente Médio da Igreja Primitiva e a Igreja global contemporânea é muito grande, e todas as escolas devem buscar uma interpretação, uma aplicação e uma obediência da Escritura dentro do contexto de uma cultura decaída. Isso exige um estudo aprofundado do que a totalidade das Escrituras diz sobre a natureza da humanidade, nosso corpo, nossas responsabilidades e nossos dons, de modo que cada membro do corpo de Cristo possa usar seus dons para a glória de Deus.

No primeiro ensaio, Wendy Alsup, representando a posição complementarista, analisa como a queda afeta o modo como os indivíduos internalizam

---

9   Confira o emprego que Tish Harrison Warren faz da obra de Wright para apoiar a posição igualitária logo adiante.

10   Michelle Lee-Barnewall, *Neither Complementarian nor Egalitarian*: A Kingdom Corrective to the Evangelical Gender Debate (Grand Rapids, EUA: Baker Academic, 2016).

11   Halee Gray Scott, "Study: Female Pastors Are on the Rise", *Christianity Today*, 2017. Disponível em: https://www.christianitytoday.com/women/2017/february/study-female-pastors-are-on-rise.html. Acesso em: 24 abr. 2020.

12   "What Americans Think About Women in Power", *Barna*, 8 de março de 2017. Disponível em: https://www.barna.com/research/americans-think-women-power/. Acesso em: 24 abr. 2020.

o gênero, o modo como os gêneros se relacionam e qual é a proposta do evangelho com relação às questões que envolvem o relacionamento entre eles. Representando uma perspectiva diferente, Tish Harrison Warren traz a posição igualitária, entendendo que o homem e a mulher devem servir em casa e na Igreja sujeitando-se um ao outro.

Quanto à questão da mulher no mercado de trabalho, Owen Strachan incentiva a Igreja a reafirmar o valor bíblico para a feminilidade e a masculinidade, liberando, assim, a mulher para trabalhar onde quer que Deus a coloque, sem permitir que seu valor seja definido pelas expectativas culturais. Katelyn Beaty, embora também esteja interessada na forma como a cultura sutilmente molda a nossa maneira de ver essas questões, tem uma visão diferente da de Strachan. Beaty defende que, em vez da Revolução Sexual, a Revolução Industrial tem uma participação maior na formação de nosso conceito moderno sobre o papel do homem e da mulher na força produtiva. Sendo assim, ela lança um apelo às igrejas para reformular o modo como discipulam o homem e a mulher no que diz respeito ao trabalho e à criação de filhos.

IGUAIS, MAS DIFERENTES
A VISÃO COMPLEMENTARISTA DOS SEXOS

Wendy Alsup

Então disse Deus: "Façamos o homem à nossa imagem, conforme a nossa semelhança. Domine ele sobre os peixes do mar, sobre as aves do céu, sobre os animais grandes de toda a terra e sobre todos os pequenos animais que se movem rente ao chão". Criou Deus o homem à sua imagem, à imagem de Deus o criou; homem e mulher os criou. (Gênesis 1:26-27)

No princípio, havia somente o caos primordial e Deus, mas em meio às trevas Deus ordenou que houvesse luz. Dentro dos mares bravios, Deus ordenou que surgisse a terra seca. Sobre a terra e dentro do mar, Deus chamou à existência uma grande variedade de plantas e animais. Ele trouxe ordem e vida ao caos. A partir do nada, ele criou tudo, e então coroou sua nova criação com a humanidade, que, de um modo diferente das plantas e dos animais concebidos anteriormente, foi criada à sua imagem. A humanidade não era composta de deuses, nem mesmo anjos. Tratava-se de algo novo, criado de forma específica para refletir alguma coisa sobre seu Deus criador. Ele criou *uma* nova espécie, mas com *dois* sexos biológicos diferentes, um macho e uma fêmea (veja também Gênesis 5:2). Eles eram espirituais e ao mesmo tempo físicos – com uma alma eterna acompanhada de um corpo físico. Assim se originou a humanidade, e tudo nela era bom.

Deus criou dois sexos biológicos diferentes, dois tipos de corpos físicos humanos, mas a cultura molda os conceitos de gênero em cada época e em cada lugar. Ellen Mandeville observa: "O termo 'gênero' se transformou para significar as expectativas que uma cultura cria para o homem e para mulher. Uma das definições para gênero, do *Oxford English Dictionary* [Dicionário de Inglês Oxford], diz: 'O estado de ser homem ou mulher conforme se expressa nas diferenças socioculturais, em vez das biológicas'".[1]

---

1 Ellen Mandeville, "Male and Female He Created Them", *Christ and Pop Culture*, 7 de dezembro de 2015. Disponível em: https://christandpopculture.com/male-and-female-he-created-them/. Acesso em: 24 abr. 2020.

Embora os conceitos de gênero sejam influenciados pelo tempo e pela cultura, Deus criou a humanidade com dois sexos distintos, primeiro pelas características idênticas que têm como seres humanos, um ponto de partida extremamente importante, e depois por suas diferenças como homem e mulher. Ele criou tanto o homem quanto a mulher conforme a sua imagem e, de acordo com Gênesis 2:18, criou a mulher especialmente para ajudar (em hebraico, *ezer*) o homem de maneiras que se encaixam, complementam ou estão diante dele (em hebraico, *neged*) na imagem do verdadeiro *ezer*, o próprio Deus.[2] O homem e a mulher deviam cuidar do jardim juntos, mas com certeza não eram iguais. Embora a cultura ocidental moderna geralmente busque desprezar as diferenças entre o homem e a mulher, entender o desígnio do sexo biológico antes da queda faz com que valorizemos as diferenças dos dois sexos enquanto também valorizamos o que eles têm em comum.

O problema é que Gênesis 1 e 2, em que Deus criou o homem e a mulher à sua imagem para refletir algo de si mesmo, é seguido rapidamente pelo capítulo 3. Não conseguimos observar com clareza como as diferenças entre homem e mulher funcionaram no período da perfeição. Em vez disso, vemos com muitos detalhes como essas diferenças funcionaram depois da queda, geralmente com consequências terríveis. A queda influenciou toda a condição humana, inclusive o sexo biológico, tanto interna quanto externamente. Experimentamos um conflito dentro do nosso próprio corpo sexual e uma desordem externa entre os sexos, homem e mulher. Entender tanto o caos interior quanto o exterior nos ajuda a entender a solução proporcionada por Jesus Cristo e a esperança subsequente de cooperação entre o homem e a mulher em nome de Jesus em nossas igrejas nos dias de hoje.

A queda afetou internamente tanto o corpo masculino quanto o feminino, com anormalidades cromossômicas, esterilidade, disforia e outras formas de disfunção sexual. A questão do desconforto com o gênero, ou a questão de saúde mental mais séria da disforia de gênero, deve nos levar a repensar o relacionamento de nosso corpo físico com nosso corpo espiritual e emocional. A cultura ocidental moderna geralmente traça uma distinção entre o corpo humano físico, que é considerado real, e o espírito, que se encontra dentro dele, de modo semelhante aos gnósticos que se infiltraram na Igreja Primitiva. Os gnósticos separavam as realidades do corpo humano das do espírito, além de

---

2 Deus é chamado de *ezer* em Deuteronômio 33:29 e em mais 15 referências no Antigo Testamento.

122 ENGAJAMENTO CULTURAL

acreditarem ter um conhecimento especial e oculto que lhes permitia desprezar a ética cristã. Os fatos do sexo biológico, dentro dessa escola de pensamento, perdem espaço para as percepções internas do sexo. Por outro lado, em 1Coríntios 6:12-20, o apóstolo Paulo afirma que tanto o nosso corpo quanto o nosso espírito estão unidos em Cristo, desmentindo de forma eficaz o conceito gnóstico de que o nosso corpo é irrelevante para a nossa realidade espiritual. Mesmo que isso não esteja de acordo com as ideias que a cultura promove sobre o gênero dentro e fora da Igreja, o nosso corpo material continua sendo importante. Eu sou uma mulher não porque me sinta muito feminina ou porque me enxergue dentro da feminilidade, mas porque o meu corpo material tem uma estrutura genética feminina e características físicas que se encaixam nesse sexo. Não sou importante na minha igreja porque me encaixo em um estereótipo de gênero feminino, mas porque Deus me criou à sua imagem como uma *ezer*/ajudadora que supre as necessidades dos portadores masculinos da imagem de Deus nesse ambiente.

O corpo masculino e o corpo feminino foram afetados pela queda por dentro, mas o relacionamento exterior entre homem e mulher também foi afetado. Embora tenham existido inúmeras questões entre os dois sexos biológicos com o passar do tempo desde a queda da humanidade, existem também aspectos particulares previstos em Gênesis 3 que surgem sistematicamente de geração em geração, inclusive na geração e na cultura em que vivemos.

O versículo 16 desse capítulo prediz que, depois da queda, a mulher passaria por frustrações em áreas centrais da sua vida – a geração de filhos e o relacionamento com o homem:

> À mulher, ele declarou:
> "Multiplicarei grandemente o seu sofrimento na gravidez;
> com sofrimento você dará à luz filhos.
> Seu desejo será para o seu marido,
> e ele a dominará".

A mulher foi criada com destaque para sua ajuda decisiva e para sua aliança com o homem na imagem de Deus como *ezer* (Gênesis 2:18), mas, depois da queda, passa a se frustrar ao tentar ajudar o homem eficazmente, enquanto o homem começa a reagir com opressão àquilo que ele tem o dever de agradecer. Também o homem passa a encarar frustrações nas áreas principais de sua vida. Ele foi criado para trabalhar e cuidar do jardim, mas o texto de Gênesis

O papel do homem e o papel da mulher **123**

3:17-19 mostra que foi enfrentando conflitos e problemas cada vez maiores, porque o campo passou a trabalhar contra ele nesse esforço.

O autor de Gênesis usa uma palavra hebraica (*teshuqah*) em Gênesis 3:16, traduzida como "desejo".[3] Durante o desenvolvimento da história da tradução, algumas pessoas acreditavam que essa palavra representasse o desejo sexual, mas ela também pode ser interpretada como "volta" ou "retorno", no sentido de que a mulher se volta para seu marido, mas recebe em retorno a opressão dele.[4] A definição padrão dos léxicos e das concordâncias hebraicas é "ímpeto" ou "anseio".[5] Portanto, essa passagem parece refletir um desejo ou uma orientação da mulher voltados para o homem que acaba gerando frustração e até abuso, já que a reação do homem é de opressão. Assim como o homem foi criado para trabalhar a terra, mas acaba se frustrando ao tentar fazer isso, a mulher foi criada para ajudar o homem de forma significativa; no entanto acaba também se frustrando em suas tentativas. O problema cultural de longa data entre os dois sexos são os mecanismos, que variam de geração a geração, desenvolvidos para lidar com essas frustrações sem ao menos considerar as boas notícias de Cristo, muito menos a redenção que ele proporciona tanto para o homem quanto para a mulher.

O evangelho tem uma resposta tanto para os conflitos do nosso corpo sexual quebrantado quanto para as lutas externas entre os dois sexos. O corpo de Cristo foi moído fisicamente para que o nosso fosse curado. Alguns entre nós experimentam a cura milagrosa de vários problemas físicos durante a vida na Terra, mas todos temos a garantia de passar a eternidade com um corpo físico ressuscitado dotado da mesma perfeição do corpo que Deus criou para Adão e Eva antes da queda. Em nossa igreja e na cultura em geral, temos que reconhecer as questões que enfrentamos diariamente no nosso corpo quebrantado e nesse mundo decaído com relação ao sexo biológico. Além disso, temos que recorrer a Cristo como a nossa esperança de ter um corpo sexual redimido tanto na Terra quanto na eternidade. Cristo também é a nossa fonte de ajuda para conviver com nosso corpo quebrantado em seu tempo de vida

---

3   Verbete "teshuqah", *Bible Hub*. Disponível em: http://biblehub.com/hebrew/8669.htm. Acesso em: 24 abr. 2020.

4   Janson C. Condren, "Toward a Purge of the Battle of the Sexes and 'Return' for the Original Meaning of Genesis 3:16b", *JETS*, v. 60, n. 2 (2017), p. 227-245.

5   James Strong, *The New Strong's Exhaustive Concordance of the Bible* [A nova concordância bíblica completa de Strong] (Nashville, EUA: Thomas Nelson, 1990), s.v. "tshuwqah".

124 ENGAJAMENTO CULTURAL

na Terra. Só ele nos capacita a suportar com esperança enquanto aguardamos confiantemente o momento em que virá e fará novas todas as coisas.

Esse evangelho nos capacita a navegar em meio a uma cultura na qual nosso corpo nos diz uma coisa sobre nossa identidade (que somos homens ou mulheres) enquanto a nossa cultura, seja cristã ou secular, nos diz outra. Minha identidade como filha de Deus não é determinada pelos padrões culturais superficiais de superfeminilidade, nem a supermasculinidade define a identidade do homem. Sou mulher porque Deus me criou assim, e porque meu corpo é importante para a minha fé. Minha identidade nele me capacita a valorizar o corpo que ele me deu e deixar que ele, não a cultura, defina o significado de ser uma mulher à sua imagem.[6]

A interação entre os dois sexos biológicos criados com o mesmo propósito de serem portadores da imagem de Deus, com algumas capacidades e dons iguais e outros diferentes, não é necessária somente para uma maior qualidade de vida do corpo de Cristo, a Igreja, mas para sua própria subsistência. De modo bem interessante, é a interação dos dois sexos biológicos remidos em Cristo que, em Efésios 5, nos dá a melhor representação para entender o relacionamento entre Cristo e a Igreja. Além do testemunho do evangelho dado por esses dois sexos que interagem no casamento cristão, percebemos com base na longa história da Bíblia o quanto ambos são necessários para desempenhar as funções básicas do povo de Deus. No nível mais básico da existência humana, os dois sexos são necessários para trazer novos portadores da imagem de Deus ao mundo, uma função incrível que costuma ser desprezada. De qualquer modo, mesmo que não tenham filhos biológicos, os dois sexos são indispensáveis para gerar e criar filhos espirituais. A importância do homem e da mulher se perde se desprezamos as partes diferenciadas de seus dons ou papéis estabelecidos pelas Escrituras para fazer a obra do discipulado para a próxima geração de cristãos.

Vamos refletir sobre o exemplo da Bíblia. Lemos nela histórias de pessoas de ambos os sexos desempenhando funções idênticas, mas também vemos exemplos dessas pessoas desempenhando tarefas que o sexo oposto não pode fazer. Tanto homens quanto mulheres foram profetas/profetisas, diáconos/diaconisas, juízes/juízas e possivelmente até apóstolos/apóstolas (dependendo de como se entende a referência à Júnia, em Romanos 16:7), mas somente

---

6   Nesse ponto, o estudo do uso da palavra hebraica *ezer* no Antigo Testamento demonstra ser de grande auxílio. Veja Deuteronômio 33:29; Êxodo 18:4; Salmos 10:14; 20:2; 33:20; 70:5; 72:12-14.

O papel do homem e o papel da mulher **125**

homens foram nomeados sacerdotes no Antigo Testamento, ou anciãos no Novo Testamento. Embora tanto o homem quanto a mulher tenham sido criados à imagem de Deus, de acordo com Gênesis 1, somente a mulher foi chamada de "ajudadora" de forma específica (em hebraico, *ezer*), à imagem do verdadeiro ajudador, o próprio Deus. Esses papéis diferentes são tão importantes quanto os papéis comuns entre os sexos para expressar a imagem de Deus ao mundo de testemunhas.

Em nossas igrejas, desprezamos o valor dos dois sexos biológicos de duas formas principais. Muitos exaltam as características diferentes desses dois sexos enquanto menosprezam ou ignoram o que podem fazer juntos. Outros, geralmente em reação ao primeiro grupo, desconsideram as características distintas dos dois sexos, destacando somente ações conjuntas. No entanto, o dom dos homens e das mulheres de portar a imagem do nosso Criador para um mundo de testemunhas se encontra tanto nas características distintas quanto nas comuns. Embora as igrejas em alguns momentos não tenham lidado bem com essas duas partes, é bom e justo que valorizemos as duas e busquemos usar os dons do homem e da mulher na Igreja tanto nas atividades que só um pode fazer quanto nas atividades que os dois podem desempenhar.

As boas notícias de Jesus oferecem esperança de reconciliação entre os sexos, celebrando a nossa humanidade em comum enquanto cumprimos o chamado de Cristo para ir e discipular as nações. Em muitas culturas tanto dentro quanto fora da Igreja, até hoje a mulher é sistematicamente oprimida, assediada, destituída de educação e desprovida das liberdades básicas que o homem, até quando menino, desfruta nessas mesmas culturas. Em compensação, os mecanismos de ajustamento que não levam em conta a pessoa de Cristo privam o homem de sua dignidade como portador da imagem de Deus. Onde quer que o nome de Cristo seja proclamado e Deus seja honrado como Criador, a dignidade básica que temos em comum como homens e mulheres também deve ser preservada. Nas culturas ocidentais, as levas mais recentes do feminismo têm incentivado uma autonomia que protege as mulheres da opressão masculina, mas também podem solapar os relacionamentos interdependentes entre os sexos para os quais Deus nos chama pelas boas novas de Jesus. Ao nos engajarmos na cultura, nós cristãos podemos apoiar a dignidade feminina e seu valor necessário para refletir Deus para o mundo ao mesmo tempo que apoiamos a dignidade masculina e seu valor necessário para refletir Deus para o mundo. Deus criou tanto o homem quanto a mulher para refletir algo de

126 ENGAJAMENTO CULTURAL

si mesmo, e nossa esperança em Cristo nos capacita a "sermos imitadores de Deus" (Efésios 5:1) em nossa humanidade em comum, bem como nas distinções entre homem e mulher. Nossas igrejas precisam que os dois sexos cooperem.

Wendy Alsup escreveu os livros *Is the Bible Good for Women? Seeking Clarity and Confidence through a Jesus-centered Understanding of Scripture* [Será que a Bíblia serve para as mulheres? Buscando clareza e confiança por meio de um entendimento cristocêntrico da Bíblia] e *By His Wounds You are Healed: How the Message of Ephesians Transforms a Woman's Identity* [Pelas suas feridas vocês foram curadas: como a mensagem de Efésios transforma a identidade da mulher]. Ela escreve em sua fazenda nas terras baixas da Carolina do Sul, nos Estados Unidos, e frequenta a New City Fellowship (parte da Igreja Presbiteriana da América).

HOMENS E MULHERES SÃO CHAMADOS PARA A LIDERANÇA
UMA VISÃO IGUALITÁRIA DOS SEXOS

Tish Harrison Warren

Os igualitários acreditam que as Escrituras chamam o homem e a mulher para trabalhar em cooperação e submissão mútua e que não existe função em casa ou na Igreja da qual a mulher deva ser afastada. Embora "igualitarismo" seja uma expressão pesada e controversa, o pensamento igualitário cristão, de forma diferente de sua versão secular, nega a permutabilidade dos sexos e defende as diferenças essenciais entre eles e o dom singular da feminilidade e da masculinidade. Ele também defende a inclusão total das mulheres no ministério da Igreja e no desenvolvimento do lar.

Neste pequeno ensaio, o meu foco estará nos argumentos bíblicos que viabilizam a candidatura da mulher para o ministério pastoral. Com certeza esses argumentos estão associados aos debates sobre os papéis da mulher dentro de casa, mas não quero analisar o relacionamento familiar com profundidade nesta breve dissertação. Em vez disso, afirmarei simplesmente que, se esse relacionamento verdadeiramente exemplifica o tipo de submissão mútua que Paulo descreve (Efésios 5:21), os argumentos a favor do "igualitarismo" ou do "complementarismo" perdem a força diante da glória da situação do marido e da mulher que investem tudo o que podem para amar e se submeter um ao outro.

O argumento bíblico a favor da ordenação de mulheres parte de uma abordagem redentora e histórica das Escrituras. O igualitarismo bíblico não se baseia no destaque de algumas "provas" ou na oposição a algumas "passagens violentas" a respeito do silêncio ou da submissão da mulher. Pelo contrário, seu fundamento se encontra na abordagem canônica da Bíblia. Em Gênesis 1:26-28, o homem e a mulher recebem a responsabilidade de domínio e de cuidado. Não existe indicação nenhuma de hierarquia no relacionamento original entre o homem e a mulher – a mulher é chamada de "ajudadora" do homem (*ezer kenegdo*, Gênesis 2:18), mas essa expressão de modo nenhum dá a entender "subordinação", parecendo-se com *ezer*, uma palavra que é usada muitas vezes no Antigo Testamento para se referir ao próprio YHWH.

128 ENGAJAMENTO CULTURAL

Depois da queda, a maldição de Deus sobre a mulher afirma que seu marido a "dominará" (Gênesis 3:16). A unidade entre o homem e a mulher, que a princípio era agradável, perfeita e marcada pela solidariedade e correspondência radical (osso do meu osso e carne da minha carne), é destruída pela queda, prejudicada pelo pecado e rachada pelo patriarcado.

No entanto, Deus não abandonou seu propósito inicial, mas foi trabalhando pouco a pouco para reconciliar o homem e a mulher. Deus claramente usa mulheres como líderes no Antigo e no Novo Testamento – Débora, Rute, Ester, Raabe, Maria Madalena, Priscila, Tabita, Febe, Lídia, Júnia e muitas outras. Quem sabe sua atitude mais clara tenha sido escolher as mulheres para serem as primeiras a testemunhar a ressurreição de Jesus. A elevação das mulheres a líderes tanto no Antigo quanto no Novo Testamento indica uma disposição favorável à inclusão, ao empoderamento e à dignidade da mulher, rumo à restauração da unidade e da reciprocidade.

Por meio de Cristo, a Igreja deve exemplificar a Nova Criação. Como uma comunidade ética, testemunhamos o modo como as coisas devem ser e como elas serão no dia em que Cristo fizer "novas todas as coisas". Por causa da nossa identidade como nova criação, a unidade perdida entre o homem e a mulher passa a ser restaurada em Cristo. Percebemos isso de forma clara no batismo. Com a substituição do sinal de aliança da circuncisão (que era restrito aos homens) pelo batismo (ministrado tanto para o homem quanto para a mulher), fica claro que o homem e a mulher são igualmente incluídos nesse novo corpo da Igreja. Em sua análise sobre a circuncisão dando lugar à nova criação no batismo, Paulo proclama que em Cristo não há "judeu nem grego, escravo nem livre, homem e mulher" (Gálatas 3:28). O especialista N. T. Wright afirma que a razão pela qual Paulo usa a expressão "homem e mulher" (sem usar a construção "nem" dos itens anteriores) é que ele faz uma citação de Gênesis 1, destacando como essas divisões hierárquicas criadas pelo pecado do homem são revogadas pela nova criação.[7] Cristo restaura a unidade do propósito original de Deus, portanto o homem e a mulher são parceiros e colaboradores em todos os aspectos do lar e da Igreja.

---

7   N. T. Wright, "Women's Service in the Church: The Biblical Basis", trabalho elaborado para o simpósio "Men, Women, and the Church", St. John's College, Durham, 4 de setembro de 2004. *NT Wright Page*. Disponível em: http://ntwrightpage.com/2016/07/12/womens-service-in-the-church-the-biblical-basis/. Acesso em: 24 abr. 2020.

Mas e aquelas passagens que, à primeira vista, parecem com certeza proibir a mulher de assumir uma posição de autoridade no ensino da Igreja? Uma leitura superficial da tradução de 1Timóteo 2:11-15 sem um entendimento maior do contexto da passagem parece proibir a mulher de qualquer serviço na igreja, ou até mesmo de falar dentro dela, mas um estudo mais profundo lança um questionamento sobre o significado desse trecho. O teólogo William Witt afirma: "O sentido de praticamente todas as palavras nessa passagem é passível de debate e divergência".[8] N. T. Wright afirma que "o versículo 12, que é o principal, não precisa ser lido como se não permitisse à mulher que ensine ou tenha autoridade sobre o homem. [...] Ele pode também indicar (numa alternativa que se encaixa bem mais no contexto) o seguinte: 'Não quero dar a entender que agora estou estabelecendo um novo padrão de autoridade da mulher sobre o homem semelhante à autoridade anterior do homem sobre a mulher'".[9] Ele, com Catherine Kroeger e outros especialistas, afirma que, no contexto de Éfeso, que era o centro da adoração de uma deusa (Artêmis) em que só se permitia que a mulher fosse sacerdotisa, Paulo destaca que a liberdade que a mulher acabava de encontrar no evangelho não devia dar margem a um domínio feminino ou a uma subordinação do homem à mulher.[10]

Boa parte do debate com relação a essa passagem vem da incerteza sobre a melhor maneira de traduzir o verbo grego *authentein* (ter autoridade sobre), que é um *hapax legomenon*, uma palavra mencionada apenas uma vez na Bíblia, com pouquíssimos exemplos existentes na literatura extrabíblica do mesmo período. *Authentein* poderia ser traduzido como "oprimir ou usurpar", o que não excluiria a mulher de toda a autoridade, mas somente proibiria o desprezo do homem na comunidade da nova criação.

A instrução em 1Coríntios 14:34 de que a mulher "permaneça em silêncio" é ainda mais obscura. Independentemente do sentido dessa passagem, não há como interpretar literalmente que a mulher nunca deva falar ou ensinar na

---

8 William Witt, "Concerning Women's Ordination: Speaking and Teaching", *Will G. Witt* (blog), 2 de outubro de 2014. Disponível em: http://willgwitt.org/theology/concerning-womens-ordination-speaking-and-teaching/. Acesso em: 24 abr. 2020.

9 Wright, "Women's Service in the Church".

10 Richard Clark Kroeger; Catherine Clark Kroeger, *I Suffer not a Woman*: Rethinking 1 Timothy 2:11-15 in Light of Ancient Evidence [Não permito que a mulher: repensando 1Timóteo 2:11-15 à luz de evidências da Antiguidade] (Grand Rapids, EUA: Baker Academic, 1992).

130 ENGAJAMENTO CULTURAL

igreja, já que Paulo fala sobre o modo como a mulher deve se vestir quando profetiza em público na igreja três capítulos antes. Se aqueles que se opõem a que a mulher seja pastora quisessem fazer uma aplicação coerente dessa passagem sem a intervenção de alguma escola hermenêutica, eles teriam de proibir a mulher de dar avisos, cantar hinos, fazer saudações ou ser professora na escola dominical. Qualquer interpretação dessa passagem que não o entendimento de que a mulher deve permanecer em silêncio absoluto envolve algum nível de expansão hermenêutica. Logo, devemos partir do princípio de que o silêncio universal da mulher é absurdo, com base no testemunho do Novo Testamento de mulheres como Júnia, Priscila e as filhas profetisas de Filipe – isso sem falar das instruções de Paulo às mulheres em outros trechos. No mínimo, devemos concluir que nem Paulo nem os outros autores do Novo Testamento fizeram nenhuma afirmação categórica sobre quais são os papéis que a mulher deve desempenhar na Igreja independentemente de qualquer contexto social.

Sob o ponto de vista histórico, a ordenação de mulheres como pastoras não é a norma, embora, como Kevin Madigan, Carol Osiek e especialmente Gary Macy demonstraram, antes do século 12 isso não fosse considerado nem raro nem anormal como geralmente se pensa.[11] Existem ao menos cinco episcopisas registradas na Baixa Idade Média, e não há como justificar o cargo de três delas como sendo esposas de bispos. Essas mulheres receberam o encargo de, pelo menos, supervisionar igrejas – tanto na manutenção do edifício quanto na doutrina e na disciplina do clero.[12]

Os registros de presbíteras são mais frequentes no Ocidente medieval. Embora fossem com mais frequência "esposas de sacerdotes", elas geralmente tinham ministérios diferenciados. Uma inscrição encontrada na região de Poitiers registra que "Márcia, a presbítera, ministrou a oferta com Olíbrio e Nepo". A pesquisa acadêmica atesta que isso indica que a presbítera Márcia celebrou a Eucaristia com Olíbrio e Nepo.[13]

---

11 Consulte os livros *Ordained Women in the Early Church*: A Documentary History [Mulheres ordenadas na Igreja Primitiva: uma história documental], ed. Kevin Madigan e Carol Osiek (Baltimore, EUA: Johns Hopkins University Press, 2011); Gary Macy, *The Hidden History of Women's Ordination* [A história oculta da ordenação de mulheres] (Nova York: Oxford University Press, 2007). Os créditos e o agradecimento vão para meu marido, o rev. dr. Jonathan Warren, por me ajudar na pesquisa histórica para este ensaio.

12 Macy, *The Hidden History of Women's Ordination*, p. 53-58.

13 Ibid., p. 60.

O papel do homem e o papel da mulher **131**

Uma cerimônia franca do século 10 descreve como as diaconisas deviam ser consagradas, inclusive com a entrega de uma estola, símbolo de responsabilidade ministerial. As mulheres ordenadas nessa cerimônia tinham o dever de pregar, catequizar as mulheres mais novas, ajudar no batismo e auxiliar no altar em alguns momentos.[14] Finalmente, era prática comum entre as abadessas ouvir a confissão das freiras, definir a penitência e absolver, bem como pregar e ensinar, a homens e mulheres, até o século 19. A gama de ministérios exercidos pelas mulheres foi claramente transformada em muitas funções que hoje só podem ser exercidas por ministros ordenados.[15]

Além disso, é essencial observar o fato infeliz de que o pensamento dominante por trás da subordinação feminina antes do século 19 era a ideia da inferioridade ontológica da mulher. Epifânio de Salamina, que era contrário à ordenação feminina no século 4, resume a crença comumente aceita de que "as mulheres são instáveis, sujeitas a erro e mesquinhas".[16]

Embora os complementaristas contemporâneos costumem insistir que o complementarismo não se baseia na crença de que a mulher é ontologicamente insuficiente, o argumento histórico para o que hoje se considera "complementarismo" é que a mulher é, essencial e irremediavelmente, "menos racional, mais ingênua e mais suscetível à tentação" do que o homem.[17] Logo, temos que reconhecer que tanto os argumentos complementaristas quanto os igualitários, que afirmam que a mulher é igual ao homem no sentido ontológico por também ser portadora da imagem de Deus, são inovações "modernas" com relação à crença histórica.

Está claro que existe uma grande necessidade de que as mulheres sejam ordenadas pastoras. Quando a Igreja não dá lugar para a voz da mulher, ela acaba recorrendo a vozes fora da Igreja para receber instrução espiritual. A mulher, tanto quanto o homem, precisa de cuidado pastoral, e temos que falar francamente sobre os obstáculos para o cuidado pastoral consistente e para a formação teológica feminina que o complementarismo apresenta. São

---

14 Ibid., p. 70-74.

15 Ibid., p. 80-86.

16 Epifânio de Salamina, *The Panarion of Epiphanius of Salamis*: Sects 47-80 [O Panarion de Epifânio de Salamina: seitas 47-80], trad. Frank Williams (Leiden, Holanda: Brill, 1994), p. 621.

17 William Witt, "Concerning Women's Ordination".

132 ENGAJAMENTO CULTURAL

complicados a confissão de pecados e o aconselhamento pastoral para pessoas do sexo oposto, especialmente na área sexual e conjugal. Para que a mulher receba apoio e um discipulado pastoral completo, é obrigação de todos os cristãos garantir que existam mulheres escolhidas, equipadas e empoderadas pela Igreja para essa obra de cuidado pastoral e de liderança.

Tish Harrison Warren escreveu o livro *Liturgy of the Ordinary: Sacred Practices in Everyday Life* [Liturgia do ordinário: práticas sagradas na vida cotidiana] e é madre da Igreja Anglicana da América do Norte. Ela serve como correitora da paróquia da Igreja da Ascensão em Pittsburgh, nos Estados Unidos. Sua obra já apareceu em vários periódicos, como *Comment Magazine*, *The Point Magazine*, *The Well*, *Christianity Today*, dentre outros.

A BELEZA DE COLOCAR O LAR NO CENTRO DA VIDA

UMA PERSPECTIVA COMPLEMENTARISTA SOBRE A MULHER E O TRABALHO

Owen Strachan

Por um lado, Marx perdeu. Depois de o marxismo ter se tornado a teoria social predominante no século 20, vários regimes ao redor do mundo caíram, geralmente de modo dramático, nesse mesmo século.

No entanto, por outro lado, Marx venceu. Quero dizer que Marx rotulou as pessoas de acordo com sua classe econômica. Hoje em dia, muita gente não se define de acordo com a igreja que frequenta, nem com a região onde mora, nem com a sua família ou com outros padrões tradicionais, mas sim de acordo com o seu trabalho, a sua renda e a posição social que vem de tudo isso.[1]

Parto desse princípio porque acredito que a redefinição da identidade humana com parâmetros econômicos constitui um problema tanto para o homem quanto para a mulher. Somos seres encantados, feitos à imagem de Deus (Gênesis 1:26-27). Os seres humanos são criaturas complexas, mas somos fundamentalmente selados pela eternidade e criados por Deus.[2]

O homem e a mulher partilham da mesma dignidade e do mesmo valor. Os dois foram feitos para uma vida de conquistas, mas, como vemos em Gênesis 2 e 3, boa parte do trabalho da mulher se encontra no lar e na criação dos filhos. A capacidade que a mulher tem de gerar filhos não representa somente o mecanismo ideal de multiplicação da descendência, mas também é uma parte importante do

---

1   Para se aprofundar mais nas questões econômicas, veja a cartilha útil de Jay Richards, *Money, Greed, and God*: Why Capitalism Is the Solution and Not the Problem [Dinheiro, ganância e Deus: por que o capitalismo é a solução, não o problema] (São Francisco, EUA: HarperOne, 2010). Para um olhar crítico sobre como as políticas marxistas ferem uma nação, veja Jung Chang; Jon Halliday, *Mao*: a história desconhecida (São Paulo: Companhia das Letras, 2012). Os leitores interessados em uma análise filosófica de alto nível de alguns princípios do pensamento marxista devem ler o livro de Roger Scruton, *Tolos, fraudes e militantes*: pensadores da nova esquerda (Rio de Janeiro: Record, 2018).

2   Estou conscientemente tomando emprestadas as palavras famosas de Agostinho: "Fizeste-nos, Senhor, para ti, e o nosso coração anda inquieto enquanto não descansar em ti".Veja *Confissões* 1.1.

134 ENGAJAMENTO CULTURAL

chamado que lhe foi confiado por Deus.[3] Deus nunca se afasta desse plano inicial. Por toda a Bíblia, a mulher serve ao Senhor na geração de filhos e no cuidado do lar (Provérbios 31; Tito 2:5). Esse é o chamado normativo de Deus para a maioria das mulheres; é um modo de vida desprezado pela cultura, mas abençoado por Deus. Existe muita alegria nisso, uma alegria que os olhos da incredulidade não conseguem enxergar. Não devemos abandonar essa visão da feminilidade, mas sim fazer com que nossas filhas cresçam para levá-la adiante, sejam solteiras ou casadas. Com certeza não sabemos qual o chamado exato de Deus para elas, mas não podemos deixar de incluir em sua formação moral, intelectual e espiritual a maternidade, o cuidado da casa e a criação dos filhos.

Não existe só um modo de vida para todas as mulheres. A Igreja tem uma longa linhagem de mulheres solteiras produtivas e fiéis, de mulheres casadas sem filhos e de mulheres casadas com filhos adultos que abençoaram a comunidade cristã e adotaram uma existência na presença de Deus. Na era apostólica, as mulheres ajudavam a sustentar os apóstolos (veja Joana, em Lucas 8:3). No movimento das missões modernas, mulheres como Lottie Moon dedicaram sua vida a levar o evangelho aos confins da Terra. No final do século 20, Elisabeth Elliot trouxe sabedoria e conselhos bíblicos para uma geração de mulheres confusas com uma cultura secularizante.[4] Agradecemos a Deus sempre que vemos mulheres trabalhando para Deus, se empenhando para realizar um trabalho excelente para Deus e para os homens.

No século 21, tendo em mente essa história rica, tecemos a seguir três considerações a respeito dessa intersecção entre a feminilidade e o trabalho.

Em primeiro lugar, queremos que a mulher encare a si mesma em termos que a conduzam a Deus, não em termos culturais. Vários fatores – inclusive o secularismo e o feminismo – incentivam a mulher a encontrar seu valor no trabalho e no salário. Esse procedimento dá início a uma trajetória desencantada da mulher pela vida, que acaba levando a um ideal de ápice da vida secular – mulheres "que se dão bem" quando têm uma carreira de sucesso, enquanto

---

3   Martinho Lutero fala sobre essa realidade em seu estilo direto que lhe é peculiar: "As mulheres santas não desejam nada além do fruto natural de seu corpo. Porque a mulher foi criada por natureza com o propósito de gerar filhos. É por esse motivo que ela tem seios; ela tem braços com o propósito de alimentar, acalentar e carregar seus filhos. Era a vontade do criador que a mulher tivesse filhos e que o homem os gerasse". Martinho Lutero, *Luther's Works* [Obras de Lutero], 5:355.

4   Para uma análise mais profunda sobre as contribuições singulares efetuadas pelas mulheres na história bíblica, veja Owen Strachan, "The Genesis of Gender and Ecclesial Womanhood", *9Marks*, 1º de julho de 2010.

O papel do homem e o papel da mulher **135**

buscam o "equilíbrio entre a vida e o trabalho". Independentemente do papel a desempenhar no mundo, a mulher faz bem em não adotar esse conceito de feminilidade. Só somos felizes quando amamos e obedecemos a Deus, e não encontramos nosso valor em nada nem ninguém a não ser ele.[5]

Quando a mulher sabe disso e vive sob esse princípio, ela é livre – de modo glorioso – para se dedicar a qualquer área de trabalho em que Deus a tenha colocado.[6]

Em segundo lugar, queremos criar meninas que valorizem sua feminilidade. Nos dias de hoje, os Estados Unidos nos incentivam a criar meninos e meninas da mesma maneira, com diferenças mínimas, mas essa criação de filhos sem distinção de gênero falha em não honrar a diferença que Deus concebeu entre os sexos. As meninas têm muito mais estrogênio que os meninos, os meninos têm em média 1.000% mais testosterona do que as meninas.[7] Isso não leva a tratar os sexos de forma injusta. Devemos incentivar nossas meninas a pensar muito, a estudar bem e a desfrutar a vida.

No entanto, não criamos nossas filhas do mesmo jeito que os nossos filhos. É muito interessante que, na nossa época moderna, muitas jovens tenham redescoberto as artes domésticas que suas antepassadas praticavam – fazer tricô, cozinhar pratos deliciosos e saudáveis e idealizar uma decoração linda para a casa são passatempos comuns para a mulher moderna.[8]

5　A figura mais recente na história evangélica que retrata da melhor forma a beleza e a distinção da feminilidade é Elisabeth Elliot. Leia o seu livro *Let Me Be a Woman* [Deixe-me ser uma mulher] (Carol Stream, EUA: Tyndale Momentum, 1976). Em outra obra, Elliot escreveu: "O espírito dócil e tranquilo do qual Pedro fala, dizendo que é 'de grande valor diante de Deus' (1Pedro 3:4), é a expressão da verdadeira feminilidade, que tem Maria como seu modelo, na disposição de ser somente um vaso sem destaque, com todos os detalhes desconhecidos, exceto o de ser mãe de alguém importante. Esse é o espírito verdadeiro da mãe, a verdadeira maternidade, que não se encontra em nenhum registro feminista. 'Quanto mais santa é uma mulher', escreveu Leon Bloy, 'mais feminina ela é.'". Veja o artigo de Elliot, "The Essence of Femininity", em *Recovering Biblical Manhood & Womanhood* [Recuperando a masculinidade e a feminilidade bíblicas], ed. John Piper; Wayne Grudem (Wheaton, EUA: Crossway, 1991), p. 398.

6　Minhas palavras seguem o pensamento básico do teólogo holandês Abraham Kuyper e o seu conceito de "soberania das esferas". Não é preciso que se creia em cada aspecto desse modelo para apreciá-lo e se beneficiar dele. Veja Kuyper, *Lectures on Calvinism*: The Stone Lectures of 1898 [Palestras sobre o calvinismo: as palestras Stone de 1898] (Peabody, EUA: Hendrickson, 2008).

7　Veja Anne Moir; Bill Moir, *Why Men Don't Iron*: The Fascinating and Unalterable Differences Between Men and Women [Por que os homens não passam roupas: as diferenças fascinantes e inalteráveis entre homens e mulheres] (NovaYork: Citadel, 1999), p. 168. Esse livro está recheado de revelações sobre as diferenças entre os sexos.

8　Veja, por exemplo, Ruth La Ferla, "The Knitting Circle Shows Its Chic", *The NewYorkTimes*, 12 de julho de 2007; Michael Andor Brodeur, "The Cult of 'Fixer Upper'", *Boston Globe*, 3 de janeiro de 2017; Thomas Rogers, "How FoodTelevision Is Changing America", *Salon*, 26 de fevereiro de 2010. Essas tendências – além de outras parecidas – mostram que, mesmo numa época que despreza os papéis tradicionais dos gêneros, a mulher ainda demonstra interesse nas artes tradicionais.

136 ENGAJAMENTO CULTURAL

Independentemente do chamado preciso da mulher, queremos que ela o assuma como mulher – e sabemos que não existe nenhuma incompatibilidade ou questão nisso. As mulheres não precisam abandonar sua feminilidade para glorificar a Deus ao máximo com a sua vida e o seu trabalho.

Em terceiro lugar, queremos definir o trabalho em termos bíblicos. Dou risada quando as pessoas perguntam se minha esposa – mãe de três filhos e dona de casa – trabalha. Na verdade, é difícil saber a quantidade de trabalho que ela faz durante o dia, seja ensinando matemática, mandando flores para pessoas amadas com problemas, comprando guardanapos para casa ou cuidando da alma de um filho de três anos. Tudo isso é trabalho, feito por um coração envolvido por Cristo, e tudo isso rende glória e obediência a Deus. Pouco disso é admirado pelo nosso mundo influenciado por Marx. Não importa se a cultura zomba ou aplaude, a Igreja não pode deixar de incentivar a mulher a valorizar o que a Bíblia prioriza. A feminilidade bíblica existe! Ela é distinta e temente a Deus. Não se trata de ser certinha nem subserviente, mas sim de ser sacrificial e visceral, morrendo a cada dia para si mesma. Elisabeth Elliot entende bem a mentalidade teológica que a mulher cristã precisa adotar para servir a Deus de maneira especialmente feminina:

> As rotinas das tarefas da casa e da maternidade podem ser vistas como uma espécie de morte, e é adequado que elas sejam vistam dessa forma, pois todos os dias trazem a oportunidade de entregar a vida por alguém. Portanto, tais tarefas deixam de ser rotina. Quando são feitas com amor e ofertadas a Deus com louvor, elas são santificadas como os vasos do tabernáculo – não porque fossem diferentes dos outros vasos na qualidade e na função, mas porque eram dedicados a Deus. O papel da mãe em preservar a vida dos filhos e torná-la agradável e confortável não é uma questão de pouca importância. Ela exige abnegação e humildade, mas, como a humilhação de Jesus, é o caminho para a glória.[9]

Quando encaramos o trabalho em sua perspectiva panorâmica – vendo--o como um dom da graça comum de Deus, não como a nossa identidade principal –, passamos a liberar a mulher para trabalhar com um prazer e uma

---

9 Elisabeth Elliot, *Love Has a Price Tag*: Inspiring Stories That Will Open Your Heart to Life's Little Miracles [O amor tem um preço: histórias inspiradoras que abrirão seu coração para os pequenos milagres da vida] (1979; Ventura, EUA: Regal, 2005), p. 209-10.

satisfação inéditos. Ela pode ganhar 1 milhão de dólares por ano ou mesmo trabalhar sem receber nenhum centavo por seus serviços domésticos. O principal não consiste em dinheiro e títulos. Para os cristãos em geral, e para a mulher cristã em particular, o que mais importa é obedecer à Palavra de Deus e aplicá-la fielmente às situações, aos dons e às oportunidades que o Senhor coloca diante de nós.

Existem muitas questões que devem ser analisadas sobre mulher e trabalho. Precisamos de sabedoria bíblica para descobrir as atitudes que exaltam a Deus em meio a uma sociedade em que se busca uma neutralidade de gêneros, que valoriza somente a paixão do início do casamento para o homem e para a mulher, na qual muitas mulheres encaram desafios complexos que as gerações passadas nem imaginavam.

No entanto, independentemente da situação pessoal, toda mulher deve saber quais são as perguntas certas.

A pergunta que ela deve responder não é se vai trabalhar ou não, mas sim para quem vai trabalhar, e qual será sua recompensa.

Dr. Owen Strachan é professor assistente de Teologia Cristã no Seminário Teológico Batista do Meio Oeste (MBTS, na sigla em inglês). Nessa instituição, ele é líder do Centro de Teologia Pública. Strachan escreveu vários livros, inclusive *Awakening the Evangelical Mind* [Despertando a mente evangélica] e *The Colson Way* [O método Colson]. Ele tem um PhD da Trinity Evangelical Divinity School e um mestrado em religião do Seminário do Sul, além de um diploma do Bowdoin College.

O LUGAR DA MULHER É EM CASA — E FORA DELA

Katelyn Beaty

Em nenhum momento histórico a mulher norte-americana trabalhou tanto fora de casa como nos dias de hoje. De acordo com os números de 2014 da Secretaria de Estatísticas Trabalhistas dos Estados Unidos, seis a cada dez mulheres participam da força de trabalho, a maioria delas em tempo integral e em todos os meses do ano. Entre as mulheres com filhos menores de seis anos, 64% trabalham fora, enquanto 75% das mães com filhos de seis a 17 anos fazem o mesmo. Esses números representam uma das mudanças mais dinâmicas na cultura ocidental no século passado, bem como uma oportunidade para as igrejas que querem oferecer recursos para ajudar as trabalhadoras que congregam nelas a crescer na fé.

Mesmo assim, pesquisas anedóticas indicam que ainda existe uma falha no discipulado para muitas mulheres que trabalham. Em dezenas de conversas na preparação do meu livro sobre o trabalho e a vocação feminina, um tema comum surgiu: o gênero influencia muito a discussão do trabalho como tema de interesse teológico e pastoral.

Katherine Leary Alsdorf tinha sido CEO de várias empresas antes de aceitar Cristo na Igreja Presbiteriana do Redentor, em Manhattan. Em seus primeiros passos na fé, ela quis saber o que significava servir a Deus tanto no escritório durante a semana quanto na igreja aos domingos, mas, quando foi perguntar ao pastor se poderia fazer parte do grupo de executivos cristãos que se reuniam com frequência, ele disse: "Só homens fazem parte desse grupo, então por que você não encontra algumas mulheres que são CEOs de empresa e monta o seu?". Alsdorf observou que as outras mulheres CEOs que ela conhecia não frequentavam nenhuma igreja e talvez não se sentissem bem-vindas se visitassem uma. Ela me confidenciou que este é um momento desafiador e pioneiro para a mulher que exerce a carreira executiva e frequenta a igreja.

Não é preciso ser uma CEO para observar que os pequenos grupos femininos se reúnem nos dias de semana na igreja – já que imaginam que a maioria das mulheres não esteja trabalhando – ou que a programação de empresários cristãos está subordinada ao departamento de homens. Outras mulheres são aconselha-

O papel do homem e o papel da mulher 139

das abertamente a não trabalhar fora. Liz Aleman, uma advogada da Califórnia, contou uma história dolorosa sobre o momento em que, animada, compartilhou com seu pastor que tinha entrado na faculdade de Direito e só ouviu dele um alerta de que nenhum homem cristão gostaria de se casar com uma advogada.

Em outras palavras, em muitas igrejas o trabalho é tratado como uma atividade masculina, enquanto a família e a casa são tratadas como algo feminino. Alguns líderes cristãos consideram que a dicotomia em que só o homem trabalha fora e só a mulher se ocupa dos deveres de casa é recomendada pela Bíblia. De acordo com o ensino popular sobre a masculinidade e a feminilidade bíblicas, Deus fez o marido para ser o ganha-pão fora de casa, enquanto fez a mulher para ser aquela que cria os filhos e cuida da família dentro de casa.

No entanto, quando examinamos as palavras das Escrituras, descobrimos que essas dicotomias não encontram base no texto, mas nas grandes forças culturais e econômicas que vão além dele. Nesse processo de se ajustar ao aumento do número de mulheres que trabalham fora, é importante fazer um relato de como as grandes mudanças que aconteceram nos últimos trezentos anos influenciaram tanto a indústria quanto os gêneros, para que possamos chegar a um entendimento completamente bíblico dos dois.

Praticamente todas as mulheres que já viveram trabalharam para trazer sustento para sua família e para a sua comunidade. A escolha da mulher de *não* participar da esfera econômica é que é relativamente nova. Em termos históricos, todas as mulheres, com exceção da elite – as aristocratas e as herdeiras, por exemplo –, tiveram que suar a camisa em uma fazenda ou, posteriormente, em oficinas caseiras. O trabalho estava em casa e a casa era o trabalho: homem e mulher trabalhavam lado a lado na busca pela sobrevivência.

Na época da colonização dos Estados Unidos, por exemplo, "era normal que o homem e a mulher trabalhassem juntos em um ramo comum", observa a especialista Nancy Pearcey.[1] As mulheres da época cuidavam dos filhos (que também eram vistos como trabalhadores) enquanto fiavam, costuravam, cuidavam do jardim, zelavam pela conservação dos alimentos, cozinhavam e faziam velas e sabão. Os homens participavam bastante da criação dos filhos. Nancy também observa que as pregações e os manuais da época aconselhavam tanto os maridos quanto as mulheres a criar seus filhos juntos. Temos que evitar a idealização da vida colonial, devido ao seu caráter exaustivo de luta

---

1 Nancy R. Pearcey, "Is Love Enough? Recreating the Economic Base of the Family", *The Family in America*, v. 4, n. 1 (janeiro 1990). Disponível em: http://www.arn.org/docs/pearcey/np_family inamerica.htm. Acesso em: 26 abr. 2020.

140 ENGAJAMENTO CULTURAL

pela sobrevivência, mas podemos até sentir um pouco de inveja da união que os homens e as mulheres experimentavam naquele momento histórico.

E então, o que aconteceu? Alguns cristãos recorrem aos movimentos feministas do século passado para explicar a desagregação da família, a desvalorização da maternidade e muitos outros problemas sociais, mas, na verdade, a Revolução Industrial teve um papel bem mais importante na reformulação do modo como trabalhamos e da maneira como encaramos os gêneros. Foi essa revolução – mais do que qualquer texto bíblico específico – que inspirou o ensino de que os homens sustentam a família e as mulheres devem permanecer em casa com os filhos.

Entre 1780 e 1830, os Estados Unidos passaram por uma transição bem radical da economia agrária para a economia industrial. As fábricas substituíram as fazendas e acabaram levando a parte mais difícil e criativa das atividades do lar para fora dele. Os homens e as mulheres da classe operária se mudaram para a cidade para trabalhar em serviços que não exigissem uma mão de obra qualificada, mas, em meio à classe alta e à classe média que nasciam, surgiu uma ideologia poderosa chamada de "esferas separadas". Alexis de Tocqueville, durante suas célebres viagens pelos Estados Unidos em 1835, observou: "Em nenhum país existe um cuidado tão grande como nos Estados Unidos de traçar duas linhas de ação tão distintas uma da outra, com dois caminhos tão diferentes".[2] A crença de que "o lugar da mulher é em casa" pode ser encontrada na cultura da Grécia e da Roma antigas e no judaísmo, mas foi elevada a um fato moral e espiritual consagrado entre os norte-americanos relativamente ricos nos séculos 19 e 20.

As esferas separadas permitiram que essas mulheres cuidassem dos filhos e identificassem a maternidade como sua vocação principal. De fato, muitas mulheres de todas as classes sociais optavam por permanecer em casa com as crianças pequenas; hoje em dia, 56% das mulheres com filhos abaixo de 18 anos prefeririam ficar em casa a ir trabalhar.[3] As esferas separadas são uma técnica eficaz de organizar a economia familiar para aqueles que podem exercer essa escolha, especialmente quando se considera o papel biológico especial das mulheres de gerar e criar os filhos.

---

2 Alexis de Tocqueville, "How Americans Understand the Equality of the Sexes", em *Democracy in America* [Democracia na América], ed. revisada, trad. Henry Reeve, v. 2 (Nova York: Colonial, 1900), p. 222.

3 Lydia Saad, "Children a Key Factor in Women's Desire to Work Outside the Home", *Gallup*, 7 de outubro de 2015. Disponível em: https://news.gallup.com/poll/186050/children-key-factor-women-desire-work-outside-home.aspx. Acesso em: 26 abr. 2020.

O papel do homem e o papel da mulher 141

Entretanto, existe um preço a ser pago. Muitos homens atualmente experimentam uma pressão excessiva para trazer o sustento da família sozinhos, passando praticamente todos os seus dias afastados dos filhos. As mulheres com curso superior que trabalham duro nos seus vinte anos encontram poucas alternativas para retornar ao mercado de trabalho depois que seus filhos nascem. Todas essas conversas atuais sobre o "equilíbrio entre o trabalho e a vida", sobre a licença parental remunerada e sobre o desprezo ao cuidado dos filhos são indícios de uma sociedade que tenta superar as divisões que foram criadas pela Revolução Industrial.

As comunidades cristãs podem trazer uma palavra de incentivo às mulheres que trabalham por necessidade, por chamado, ou por esses dois motivos ao mesmo tempo. O trabalho é um aspecto fundamental daquilo para que todo portador da imagem de Deus foi criado. A Bíblia começa com uma descrição de Deus como trabalhador que convida os portadores da sua imagem a serem parecidos com ele e a trabalharem para cuidar do mundo físico e cultural. A mulher de Provérbios 31, no Antigo Testamento, e Joana, Lídia e Febe, no Novo Testamento, são exemplos positivos "da presença da mulher na economia do mundo antigo", observa a especialista bíblica Lynn Cohick.[4]

Independentemente de o seu trabalho ser realizado dentro ou fora de casa, no escritório, ou cafeteria, ou quintal, a mulher precisa de mais recursos para trabalhar "de todo o coração, como para o Senhor, e não para os homens" (Colossenses 3:23). As igrejas com uma programação forte para todos os trabalhadores que congregam nela podem moldar as culturas de forma profunda, transformar as instituições e servir bem e amar ao próximo. As mulheres que trabalham são um grande recurso a ser explorado pela Igreja – desde que a Igreja abra os olhos para sua existência.

Katelyn Beaty escreveu o livro *A Woman's Place: A Christian Vision for your Calling in the Office, and the World* [O lugar da mulher: uma visão cristã para seu chamado no escritório e no mundo] e trabalhou como editora executiva da revista *Christianity Today*. Ela também escreveu artigos para *The New Yorker*, *The New York Times*, *The Atlantic* e *The Washington Post*. Mora na cidade de Nova York.

---

4   Lynn Cohick, *Women in the World of the Earliest Christians*: Illuminating Ancient Ways of Life [Mulheres no mundo dos cristãos primitivos: iluminando estilos de vida antigos] (Grand Rapids, EUA: Baker, 2009), p. 241.

PERGUNTAS PARA DISCUSSÃO

1. Por trás de todas essas opiniões, foi adotada uma definição de *masculinidade* e de *feminilidade* bíblicas. Você consegue identificar as definições que cada opinião adota ao abordar esse assunto?

2. Beaty declara que os conceitos sobre a mulher "são na verdade construções da cultura que se seguiu à Revolução Industrial". Como você acha que alguém que defende a posição de Strachan responderia às afirmações de Beaty a respeito da Revolução Industrial?

3. Alsup se refere, em seu artigo, ao fato de que "somente homens foram nomeados sacerdotes [...] ou anciãos" como uma das diferenças entre homem e mulher. Medite sobre 1 Timóteo 2:11-15 e descreva como as duas visões diferentes nesta seção entendem essa passagem.

4. Em seu artigo, Strachan declara que o marxismo e o feminismo afastaram a mulher dos seus papéis instintivos dados por Deus e trouxeram uma crise de identidade. Como você acha que alguém com a perspectiva de Beaty pode responder a essa afirmação?

5. Strachan diz que, "em Gênesis 2 e 3, boa parte do trabalho da mulher se encontra no lar e na criação dos filhos". Que provas disso você encontra nesses capítulos?

6. No seu artigo, Alsup diz que, como mulher, ela é uma "*ezer*/ajudadora que supre as necessidades dos portadores masculinos da imagem de Deus" em sua igreja. Como você acha que alguém que segue a tradição de Warren responderia a essa descrição do papel da mulher na Igreja?

7. Beaty analisa profundamente a grande lacuna na Igreja para a mulher que trabalha. Warren, ao discutir a mesma ideia, declara que, quando "a Igreja não dá lugar para a voz da mulher, ela acaba recorrendo a vozes fora da Igreja para receber instrução espiritual", citando isso como a razão pela qual as igrejas precisam de pastoras. Como alguém que se opõe à visão de Warren de que as mulheres podem ser pastoras responderia tanto ao problema proposto por Beaty quanto à solução (ordenação de pastoras) trazida por Warren?

8. No seu artigo, Alsup menciona brevemente uma citação e uma definição de gênero como um conceito influenciado tanto pela cultura quanto pela época (ainda que mantenha a ideia de que o sexo biológico dado por Deus transcende a cultura e a época). No entanto, Strachan, em seu artigo, parece associar a presença de uma quantidade maior de estrogênio e menor de testosterona aos "papéis de gênero" tradicionais. Você consegue descrever as correlações diferentes entre gênero e sexo biológico que esses dois artigos estabelecem?

9. Warren faz referência à obra de William Witt para afirmar que as raízes históricas do complementarismo se baseiam na crença de que a mulher é, de forma bem simples, inferior ao homem. Ela reconhece que os complementaristas da nossa época não concordam com essa crença, mas ainda vê essa história como um problema para os atuais adeptos dessa corrente. Essa é uma questão relevante? Justifique.

10. Embora cada um desses artigos expresse uma perspectiva singular ou até mesmo antagônica sobre a questão dos papéis dos gêneros, existem também pontos em comum. Com base no que leu, em que pontos você acha que os autores concordam um com o outro?

Capítulo 6

A VIDA HUMANA E A TECNOLOGIA REPRODUTIVA

Os filhos são uma bênção. Essa ideia é ensinada e confirmada em várias passagens ao longo da Bíblia. Desde o primeiro capítulo de Gênesis, Deus abençoa Adão e Eva, dizendo: "Sejam férteis e multipliquem-se! Encham e subjuguem a terra! Dominem sobre os peixes do mar, sobre as aves do céu e sobre todos os animais que se movem pela terra" (Gênesis 1:28). Posteriormente, em Salmos 127:4-5, Davi explica: "Como flechas nas mãos do guerreiro são os filhos nascidos na juventude. Como é feliz o homem cuja aljava está cheia deles!". A Bíblia sempre fala dos filhos de forma favorável, exortando os cristãos a amar, proteger e treinar esses pequenos. Mesmo assim, nos dias de hoje e por toda a sua história, a Igreja tem dificuldade para aplicar esse princípio bíblico de forma equilibrada em contraposição com as práticas e atitudes sobre o sexo e a reprodução, que mudam com o passar do tempo.

As posições divergentes dentro da Igreja são refletidas pelas várias interpretações do pecado de Onã descrito em Gênesis 38:9, em que se afirma que ele "derramava seu sêmen no chão" em vez de engravidar sua cunhada viúva, como era de costume entre os israelitas nessas situações. O versículo seguinte diz que o Senhor considerou que o ato de Onã era perverso e o condenou à morte. Um dos ensinos tradicionais declara que o pecado de Onã era simplesmente a sua tentativa de "controle da natalidade", de ter relações sexuais sem o propósito da procriação. No entanto, o contexto bíblico sugere que o pecado de Onã consistia em recusar deliberadamente prover um herdeiro à viúva do seu irmão, para que ele mesmo herdasse sua propriedade. Essa história bíblica em particular revela as várias questões complexas com relação ao controle da natalidade que surgiram por toda a história da Igreja e que continuam até hoje: será que o controle da natalidade é intrinsecamente pecaminoso? Se esse não

146 ENGAJAMENTO CULTURAL

for o caso, será que existem razões fiéis e pecaminosas para praticá-lo? Será que existem métodos ou tecnologias pecaminosos em si mesmos?

À medida que a tecnologia foi se desenvolvendo e a vida familiar evoluiu e se transformou por causa desses avanços, essas questões foram se tornando cada vez mais complicadas. Não existe nenhuma forma de tecnologia reprodutiva que não tenha sido alvo de questionamento moral dentro da Igreja cristã.

A Igreja Católica Romana segue há muito tempo o princípio de que a contracepção vai contra o propósito de Deus para o sexo e para o casamento. Os métodos naturais de planejamento familiar, que envolvem contar os dias férteis da mulher e praticar a abstinência durante esse período, apoiam o ensinamento de que todo ato sexual deve ser favorável à vida para que seja lícito.[1] No entanto, a exigência da Igreja Católica (baseada nos exemplos de Jesus e de Paulo) do celibato sacerdotal – proibindo não somente as relações sexuais, mas até mesmo a constituição de famílias naturais – era vista pelos reformadores protestantes como uma distorção do propósito geral da Bíblia.

No artigo "History of Contraception in the Protestant Church" (História da Contracepção na Igreja Protestante), Allan Carlson afirma de fato que a base da Reforma era o intenso desejo de Lutero de reformar a atitude da Igreja com relação ao casamento e à geração de filhos, alinhando-a de forma mais profunda ao ensino das Escrituras de que os filhos são uma bênção. Carlson observa: "A tradição da Igreja sustentava que proferir votos de castidade – como sacerdote, monge ou freira enclausurada – era espiritualmente superior à vida conjugal. Por causa disso, praticamente um terço de todos os cristãos europeus pertenciam às Santas Ordens". Essa atitude indicava que cada vez menos crianças nasceriam de pais cristãos, um problema que Lutero abordava com frequência em suas obras.[2] Lutero lutou contra essa mentalidade tanto em palavras quanto em ações, como Carlson explica: "Em resumo, a rejeição feroz de Lutero à contracepção e ao aborto constitui a própria base de seu zelo reformador e da sua teologia evangélica. Seu casamento com Catarina von Bora e sua criação de filhos

---

1 "A Healthy Marriage with Catholic Natural Family Planning", *Beginning Catholic*. Disponível em: http://www.beginningcatholic.com/catholic-natural-family-planning. Acesso em: 27 abr. 2020.

2 Allan Carlson, "History of Contraception in the Protestant Church", *Bound 4 Life*. Disponível em: https://www.bound4life.com/history-of-contraception-in-the-protestant-church/. Acesso em: 27 abr. 2020.

A vida humana e a tecnologia reprodutiva **147**

estabeleceram um modelo para o lar cristão protestante, que permaneceu vigente por praticamente quatrocentos anos".[3]

De modo parecido com Lutero, Calvino também rejeitou o uso de métodos contraceptivos, destacando ao mesmo tempo o companheirismo e a castidade como propósitos importantes do sexo dentro do casamento. Kathryn Blanchard traz um resumo de como a reflexão teológica sobre o casamento evoluiu nos séculos que se seguiram à separação inicial de Roma:

> Embora o conceito protestante de casamento tenha mudado rumo a um destaque ao companheirismo (se afastando da procriação) nos séculos depois de Calvino, a visão cristã sobre o controle da natalidade (pelo menos enquanto era escrita por teólogos homens) permaneceu praticamente inalterada até o final do século 19. As objeções religiosas ao controle da natalidade eram bem incipientes. [...] Foi só quando surgiu um movimento social influente e ativo (primeiro entre as mulheres, que depois foram seguidas pelos adeptos religiosos) em favor do controle da natalidade na virada do século 20 – em meio à industrialização e à formação desse tipo de unidade "familiar" que agora reconhecemos – que a Igreja Católica foi forçada a criar um argumento mais amplo contra ele.[4]

A aceitação generalizada do controle da natalidade entre os protestantes surgiu de uma variedade de interesses culturais e éticos na Conferência de Lambeth da Igreja da Inglaterra (1930). Em Lambeth, os bispos da Igreja Anglicana decidiram que, quando havia uma "razão de cunho moral", o uso de métodos contraceptivos era aceitável, desde que não tivesse como motivação "o egoísmo, a luxúria ou simples conveniência". Essa resolução criou uma tendência para que se fizessem declarações protestantes parecidas. Foi nesse contexto posterior a Lambeth que Karl Barth, provavelmente o teólogo mais importante do século 20, escreveu sobre o casamento e a paternidade. Blanchard resume sua posição, que encontra alguns paralelos com o espírito da tradição reformada:

> A posição de Barth não é tão distante da posição de Calvino, já que reconhece em primeiro lugar o caráter intrinsecamente bom do casamen-

---

3   Ibid.

4   Kathryn D. Blanchard, "The Gift of Contraception: Calvin, Barth, and a Lost Protestant Conversation", *Journal of the Society of Christian Ethics*, v. 27, n. 1 (2007), p. 239.

148 ENGAJAMENTO CULTURAL

to, como uma vocação santa, sem entrar no mérito de levar ou não para a procriação biológica. Depois, ele afirma que os filhos vêm de Deus, que é soberano sobre a natureza e cuja própria liberdade dá a entender que os filhos não são (posicionando-se contra o que ele vê como um destaque católico exagerado à natureza) uma função necessária de processos naturais. Por último, Barth reconhece que faz parte do processo de geração de filhos uma conversa do casal com Deus sobre a sua vocação parental no mundo – isto é, eles devem ter filhos biológicos, ou deveriam viver a fase adulta de alguma outra forma? A resposta cristã é um ato de conversa livre: mesmo que alguns achem que os métodos contraceptivos são questionáveis, Barth diz que "eles não podem fazer de sua repulsa uma lei para as outras pessoas". A instrução divina pode assumir formas diferentes para pessoas diferentes em momentos e lugares diferentes. A dificuldade atual dos cristãos (que deve mesmo ser vista dessa forma) é discernir qual é a instrução divina e qual será sua resposta livre a ela.[5]

Uma reviravolta nas leis e na cultura aconteceu em 1965, quando o caso Griswold vs. Connecticut na Suprema Corte dos Estados Unidos derrubou as leis estaduais contra os métodos contraceptivos como uma violação da privacidade matrimonial. O direito à privacidade estabelecido nesse caso foi citado posteriormente na decisão do caso Roe vs. Wade, de 1973, que legalizou o aborto induzido.

Em meados do século 20, "praticamente todas as igrejas protestantes", como a cultura ao redor,

> abraçaram os métodos contraceptivos e (com uma frequência um pouco menor) o aborto como procedimentos compatíveis com a ética cristã. A oposição corajosa do papa Paulo VI a eles em sua encíclica *Humanae Vitae* de 1968 foi recebida com grandes críticas pelos líderes protestantes como uma tentativa de impor "pensamentos católicos" ao mundo. Mesmo os líderes de denominações "conservadoras", como a Convenção Batista do Sul, receberiam como "um sopro de liberdade cristã" a decisão da Suprema Corte dos Estados Unidos com relação ao caso Roe vs. Wade, de 1973, que legalizou o aborto como uma escolha livre durante os primeiros seis

---

5   Ibid.

meses (e, na prática, por todos os nove meses) da gravidez. Nenhuma voz importante entre os protestantes se opôs nas décadas de 1960 e 1970 ao envolvimento maciço do governo norte-americano na promoção e distribuição nacional e mundial de contraceptivos.[6]

Quando os cristãos perceberam que a Igreja perdera seu território moral, a mudança cultural já tinha conquistado uma posição sólida que não poderia ser abalada ou revertida facilmente. Hoje os cristãos mais conservadores começaram a se conscientizar a respeito do secularismo presente nas questões da Igreja com relação ao casamento e ao sexo.

Com certeza, nem todas as tecnologias reprodutivas se voltam para a prevenção da gravidez e do nascimento. Boa parte das inovações mais recentes nessa área ajuda as pessoas a terem filhos. Mesmo assim, essas técnicas também são repletas de dificuldades morais. Scott Rae resume a controvérsia a respeito das tecnologias reprodutivas da seguinte forma:

> As novas tecnologias reprodutivas trazem uma grande esperança para os casais que não podem ter filhos e viabilizam muitos acordos reprodutivos. Elas também levantam muitas questões morais difíceis. A inseminação artificial pelo marido é considerada moral, mas a inseminação artificial por parte de um doador levanta a questão de um terceiro se envolvendo no processo reprodutivo. A fertilização *in vitro* é aceitável dentro de alguns limites: o casal deve garantir que nenhum embrião foi armazenado e que se evita o risco de morte seletiva. As barrigas de aluguel criam problemas porque equivalem a vender os filhos, podem explorar a pessoa que passa pelo processo e violam o direito fundamental da mãe de criar o seu filho. Mesmo quando a mulher se oferece para gerar o filho de outra pessoa, o procedimento levanta questões sobre o grau de desapego que a mãe precisa desenvolver com relação ao filho que ainda não nasceu para cedê-lo com sucesso logo após o nascimento.[7]

Os vários dilemas éticos, legais e morais em torno das tecnologias reprodutivas utilizadas nos dias de hoje levam John Piper a concluir que "o plano de

---

6   Carlson, "History of Contraception in the Protestant Church".
7   Scott Rae, "Reproductive Technologies", *CRI*. Disponível em: http://www.equip.org/article/reproductive-technologies/. Acesso em: 27 abr. 2020.

150 ENGAJAMENTO CULTURAL

ação mais sábio e mais compassivo em todas esses temas é sempre permanecer próximo dos processos naturais de reprodução que Deus criou – basicamente manter os óvulos e o esperma dentro do corpo".[8] Desse modo, John Piper está endossando até certo ponto o tradicional respeito católico pela "lei natural", que destaca "a continuidade entre a procriação e a paternidade".[9]

Mesmo entre cristãos, a posição padrão geralmente é a busca de ter um filho arcando com todos os custos morais (e financeiros), sem uma reflexão suficiente e informada sobre os dilemas morais e éticos por trás do uso de muitas dessas tecnologias. Embora a Igreja tenha levantado a voz nas últimas décadas em relação ao aborto, ela em grande parte permanece em silêncio quanto à reprodução assistida, fazendo com que os casais naveguem sozinhos em meio a essas águas médicas e morais obscuras. No entanto, um livro recente de Matthew Arbo aborda essas questões complicadas com a habilidade de um especialista em ética moral e o cuidado de um pastor/teólogo. Arbo avisa que os cristãos precisam ter as informações adequadas sobre tudo que está envolvido em todas as tecnologias reprodutivas, como a inseminação artificial e a fertilização *in vitro*, para que comecem a levar em conta as questões éticas relativas ao seu uso. No entanto, muitos cristãos bem-intencionados começam a participar desses processos de forma completamente desinformada, por indicação de profissionais da área médica, antes de avaliar os limites éticos que podem ser ultrapassados posteriormente. Com muita frequência, os cristãos caem no pragmatismo de pensar que os fins justificam os meios.[10]

O ensinamento bíblico de que os filhos são uma bênção tem levado muitas pessoas dentro da Igreja a concluir que eles também sejam um direito. A Igreja, no momento, enfrenta os dilemas morais e éticos que surgiram a partir dessa negligência.

Stephen e Brianne Bell abrem esta seção contando sua própria história de infertilidade e de escolha pela fertilização *in vitro* para ter seu primeiro filho. Durante o seu relato, a família Bell reconhece as várias controvérsias em torno da sua decisão, mas, em última análise, defende que procurou ter filhos de

---

8   John Piper, "Do Reproductive Technologies Oppose God's Design?", *Desiring God*, 28 de fevereiro de 2018. Disponível em: https://www.desiringgod.org/interviews/do-reproductive-technologies-oppose-gods-design. Acesso em: 27 abr. 2020.

9   Rae, "Reproductive Technologies".

10   Matthew Arbo, *Walking through Infertility*: Biblical, Theological, and Moral Counsel for Those Who Are Struggling [Atravessando a infertilidade: aconselhamento bíblico, teológico e moral para aqueles que estão sofrendo] (Wheaton, EUA: Crossway, 2018), p. 82.

acordo com o plano de Deus para os cristãos. Por outro lado, Jennifer Lahl afirma que a Bíblia fala claramente a respeito da esterilidade e da procriação, e que os cristãos devem ouvir essas histórias para cultivar uma visão centralizada em Deus quanto ao propósito, ao plano e ao lugar determinados para a procriação. Assumindo a mesma postura de Lahl, Charles Camosy explica como o consumismo influencia as tecnologias reprodutivas tratando nossos filhos e nossa capacidade reprodutiva como produtos a serem comprados e vendidos.

Ellen Painter Dollar contribui com seu próprio relato, explicando como a Bíblia, como uma história, tem algo a dizer quanto às complexas questões relacionadas à tecnologia reprodutiva e incentivando os cristãos a se tornarem ouvintes generosos das histórias de pessoas que passaram por desafios reprodutivos e por alguma gravidez não planejada, para obter uma visão bíblica mais detalhada sobre esses assuntos. Em contraste com o argumento de Dollar, Karen Swallow Prior e Kenneth Magnuson deixam bem clara a sua denúncia do aborto, embora discordem sobre a abordagem desse assunto em uma cultura em que essa prática é tão comum e amplamente aceita. Prior faz um apelo para que os cristãos sejam criteriosos em sua retórica quando abordam a questão do aborto, de modo que a verdade dita com amor possa ser ouvida por sobre o barulho do discurso inflamado. Fugindo excepcionalmente à norma deste livro, Kenneth Magnuson responde de forma específica ao artigo de Prior, defendendo que a retórica, a conjuntura e as definições relacionadas ao tema do aborto merecem consideração e atenção especiais, para que os debates sobre ele possam se manter ao mesmo tempo firmes e solidários.

A FERTILIZAÇÃO *IN VITRO* É A FAVOR DA VIDA

Stephen e Brianne Bell

Os estudos mostram que a infertilidade afeta um a cada oito casais, de acordo com os Centros de Controle e Prevenção de Doenças dos Estados Unidos.[1] Já tínhamos passado dos trinta anos quando decidimos ter filhos depois de dois anos de casados. Tentamos naturalmente por pouco mais de um ano (passando por pelo menos um aborto espontâneo) antes de o obstetra e ginecologista de Brianne nos apresentar o Clomid, um modulador de estrógeno que induz a ovulação, mas que também levou a cistos dolorosos no ovário. Depois disso, fomos encaminhados para um especialista em reprodução humana.

Depois da nossa primeira consulta com o médico, sentimos muita esperança, alegria e confiança. Passamos por várias triagens e exames, como análise do sêmen, tratamento sanguíneo para dar uma olhada nos hormônios reprodutores e uma histerossalpingografia (HSG) para verificar se havia alguma anomalia uterina. Todos os testes tiveram resultados normais, então começamos algumas rodadas de Letrozol e fizemos três inseminações intrauterinas (IIU). Esse procedimento insere o esperma diretamente no útero, a fim de facilitar a fertilização pelo aumento da quantidade de espermatozoides que alcançam as trompas de Falópio.

Por meio do Letrozol e das inseminações, fiquei grávida várias vezes, todas elas terminando com um aborto espontâneo. Foi nesse ponto que começamos a pensar na possibilidade da fertilização *in vitro* e na transferência embrionária (FIV-TE), que extrai os óvulos, retira uma amostra de esperma e depois os fertiliza manualmente em uma placa de laboratório. Concordamos que faríamos todo o possível por meios médicos para ter nossos próprios filhos antes de tentar outras opções, como a adoção ou a barriga de aluguel. Fomos também muito abençoados em contar com a ajuda dos nossos pais para arcar com os custos financeiros, que eram muito elevados.

Com base na recomendação médica, decidimos fazer a FIV-TE com o diagnóstico genético pré-implantação (DGP), por causa dos abortos anteriores. O DGP é um procedimento no qual uma ou mais células são retiradas de cada embrião e utilizadas para o diagnóstico genético. Os embriões são selecionados

---

1 "Reproductive Health: Infertility FAQs", *CDC*.gov, 30 de março de 2017. Disponível em: https://www.cdc.gov/reproductivehealth/infertility/index.htm/. Acesso em: 27 abr. 2020.

para serem transferidos para o útero com base no resultado do teste. Quando os óvulos são removidos, um único espermatozoide é injetado dentro de cada um, em um procedimento chamado "Injeção Intracitoplasmática de Espermatozoide" (ICSI), para aumentar as chances de fertilização.

O processo de fertilização *in vitro* não é somente exaustivo, mas também exige muito do nosso físico. Os vários remédios têm efeitos colaterais, e alguns deles levam a mudanças de ânimo, dores de cabeça e náuseas. As injeções não doíam, mas levavam muito tempo. Brianne se sentiu dolorida depois da extração dos óvulos. Depois de o processo terminar, ficamos com cinco embriões que receberam o diagnóstico genético normal e foram criopreservados. O nosso primeiro embrião congelado resultou em nossa linda e corajosa filha Caroline. Outro embrião congelado não pôde ser implantado no ano passado, enquanto a terceira transferência embrionária foi bem-sucedida, e Brianne dará à luz outra filha daqui a um mês. Ainda temos dois embriões que continuam sendo criopreservados.

As objeções éticas mais comuns entre muitos cristãos à fertilização *in vitro* parecem ser classificadas sob duas categorias principais. A primeira objeção argumenta que essa fertilização e outras tecnologias reprodutivas incentivam os participantes a brincarem de Deus, usurpando sua prerrogativa de criar a vida e buscando manipular as circunstâncias (como a esterilidade) que estão fora do seu controle. A segunda objeção aponta que essa fertilização cria um excesso de embriões que são congelados até serem finalmente doados (equivalendo a doar os próprios filhos?) ou todos transferidos para a mãe. Será que os participantes deveriam permitir a possibilidade de criar mais embriões do que eles estejam preparados para gerar?

Rod Dreher, em sua recente obra *A opção beneditina: uma estratégia para cristãos no mundo pós-cristão*, dedica um capítulo inteiro aos perigos sedutores da visão de mundo do "homem tecnológico", o ser autônomo tão valorizado pela modernidade por abraçar de forma acrítica os dons da tecnologia sem considerar suas consequências éticas. A consideração mais importante para o ser humano é estar livre para buscar a felicidade e a satisfação individuais pelos meios disponibilizados pela ciência e pela tecnologia. Como Dreher escreve:

> Começando com o nominalismo [no século 14] e surgindo no princípio da Era Moderna, [houve uma crença cada vez mais popular de que] a natureza não tinha nenhum valor intrínseco. Só se tratava de coisas. Para o Homem Tecnológico, a "verdade" é o que funciona para ampliar o seu domínio sobre a natureza e transformá-la em coisas que ele considerar úteis ou agradáveis, satisfazendo assim seu senso do significado da existência.

154 ENGAJAMENTO CULTURAL

> Portanto, encarar o mundo de forma tecnológica é vê-lo como material sobre o qual deve se ampliar seu domínio, limitado apenas pela imaginação.[2]

Dreher afirma que a maioria dos indivíduos no Ocidente, inclusive muitos cristãos, adota esse sistema de crenças (quer reconheçam isso ou não), que é impulsionado pelos motores do emotivismo e do deísmo moral terapêutico. Embora o emotivismo descarte os imperativos da fé e da razão em favor da impulsividade e da escolha moral, o deísmo moral terapêutico prega a felicidade subjetiva e o conforto material como os objetivos centrais da vida. Essa cosmovisão não coloca limites no que podemos fazer com o nosso corpo, já que a consideração mais importante é a verificação de que somos felizes e confortáveis a cada momento. Para Dreher e para os cristãos opositores às tecnologias reprodutivas, como a fertilização *in vitro*, o problema é que "sujeitamos a biologia à vontade humana. [...] A tecnologia reprodutiva aumenta o domínio da procriação, retirando totalmente a concepção do corpo humano".[3]

Frequentemente observamos esses abusos da tecnologia reprodutiva nos dias de hoje, partindo do que é controverso até coisas que são completamente inaceitáveis. Casais de celebridades, como John Legend e Chrissy Teigen, usaram o diagnóstico genético pré-implantação para escolher o sexo do embrião que eles queriam que fosse transferido.[4] A revista *Slate* destaca uma empresa australiana chamada Baby Bee Hummingbirds, que faz brincos e joias a partir dos embriões descartados (chamados por algumas pessoas de "gelinhos" ou "bebês da neve"), cremando os embriões em cinzas que preservam o seu DNA. A fundadora da empresa, Amy McGlade, promete transformar de forma amorosa esses embriões em "arte sacra", por um preço que varia entre oitenta e seiscentos dólares.[5] Como um blogueiro católico citado no artigo tuitou com raiva, "se o valor que damos às crianças é devido somente ao serviço que nos prestam, então é claro que podem ser transformadas em joias se não podem nos servir em vida". Um artigo recente do *USA Today* comenta a controversa prática da edição genética por meio de

---

2   Rod Dreher, *A opção beneditina*: uma estratégia para cristãos no mundo pós-cristão (Campinas: Ecclesiae, 2018), p. 219-20.

3   Ibid., p. 221.

4   "Chrissy Teigen and John Legend already know the gender of their second baby – and here's how", *Vogue*, 26 de novembro de 2017. Disponível em: http://www.vogue.com/article/chrissy-teigen-ivf-gender-selection-controversy-explained. Acesso em: 27 abr. 2020.

5   Ruth Graham, "Just how creepy is 'embryo jewelry,' exactly?", *Slate*, 5 de maio de 2017. Disponível em: http://www.slate.com/blogs/xx_factor/2017/05/05/embryo_jewelry_is_creepy_but_how_creepy.html. Acesso em: 27 abr. 2020.

novas descobertas, como o CRISPR-Cas9, "uma ferramenta poderosa de edição genética que capacita os cientistas a fazer uma manipulação precisa de sequências específicas de DNA. [...] O CRISPR poderia ser usado para apagar e substituir mutações que tornam a pessoa suscetível a uma gama bem ampla de doenças, desde a Aids até o Zika vírus".[6]

No entanto, será que os cristãos conscientes devem evitar sistematicamente as tecnologias que aumentam as chances da concepção humana, como a fertilização *in vitro*, só porque esse procedimento ou desenvolvimento humano pode ser explorado de forma ilícita? Na verdade, essa fertilização só funciona como um modo de aumentar a chance de um embrião ser viável dentro do ventre da mãe, sem se tratar de uma tentativa à moda de Prometeu de literalmente criar vida e roubar fogo dos deuses. Temos que nos lembrar também de que os seres humanos sempre manipularam a natureza para alcançar seus objetivos, e nem todos eles foram prejudiciais ou transgressores. Como um amigo da igreja especulou: "Será que as plantas transgênicas são realmente uma tentativa de brincar de Deus? E quando os animais são cruzados para criar um ser que tem determinadas características desejáveis para alguma função específica?".

Deus criou os seres humanos com curiosidade e com o impulso de entender e criar. De fato, muitos teólogos afirmariam que a instrução de Gênesis 1:28 envolve um reconhecimento de uma bondade inerente ao trabalho da cultura e do progresso humano: "Sejam férteis e multipliquem-se! Encham e subjuguem a terra! Dominem sobre os peixes do mar, sobre as aves do céu e sobre todos os animais que se movem pela terra". Embora essa obra de domínio possa ser explorada e usada para fins perniciosos, levando para uma cultura de morte em vez da valorização da vida (como demonstram as técnicas de aborto), ela também pode facilitar e aumentar a fertilidade e a multiplicação humanas.

Quando optamos por começar um tratamento de fertilidade, não vimos isso como uma escolha que driblava o controle soberano de Deus sobre o nosso corpo e desafiava as exigências claras que ele faz na Bíblia, mas como cumprimento da sua ordem de sermos portadores alegres de sua imagem e de conceber e dar à luz uma descendência igualmente criada à sua imagem. Como outro amigo da faculdade disse para nos incentivar: "[Sua decisão] pode ser vista como um ato de fé para [...] continuar buscando a Deus para realizar um

---

6   Mike Feibus, "CRISPR gene editing tool: Are we ready to play God?", *USA Today*, 24 de julho de 2017. Disponível em: https://www.usatoday.com/story/tech/columnist/2017/07/24/crispr-gene-editing-tool-we-ready-play-god/490144001/. Acesso em: 27 abr. 2020.

156 ENGAJAMENTO CULTURAL

dos chamados, ou propósitos, ou mandamentos fundamentais associados com a sua própria existência".

Para aqueles que afirmariam que essa lógica deturpa a verdade bíblica para racionalizar um ato que Deus proíbe categoricamente, pedimos que reflitam sobre o motivo pelo qual geralmente se aceitam os métodos contraceptivos no meio protestante (desencorajando a fertilidade e a multiplicação humana), enquanto as tecnologias reprodutivas são vistas como prejudiciais e transgressoras. Nossa mentalidade sempre foi de esperar em oração e nunca perder a esperança, em vez de querer tirar o controle de Deus sobre o resultado de forma arrogante.

Temos que admitir que a segunda objeção, quanto ao que fazer com os embriões que sobraram, foi a mais desafiadora. Uma vez que já temos 44 anos (Stephen) e quase quarenta (Brianne), fica bem difícil termos mais dois filhos depois de a irmã da Caroline nascer. Obviamente, nós nunca consideraríamos o simples descarte (ou a transformação em joias!), portanto a opção que nos resta é doá-los para um casal sem filhos ou transferir todos eles para Brianne, um de cada vez, e deixar o resto com Deus. Um casal na nossa igreja que também fez a fertilização *in vitro* e teve filhos gêmeos está planejando seguir essa segunda opção, mas passará por todas as vacinas, injeções e remédios toda vez que um embrião for transferido. O procedimento de doar os embriões a um casal anônimo continua sendo uma opção, mas, agora que nós temos a Caroline, é doloroso pensar sobre possíveis filhos em algum lugar do mundo, que se pareçam muito com ela, com o nosso DNA, crescendo em outra família. Pensamos na possibilidade de seus pais serem incrédulos, ou, que Deus os livre, cruéis com esses filhos. Esses são os pensamentos que não nos deixam dormir à noite. Mesmo assim, em todas as áreas da vida, nós nos apegamos ao caráter de Deus, conforme se revela em sua Palavra, e somos consolados – ele sempre demonstrará de forma ativa a sua longanimidade, a sua misericórdia se renova a cada manhã e ele é o autor da vida.

Stephen Bell (PhD, Indiana University of Pennsylvania) ensina literatura na Liberty University e faz parte do curso de graduação da Faculdade de Letras desde 2014.

Brianne Bell (mestre em Educação, Universidade da Virgínia) trabalhou nas escolas municipais de Lynchburg dando aulas no ensino fundamental até que Caroline nasceu, quando passou a se dedicar ao lar em tempo integral.

OS ARGUMENTOS CONTRA A FERTILIZAÇÃO *IN VITRO*

Jennifer Lahl

Quando Raquel viu que não dava filhos a Jacó, teve inveja de sua irmã.
Por isso disse a Jacó: "Dê-me filhos ou morrerei!"

Gênesis 30:1

Tudo começa com o amor, depois vem o casamento. Mas o que acontece quando não se tem filhos?

A angústia e a tristeza do ventre estéril, da infertilidade são uma constante entre nós desde os primórdios da história. Na verdade, o primeiro relato de esterilidade se encontra no primeiro livro da Bíblia, na história de Sarai, Abrão e Hagar.

> Ora, Sarai, mulher de Abrão, não lhe dera nenhum filho. Como tinha uma serva egípcia, chamada Hagar, disse a Abrão: "Já que o Senhor me impediu de ter filhos, possua a minha serva; talvez eu possa formar família por meio dela".
>
> Abrão atendeu à proposta de Sarai. Quando isso aconteceu já fazia dez anos que Abrão, seu marido, vivia em Canaã. Foi nessa ocasião que Sarai, sua mulher, entregou sua serva egípcia Hagar a Abrão.
>
> Ele possuiu Hagar, e ela engravidou. Quando se viu grávida, começou a olhar com desprezo para a sua senhora.
>
> Então Sarai disse a Abrão: "Caia sobre você a afronta que venho sofrendo. Coloquei minha serva em seus braços, e agora que ela sabe que engravidou, despreza-me. Que o Senhor seja o juiz entre mim e você". Respondeu Abrão a Sarai: "Sua serva está em suas mãos. Faça com ela o que achar melhor". Então Sarai tanto maltratou Hagar que esta acabou fugindo. (Gênesis 16:1-6)

Pode-se pensar: já que a esterilidade está conosco desde o princípio e a questão da barriga de aluguel e do seu resultado negativo é abordada na Bíblia de forma tão clara e rápida, por que razão os cristãos nos dias de hoje estão tão

158 ENGAJAMENTO CULTURAL

desinformados sobre as tecnologias de reprodução assistida em geral, e especialmente sobre o uso da fertilização *in vitro*, da doação de óvulos, da doação de espermatozoides e da barriga de aluguel?

É possível que isso se deva ao fato de não falarmos ou ensinarmos sobre a esterilidade à luz dessas tecnologias modernas. Qual foi a última vez que você ouviu alguma pregação sobre o propósito de Deus para o ventre estéril e para a esterilidade? As nossas igrejas geralmente organizam festas anuais no Dia das Mães ou no Dia dos Pais, e toda cerimônia de apresentação de bebês ou de batismo é uma festividade importante da Igreja. No entanto, o que dizer sobre aqueles que desejam ter filhos, têm esse anseio profundo, mas não podem gerar nem dar à luz um bebê? Qual seria a nossa resposta a eles?

Uma cartilha

A Bíblia nos diz que os filhos são presentes de Deus, uma recompensa e uma bênção. Eles são criados por Deus de forma espantosa e maravilhosa, além de serem gerados por seres humanos. Na tradição católica, o sacramento do matrimônio tem o propósito de gerar filhos, permitindo ao marido e à esposa participarem da procriação como cocriadores com Deus.

É o Senhor que em sua soberania e onisciência abre e fecha o ventre (1Samuel 1:5). Ninguém tem direito a um filho. Ninguém tem direito a nenhuma bênção ou recompensa da parte de Deus. Com certeza, poucas pessoas que têm dificuldades para ter filhos se achegam a Deus com a ideia principal de que ele deve essa graça a elas. No entanto, o que testemunho várias vezes no meu trabalho são gestos e atitudes que fazem parecer, de forma implícita, que essas pessoas merecem um filho, e, se esse filho não nascer de maneira natural, o uso dessas tecnologias novas é adotado sem que haja um pensamento crítico. A justificativa que geralmente ouço é que Deus nos deu essas novas tecnologias, portanto temos a permissão de fazer uso delas.

Como devemos encarar a possibilidade de usar tecnologias de reprodução assistida à luz da verdade bíblica de que é o Senhor que abre e fecha o ventre? E a ajuda de terceiros com doação de óvulos ou espermatozoides, ou a barriga de aluguel? A minha sugestão é caminhar rumo a um modelo médico de cura e de restauração da fertilidade se e quando possível. Isso é diferente de contornar a esterilidade ou driblá-la por meio da tecnologia. Em outras palavras, passamos dos limites éticos quando extraímos óvulos ou espermatozoides do corpo e nos tornamos artífices tecnológicos em vez de geradores de vida.

A vida humana e a tecnologia reprodutiva **159**

Conforme foi destacado por um especialista em assuntos éticos, hoje em dia existem pelo menos 38 maneiras de se ter filhos.[1] Muitas delas, se não a maioria, consistem em retirar o óvulo e o espermatozoide do corpo humano e levá-los ao laboratório. Além disso, com certeza todas as formas de reprodução assistida que não exijam relação sexual adúltera empregam a geração da vida fora do corpo humano.

Além disso, as tecnologias de reprodução assistida que envolvem a fertilização *in vitro* – criar embriões em laboratório – não valorizam a vida de modo algum. A perda de embriões com essa fertilização não pode deixar de ser uma preocupação real para os cristãos que se opõem a tirar a vida de um ser humano. Os dados mais recentes dos Centros de Controle e Prevenção de Doenças dos Estados Unidos sobre a fertilização *in vitro*, que são do ano de 2015, mostram que mais de 91 mil processos desse tipo foram realizados, levando à transferência de mais de 59 mil embriões, com o resultado de 26.708 casos de gravidez, mas somente 21.771 nascimentos. Os 59 mil embriões que foram transferidos (número claramente bem menor do que o de embriões criados durante esses processos) resultaram em somente 21.771 nascimentos.[2] Isso está longe de ser favorável à vida.

Em resumo, o problema real é que esse processo transfere a procriação dos filhos da esfera da reprodução para a esfera da manufatura humana de crianças. Na verdade, não estamos mais falando de geração ou procriação, mas do início da vida em laboratório, fora do corpo humano.

Eu poderia escrever com mais detalhes sobre as consequências da produção de vida humana em laboratório, mas quero sugerir que existe algo mais profundo a ser considerado nesse tópico, que é o propósito divino de que as crianças venham ao mundo pela união física entre homem e mulher. Essa é uma questão profunda para a qual a maioria das pessoas dá pouquíssima atenção.

Entretanto, alguns pensam nisso. Oliver O'Donovan escreve: "Quando se afasta a procriação do relacionamento entre homem e mulher, ela se torna um simples projeto do casamento em vez de ser seu privilégio; o meio de procriação passa a ser um instrumento escolhido pela vontade, em vez de

---

1   Joe Carter, "38 Ways to Make a Baby", *First Things*, 28 de setembro de 2011. Disponível em: https://www.firstthings.com/web-exclusives/2011/09/38-ways-to-make-a-baby. Acesso em: 27 abr. 2020.

2   Saswati Sunderam et al., "Assisted Reproductive Technology Surveillance – United States, 2015", *Surveillance Summaries*, v. 67, n. 3 (16 de fevereiro de 2018), p. 1-28. Disponível em: https://www.cdc.gov/mmwr/volumes/67/ss/ss6703a1.htm. Acesso em: 27 abr. 2020.

160 ENGAJAMENTO CULTURAL

constituir o patrimônio do casamento".[3] C. S. Lewis alerta sobre "o poder do Homem de torná-lo aquilo que quiser" e o "[...] poder de alguns homens de fazer o que *eles* quiserem de outros homens [ou nossos filhos]".[4] O já falecido especialista em ética Paul Ramsey vai ainda mais longe em sua condenação do uso da fertilização *in vitro*, ao afirmar: "Tenho que julgar que a fertilização *in vitro* é um experimento médico antiético realizado com seres humanos em potencial (sem o seu consentimento) e, portanto, está sujeita a uma proibição moral absoluta".[5]

Quanto aos casais enfrentando a infertilidade, praticamente um terço dos casos se deve a questões relacionadas ao corpo da mulher, outro terço é causado por problemas no corpo do homem e o último terço se deve a causas desconhecidas – os testes simplesmente não são capazes de identificar essa causa. Mesmo assim, existem ainda muitas coisas que podem ser feitas para ajudar marido e mulher a chegar à concepção sem o auxílio das técnicas de reprodução assistida: terapia hormonal em pequenas doses para regular a ovulação ou ajuda com níveis baixos de hormônios (masculinos e femininos), tratamento das trompas de Falópio obstruídas ou da endometriose, assistência para o acompanhamento e a sincronização da ovulação, dentre outras. Outros fatores no estilo de vida estão envolvidos – alimentação saudável, manter um peso ideal, parar de fumar, diminuir o consumo de álcool, e assim por diante. A idade também é um fator importante, visto que cada vez mais casais adiam a criação de filhos para fazer um curso superior, ou por causa da carreira, ou por vários outros motivos. Em resumo, o relógio biológico é fundamental, especialmente para as mulheres.

Pode ser que tenhamos a necessidade de reorientar o nosso pensamento sobre o que realmente constitui uma família. Deus disse que não era bom para Adão estar só no jardim e criou Eva por esse motivo. Adão e Eva eram uma família. As bênçãos de Deus chegam a nós de várias formas, mas nem sempre se traduzem em filhos. Às vezes somos chamados para direcionar nossos desejos de cuidar da próxima geração de outro modo. Não tenho conhecimento de

---

3   Oliver O'Donovan, *Begotten or Made? Human Procreation and Medical Technique* [Gerados ou fabricados? A procriação humana e a técnica médica] (Oxford: Oxford University Press, 1984), p. 39.

4   C. S. Lewis, *A abolição do homem* (Rio de Janeiro: Thomas Nelson, 2017), p. 59.

5   Paul Ramsey, "Shall We 'Reproduce'? The Medical Ethics of In Vitro Fertilization", *Journal of the American Medical Association*, v. 220, n. 10 (1972), p. 1.346-1.350. DOI: 10.1001/jama.1972.03200100058012.

nenhuma igreja que tenha um excesso de voluntários para o berçário ou para outras atividades infantis. Muitos adultos mais idosos – solteiros e casados – se sentem sozinhos e seriam muito abençoados se recebessem uma visita, um telefonema ou um cartão. A ideia é que talvez algumas pessoas sejam chamadas a uma visão mais ampla do que significa alimentar e cuidar.

A dor da esterilidade é real e fere profundamente. Não a estou desprezando de forma alguma. No entanto, como acontece com todos os nossos desejos, existem limites para o que podemos ou não fazer para satisfazê-los. Levar óvulos e espermatozoides para o laboratório ultrapassa os limites éticos, fazendo da procriação uma fabricação tecnológica. Todos os cristãos fariam bem se refletissem um pouco mais sobre as opções lícitas disponíveis para o tratamento da infertilidade e sobre outras opções em situações nas quais não se pode vencer esse problema. Quando a gravidez não acontece, precisamos estar preparados para ministrar àqueles para os quais Deus planejou algo diferente.

Jennifer Lahl é fundadora e presidente do Centro de Promoção da Bioética e da Cultura e diretora premiada de documentários que retratam as tecnologias de reprodução assistida e a exploração de mulheres e crianças. Ela foi enfermeira por mais de vinte anos e tem mestrado em bioética.

O TRATAMENTO DA BIOTECNOLOGIA REPRODUTIVA COMO BEM DE CONSUMO

Charles Camosy

É possível que os leitores saibam que minha tradição católica interpreta que o mandamento "Sejam férteis e multipliquem-se" apresenta uma conexão profunda concedida pelo próprio Deus entre a sexualidade e a procriação. Esse dom de novas vidas humanas vem da união sexual de duas pessoas que se tornam uma só carne. Isso não somente significa que as pessoas casadas não devem se afastar desse dom, mas também que não devemos tentar gerar filhos fora dessa união sexual. Os filhos são uma bênção do Senhor, não algo a que temos direito. A tecnologia pode ser usada de forma lícita para aumentar as chances de que a união sexual gere filhos, mas não pode ser usada com métodos que contrariem o plano de Deus. Essas atividades, em especial quando as crianças são geradas por meio da fertilização *in vitro* com gametas (o óvulo e o espermatozoide) que não pertencem a um dos pais, ou mesmo a nenhum dos dois, são moralmente problemáticas. Elas tornam os filhos frutos de um projeto tecnológico humano, buscado pela vontade egocêntrica, em vez de serem um fim em si mesmos, recebidos incondicionalmente como presentes de Deus.

Já se deu muita atenção ao equívoco desses gestos, mas não se dá tanta atenção às estruturas sociais do pecado que facilitam a sua prática. É possível que alguém escreva uma tese imensa sobre como a biotecnologia reprodutiva se relaciona com o preconceito estrutural de raça, de idade, de gênero e de capacidade física – mas neste breve ensaio pretendo me concentrar no consumismo, que exerceu um papel preponderante na formação da cultura ocidental em todos os níveis. Ele permeia e motiva os processos que tentam dissociar as relações sexuais da abertura para uma nova vida e a geração de filhos do sexo. Por exemplo, ele faz com que pais e mães em potencial se tornem o tipo de pessoa que acredita ter de alcançar um padrão de vida de autonomia financeira antes de pensar em ter filhos. Esses pais em potencial muitas vezes são estruturalmente coagidos a esperar até um momento da vida em que a fertilização *in vitro* se torna sua maior esperança para ter filhos.

No entanto, o consumismo que motiva a biotecnologia reprodutiva pode também ter efeitos graves sobre outros processos ligados à fertilização *in vitro*. Temos como exemplo a mãe de aluguel, que é paga para que outra pessoa possa ter um filho. Uma empresa americana, Circle Surrogacy, cobra 100 mil dólares para que se contrate uma mãe de aluguel (isso sem incluir a compra dos óvulos da doadora), e menos de 40 mil dólares vão para essa mulher.[1] Ainda assim, essa é uma soma significativa de dinheiro, o que leva à real exploração das mulheres de baixa renda pelas empresas de biotecnologia. Essa exploração se torna ainda mais significativa quando essas empresas, motivadas por um desejo de obter uma fatia maior de mercado, procuram, nos países em desenvolvimento, mulheres pobres, que passarão por essa gravidez por menos dinheiro.

É possível que haja questões jurídicas associadas à barriga de aluguel. Em muitos países ocidentais (inclusive nos Estados Unidos), é a mãe de aluguel que detém todos os direitos sobre a criança até que haja uma entrega formal do bebê ao casal que pagou pelo serviço. Tomemos como exemplo "Margaret", uma mulher solteira de 42 anos com dois outros filhos, que mudou de ideia e teve um confronto dramático com os pais biológicos para os quais prestava serviço:

> Não foram os meus óvulos, mas eu gerei esses bebês dentro de mim. Fui eu quem os alimentei para que nascessem e passei por uma cesariana com risco de vida para que pudesse tê-los em meus braços. Ficaria arrasada se eles fossem tirados de mim agora. A lei me considera mãe deles e eu os considero meus filhos. Quando percebi que esse casal, composto por duas pessoas profissionais, via tudo isso como uma transação comercial, e que eu era vista como uma espécie de incubadora, mudei de ideia e decidi ficar com as crianças.[2]

Reflita também sobre o caso de um casal que pagou para que outra mulher efetuasse a gestação de seu filho biológico, acabou sabendo posteriormente que esse filho tinha grande probabilidade de nascer com a síndrome de Down e pediu para que a mãe de aluguel o abortasse. Diante da recusa dela, o caso

---

1   "Estimated Program Expenses for Gestational Surrogacy with Egg Bank (2012 USA)", *Circle Surrogacy*. Disponível em: http://www.circlesurrogacy.com/index.php/costs/egg-bank-egg-sharing-surrogacy/costs-gs-bank-us.

2   Jo Knowsley, "Surrogate Mother Says 'Sorry, but I'm Keeping Your Babies'", *Daily Mail*, 17 de dezembro de 2006. Disponível em: http://www.dailymail.co.uk/femail/article-423125/Surrogate-mother-says-Sorry-Im-keeping-babies.html#ixzz1oY1dulCk. Acesso em: 27 abr. 2020.

164 ENGAJAMENTO CULTURAL

entrou em uma espécie de "vácuo jurídico".[3] Como os pais que pagaram pela barriga de aluguel desistiram do combinado e deixaram claro que não ficariam com a criança, a mãe de aluguel não teve alternativa senão abortar, porque sentia que criar esse bebê com deficiência traria um peso muito grande para a sua própria família. De forma compreensível, a justiça norte-americana não sabe ao certo o que fazer quando nossos filhos e nossas capacidades reprodutivas são tratados como objeto de compra e venda, mas o consumismo estrutural está levando nossas práticas reprodutivas exatamente para essa direção.

As coisas ficam ainda mais problemáticas quando os óvulos necessários para a fertilização *in vitro* são obtidos de outras fontes. Muitas mulheres de formação superior que estão lendo este livro conhecem a propaganda que busca atrair as universitárias a vender seus óvulos. Por causa do contexto consumista em voga, eles não procuram óvulos de uma mulher qualquer.

Em um processo semelhante ao de ingresso na faculdade, Tiny Treasures exige que todas as doadoras em potencial enviem, com as suas inscrições, cópias de seus resultados no Teste de Aptidão Acadêmica [SAT, em inglês] e do histórico escolar da faculdade, tendo esses dois fatores um peso direto sobre a remuneração que se recebe. A agência dá a entender que quem doa pela primeira vez recebe entre 2 mil e 5 mil dólares, mas as estudantes que se enquadram na categoria de "doadoras extraordinárias" – que têm resultado do SAT superior a 1.250 pontos, mais de 28 pontos no Teste de Admissão para Faculdades Norte-Americanas (ACT) e médias acima de 3,5 na faculdade, ou que tenham frequentado uma das oito principais faculdades do nordeste norte-americano (que formam a Ivy League) – recebem entre 5 mil e 7 mil dólares pelos seus serviços.

Um classificado no jornal *Columbia Spectator* de "um casal estável de Nova York que estuda na Ivy League" procura uma estudante dessa mesma liga, que tenha de 1,70 a 1,77m de altura, de ascendência alemã, irlandesa, inglesa ou do Leste Europeu. A oferta de remuneração é de 25 mil dólares.[4]

---

3 Tom Blackwell, "Couple urged surrogate mother to abort fetus because of defect", *National Post*, 6 de outubro de 2010. Disponível em: https://nationalpost.com/holy-post/couple-urged-surrogate-mother-to-abort-fetus-because-of-defect. Acesso em: 27 abr. 2020.

4 Kat Huang, "Egg donor ads target women of Ivy League", *Yale News*, 22 de março de 2005. Disponível em: https://yaledailynews.com/blog/2005/03/22/egg-donor-ads-target-women-of-ivy-league/. Acesso em: 27 abr. 2020.

Um estudo de cem anúncios em 63 faculdades por todos os Estados Unidos descobriu que 21 deles especificavam um número mínimo de pontos no SAT. Metade deles oferecia mais de 5 mil dólares e, dentro desse grupo, 27% especificavam "boa aparência". Quanto maior a oferta, mais exigente é o cliente: nas ofertas acima de 10 mil dólares, a maioria dos anúncios "continha exigências de boa aparência ou especificações étnicas".[5] Um anúncio no jornal *Stanford Daily* trazia uma oferta escandalosa de 100 mil dólares para óvulos apropriados.[6]

Entretanto, o que se faz quando o preço é alto demais ou a venda dos óvulos não está dentro da lei? Uma empresa tem a solução: embarque em uma viagem de férias para a compra de óvulos e/ou para a fertilização *in vitro*.[7] Eles oferecem uma estada de sete a dez dias em lugares como Cancun, Ucrânia, Panamá e África do Sul, onde existem "clínicas de alta qualidade" que oferecem "uma ampla gama de doadoras de etnias diferentes e serviços e taxas de sucesso equivalentes, e por um preço muito mais baixo".

Além disso, muitas doadoras de óvulos estão desesperadas. Por exemplo, dezenas de milhares de imigrantes da União Soviética moram no Chipre, e "os jornais locais escritos em russo frequentemente publicam anúncios procurando 'moças saudáveis para doação de óvulos'". Às vezes, "chegam de avião mulheres da Rússia e da Ucrânia só para doar óvulos", porque elas "estão desesperadas atrás de dinheiro para pagar o aluguel e as contas". Algumas mulheres inclusive dependem disso "como sua maior fonte de renda, passando pelo processo de injeção de hormônios pelo menos cinco vezes por ano".[8] No entanto, por causa do desejo por parte das clínicas e das empresas terceirizadas de obter o maior lucro possível, não se faz a devida conscientização de muitas dessas mulheres sobre os graves riscos de saúde aos quais elas se expõem.

Pode-se falar muito mais sobre a relação entre o consumismo e a biotecnologia reprodutiva. (Acontecem problemas semelhantes com a indústria de doação

---

5   William Saletan, "The Egg Market", *Slate*, 29 de março de 2010. Disponível em: http://www.slate.com/articles/health_and_science/human_nature/2010/03/the_egg_market.html. Acesso em: 27 abr. 2020.

6   Marilee Enge, "Ad Seeks Donor Eggs for $100,000, Possible New High", *Chicago Tribune*, 10 de fevereiro de 2000. Disponível em: https://www.chicagotribune.com/news/ct-xpm-2000-02-10-0002100320-story.html. Acesso em: 27 abr. 2020.

7   Veja, por exemplo, "International FIV Patients", Advanced Fertility Center Cancun. Disponível em: https://www.fertilitycentercancun.com/international-patients.html. Acesso em: 27 abr. 2020.

8   Antony Barnett; Helena Smith, "Cruel Cost of the Human Egg Trade", *The Guardian*, 30 abr. 2006. Disponível em: https://www.theguardian.com/uk/2006/apr/30/health.healthandwellbeing. Acesso em: 27 abr. 2020.

166 ENGAJAMENTO CULTURAL

de esperma, por exemplo.)[9] Mas esses tópicos devem pelo menos nos levar a pensar um pouco e, talvez, questionar se os embriões, os serviços gestacionais e os gametas (óvulos e espermatozoides) são o tipo de coisa que deveria ser considerada um bem de consumo.

Charles Camosy é professor assistente de teologia na Universidade de Fordham, onde leciona desde que terminou o seu doutorado na Universidade de Notre Dame, em 2008. Ele escreveu quatro livros, inclusive *For Love of Animals* [Por amor aos animais] e *Beyond the Abortion Wars* [Para além das guerras sobre o aborto]. Faz parte do grupo "Democratas pela Vida".

---

9 Jacqueline Mroz, "One Sperm Donor, 150 Offspring", *The New York Times*, 5 de setembro de 2011. Disponível em: http://www.nytimes.com/2011/09/06/health/06donor.html?pagewanted=1&_r=1&ref =health. Acesso em: 27 abr. 2020; "'I Didn't Want Children to Die': A Mother's Mission to Save Sperm Donor's 35 Kids Never Told about His Fatal, Genetic Illness", *Daily Mail*. Disponível em: http://www.dailymail.co.uk/news/article-2111623/Sperm-Donors-35-Kids-Never-Told-About-Fatal-Genetic-Illness.html?ito=feeds-newsxml. Acesso em: 27 abr. 2020.

UMA ABORDAGEM AMPLA PARA A ÉTICA REPRODUTIVA

Ellen Painter Dollar

Meu interesse pela ética reprodutiva foi desperto há 15 anos, quando eu e meu marido passamos pelo diagnóstico pré-implantacional (DPI, que consiste na fertilização *in vitro* junto com uma etapa de triagem genética) na tentativa de ter um filho que não herdasse meu transtorno ósseo genético, denominado osteogênese imperfeita. Quando as decisões dolorosas exigidas por esse processo nos forçaram a lidar com as questões morais e teológicas levantadas pelas tecnologias reprodutivas, não encontramos muito auxílio nas obras cristãs sobre o assunto. Os especialistas e os teólogos teciam argumentos superficiais que não tinham muito a ver com os casos concretos de pessoas que enfrentam decisões reprodutivas em sua realidade conturbada.

Era justamente por essa realidade que eu estava passando. Eu amava minha filha de dois anos do jeito que ela era. Ela tinha herdado meu problema, e eu queria muito que ela não tivesse a doença dolorosa que, de muitas maneiras, fez dela quem ela é (e fez de mim quem eu sou também). Acredito que é um dos deveres fundamentais de um pai ou de uma mãe amar seu filho de forma incondicional, mas agora eu estava impondo uma condição sobre o nascimento do nosso segundo filho: que ele ou ela não tivesse a osteogênese imperfeita. Sofri muito com o modo como a tecnologia de triagem genética apoia a desvalorização cultural de pessoas com deficiência. Fiquei preocupada com a maneira como essa desvalorização poderia enfraquecer os avanços que as pessoas com deficiência alcançaram exigindo a igualdade de direitos e a inclusão social. Eu também entendia que a nossa opção pelo DPI poderia contribuir para esse retrocesso.

As questões morais e teológicas relacionadas com os assuntos reprodutivos, como o aborto, o diagnóstico pré-natal e as tecnologias reprodutivas, são bem amplas. Fazem parte delas a ética de testar, manipular e/ou destruir embriões humanos; como um nível nunca antes visto de escolha e controle sobre a reprodução pode desvalorizar ou tornar a vida humana uma mercadoria; as consequências, para as pessoas com alguma deficiência e para a nossa cultura, da exclusão de

168 ENGAJAMENTO CULTURAL

condições genéticas de deficiência física; e até que ponto se pode ir para aliviar o sofrimento – das mulheres que enfrentam a dificuldade prática de uma gravidez indesejada, dos filhos nascidos de pais que não têm recursos para cuidar deles de forma adequada, de casais que querem ser pais, mas não conseguem ter filhos, dos pais que descobrem que seu filho ainda não nascido tem uma anomalia grave, das pessoas com problemas genéticos que causam dor intensa, deficiência ou morte prematura e dos deficientes que sofrem mais com a exclusão e o preconceito do que com a sua condição física propriamente dita.

É bem difícil tratar essas questões. Essa dificuldade se deve ao fato de que a ciência e a lógica pura não são as ferramentas adequadas para lidar com esse, que é um dos empreendimentos humanos mais íntimos, fundamentais e carregados de emoção. Fora que as escolhas reprodutivas envolvem pelo menos dois seres humanos cujas melhores intenções nem sempre se alinham de forma clara e com cujo bem-estar no presente e no futuro estamos certos de nos preocupar. Além disso, a orientação bíblica que temos a respeito disso está longe de estabelecer um padrão, porque a Bíblia não nos diz se o aborto, o diagnóstico pré-natal, a fertilização *in vitro* ou o DPI estão certos ou errados.

Minhas ideias pessoais sobre o assunto são bem complexas, vão evoluindo cada vez mais e, acima de tudo, refletem a realidade prática da reprodução humana. Por exemplo, embora não ache que o aborto seja um ato moralmente neutro ou uma coisa boa, eu apoio o direito ao aborto. Por toda a história existiram casos em que a mulher teve uma gravidez indesejada e buscou maneiras de interromper essa gestação, geralmente com o ônus de colocar em risco a própria vida. Quando o aborto não é legalizado, o processo é bem perigoso, mas a mulher recorre a ele da mesma forma. Eu me importo com essas mulheres, bem como com as crianças que elas geram, como pessoas criadas à imagem de Deus. Acredito que o mandato cristão de cuidar "dos pequeninos" indica que temos o dever de providenciar uma rede de segurança sólida para a mulher e para a criança, incluindo assistência médica de qualidade, boas creches, boas condições de moradia, boas oportunidades econômicas e proteção da violência, lidando desse modo com algumas razões pelas quais a mulher opta pelo aborto. Nutro algumas preocupações morais e teológicas importantes quanto às tecnologias reprodutivas e genéticas, mas também reconheço que elas chegaram para ficar. Por esse motivo, meu trabalho nessa área se concentra em ajudar o cristão a fazer boas perguntas e ter conversas bem-informadas sobre as escolhas sem precedentes disponíveis para os pais em potencial.

Embora a Bíblia não traga instruções claras sobre o que fazer com relação às decisões reprodutivas, existem várias ideias bíblicas que abordam de forma direta nossa conversa sobre ética reprodutiva.

As histórias são importantes

A Bíblia não é um livro de regras; é uma história – a história do relacionamento de Deus com o seu povo, do esforço contínuo de Deus em nos chamar de volta para nossa identidade como filhos amados feitos à sua imagem e da demonstração que Deus nos faz de como é a vida de quem anda de acordo com essa identidade. Como todas as histórias que envolvem seres humanos, a história bíblica é cheia de complexidade, de detalhes, de incoerências e surpresas.

Toda vez que examinamos as questões reprodutivas sob o ponto de vista teológico, temos que nos envolver na história das pessoas, entendendo que essa complexidade, esses detalhes, essas incoerências e surpresas não só complicarão o nosso discurso, mas também o aprofundarão.

Isso não quer dizer que defendemos um relativismo superficial no qual cada indivíduo decide o que é melhor para a sua situação, sem considerar as realidades morais, teológicas ou comunitárias mais amplas, mas sim que Deus é um Deus pessoal para quem a história de cada um é importante, do mesmo modo que deve ser para nós. A história das pessoas é fundamental, principalmente quando falamos sobre a decisão de ter ou não ter filhos – uma das empreitadas mais íntimas e transformadoras da vida, que envolve o corpo, a mente e o espírito.

O primeiro e mais importante passo ao analisar a perspectiva cristã sobre as questões reprodutivas é ouvir, de forma atenta e prolongada, a história das pessoas que se encontram diante de decisões reprodutivas difíceis e complexas. Escute a história de mulheres que abortaram – das que se arrependeram desse aborto e das que acham que tomaram a decisão correta. Escute os pais que receberam um diagnóstico preocupante sobre o filho que ainda não nasceu. Empreste os ouvidos para aqueles que escolheram interromper a gravidez e para aqueles que decidiram mantê-la. Ouça quem passou por um ótimo processo de fertilização *in vitro* e quem não foi bem-sucedido nesse processo. Preste atenção na história de quem escolheu não tentar a reprodução assistida, daqueles que optaram pela adoção e daqueles que chegaram à conclusão de que Deus os estava chamando para algo diferente da paternidade. Escute a história de pais que perderam uma criança por causa de um problema genético

170 ENGAJAMENTO CULTURAL

e que depois recorreram ao diagnóstico genético pré-implantacional para ter outro filho que não tivesse o mesmo destino pela frente. Ouça pessoas como eu, que passam a vida inteira com um problema genético. Escute os pais que receberam conscientemente, voluntariamente e alegremente na sua família filhos com vários problemas genéticos por meio do nascimento ou da adoção.

Assim como na Bíblia, a história do povo de Deus serve como a fonte principal de sabedoria, orientação e perspectiva quando nos perguntamos como é assumir o tipo de vida que Deus nos criou para viver.

O corpo é importante

O cristianismo tende a espiritualizar demais as coisas, destacando ganhos espirituais intangíveis contra a realidade física concreta. As pessoas que passam por situações terríveis de sofrimento são encorajadas a ver o lado bom, porque com certeza sua mente e seu espírito estão sendo enriquecidos com sabedoria e entendimento durante essa dificuldade. Por exemplo, durante décadas depois de a anestesia ter sido descoberta, alguns religiosos cristãos se posicionavam contra o seu uso, acreditando que a grande dor física tinha sido enviada por Deus para fortalecer o espírito e/ou castigar as pessoas por seu pecado. Os teólogos medievais se esforçaram ao máximo para descrever o nascimento de Jesus sem se referir ao corpo de sua mãe e às realidades viscerais do parto.[1] Os cristãos geralmente tratam a sexualidade mais como uma tentação perigosa ou um incômodo do que como uma qualidade vital concedida por Deus ao ser humano.

Entretanto o cristianismo é uma fé material. Isso não quer dizer que ele é consumista (destacando a obtenção e o acúmulo de bens), mas simplesmente que se baseia no que é material. O primeiro ato de Deus na narrativa bíblica é criar algo a partir do nada. O ato final de salvação da parte de Deus é se fazer carne como alguém com um corpo que comeu, bebeu, sangrou e morreu. Comer e beber de forma concreta faz parte da cerimônia principal de adoração de muitos cristãos.

Quando falamos sobre a ética reprodutiva, temos que nos lembrar de que, no cristianismo, o mundo e o corpo material são importantes. O corpo de

---

1 Para saber mais sobre os conceitos teológicos sobre a dor e o alívio da dor, especialmente sobre o alívio da dor do parto, veja o livro de Melanie Thernstrom, *As crônicas da dor* (Rio de Janeiro: Objetiva, 2011) e o livro de Randi Hutter Epstein, *Get Me Out*: A History of Childbirth from the Garden of Eden to the Sperm Bank [Me tira daqui: uma história do parto, do jardim do Éden aos bancos de esperma] (Nova York: Norton, 2010). Rachel Marie Stone também aborda as perspectivas teológicas sobre as dores de parto e os relatos idealizados sobre o nascimento de Jesus, no livro *Birthing Hope*: Giving Fear to the Light [Gestando esperança: dando à luz o medo] (Downers Grove, EUA: IVP Press, 2018).

uma criança que cresce no ventre da mãe é importante, e o corpo dessa mãe – a maneira como ele cresce, se estica, dói e se desdobra no sustento dessa criança antes, durante e depois do nascimento – também é bem importante. A dor causada pela esterilidade e pelo aborto espontâneo é importante em seus vários aspectos, inclusive o físico. O corpo da pessoa que tem transtornos genéticos como o meu experimenta a dor, a deficiência, as dificuldades, além de conhecer a força, o contentamento e a alegria – e tudo isso é importante!

Assim como fazemos uma simplificação exagerada quando tomamos decisões sobre as questões reprodutivas sem considerar os casos de pessoas reais, caímos no mesmo erro quando não levamos em conta a realidade milagrosa e dolorosa do corpo humano que carrega um bebê.

A comunidade é importante

Em primeiro lugar, a história bíblica fala de relacionamentos – entre Deus e seu povo e entre pessoas de formação diferente – e do poder transformador do amor, como foi resumido nos dois grandes mandamentos: o de amar a Deus e o de amar ao próximo. As questões morais urgentes sobre as decisões reprodutivas não serão respondidas por debates facciosos que depreciam "o outro lado". A resposta vem do amor.

Por fim, o que acabou ajudando o meu marido e eu a descobrirmos o que fazer quanto ao nosso dilema de ter filhos foi o amor da nossa comunidade. Tivemos uma conversa aberta e honesta com pessoas que se importavam conosco. Algumas dessas pessoas tinham uma opinião clara sobre as implicações éticas do DPI, mas, ao mesmo tempo que demonstravam sua franqueza quanto àquilo em que acreditavam, também estavam dispostas a ouvir, considerar perspectivas com as quais não concordavam e responder com amor, sem julgamento, no momento em que tomamos decisões que elas mesmas não teriam tomado. Quando me perguntam que conselho eu daria para as pessoas que estão na posição em que eu me encontrava, de ter de tomar uma tensa decisão reprodutiva, sempre bato na mesma tecla: separe algum tempo – se possível antes da primeira consulta na clínica, ou com o médico, ou com o aconselhador genético – para discutir as decisões com as pessoas em quem você confia dentro da sua comunidade. Leia ou escute a história de outras pessoas que passaram por situações parecidas. Conte a sua própria história, mesmo que precise contá-la várias vezes, para as pessoas que você confia que escutarão de maneira amistosa.

172 ENGAJAMENTO CULTURAL

Como o poeta Wendell Berry escreveu para os pais: "Não existe caminho fácil".[2] A minha batalha pessoal diante das complicadas decisões sobre a reprodução foi difícil, tanto quanto a minha vida com uma doença repleta de dor e limitações e a demonstração de amor pela minha filha durante dias de agonia e desespero causados por sua experiência com o mesmo problema. Por fim, eu e meu marido fizemos um ciclo de diagnóstico genético pré-implantacional que não deu certo, e decidimos não fazer mais nenhum. Acabamos gerando e concebendo mais dois filhos, um menino e uma menina, e nenhum deles tem osteogênese imperfeita. Amá-los durante seus dias de sofrimento e desespero também é difícil – ninguém tem uma vida sem dor.

Será que eu e meu marido erramos em tentar o DPI? Estávamos certos ou errados quando o descartamos? Simplesmente não sei. A nossa história só se aplica a nós mesmos. Ao vivenciá-la, ampliei o meu entendimento sobre a deficiência, as limitações, a capacidade de escolha, o sofrimento e o legado que deixamos para nossos filhos, mas não consegui chegar a uma conclusão firme a respeito da possibilidade de as tecnologias reprodutivas, como a fertilização *in vitro* e o DPI, serem aceitas pelos cristãos em algumas situações, e não em outras. Essa é a razão pela qual encerro este capítulo sem dar ao leitor a resposta "certa" às várias questões éticas e teológicas sobre a reprodução humana. Tenho minhas opiniões, mas elas continuam a mudar e a se desenvolver à medida que ouço histórias novas e participo de novas conversas. Chegar a um simples denominador comum é impossível (existem muitas respostas com base na Bíblia, na história da Igreja, na compaixão e na lógica) e menos importante do que fazer boas perguntas, ouvir bem as histórias das pessoas e promover um diálogo generoso e compassivo.

Ellen Painter Dollar escreve sobre deficiência, ética e fé na imprensa e na internet, e é autora do livro *No Easy Choice: A Story of Disability, Parenthood and Faith in an Age of Advanced Reproduction* [Não há escolha fácil: uma história de deficiência, paternidade e fé na era da reprodução avançada] (Louisville, EUA: Westminster John Know, 2012). Atualmente ela dirige o escritório de uma igreja anglicana em Connecticut, nos Estados Unidos.

---

2   Wendell Berry, "The Way of Pain", em *The Selected Poems of Wendell Berry* [Poemas selecionados de Wendell Berry] (Berkeley, EUA: Counterpoint, 1999), p. 113.

PRÓ-VIDA NA TEORIA E NA PRÁTICA

Karen Swallow Prior

Em 2015, um andarilho chamado Robert Lewis Dear matou três pessoas durante um tiroteio nas propriedades da Federação da Paternidade Planejada da América em Colorado Springs, no Estado norte-americano do Colorado. Na época, não ficou claro se os ataques de Dear haviam sido motivados pela oposição ao aborto (ou algo além de um "transtorno mental" que lhe foi atribuído em uma reportagem), mas fontes não identificadas disseram à NBC News que seus gritos aos policiais incluíam a frase: "Parem de vender pedaços de bebês", referindo-se ao vazamento de um vídeo secreto de vendas de tecido fetal por parte dessa organização. Por fim, Dear foi declarado inimputável e enviado a um hospital de saúde mental do Estado.

Esse incidente, como outros atos ocasionais de violência contra clínicas de aborto e médicos que realizam o procedimento, levanta a questão sempre presente sobre o papel da retórica no debate nacional sobre o aborto nos dias de hoje. Alguns ativistas e políticos usam esses acontecimentos para culpar a linguagem da oposição ao aborto – que tem uma história bem longa – por esse ato recente de violência.

O então governador do Colorado, John Hickenlooper, disse que o tiroteio poderia ter sido causado pela "retórica inflamatória que vemos em todos os níveis".[1] Ele fez um apelo para que todos aqueles que debatem o aborto "suavizassem a retórica".[2] O CEO da Federação nas Montanhas Rochosas afirmou que "os extremistas estão criando um ambiente venenoso que alimenta o terrorismo dentro do nosso país".[3] De lados opostos da política, os candidatos à

---

1   "Comments for: Colorado governor urges toned-down abortion debate after rampage", *BDN*. Disponível em: https://bangordailynews.com/2015/11/29/news/nation/colorado-governor-urges-toned-down-abortion-debate-after-rampage/comments/. Acesso em: 28 abr. 2020.

2   "Colorado Springs Shootings: Calls to Cool Abortion Debate", *BBC*, 29 de novembro de 2015. Disponível em: http://www.bbc.com/news/world-us-canada-34958284. Acesso em: 28 abr. 2020.

3   Sabrina Siddiqui, "Republicans Reject Link between Anti-Abortion Rhetoric and Colorado Shooting", *The Guardian*, 29 de novembro de 2015. Disponível em: http://www.theguardian.com/us-news/2015/nov/29/colorado-springs-shooting-planned-parenthood-mike-huckabee. Acesso em: 28 abr. 2020.

174 ENGAJAMENTO CULTURAL

presidência Bernie Sanders e Ben Carson atribuíram uma parcela de culpa à "retórica amarga"[4] e ao "discurso de ódio",[5] respectivamente.

Seria fácil ignorar essas acusações – palavras não são ações. Mas, na verdade, os cristãos devem reconhecer o poder das palavras para o bem ou para o mal: "A língua tem poder sobre a vida e sobre a morte; os que gostam de usá-la comerão do seu fruto" (Provérbios 18:21). Uma passagem anterior de Provérbios nos diz: "Há palavras que ferem como espada, mas a língua dos sábios traz a cura" (Provérbios 12:18). Chamar o aborto do que ele é promoverá o bem, mas fazê-lo sem amor trará prejuízo.

Criar uma mobilização para que o Estado deixe de financiar a Federação da Paternidade Planejada não é uma retórica inflamatória, mas sim engajamento político. Publicar vídeos que retratam as palavras e as ações que depõem contra os oficiais dessa federação não é coisa da imprensa marrom, mas sim de reportagem investigativa. Referir-se aos que dão acesso ao aborto como "monstros devoradores", aos voluntários das clínicas como "defensores da morte" ou "sanguinários" e às mulheres que obtêm abortos como "assassinas" é pior do que provocar, chega a ser anticristão. Chamar o aborto legalizado de "assassinato", quando na verdade ele não é classificado assim (para nossa vergonha, isso é amparado pela lei), é faltar com a verdade, pelo menos no contexto civil (não da Igreja).

Um esclarecimento: não renuncio à minha crença de que o aborto consiste em assassinato, de acordo com a lei de Deus, apesar da sua definição atual no Código Civil norte-americano, e à minha crença de que Deus abomina o derramamento de sangue de inocentes. Nos meus 17 anos como voluntária em centros de gravidez em crise e dez anos oferecendo ajuda para mulheres do lado de fora de clínicas de aborto, fui treinada a não usar a palavra "assassinato" ao tentar convencê-las a escolher a vida. Continuo acreditando que esse é um conselho sábio, além de continuar trabalhando no sentido de que um dia nosso Código Civil se alinhe com a lei de Deus com relação ao aborto.

---

4 Jason Easley, "Bernie Sanders Calls Planned Parenthood Shooting a Consequence of Republican Rhetoric", *Politicus USA*, 28 de novembro de 2015. Disponível em: http://www.politicususa.com/2015/11/28/bernie-sanders-calls-planned-parenthood-shooting-consequence-republican--rhetoric.html. Acesso em: 28 abr. 2020;

5 Marcy Kreiter, "Planned Parenthood Shooting: Ben Carson Calls Abortion Debate 'Hateful Speech'; Candidates Differ on Whether Rhetoric Triggered Friday Incident", *IBT*. Disponível em: http://www.ibtimes.com/planned-parenthood-shooting-ben-carson-calls-abortion-debate-hateful-speech-2203177. Acesso em: 28 abr. 2020.

A vida humana e a tecnologia reprodutiva **175**

O propósito da comunicação (sua razão de ser concedida por Deus) é revelar a verdade eterna e infalível. Ela não precisa das muletas do exagero ou da distorção de palavras fracas. A verdade sobre o aborto não precisa de excessos nem de enfeites. Pelo contrário, aqueles que auxiliam essa prática é que são forçados a disfarçar a verdade com encantos. A dor que o aborto causa nas mulheres, nas crianças e na sociedade pode ser comunicada com palavras simples.

No entanto, para aqueles que negam a realidade do aborto, até mesmo a verdade simples incomoda. Logo, não se pode atribuir somente à linguagem provocativa os ataques contra as clínicas de aborto. (Na verdade, de acordo com os números de um relatório da Liga Nacional Americana Pró-Escolha em Defesa do Direito ao Aborto, a violência cometida contra os serviços de aborto era maior nos anos de 1990, antes das mídias sociais. É totalmente possível que a válvula de escape que as redes sociais proporcionam para a comunicação das divergências tenha ajudado a diminuir a violência nas clínicas.) Também não é o caso de pedir desculpas por falar a verdade de forma simples com amor. De fato, não existe verdade sem amor.

Mesmo assim, a linguagem humana tem os seus limites. O quebrantamento humano se mostra na imperfeição das nossas palavras, que são geralmente inadequadas, mal escolhidas ou mal-entendidas. "É que a palavra humana", escreve Gustave Flaubert, "é como um caldeirão rachado em que se batem melodias para fazer dançar os ursos, quando o que se pretendia era enternecer as estrelas."[6] Especialmente em situações tão delicadas quanto a gravidez em crise e a necessidade de proporcionar roupa, alimentação e amor às crianças, é importante proferir as melhores palavras que pudermos, bem como optar pelas melhores atitudes. Quando vidas humanas estão em risco, nossas palavras não devem se dirigir aos ursos, mas sim aos céus.

Pense nas palavras que Jesus usou (e nas que deixou de usar) durante seu diálogo com a mulher samaritana no poço, registrado em João 4. Quando a mulher diz a Jesus que não tem marido, Jesus responde que sabe que ela teve cinco maridos e que o homem com o qual está não é seu marido. Jesus indica de forma verdadeira o seu pecado, mas não a xinga com base nesse pecado. Ele não a chama de "adúltera" nem de "fornicária", e dá o exemplo de denúncia do pecado como ele é, sem identificar a pessoa com esse pecado nem fazer dele um rótulo.

---

6   Gustave Flaubert, *Madame Bovary* (Portugal: Publicações Europa-América, 2000), p. 197.

176 ENGAJAMENTO CULTURAL

No momento em que afirmamos a verdade de que o aborto interrompe uma vida humana preciosa, não podemos fazer nem apoiar o mal – com palavras ou ações erradas – para alcançar o bem. Devemos buscar o bem à maneira de Deus: "Há caminho que parece certo ao homem, mas no final conduz à morte" (Provérbios 14:12). Esse é o nosso dever para com Deus e para com a nossa sociedade. Não como Bernie Sanders disse, por causa das "consequências irrefletidas" dessa linguagem, mas porque as Escrituras ensinam que as palavras moderadas são intrinsecamente boas: "O coração do sábio ensina a sua boca, e os seus lábios promovem a instrução. As palavras agradáveis são como um favo de mel, são doces para a alma e trazem cura para os ossos" (Provérbios 16:23-24).

Se somos conhecidos por esse linguajar – e pelas obras que combinam com ele –, não precisamos nos desdobrar para nos afastar dos Robert Lewis Dears do mundo em uma postura defensiva, e, mesmo quando os nossos inimigos nos difamarem, já estaremos prontos a reagir com amor. Os cristãos têm o poder, pela Palavra perfeita e pelas nossas palavras imperfeitas, porém cuidadosas, de trazer cura em vez de mágoas.

Este texto foi adaptado de um artigo que apareceu pela primeira vez no site *ChristianityToday.com* em 1º de dezembro de 2015. Reproduzido com a permissão do *Christianity Today*, Carol Stream, IL 60188, Estados Unidos. O título original era "Loving Our Pro-Choice Neighbors in Words and Deed".

Karen Swallow Prior é uma premiada professora de inglês da Liberty University. Ela obteve seu doutorado em inglês na Universidade Estadual de Nova York em Buffalo. Karen já escreveu para *The Atlantic, Christianity Today, The Washington Post, Vox, First Things, Sojourners, Think Christian* e outros veículos. É associada sênior do Trinity Forum, pesquisadora da Comissão de Ética e Liberdade Religiosa da Convenção Batista do Sul, associada sênior do Centro de Apologética e Engajamento Cultural da Liberty University e membro do Conselho Deliberativo da Humane Society dos Estados Unidos.

ABORTO É ASSASSINATO
QUESTÕES SOBRE A RETÓRICA E A REALIDADE

Kenneth Magnuson

Pensadores como Karen Swallow Prior escrevem que se referir a "mulheres que obtêm abortos como 'assassinas' é pior do que provocar, chega a ser anticristão".[1] Prior não encoraja os cristãos a abandonar sua oposição ao aborto. Em vez disso, ela afirma que falar a verdade em amor inclui e exige essa oposição. Entretanto, alguns ativistas pró-vida criticaram sua abordagem, pelo simples motivo de argumentarem que aborto é assassinato, portanto contar a verdade em amor exige também que o identifiquemos dessa maneira.

Como devemos responder a isso? Para começar, parece que parte da crítica não entende a exortação de Prior. Ela não nega o horror do aborto. Na verdade, ela afirma que "vidas humanas estão em risco", que "o aborto interrompe uma vida humana preciosa" e até que, "segundo a lei de Deus, aborto é assassinato". Entretanto, o foco principal de seu artigo está em como os cristãos devem abordar seus vizinhos que são a favor do aborto, inclusive mulheres que estão pensando em abortar, de um modo que revele a verdade, transforme o coração e a mente e salve vidas.

O ensaio de Prior levanta questões fundamentais. A primeira é que nossas palavras e nosso tom são importantes. O que dizemos e a maneira como dizemos comunicam nossas ideias sobre a verdade, bem como o nosso interesse pelas pessoas, quando buscamos abordar nossos vizinhos e falar em favor dos bebês que ainda não nasceram. Nossas palavras e nosso tom de voz podem amolecer ou endurecer os corações, convencer ou afastar, ser percebidos como uma manifestação de amor ou de ódio. Devemos procurar convencer nossos adversários com palavras persuasivas e verdadeiras ditas em amor, porque a verdade revela e esclarece. Parte dessa verdade é que o aborto "interrompe uma vida humana preciosa", razão pela qual muitos insistem em chamá-lo de "assassinato" e alguns reagiram de forma veemente contra a exortação de Prior.

---

1 O ensaio original de Karen Swallow Prior foi veiculado no site do *Christianity Today* em dezembro de 2015 com o título "Loving Our Pro-Choice Neighbors in Word and Deed". Disponível em: http://www.christianitytoday.com/women/2015/december/loving-our-pro-choice-neighbors-in-word-and-d-deed.html. Acesso em: 28 abr. 2020.

178 ENGAJAMENTO CULTURAL

Vale a pena examinar esse ponto controverso, mas, enquanto fazemos isso, devemos reconhecer que o modo como falamos uns sobre os outros e conversamos entre nós, como defensores a favor daqueles que ainda não nasceram, também é importante. Nos pontos de discordância, devemos buscar clareza e entendimento com gentileza e boa vontade.

Em segundo lugar, o contexto também é importante. A exortação de Prior surgiu de anos de trabalho voluntário nos centros de gravidez em crise e promovendo aconselhamento na frente de clínicas de aborto. Ela sugere que chamar aborto de "assassinato" nesse contexto é contraproducente e inadequado. Devemos ouvir aqueles que se colocam na linha de frente da questão do aborto. Existe um modo correto para falar com uma mulher em situação difícil, e outro para lidar com os vizinhos que enunciam argumentos a favor do aborto, e ainda outro para aqueles que prestam serviços de aborto e exibem uma indiferença grotesca para com a vida dos bebês que ainda não nasceram. Jesus declarou a verdade em amor. Nas situações em que ele abordou a mulher samaritana (João 4) e a mulher apanhada em adultério (João 8), por exemplo, foi gentil, mas direto, sem suavizar o pecado. Em outros momentos, ele podia ser duro no confronto, como foi com os escribas e fariseus em Mateus 23, chamando-os de "hipócritas", "guias cegos", "serpentes" e "raça de víboras". Portanto, poderíamos questionar se é "anticristão" (pelo menos às vezes) o confronto com palavras duras com aqueles que apoiam e se beneficiam do aborto.

A terceira questão é que as definições são importantes, e isso nos traz ao ponto central dessa controvérsia. Será que Prior está certa em dizer que não devemos chamar o aborto de "assassinato"? Por um lado, dado o contexto jurídico e cultural do debate, pode ser confuso, improdutivo e polarizador chamar o aborto de "assassinato". Podemos, com toda a razão, ter nossa convicção de que, moralmente falando, o aborto é assassinato, porque se trata de causar a morte de um ser humano inocente de forma intencional e premeditada. Entretanto, a lei norte-americana diz que o aborto não constitui assassinato. Mesmo estando errada, a lei nos ensina, e o enquadramento jurídico do aborto afeta o modo como as pessoas em nossa cultura o entendem e a maneira como elas reagem diante daqueles que dizem que essa prática é assassinato.

Ao mesmo tempo, dizer a verdade nos leva a desafiar as definições legais que a escondem. Na afirmação mais controversa do ensaio de Prior, ela afirma: "Chamar o aborto legalizado de '*assassinato*' quando na verdade ele não é classificado assim (para nossa vergonha, isso é amparado pela lei) é faltar com a verdade, pelo menos no contexto civil (não da Igreja)". Nessa parte, ela aceita a definição de "assassinato" como uma morte provocada ilegalmente, mas essa afirmação pode induzir ao erro, além de fazer concessões demais. As suas aspas, o seu destaque, os seus comentários em parênteses e o fato de ela ter em vista mulheres com uma gravidez em crise se enquadram na sua afirmação de que não devemos chamar o aborto de "assassinato". Prior acredita que é desnecessário, para não dizer inútil, fazer essa classificação, porque tem certeza de que a verdade explica a si mesma e de que "a verdade sobre o aborto não precisa de excessos nem de enfeites". De fato, ela diz: "a verdade simples incomoda". Mas se, de acordo com a lei de Deus, o aborto é um caso de assassinato, então chamá-lo de assassinato não é dizer o que "não é verdade", nem é um exagero ou enfeite da verdade. Pelo contrário, é a verdade simples que incomoda.

Se o aborto é considerado assassinato aos olhos de Deus, como podemos refletir da melhor maneira essa verdade moral em nosso discurso? Talvez seja melhor falar de um jeito mais gentil quando abordamos e buscamos ministrar às mulheres que já passaram por um aborto ou desejam abortar. No entanto, no debate mais amplo, devemos pelo menos afirmar que é a lei que falta com a verdade, porque, para legalizar essa prática, declara que o aborto não é assassinato, mas é sim.

Quando a lei civil esconde a verdade, ela não deve nos impedir de falar a verdade, pelo menos como uma voz profética. Segundo o raciocínio de Prior, embora ela não declare isso em palavras, não deveríamos chamar o feto de "ser vivo" e "totalmente humano", já que as leis sobre o aborto negam que seja assim! (No entanto, nossas leis destacam um importante ponto contraditório, porque as leis sobre o homicídio intrauterino consideram o feto um ser humano vivo, já que matá-lo é tratado não somente como um erro, mas como um homicídio injustificado. A lei permite o aborto, mas proíbe o homicídio intrauterino, com base apenas na vontade da mãe, não no estado do ser humano que é morto. Isso fere a lógica moral e jurídica.)

Na década de 1980, o programa de horário nobre na CNN chamado *Crossfire* promoveu debates entre os apresentadores Pat Buchanan, conservador, e Michael Kinsley, liberal. Kinsley sempre desafiava os ativistas pró-vida, perguntando se eles achavam que o aborto é assassinato, já que consideravam o bebê que ainda não nasceu como completamente humano. Ao forçá-los a reconhecer a conclusão lógica de sua visão sobre os nascituros, ele tinha a intenção de colocá-los em um dilema e desafiar sua credibilidade, mas tam-

180 ENGAJAMENTO CULTURAL

bém admitia um princípio importante: se o bebê que ainda não nasceu for considerado totalmente humano, então o aborto necessariamente passa a ser uma forma de assassinato.

Os pais da Igreja Primitiva condenavam o aborto como a morte provocada de um ser humano, e alguns o identificavam como assassinato (por exemplo, o Didaquê, Atenágoras, Clemente de Alexandria, Tertuliano, Marcos Minúcio Félix, Hipólito e Cipriano).[2] O teólogo e especialista ético Dietrich Bonhoeffer usa uma linguagem simples e profética sobre o aborto. Ele escreve: "Matar o fruto no ventre da mãe é ferir o direito à vida que Deus concedeu àquele ser em desenvolvimento. Discutir o fato de se tratar realmente de um ser humano somente pretende confundir o fato simples de que, em todo caso, Deus quer criar um ser humano e que a vida desse ser humano em desenvolvimento foi tirada de forma proposital. Portanto, isso realmente se trata de um assassinato".[3] Ele acrescenta que não podemos esconder essa verdade, que a mulher sente esse peso e que a sociedade também carrega boa parte da culpa. Ele reconhece que há muitos fatores que levam ao aborto, mas nada muda o fato de que é um assassinato.

No contexto certo, não devemos fugir desse fato.

A versão original deste artigo apareceu primeiramente na internet, no site da Comissão de Ética e Liberdade Religiosa, em dezembro de 2015, e é intitulada "Is Abortion Murder? Rhetoric in the Abortion Debate".

Ken Magnuson é professor de ética cristã do Seminário do Sul em Louisville, Kentucky, nos Estados Unidos, onde também trabalha como diretor do Projeto Público sobre Fé, Trabalho e Prosperidade Humana. Ele obteve seu doutorado em ética teológica na Universidade de Cambridge, na Inglaterra. No momento, Magnuson está escrevendo uma introdução à ética cristã.

---

2   Para uma consulta rápida, veja David W. Bercot, ed., *A Dictionary of Early Christian Beliefs* [Dicionário de crenças cristãs primitivas] (Peabody, EUA: Hendrickson, 1998), p. 2-3.

3   Dietrich Bonhoeffer, *Ética* (São Leopoldo, RS: Editora Sinodal).

PERGUNTAS PARA DISCUSSÃO

1. Em seu artigo, Charles Camosy descreve em detalhes bem específicos as "estruturas sociais" do consumismo que contribuem para a questão "moralmente problemática" da fertilização *in vitro*. Será que existe espaço em seu pensamento para encaixar o argumento convincente de Dollar a respeito de que "as histórias são importantes", e complicar ainda mais a questão, ou seguir a posição de Camosy nega a afirmação de Dollar?

2. O casal Bell admite que a questão sobre o que fazer com os embriões extras criados pela fertilização *in vitro* é bem "desafiadora". Como alguém que segue a tradição de Lahl ou de Camosy responderia à decisão final do casal Bell de simplesmente confiar na soberania de Deus nessa parte de sua história?

3. Em cada um desses artigos, os autores começam sua apresentação com definições prontas para muitas coisas, como: o que quer dizer "autor da vida", quando a vida começa de fato (na concepção, na implantação ou posteriormente), o que faz com que um ato seja considerado "assassinato" e o que realmente quer dizer "brincar de Deus". Especifique como cada autor define cada uma dessas ideias e explique como o raciocínio de cada um influencia sua interpretação da ciência e da Bíblia.

4. Prior afirma em sua exortação a favor de uma linguagem compassiva por parte da comunidade pró-vida que é incorreto chamar o aborto de "assassinato", porque nosso sistema judiciário não o classifica dessa maneira. Em seu artigo, Magnuson reconhece a necessidade de uma retórica compassiva, ainda que discorde de Prior, dizendo que chamar o aborto de "assassinato" não é um modo duro de falar, mas é simplesmente a verdade a respeito do assunto. Como esses dois autores definem a palavra "assassinato" e como um interagiria com a definição do outro?

5. Em seu artigo, Dollar declara que a Bíblia não é prescritiva no que tange à tecnologia reprodutiva, inclusive à fertilização *in vitro* e ao aborto. Como Lahl e Magnuson podem dialogar com essas afirmações?

6. De que modo o artigo do casal Bell exemplifica a afirmação de Dollar de que "as histórias são importantes"? Como o caráter pessoal do artigo deles contribui com o debate?

182 ENGAJAMENTO CULTURAL

7. O casal Bell afirma que a fertilização *in vitro* simplesmente aumenta as chances de "um embrião ser viável dentro do ventre da mãe" sem " literalmente criar vida". Lahl, por outro lado, declara que as tecnologias como essa fertilização transformam o ato de procriação de "geração" em "manufatura" e são uma transgressão ética. Quais são as premissas por trás de cada um desses argumentos, e em que eles são diferentes?

8. Mesmo discordando sobre alguns pontos da apresentação cristã em favor da vida e da sua postura com relação ao aborto, tanto Prior quanto Magnuson concordam que, de acordo com a vontade de Deus, o aborto consiste na interrupção de uma vida humana. Como alguém que adota a posição de Dollar, especialmente tendo em vista dois de seus princípios – de que as histórias e o corpo são importantes – , pode dialogar com a postura de Prior e de Magnuson?

9. Camosy traça uma descrição detalhada da corrupção e da exploração que foram criadas no mundo em torno da fertilização *in vitro*, especialmente com relação à venda e à cotação dos gametas (óvulos e espermatozoides). No entanto, em seu artigo o casal Bell pergunta se os cristãos são forçados a fugir das tecnologias só pelo fato de elas serem passíveis de exploração. Como esses argumentos podem ser levados em conta um contra o outro?

10. Magnuson responde ao artigo de Prior e diz que evitar o uso da palavra "assassinato" quando se conversa com mulheres pensando em abortar pode ser uma prática mais compassiva, mas, no "debate mais amplo", evitar esse termo é abandonar nossa responsabilidade como cristãos. Será que se foge a alguma responsabilidade se o termo é evitado, como sugerem Magnuson e Prior, com mulheres que estão refletindo sobre a hipótese ou já passaram por algum aborto?

Capítulo 7

IMIGRAÇÃO E RAÇA

Contemplamos no texto de Apocalipse 7:9 um retrato do Reino futuro cheio de glória, que consiste em "uma grande multidão que ninguém podia contar, de todas as nações, tribos, povos e línguas". Essa visão escatológica de uma população caracterizada pela diversidade unida por uma devoção comum a Deus é básica para entender o caráter bondoso da diversidade humana. Na visão de João a respeito do Reino futuro, usa-se com frequência uma simbologia que leva quem ouve de volta à narrativa das origens nos capítulos 1 e 2 de Gênesis. No entanto, é curioso observar que, ao contrário da visão apocalíptica de João, nos dois capítulos iniciais da Bíblia a única diferença explícita entre os seres humanos é o sexo, masculino ou feminino. Ainda assim, essa diferenciação única claramente não era a palavra final de Deus sobre a diversidade dentro da raça humana. A pluralidade e a unidade, que também são encontradas no Deus trino, são características da ordem criada por ele. O começo e o fim da narrativa bíblica, enquanto apoiam a diversidade, nos mostram que as lutas raciais e a discriminação étnica se originam diretamente do pecado do homem. Além disso, a primeira e a última cenas das Escrituras prometem que o *shalom* que está presente em Gênesis 1 e 2 levará ao ponto culminante da união da humanidade ao redor do trono de Deus na era vindoura.

No entanto, no que tange às concepções modernas de "raça", os especialistas concluem que "nenhum conceito equivalente ao de 'raça' pode ser encontrado no pensamento grego, romano ou cristão primitivo".[1] Isso não quer dizer que a xenofobia, o preconceito, a escravidão e a opressão não existiam no mundo antigo, mas que o racismo como o entendemos hoje não era uma categoria do pensamento antigo. Na verdade, a raça era um conceito bem fluido nas civili-

---

1 George M. Fredrickson, *Racism*: A Short History [Racismo: uma breve história] (Princeton, EUA: Princeton University Press, 2002), p. 17.

184 ENGAJAMENTO CULTURAL

zações greco-romanas e no cristianismo primitivo. Ela podia ser definida por características como religião e outras práticas culturais, mas não era determinada completamente pela etnia. Outros fatores, como o parentesco, eram também determinantes para identificar alguém como grego ou romano.[2]

Entretanto, com a Idade Moderna e a ascensão do poder político europeu veio a expansão da exploração global e das oportunidades de aproveitamento de terras e pessoas de outros países. Embora a escravidão sempre tenha existido no decorrer da história – nem sempre ou mesmo frequentemente com base nas diferenças de raça –, o tráfico moderno de escravos se baseava nas ideologias racistas que estavam se desenvolvendo (como a afirmação de que as diferenças raciais eram sinais de inferioridade ou superioridade) para apoiá-lo e defendê-lo, mesmo entre as pessoas que fazem parte da Igreja. Com interpretações inusitadas, a Bíblia foi usada pelos cristãos para defender a escravidão e a supremacia branca. Por exemplo: "A interpretação de Números 12:1 que vê Miriã e Arão reprovando os afrodescendentes é fruto de premissas projetadas na Bíblia. O exame das fontes bíblicas sem o prisma distorcido da história pós-bíblica não traz essa leitura do texto. Não há provas de que a Israel bíblica visse os africanos negros de forma negativa".[3] Essas ideologias e pressupostos persistem bem depois da abolição do tráfico de escravos.

Apesar da apologia da escravidão efetuada por muitos cristãos (e da participação de muitos nela), outros cristãos ao longo dos séculos 18 e 19 lideraram a oposição a esse tráfico: os quacres, os anglicanos e os evangélicos, como William Wilberforce e Hannah More. Os abolicionistas na Grã-Bretanha adotaram uma abordagem gradativa para acabar com o tráfico humano. Essa abordagem foi restringindo esse comércio com leis cada vez mais abrangentes, evitando que acontecesse uma guerra civil semelhante à que ocorreu nos Estados Unidos algumas décadas depois do encerramento do tráfico na Inglaterra. Será que os resquícios de racismo que permanecem até hoje nos Estados Unidos são causados pelo menos em parte pelos efeitos colaterais da divisão da nação causada pela guerra civil, sem que se buscasse uma abordagem gradativa e democrática que convencesse a todos (ou a maioria)?

---

2 Denise Kimber Buell, *Why This New Race*: Ethnic Reasoning in Early Christianity [Por que essa nova raça: o raciocínio étnico no cristianismo primitivo] (Chichester, EUA: Columbia University Press, 2008), p. 40-43.

3 David M. Goldenberg, *The Curse of Ham*: Race and Slavery in Early Judaism, Christianity, and Islam [A maldição de Cam: raça e escravidão no judaísmo, no cristianismo e no islamismo primitivos] (Princeton, EUA: Princeton University Press, 2003), p. 28.

Imigração e raça **185**

O tratamento dos afrodescendentes depois da Guerra Civil Americana não levou a uma liberdade maior, mas a anos de sujeição à intolerância e à opressão. Nos estados do Sul, surgiu um novo tipo de servidão que se desenvolveu por um esquema de arrendamento de presos, em que cada sistema prisional fornecia detentos negros para os latifundiários a título de trabalhos forçados. A simples custódia e prisão de afro-americanos por crimes pequenos criou uma fonte imediata de mão de obra barata.[4] Além disso, as leis de Jim Crow segregaram os brancos e os negros do final do século 19 até a era dos direitos civis da década de 1960. Muitos dos afro-americanos dos dias de hoje já passaram por grandes injustiças, desmentindo a afirmativa de alguns de que o racismo é "coisa do passado". Pelo contrário, os efeitos de séculos de opressão e racismo não desapareceram em uma ou duas gerações. O racismo sistemático que faz parte de qualquer nação fundada com base no trabalho escravo e em uma declaração de igualdade para todos da qual nem todos fazem parte é bem mais complexo e difícil de identificar do que as atitudes e ações racistas praticadas individualmente ou as iniciativas codificadas pelo Direito. Durante a Segunda Guerra Mundial, o racismo em escala nacional foi institucionalizado mais uma vez, com a detenção de norte--americanos de ascendência japonesa em campos de prisioneiros em seu próprio país. Até mesmo naquela época, a maior parte da Igreja manteve-se em silêncio.[5]

A falta de capacidade ou mesmo de disposição da raça majoritária de reconhecer os efeitos indiretos (além dos diretos) do racismo estrutural tem gerado nos últimos anos um conflito cada vez maior a respeito das questões raciais. Esse conflito se manifesta mais recentemente no movimento Black Lives Matter (Vidas Negras Importam) e nos debates sobre as políticas de imigração. Tais políticas, do mesmo modo que o racismo, foram historicamente atreladas às necessidades (reais ou percebidas) da força de trabalho norte-americana.[6] Além disso, a ascensão da globalização e do terrorismo doméstico desencadeou o surgimento de contramovimentos em favor do nacionalismo e da segurança nas fronteiras. A estatística amplamente divulgada que mostra que 81% dos evangélicos brancos votaram no candidato que abordava essas questões na

---

4   "Bodies of 95 black prisoners forced into labor in 1800s found in Texas", *AL*, 28 de julho de 2018. Disponível em: https://www.al.com/news/index.ssf/2018/07/bodies_of_95_black_prisoners_f.html. Acesso em: 28 abr. 2020.

5   Mark A. Noll, *A History of Christianity in the United States and Canada* [História do cristianismo nos Estados Unidos e Canadá] (Grand Rapids, EUA: Eerdmans, 1992), p. 442.

6   M. Daniel Carroll R., *Christians at the Border*: Immigration, the Church, and the Bible [Cristãos na fronteira: a imigração, a Igreja e a Bíblia], 2ª ed. (Grand Rapids, EUA: Brazos, 2013), p. 9-12.

186 ENGAJAMENTO CULTURAL

eleição de 2016 causou uma crise de identidade dentro do meio evangélico dos Estados Unidos e na Igreja em geral.

Infelizmente, a história da Igreja branca norte-americana é marcada por um silêncio excessivo na maior parte do tempo. Ainda assim, de modo irônico, a fé cristã daqueles que vieram para cá como escravos ou refugiados está renovando e reavivando a Igreja da costa leste à costa oeste. Mark Noll diz que "o triunfo da história afro-americana passa pelo crescimento do evangelho nas comunidades negras". "Para os afro-americanos, o cristianismo trouxe consolo, firmeza e até poder, para espanto dos representantes da sociedade dominante, que esperavam que ele só aumentasse a sua passividade, complacência e subserviência."[7] Muitos imigrantes trazem a fé cristã na bagagem. As crenças dos imigrantes da América Latina variam desde o catolicismo ao pentecostalismo ou à fé batista. Algumas igrejas foram plantadas nos Estados Unidos por igrejas latino-americanas.[8] Embora ainda sejam verdade as famosas palavras do rev. dr. Martin Luther King Jr., de que o domingo é "o momento mais segregacionista" da semana nos Estados Unidos, percebe-se uma promessa de mudança no relacionamento entre as raças, e, pela graça de Deus, de melhora enquanto a Igreja continua a tratar as velhas mágoas inflamadas e a receber a cura que só acontece por meio do arrependimento e da reconciliação.

Esta seção começa com um artigo de Walter Strickland II explicando as duas formas de racismo que geralmente ocorrem e afirmando que ambas precisam ser abordadas com seriedade para que a cura e a reconciliação aconteçam. Em seguida, Lisa Fields afirma que os evangélicos norte-americanos negligenciaram a proclamação e a demonstração de toda a mensagem do evangelho no que se refere a questões relacionadas à raça, impedindo que ela atingisse com eficácia os marginalizados e as vítimas de violência de várias origens raciais e étnicas. Com um foco diferente, Ron Miller aborda a história, a sua própria experiência como afrodescendente e os ensinamentos de Cristo, trazendo aos cristãos o lembrete de que nossa lealdade sempre deve ser dirigida a Deus em primeiro lugar, e portanto nossa primeira reação às divisões raciais sempre deve ser de construir pontes com o evangelho.

Os dois ensaios finais nesta seção se dedicam ao tema da imigração. Ao relatarem como imigraram, Y. Liz Dong e Ben Lowe explicam como as Escrituras

---

7   Noll, *A History of Christianity in the United States and Canada*, p. 542.

8   Carroll, *Christians at the Border*, p. 9-12.

incentivam os cristãos a cuidar dos que passam por esse processo, pois geralmente se encontram em uma situação de vulnerabilidade e de marginalização. Esses imigrantes são pessoas amadas por Deus, e a mensagem do Evangelho tem o poder de impactar tanto a eles quanto a nós mesmos. Joshua Chatraw explica que boa parte da retórica liberal e conservadora com relação a esse assunto é bem exagerada e inútil, baseada em referências bíblicas tiradas de contexto e generalizações radicais para compor argumentos desestabilizadores e agressivos. Ele faz um apelo para que os cristãos sejam mais conscientes e pesem bem suas palavras quanto às complicadas questões relacionadas à imigração.

IDENTIFICANDO OS DOIS LADOS DA QUESTÃO RACIAL

Walter Strickland II

A diversidade racial e o racismo criaram falhas estruturais duradouras no panorama cultural dos Estados Unidos. O cenário contemporâneo trouxe alguns fios de esperança – a eleição do primeiro presidente negro dos Estados Unidos e o crescimento da classe média negra –, mas o conflito racial permanece. Embora a era do presidente Barack Obama fosse vista como a alvorada de uma realidade pós-racial norte-americana que prometia renovar a esperança da reconciliação, testemunhamos a formação do maior movimento de protesto desde a luta pelos direitos civis e o Black Power, denominado #BlackLivesMatter ("Vidas Negras Importam"). Como podem as reivindicações contra a discriminação racial e a negação absoluta da sua existência coexistirem, especialmente entre aqueles que têm a mesma cosmovisão bíblica?

Manifestações de racismo

A confusão sobre a situação racial nos Estados Unidos é complicada, porque o racismo se manifesta de duas maneiras: de forma individual e de forma sistêmica (ou estrutural). Está na ordem do dia solucionar essas duas formas para que haja uma esperança verdadeira de reconciliação e unidade entre as raças. Enquanto o racismo não for identificado e resolvido nessas duas versões, os defensores dos dois lados continuarão a falar sem ouvir uns aos outros e a propor soluções divergentes e às vezes litigiosas para o problema, porque não conseguem ver o racismo da mesma maneira. Uma análise esclarecida pela teologia sobre os dois tipos de racismo serve para transcender as bitolas criadas pelo contexto cultural e propor soluções viáveis.

RACISMO INDIVIDUAL

Os individualistas entendem o racismo como algo oculto que é feito de um indivíduo para o outro.[1] Por causa disso, o racismo e a discriminação não

---

1 George Yancey, *Beyond Racial Gridlock*: Embracing Mutual Responsibility [Além do congestionamento racial: abraçando a responsabilidade mútua] (Downers Grove, EUA: IVP, 2006), p. 20.

Imigração e raça 189

passam de questões de pensamento, classificação teórica, atitude e discurso.[2] Os individualistas partem da premissa do livre-arbítrio individual, que pressupõe que o sucesso ou fracasso de um indivíduo não é determinado pelas estruturas sociais, mas sim pelo trabalho árduo desse indivíduo ou a falta dele. A consequência disso é que os individualistas geralmente se encontram na classe média ou na classe média alta, e costumam se dirigir para um padrão de vida mais alto.

Em *Divided by Faith* [Divididos pela fé], Michael Emerson e Christian Smith afirmam que os evangélicos brancos têm uma tendência maior a adotar um conceito individualista de racismo do que as pessoas brancas em geral.[3] Os evangélicos brancos baseiam o sentido de sua vida em um realismo antiestrutural que individualiza um problema como o racismo e o reduz a um relacionamento interpessoal doentio.[4] Isso se deve ao fato de que eles não querem que existam problemas raciais, e muitos quase não cultivam relacionamentos com minorias envolvidas em conflitos raciais estruturais. Os individualistas se desvinculam do racismo reservando-o somente a casos extremos, como a Ku Klux Klan e outros grupos de ódio.

Além disso, existe uma razão teológica por trás dessa tendência a uma visão individualista do racismo. A noção de que cada pessoa é responsável pelo próprio pecado e de que todos têm que tomar a decisão pessoal de seguir Cristo como Salvador agrava a inclinação evangélica a adotar uma visão individual do racismo. O foco no indivíduo, visto em versículos como Romanos 10:9, é uma coluna do pensamento evangélico que apoia a responsabilidade individual, ao mesmo tempo que omite a diferença entre a realidade individual e a realidade estrutural.

O conceito individualista do racismo, embora seja deduzido de forma honesta, é um meio poderoso de multiplicação do racismo estrutural. Devido ao fato de que a percepção geralmente reflete a realidade, uma boa maneira de perpetuar um sistema tendencioso é negar a sua existência.[5] Por causa disso, os individualistas raramente atribuem seu sucesso aos privilégios concedidos

---

2 Richard Delgado; Jean Stefanic, *Critical Race Theory*: An Introduction [Teoria crítica da raça: uma introdução] (Nova York: NYU, 2012), p. 21.

3 Michael O. Emerson; Christian Smith, *Divided by Faith*: Evangelical Religion and the Problem of Race in America [Divididos pela fé: a religião evangélica e o problema racial nos Estados Unidos] (Nova York: Oxford University Press, 2001), p. 89.

4 Ibid.

5 Ibid., p. 89-90.

190 ENGAJAMENTO CULTURAL

pelos sistemas; seu sucesso é justificado pelas conquistas individuais e pelo trabalho árduo que se supõe que os outros não executaram.

RACISMO ESTRUTURAL

Para os estruturalistas, o racismo é bem mais difícil de definir e identificar, porque não se expressa em ações ou palavras isoladas. Embora os estruturalistas afirmem que os pensamentos, as atitudes e as palavras são importantes, eles defendem que o racismo é o meio pelo qual os sistemas, as organizações e as empresas concedem privilégio e poder a alguns e marginalizam outros. A noção estruturalista do racismo se baseia na ideia de que os seres humanos são influenciados pelas estruturas sociais nas quais estão inseridos.

A doutrina da criação nos ajuda a dar uma atenção maior à ambiguidade do racismo sistêmico. No auge do relato da criação, Deus declara que sua obra é "muito boa" (Gênesis 1:31). Embora Deus tenha declarado que a natureza era boa, ele não quis dizer que tinha terminado seu trabalho. No sentido real, a humanidade recebeu de Deus a função de senhorio sobre a Terra para cumprir sua vontade "assim na terra como no céu" (Mateus 6:10). Nesse plano, as pessoas recebem a responsabilidade de desenvolver o potencial oculto que Deus colocou na criação pela obra de suas mãos. Isso inclui a administração da criação material (fazer com que a madeira se torne uma casa e que o gelo se transforme em um iglu), mas também o desenvolvimento da criação imaterial (organização, economia e iniciativa). Assim como a humanidade reflete o seu criador, que é Deus, a obra das nossas mãos incorpora todas as qualidades e os defeitos da humanidade decaída, inclusive as estruturas que dão base à sociedade.

Já que o racismo estrutural pode ser perpetuado de forma inconsciente, os que identificam a injustiça sistêmica com mais facilidade tendem a ser aqueles que são atingidos pelos seus efeitos perniciosos, isto é, os cidadãos mais vulneráveis da sociedade. Os estruturalistas geralmente fazem parte da cultura marginal que surge de um sentimento profundo de não ter voz ativa, que é exacerbado quando as minorias têm pouca representação nas estruturas de poder. Essa sub-representação dificulta que as pessoas que definem as estruturas e os sistemas sociais conheçam as necessidades das comunidades carentes.

O caráter complexo do racismo estrutural pode ser observado no transporte público. O transporte público desigual impede muitas pessoas, que geralmente são tachadas de preguiçosas e desocupadas, de ter acesso a um emprego fixo. Um exemplo disso surgiu durante a reconstrução de Nova Orleans, logo depois que o furacão Katrina devastou vários setores da cidade em 2005.

Um estudo de 2015 mostrou que a população do bairro de St. Claude na cidade de Nova Orleans, uma comunidade pobre com moradores que fazem parte de várias minorias, era composta de 81% de negros e tinha uma renda familiar anual média de 29.029 dólares. De acordo com um estudo de 2014 realizado pela Ride New Orleans, 86% da população da cidade retornou depois do furacão, mas somente 36% do seu serviço de trânsito foi restaurado. Os bairros de baixa renda como St. Claude acabam sendo preteridos na restauração do sistema de transporte público. Em contrapartida, as linhas de ônibus que atendem os pontos turísticos, como a Canal Street e a St. Charles Street, foram restauradas devido ao lucro que trazem para a cidade. Assim, as comunidades que precisam do transporte público para suprir suas necessidades básicas, como ir ao trabalho, à escola e aos postos de atendimento médico, são negligenciadas, enquanto se priorizam os interesses econômicos dos outros.[6]

Cultivo comunitário

A dupla face do racismo – individual e sistêmica – não deve surpreender o estudante da Bíblia, porque a origem dos dois tipos de racismo se encontra no texto bíblico. Daqui para a frente, os ricos devem ter a humildade de admitir que sua visão de mundo não está livre de distorções, mas é obscurecida por uma série de experiências de vida. Não é pecado ter pontos cegos por causa das limitações humanas, mas presumir que não "vemos apenas um reflexo obscuro, como em espelho" (1Coríntios 13:12), equivale a ter um complexo de superioridade. Deus providenciou recursos para a humanidade superar suas limitações, e um deles são as pessoas que nos ajudam a identificar esses pontos cegos. Por causa disso, os cristãos reúnem melhores condições de ter uma vida comunitária de fidelidade, especialmente quando sua comunidade tem uma diversidade de faixa etária, raça e nível socioeconômico. Pessoas

---

6 As estatísticas sobre o transporte da cidade de Nova Orleans vêm do artigo de Corinne Ramey, "America's Unfair Rules of the Road", *Slate*, 27 de fevereiro de 2015. Disponível em: http://www.slate.com/articles/news_and_politics/politics/2015/02/america_s_transportation_system_discriminates_against_minorities_and_poor.html. Acesso em: 29 abr. 2020.

192 ENGAJAMENTO CULTURAL

dos mais variados tipos devem ser incluídas de maneira proativa tanto no exame como no estabelecimento das estruturas que fazem parte da nossa vida, de modo que o amor de Deus por todas as pessoas envolva cada estrutura da sociedade.

Dr. Walter R. Strickland II trabalha como vice-presidente associado da área de Diversidade e professor assistente de teologia sistemática e contextual no Seminário Batista do Sudeste em Wake Forest, Carolina do Norte, Estados Unidos. Suas áreas de interesse de pesquisa incluem a teologia contextual e a história religiosa afro-americana. Ele obteve o doutorado em teologia na Universidade de Aberdeen.

OS DESAFIOS DO RACISMO DENTRO DAS IGREJAS EVANGÉLICAS

Lisa Fields

Em 4 de julho de 1776, 13 estados unidos da América assinaram uma declaração de que "todos os homens são criados iguais, dotados de certos direitos inalienáveis pelo Criador, entre os quais figuram a vida, a liberdade e a busca da felicidade".[1] No entanto, os Estados Unidos não conseguiram seguir esses ideais no seu tratamento com os africanos e os indígenas. A declaração que eles fizeram destoou muito da sua prática. Essa discrepância não aparece somente na história norte-americana, mas também na história da Igreja evangélica. Este artigo explica como essa Igreja fracassou historicamente no cumprimento do plano criador de Deus quanto às questões raciais e sugere uma plataforma para um futuro engajamento nesse sentido.

É importante que se defina o que é a Igreja evangélica antes de poder criticá-la. Timothy Larsen define evangélico como:

> Um protestante ortodoxo que se firma na tradição das redes cristãs globais originadas a partir dos movimentos de reavivamento do século 18 associados com John Wesley e George Whitefield; que confere um lugar proeminente para a Bíblia em sua vida cristã como a autoridade final divinamente inspirada nas questões de fé e prática; que destaca a reconciliação com Deus pela obra expiatória de Jesus Cristo na cruz; e que destaca a obra do Espírito Santo na vida do indivíduo para efetuar a conversão e uma vida contínua de comunhão com Deus e com o próximo, inclusive o dever de todos os fiéis de participar da tarefa da proclamação do Evangelho para todas as pessoas.[2]

Deduzimos a partir da definição de Larsen que a Igreja evangélica é um movimento de pessoas que adotaram essas crenças. Uma de suas posições

---

1 Estados Unidos; Thomas Jefferson. *The declaration of independence* [Declaração da Independência], *Encyclopedia Britannica* (1952), p. 85.

2 Timothy Larsen; Daniel J. Treier, *The Cambridge Companion to Evangelical Theology* [O guia de Cambridge para a teologia evangélica] (Cambridge: Cambridge University Press, 2007), p. 1.

194 ENGAJAMENTO CULTURAL

doutrinárias mais importantes é a autoridade das Escrituras. Do mesmo modo que a Declaração da Independência é um documento que desfruta de autoridade nos Estados Unidos da América, a Bíblia é o livro que tem a mais alta autoridade na Igreja evangélica. Os dois textos expressam uma premissa básica: todas as pessoas são iguais. Isso coloca os evangélicos brancos em conflito com a prática da escravidão dos Estados Unidos. Por um lado, eles afirmavam a Bíblia; por outro, muitos se beneficiaram de uma instituição que contrariava os ensinos desse livro.

George Whitefield, um dos fundadores da Igreja evangélica, defendeu a autoridade das Escrituras, mas também defendeu a adoção da escravidão no Estado norte-americano da Geórgia. É importante que se leve isso em conta na busca do entendimento sobre os pontos de contato entre o racismo e a Igreja evangélica. Embora seja mais simpático e mais agradável desvincular o racismo do movimento evangélico, negar essa associação é praticamente impossível. Michael Emerson e Christian Smith observam em seu livro *Divided by Faith: Evangelical Religion and the Problem of Race in America* [Divididos pela fé: a religião evangélica e o problema racial nos Estados Unidos] que Whitefield "insistiu em seu pedido de implantação da escravatura afirmando que Deus criou o clima da Geórgia para os negros, que o grande investimento que foi feito na colônia se perderia sem um aumento na produção, que seu orfanato não sobreviveria sem o benefício da escravidão, e, coerente com seu chamado, que os incrédulos seriam salvos".[3] Whitefield acreditava que "Deus permitiu a escravidão para um propósito maior, inclusive o da cristianização e edificação dos africanos pagãos".[4] Whitefield pregava que Deus poderia libertar os africanos do pecado, mas pressionava para mantê-los escravizados ao homem branco. Essas e outras palavras que os fundadores evangélicos proferiram não podem ser desvinculadas da formação da Igreja evangélica norte-americana.

É importante lembrar que os movimentos de origem racista geralmente darão frutos racistas. Esse fruto racista ainda envenena almas nos dias de hoje. Muitos afro-americanos têm dificuldade de aceitar todo o ensinamento de Deus por causa do modo equivocado como os evangélicos aplicaram esse princípio. No livro *Jesus in the Desinherited* [Jesus para quem não tem herança], Howard

---

3   Michael O. Emerson; Christian Smith, *Divided by Faith*: Evangelical Religion and the Problem of Race in America (Nova York: Oxford University Press, 2001), p. 26.

4   Ibid., p. 27

Thurman analisa os verões que passou com sua avó em Daytona Beach, Flórida. Ele conta que lia todas as partes da Bíblia para ela, mas ela nunca o deixava ler nenhuma das cartas de Paulo. Quando Thurman finalmente reuniu coragem para perguntar o motivo, sua avó respondeu:

> Na época da escravidão, o pastor do senhor da propriedade ministrava cultos para os escravos de vez em quando. O velho McGhee era tão malvado, que não deixava nenhum negro ministrar para seus escravos, e o pastor branco sempre lia algum texto escrito por Paulo. Pelo menos três ou quatro vezes por ano ele usava o seguinte texto: "Escravos, obedeçam a seus senhores [...] como a Cristo", depois passava a explicar como era a vontade de Deus que fôssemos escravos e como Deus nos abençoaria se fôssemos escravos bons e felizes. Portanto, prometi ao meu Criador que, se algum dia eu aprendesse a ler e a liberdade chegasse, nunca leria essa parte da Bíblia.

A avó de Thurman não é a única a pensar assim. Muitos afro-americanos têm uma dificuldade imensa de aceitar a autoridade e a suficiência das Escrituras por causa da maneira equivocada como elas foram utilizadas pelos evangélicos brancos. Não é à toa que alguns afro-americanos jovens veem a Bíblia como instrumento de opressão em vez de um guia para a verdadeira liberdade. Alguns afrodescendentes rejeitam totalmente a Bíblia por causa do modo como foi utilizada contra os escravos, afirmando que o cristianismo é "a religião do homem branco". Quando se desvincula a ortopraxia da ortodoxia, o fruto é a completa indiferença. Portanto, é irônico, mas não inconcebível, que um movimento que tem como um dos seus valores fundamentais o evangelismo tenha se tornado um obstáculo para o evangelismo no contexto afro-americano. A história dos membros fundadores da Igreja evangélica criou um problema apologético para os afro-americanos que buscam levar as pessoas de sua etnia para Cristo. Grupos como os hebreus negros, os mouros e a Nation of Gods and Earths [Nação de Deuses e Terras] se aproveitaram do uso inadequado das Escrituras pelos evangélicos brancos de acordo com seus interesses.

É quase impossível entender e abordar as questões raciais no evangelismo sem mencionar a sua história cheia de problemas. O racismo, a escravidão e a opressão são manchas no passado da Igreja evangélica e não podem ser superados se não forem encarados com honestidade. O velho ditado de que "o tempo cura tudo" não passa de uma mentira. O tempo não pode curar nada

196 ENGAJAMENTO CULTURAL

sem que haja confronto e diálogo. Essa é a parte principal da mensagem do evangelho. O evangelho confronta a natureza pecaminosa do homem e exige a confissão e o arrependimento para que se tenha uma posição justa diante de Deus. Não existe reconciliação sem confissão. Se a Igreja evangélica não conseguir ser honesta a respeito do seu passado sombrio, nunca desenvolverá todo o seu potencial no futuro.

Não é só quando se discute a história sombria da Igreja evangélica que a honestidade é importante, mas também quando se fala sobre as contribuições dos africanos para a formação da doutrina cristã. Muitas vezes não se dá o devido destaque a essa contribuição. Muitos foros de discussão entre os evangélicos brancos deixam de enfatizar a origem africana daqueles que defenderam a doutrina que eles afirmam. É importante que os evangélicos ressaltem o fato de que Tertuliano, Atanásio e Agostinho de Hipona eram africanos. Esses fatos históricos não somente abrem um lugar na mesa para os que têm ascendência africana, mas também tiram a munição das seitas negras. Quando os evangélicos brancos fizerem uma leitura honesta da história, as pessoas serão capazes de diferenciar o pecado humano do propósito de Deus. Embora alguns evangélicos brancos tenham dificuldades para cumprir o propósito da criação de Deus no que diz respeito à raça, é importante que os evangélicos em geral não deixem que os pecados do passado impeçam seu progresso no futuro. Eles precisam trabalhar duro para espelhar aquilo em que acreditam e lembrar que "todos os homens são criados iguais".

Lisa Fields (mestre em teologia, Liberty University) é fundadora e presidente do Jude 3 Project. Já foi palestrante em vários congressos de evangelismo, apologética e incentivo à leitura da Bíblia em universidades e igrejas. Lisa também apresenta um podcast secular para jovens profissionais, chamado Brunch Culture.

A QUESTÃO RACIAL QUE ENFRENTAMOS
A IDOLATRIA COMO PROBLEMA PRINCIPAL

Ron Miller

Em 2016, fiz uma visita ao Apomattox Court House National Historical Park, a poucos minutos de carro da minha casa em Lynchburg, Virgínia, nos Estados Unidos. Enquanto observava a sala na McLean House onde o general Ulysses S. Grant preparou os termos de rendição que o general Robert E. Lee aceitou, comecei a refletir sobre a seriedade daquele momento e fui tomado por um sentimento de melancolia.

Cinco dias depois da rendição do Exército Confederado, em Appomattox, o presidente Abraham Lincoln, arquiteto de uma paz cordial que prometia "ausência de más intenções e caridade para todos",[1] foi assassinado a tiros no Teatro Ford em Washington, D.C., por um simpatizante neurótico daquele Exército, e a boa vontade que ele esperava promover acabou sendo frustrada. Tudo o que se seguiu àqueles dias fatídicos – a Reconstrução, o reinado do terror para os negros dos Estados Unidos (especialmente no Sul), o movimento pelos direitos civis e os conflitos raciais da atualidade – é consequência daquele momento histórico.

Observando a nossa situação atual, não consigo não questionar a razão de essa questão racial ainda existir nos Estados Unidos, mesmo depois de 678 mil pessoas morrerem e de 469 mil serem feridas na Guerra Civil Americana.

Já faz muito tempo que os norte-americanos recorrem ao governo para promover a harmonia racial, mas nesses mais de cinquenta anos desde a aprovação da Lei dos Direitos Civis de 1964, as relações inter-raciais tiveram muitos altos e baixos, frustrando as boas intenções da norma enquanto os dois lados do conflito não fazem nada de concreto por uma reconciliação.

Algumas pessoas acreditavam que a eleição de Barack Obama para a presidência dos Estados Unidos nos levaria a um país "pós-racial", no qual os negros finalmente ascenderiam ao lugar a que têm direito ao lado de seus compatriotas e os brancos seriam absolvidos dos pecados da escravidão, da discriminação

---

1 Abraham Lincoln, Discurso de posse do segundo mandato de Abraham Lincoln, em *Discursos de Lincoln* (São Paulo: Companhia das Letras, 2013).

198 ENGAJAMENTO CULTURAL

institucional e do racismo. As pesquisas de opinião registravam o maior otimismo das últimas décadas quanto às questões raciais.[2]

Avançando no tempo para a realidade atual, percebe-se claramente que os negros, segundo os critérios econômicos mais objetivos, não sentiram na prática a recuperação que esperavam, e os brancos não receberam o perdão que buscavam, porque continuam sendo culpados pelo racismo sistêmico. As brasas do conflito entre a segurança pública e a comunidade negra irromperam em um grande incêndio com várias ocorrências amplamente divulgadas de jovens negros sendo mortos por policiais brancos, acirrando a percepção histórica de injustiça sistêmica contra as pessoas racializadas. Várias pesquisas de opinião mostram que as relações inter-raciais nos Estados Unidos estão no estado mais crítico em décadas.[3] O presidente Obama, mesmo tendo sido tão eloquente e equilibrado nesse assunto, não conseguiu superar a divisão racial. A ascensão de Donald Trump à presidência e a tendência sorrateira de ressentimento branco com relação às minorias à qual geralmente se atribui a sua vitória inesperada colocam ainda mais sal nas feridas que nunca sararam, como o presidente Lincoln esperava. Os fantasmas de Appomattox continuam a nos assombrar mesmo depois do advento do século 21.

O que se pode dizer da Igreja? Afinal de contas, o racismo é um problema moral, e a Igreja existe para promover e preservar a moralidade.

No entanto, a Igreja cristã não tem um histórico irrepreensível no que tange à questão racial. Até mesmo a existência de denominações com predominância negra nos Estados Unidos vem da recusa dos cristãos brancos de frequentar cultos com seus irmãos negros. Os sulistas usavam a Bíblia para justificar a escravidão, levando o estadista e abolicionista Frederick Douglass a proclamar: "Existe uma diferença gritante entre o cristianismo desta terra e o cristianismo de Cristo".[4] O dr. Martin Luther King Jr. chamou a Igreja branca de "voz fraca e ineficaz com um som incerto" e "uma arquidefensora do *status quo*".[5]

---

2   Frank Newport, "Americans See Obama Election as Race Relations Milestone", *Gallup.com*, 7 de novembro de 2008. Disponível em: http://www.gallup.com/poll/111817/americans-see-obama-e-lection-race-relations-milestone.aspx. Acesso em: 29 abr. 2020.

3   Carrie Dann, "NBC/WSJ Poll: Americans Pessimistic on Race Relations", *NBC News*, 21 de setembro de 2017. Disponível em: https://www.nbcnews.com/politics/first-read/nbc-wsj-poll-americans-pes-simistic-race-relations-n803446. Acesso em: 29 abr. 2020.

4   Frederick Douglass, "Appendix", *Life of an American Slave* [A vida de um escravo americano] (Boston: Anti-Slavery Office, 1845), p. 118. Disponível em: http://docsouth.unc.edu/neh/douglass/douglass.html. Acesso em: 29 abr. 2020.

5   Martin Luther King Jr., "Letter from Birmingham Jail", em *Why We Can't Wait* [Por que não podemos esperar], ed. Martin Luther King Jr. (Nova York: Signet Classics, 1963), p. 77-100.

As divisões entre as igrejas vão além das formas ou dos rituais de culto. As pesquisas identificam "pontos de vista diferentes sobre a questão racial entre cristãos brancos e negros"[6] que afirmam adorar o mesmo Salvador, mas amaldiçoam uns aos outros com a mesma linguagem de culto. Como Tiago, irmão de Jesus, exclamou: "Meus irmãos, não pode ser assim!" (Tiago 3:10).

Enquanto não conseguirem alcançar a unidade em Cristo, as igrejas brancas e negras não terão como cumprir seu papel de consciência moral de uma nação devastada pela questão racial. Essa divisão é resultado do que chamo de "o pecado invisível", o pecado da idolatria. Essa palavra evoca o símbolo do bezerro de ouro, mas um ídolo nem sempre consiste em um totem ou mesmo uma estátua. Tudo o que se coloca acima de Jesus Cristo passa a ser um ídolo que viola o primeiro mandamento de Deus a Moisés: "Não terás outros deuses além de mim" (Êxodo 20:3).

Lawrence Ware, um pastor afrodescendente que leciona na Universidade Estadual de Oklahoma, expressou sua frustração com o que considera equívocos raciais da maior denominação protestante do país, declarando: "Eu amo a Igreja, mas amo os negros muito mais. Vidas negras importam para mim. Não acho que elas tenham valor para a Convenção Batista do Sul".[7]

Como eu mesmo sou afrodescendente, também me importo com a vida dos negros, e entendo que essa afirmação, por mais controversa que seja, consiste em um apelo em favor do reconhecimento de que a nossa raça é tão digna quanto as outras.

No entanto, minha fé em Jesus Cristo é o princípio que norteia a minha vida, e a Igreja, independentemente de sua forma e das suas falhas, é a noiva pela qual ele deu a vida. A Igreja somos nós, todos que aceitam Jesus Cristo como Senhor e Salvador, sejamos brancos, negros ou de qualquer raça, e amar algo ou alguém mais do que Cristo e a sua Igreja equivale a violar o primeiro mandamento, que é expresso de várias formas por toda a Bíblia:

> Respondeu Jesus: "Ame o Senhor, o seu Deus, de todo o seu coração, de toda a sua alma e de todo o seu entendimento". Este é o primeiro e maior mandamento. (Mateus 22:37-38)

---

6 Morgan Lee, "Behind Ferguson: How Black and White Christians Think Differently About Race", *Christianity Today*, 21 de agosto de 2014.

7 Lawrence Ware, "Why I'm Leaving the Southern Baptist Convention", *The New York Times*, 17 de julho de 2017.

200 ENGAJAMENTO CULTURAL

> [Jesus disse:] "Quem ama seu pai ou sua mãe mais do que a mim não é digno de mim; quem ama seu filho ou sua filha mais do que a mim não é digno de mim; e quem não toma a sua cruz e não me segue, não é digno de mim". (Mateus 10:37-38)

Será que isso nos impede de amar nossa família, ou de amar os negros, ou brancos, ou qualquer outra pessoa? Obviamente, esse não é o caso. No entanto, esses textos priorizam nosso amor a Jesus Cristo e, por extensão, a todos que também o amam:

> Falava ainda Jesus à multidão quando sua mãe e seus irmãos chegaram do lado de fora, querendo falar com ele. Alguém lhe disse: "Tua mãe e teus irmãos estão lá fora e querem falar contigo". "Quem é minha mãe, e quem são meus irmãos?", perguntou ele. E, estendendo a mão para os discípulos, disse: "Aqui estão minha mãe e meus irmãos! Pois quem faz a vontade de meu Pai que está nos céus, este é meu irmão, minha irmã e minha mãe". (Mateus 12:46-50)

Uma realidade triste que nós como cristãos muitas vezes não conseguimos perceber é que só quando colocamos Cristo no lugar que ele merece no trono do nosso coração é que ele promete providenciar as coisas boas e dignas que são importantes para nós. Jesus disse: "Busquem, pois, em primeiro lugar o Reino de Deus e a sua justiça, e todas essas coisas lhes serão acrescentadas" (Mateus 6:33).

O apelo do sr. Ware por uma atenção maior à vida dos negros faz parte disso. Afinal de contas, foi João, o discípulo de Jesus, que destacou: "Se alguém afirmar: 'Eu amo a Deus', mas odiar seu irmão, é mentiroso, pois quem não ama seu irmão, a quem vê, não pode amar a Deus, a quem não vê" (1João 4:20).

Não se pode amar Jesus e odiar as pessoas que também o amam. Não há como esses dois sentimentos ocuparem o mesmo espaço, e todo aquele que diz adorar o Senhor e ao mesmo tempo desvaloriza seu irmão ou irmã, seja branco ou negro, está enganando a si mesmo. Se realmente desejamos que haja paz entre as raças e que possamos coibir a ira dos grupos radicais de direita ou da ala mais exaltada do movimento Black Lives Matter, os cristãos brancos e negros precisam renunciar aos seus ídolos, sejam eles movimentos ou pessoas, e colocar Cristo em primeiro lugar.

Quando Jesus orou por nós antes da crucificação, o seu maior desejo era que andássemos em unidade abaixo dele em meio a um mundo que nos odeia e persegue:

> "Minha oração não é apenas por eles. Rogo também por aqueles que crerão em mim, por meio da mensagem deles, para que todos sejam um, Pai, como tu estás em mim e eu em ti. Que eles também estejam em nós, para que o mundo creia que tu me enviaste. Dei-lhes a glória que me deste, para que eles sejam um, assim como nós somos um: eu neles e tu em mim. Que eles sejam levados à plena unidade, para que o mundo saiba que tu me enviaste, e os amaste como igualmente me amaste." (João 17:20-23)

Como é lindo que o nosso Salvador tenha orado com tanto fervor por nós ao Pai antes mesmo de termos nascido! Fico emocionado ao olhar para o coração de Jesus e perceber quanto é importante para ele que sejamos um em seu nome. Essa é a razão pela qual adotei como objetivo de vida reconciliar a Igreja, superando as divisões raciais, e ser exemplo do amor de Cristo para o mundo que não crê.

Espero que as pessoas dentro da Igreja que servem a Cristo com fervor não deem atenção às forças idólatras que procuram causar divisão no corpo de Cristo, seja a extrema direita, o movimento Black Lives Matter, os progressistas, os conservadores, ou sejam quais forem as denominações ou siglas que possam ser empregadas para descrever esses grupos. Honremos a oração que Jesus fez por nós antes de ir para a cruz para garantir nossa salvação, e que não tenhamos nenhum deus além dele.

Ron Miller é o diretor interino da Helms School of Government na Liberty University e escreveu o livro *SELLOUT: Musings from Uncle Tom's Porch* [Vendido: reflexões da varanda do tio Tom]. Ele é casado, pai de três filhos e se dedica à reconciliação entre culturas e denominações, além de ser presbítero na Mosaic Church em Lynchburg, Virgínia, Estados Unidos.

POR QUE OS CRISTÃOS DEVEM APOIAR OS IMIGRANTES

Y. Liz Dong e Ben Lowe

Uma pesquisa realizada entre os evangélicos norte-americanos revelou que somente 12% declaram que sua visão sobre imigração se baseia principalmente na Bíblia.[1] A maioria – um percentual bem amplo de 88% – diz que a mídia, a família, os amigos e o contato que já teve com imigrantes a influenciam mais sobre essa questão do que a Palavra de Deus.

Esse é um diagnóstico preocupante para a saúde das nossas igrejas na atualidade. Uma das características principais do cristianismo evangélico é que a Bíblia é a autoridade máxima nas questões de fé e prática cristãs.[2] Quando levamos em conta a importância que a Bíblia dá ao assunto da imigração, percebemos que as igrejas evangélicas americanas parecem estar perdendo a essência.

O que a Bíblia diz sobre o assunto?

A Bíblia não receita uma série de políticas de imigração para os Estados Unidos nem para nenhum país além de Israel durante os tempos bíblicos. No entanto, ela descreve o propósito de Deus para os imigrantes e os valores que devem definir o modo como encaramos e reagimos às questões da imigração.

A palavra hebraica *gēr*, que significa "peregrino" (ou estrangeiro, dependendo da tradução), aparece 92 vezes no Antigo Testamento. Deus chama seu povo várias vezes e de forma específica a cuidar dos estrangeiros, que, na situação de recém-chegados ao país e ao seu sistema social, podem facilmente ser vítimas da marginalização e da injustiça (veja Levítico 23:22; Ezequiel 22:7,29). Afinal, como Deus sempre lembra os israelitas, eles já foram estrangeiros também (veja Êxodo 22:21; 23:9; Levítico 19:34). A Bíblia sempre associa o estran-

---

1 Evangelical Views on Immigration", *LifeWay Research*, 2015. Disponível em: http://lifewayresearch.com/wp-content/uploads/2015/03/Evangelical-Views-on-Immigration-Report.pdf. Acesso em: 29 abr. 2020.

2 "What Is an Evangelical?", *National Association of Evangelicals*. Disponível em: https://www.nae.net/what-is-an-evangelical/. Acesso em: 29 abr. 2020.

Imigração e raça **203**

geiro aos outros três grupos de pessoas vulneráveis: o órfão, a viúva e o pobre (veja Deuteronômio 10:18-19; Salmos 146:9; Jeremias 22:3; Malaquias 3:5). Esse apelo bíblico em favor da justiça para o imigrante continua revestido de extrema importância. Só para dar um exemplo, um número desproporcional de vítimas de tráfico humano nos dias de hoje é de imigrantes, particularmente aqueles que se encontram em situação irregular.[3] Esse fato destaca o grau de vulnerabilidade que os imigrantes enfrentam.

A hospitalidade é outro tema recorrente em toda a Bíblia. Somos exortados em Romanos 12:13 a praticá-la, e a passagem de Hebreus 13:2 nos instrui a não nos esquecermos dela. A palavra grega para hospitalidade é *filoxenia*, que significa "amor pelos estrangeiros". Jesus deu exemplo disso para nós ao longo de todo o seu ministério terreno ao acolher pessoas marginalizadas das mais variadas origens, incluindo estrangeiros amplamente odiados, como os samaritanos (veja Lucas 17:11-19), os romanos (veja Mateus 8:5-13) e outros gentios (veja Marcos 7:24-30).

Além de acolher os estrangeiros, o próprio Jesus teve uma vida de imigrante. Devido ao decreto genocida de Herodes depois da visita dos magos, a família de Jesus se refugiou no Egito e morou lá até a morte do rei assassino (Mateus 2:13-16). Perto do final do seu ministério, Jesus se identificou diretamente com os estrangeiros, ensinando que aquele que não acolhe os estrangeiros no seu país será julgado, e que todo aquele que recebe o estrangeiro na verdade recebe o próprio Cristo (Mateus 25:31-46).

A Bíblia tem muito mais a dizer sobre isso, mas já existe uma infinidade de livros para comentar essa passagem e muitas outras com mais profundidade.[4] O nosso foco principal é que a imigração é um assunto importante na Bíblia. Deus se importa de forma profunda e específica com os imigrantes e nos chama a ter a mesma atitude.

---

3   "Uniquely Vulnerable: The Nexus between Human Trafficking and Immigration", Faith Alliance Against Slavery and Trafficking, 2014. Disponível em: https://s3.amazonaws.com/media.cloversites. com/33/336bad01–3ae4–41f0-aaab-dde25ca8746f/documents/Uniquely_Vulernable_the_nexus_ between_human_trafficking_and_immigration.pdf.

4   Veja o livro de Matthew Soerens, Jenny Yang e Leith Anderson, *Welcoming the Stranger*: Justice, Compassion & Truth in the Immigration Debate [Acolhendo o estrangeiro: justiça, compaixão e verdade no debate da imigração] (Downers Grove, EUA: IVP, 2009), e o livro de M. Daniel Carroll R., Ronald Sider e Samuel Rodriguez, *Christians at the Border*: Immigration, the Church, and the Bible [Cristãos na fronteira: a imigração, a Igreja e a Bíblia] (Grand Rapids, EUA: Brazos, 2013).

204 ENGAJAMENTO CULTURAL

As recordações do que vivemos

Confiando nas Escrituras para a nossa orientação, lembramos que, no final das contas, somos peregrinos neste mundo (Hebreus 11:13). A maioria dos norte-americanos faz parte de famílias estrangeiras que vieram para os Estados Unidos por opção ou à força (como é o caso dos escravos). Recordar nossa herança ajuda a nos identificarmos com os nossos vizinhos imigrantes e ter compaixão por eles. Essa é uma experiência muito pessoal para nós dois.

Eu, Ben, me mudei com minha família para os Estados Unidos quando tinha 16 anos. Nasci e fui criado em uma família de missionários em Cingapura e recebi a cidadania norte-americana porque meu pai é cidadão desse país. No entanto, minha mãe é da Malásia e passou por um longo processo de 15 anos de naturalização até alcançar a cidadania. Embora a minha família tenha enfrentado desafios nessa jornada, fomos ricamente abençoados com os relacionamentos e os recursos necessários para efetuarmos a transição para os Estados Unidos. Participamos de igrejas constituídas na maior parte por imigrantes, e desde que chegamos nos dedicamos à recepção de novos imigrantes e refugiados.

Eu, Liz, imigrei para os Estados Unidos com minha família quando era criança, todos portando vistos devidamente regularizados. Estávamos na fila de inscrição para o visto permanente quando nosso advogado de imigração cometeu um grande erro que me deixou em situação irregular. Aos 12 anos, eu não estava devidamente registrada, mesmo com os meus pais se desdobrando para cumprir todas as exigências legais. Foi difícil para mim aceitar minha nova "identidade", além da vergonha que tive que passar e das limitações práticas de não poder dirigir, trabalhar ou cursar a faculdade. Enquanto vivia essas dificuldades pessoais, abri meus olhos para uma realidade pela qual passam milhões de vizinhos irregulares. Eu me vi excluída da sociedade com eles – contemplando seus rostos, ouvindo suas histórias e convivendo com essas pessoas que acabaram fazendo parte da minha vida também. Passei a entender que os imigrantes em situação regular e irregular têm mais semelhanças do que diferenças em suas aspirações e sua ética de trabalho. Percebi que minha família era muito privilegiada por ter condições financeiras de vir com todos os vistos necessários e de bancar os honorários de um advogado bem-conceituado (apesar de ele ter sido bastante negligente no meu caso). Minha experiência como imigrante em situação irregular foi determinante para o modo como cheguei a Jesus Cristo e experimentei seu amor, que se torna palpável por meio da Igreja. Tenho o compromisso de transmitir esse mesmo amor e essa mesma hospitalidade para as outras pessoas.

O campo missionário na porta de casa

Assim como Deus operou em nossa vida por meio das nossas experiências – como imigrantes e como pessoas que trabalham com imigrantes e refugiados –, ele também trabalha por meio da migração das pessoas ao redor do mundo. Isso representa uma tremenda oportunidade de missão e discipulado para a Igreja. Enquanto boa parte do destaque missionário da Igreja se encontra em enviar trabalhadores para servir por todo o mundo, várias pessoas do mundo todo também estão vindo ao nosso encontro e acabam se tornando nossos vizinhos e colegas de escola ou de trabalho. A Junta Internacional de Missões estima que os Estados Unidos têm mais grupos de povos não alcançados (361) dentro de suas fronteiras do que todos os outros países, com exceção da China e da Índia.[5]

Além disso, muitos imigrantes já são cristãos quando chegam aos Estados Unidos. Isso inclui aqueles que se refugiam de perseguições religiosas. Quando esses irmãos cristãos são recebidos em igrejas e denominações americanas, eles ajudam a revitalizar suas comunidades. Timothy Tennent, presidente do Seminário Teológico de Asbury, diz:

> As igrejas que mais crescem na América do Norte são as novas igrejas étnicas. [...] Cada vez mais presenciaremos por todo o nosso país o surgimento de congregações étnicas importantes, cheias de coreanos, chineses, hispânicos e africanos, que representam a nossa maior esperança de renovação da Igreja em nosso país.[6]

Deus está estabelecendo seu Reino pela diáspora das pessoas (Atos 17:26), e nós cooperamos com ele recebendo os estrangeiros entre nós.

---

5 J. D. Payne, *Strangers Next Door*: Immigration, Migration and Mission [Os estrangeiros ao lado: imigração, migração e missão] (Downers Grove, EUA: InterVarsity, 2012), p. 63.

6 Timothy C. Tennent, "What Is the Global Church?", *The Asbury Herald*, v. 121, n. 3 (inverno de 2011), p. 5. Disponível em: https://asburyseminary.edu/wp-content/uploads/Winter2011Herald.pdf. Acesso em: 29 abr. 2020.

206 ENGAJAMENTO CULTURAL

A questão não é se devemos ministrar, mas como devemos ministrar

Como Jesus disse, amar a Deus está intimamente ligado a amar o próximo. (Mateus 22:36-40; Marcos 12:28-31). Todos nós somos chamados a amar nosso próximo como a nós mesmos – inclusive os nossos vizinhos imigrantes –, independentemente de eles estarem com os documentos em dia ou de nossa filiação ou opinião com relação à política. Como o pastor Rick Warren, autor do livro *Uma vida com propósito*, disse: "O bom samaritano não para pra perguntar se a pessoa está em situação regular ou irregular com a imigração antes de estender a mão para ajudar".[7]

Portanto, a questão que se apresenta diante de nós nos dias de hoje não é *se* devemos nos envolver nas questões de imigração, mas sim *como* podemos nos envolver, e com fé. O ministério prático para e com os imigrantes – que abrange o ensino do idioma, o apoio legal, a integração à comunidade e muito mais – é uma maneira de expressar o amor de Cristo em nível interpessoal. No entanto, temos que reconhecer que nosso sistema de imigração nos Estados Unidos está falido e é antiquado. Ele perpetua a exploração dos imigrantes irregulares, a separação das famílias por meio da deportação e do atraso na liberação dos vistos e a ação incoerente da polícia da imigração. Por causa disso, amar o nosso vizinho imigrante também significa cooperar para lidar com questões sistêmicas e lutar por políticas justas (Provérbios 31:8), mesmo que tenhamos opiniões diferentes sobre quais são as políticas mais justas.

Em meio a tudo isso, nós oramos. Louvamos a Deus por nos receber como exilados no seu Reino e por nos unir ao pé da cruz. Agradecemos a Deus pelos nossos vizinhos imigrantes e pelas maneiras como eles enriquecem a nossa vida e a nossa comunidade. Oramos pelos fardos que eles carregam e pelos desafios que eles enfrentam. Buscamos reconhecer e nos arrepender da maneira como deixamos que os pecados do medo, do egoísmo, da apatia e do racismo nos impedissem de amá-los como a nós mesmos, e pedimos continuamente para que o Espírito de Deus nos capacite e a Palavra de Deus nos dê respaldo para que possamos ver uns aos outros com os olhos de Cristo e receber o estrangeiro como se acolhêssemos o próprio Jesus.

---

7 Citação de Rick Warren no jornal *USA Today*, 2009. Disponível em: http://content.usatoday.com/communities/Religion/post/2009/09/rick-warren-lords-prayer-compassion-illegal-immigration/1#.WU6IL2jyvIW. Acesso em: 29 abr. 2020.

Y. Liz Dong é ativista na política de imigração por meio da ONG World Relief e do Fórum Nacional de Imigração. Seus artigos e seu trabalho já apareceram nas publicações *TIME*, *Christian Post*, *WORLD*, entre outras. Ela é cofundadora da organização Voices of Christian Dreamers (Vozes de cristãos sonhadores) e se formou na Northwestern University e na Universidade de Chicago.

Ben Lowe escreveu os livros *Green Revolution: Doing Good Without Giving Up* [Revolução verde, fazendo o bem sem desistir] e *The Future of Our Faith* [O futuro da nossa fé] (com Ron Sider). Ele se formou no Wheaton College (Illinois, Estados Unidos) e foi ordenado pela Aliança Cristã e Missionária. Para mais informações, consulte o site www.benlowe.net.

REFORMULANDO O DEBATE SOBRE A IMIGRAÇÃO
A NECESSIDADE DE SERMOS PRUDENTES EM VEZ DE ATIRARMOS REFERÊNCIAS BÍBLICAS NOS OUTROS

Joshua D. Chatraw

Desde quando os primeiros imigrantes começaram a chegar logo após a independência dos Estados Unidos da América, no final do século 18, e as restrições federais sobre a imigração foram aprovadas, cem anos depois, a política de imigração tem sido um tema controverso.[1] Nas últimas décadas, o debate se intensificou ainda mais: o impacto cada vez maior da globalização, o número crescente de imigrantes clandestinos,[2] a demanda contínua de mão de obra barata, as preocupações humanitárias criadas pelos refugiados que fogem de países dilacerados pela guerra e a ameaça do terrorismo mundial deixaram a ira e a ansiedade à flor da pele, como se percebe pela retórica inflamada da eleição presidencial de 2016.

Infelizmente, quando os cristãos entram no debate sobre a imigração, seus argumentos estão sempre carregados de referências bíblicas e frases de efeito – seja quando utilizam textos bíblicos orientando que se tenha compaixão dos estrangeiros para defender a política liberal, seja quando usam a Bíblia para destacar o papel do governo apoiando as políticas de restrição. Embora os dois lados tenham aspectos verdadeiros, esses aspectos têm sido utilizados de forma muito simplista e com o propósito de acusar o oponente de injustiça ou ilegalidade, ou, de modo mais enérgico, de xenofobia e anarquia.

Por um lado, levemos em conta o exemplo do uso que um pastor bem conhecido fez do livro de Neemias para defender a construção de um muro por toda

---

1   Deixo um agradecimento especial para minha ex-assistente, Micailyn Geyer, pela sua ajuda na pesquisa para este artigo.

2   A população de imigrantes clandestinos cresceu de 3,5 milhões em 1990 para um pico de 12,2 milhões em 2007. Depois da Grande Recessão, ela se estabilizou ao redor de 11 milhões. Até há bem pouco tempo, a maioria dos imigrantes ilegais vinha do México, mas em 2016 eles só correspondiam à metade do total. Jens Manuel Krogstad; Jeffrey S. Passell; D'vera Cohn, "5 Facts About Illegal Immigration in the U.S.", 27 de abril de 2017. Disponível em: http://www.pewresearch.org/fact-tank/2017/04/27/5-facts-about-illegal-immigration-in-the-u-s/. Acesso em: 30 abr. 2020.

a fronteira do sul dos Estados Unidos. "Deus mandou Neemias construir um muro ao redor de Jerusalém para proteger seus cidadãos do ataque dos inimigos. Isso nos leva a entender que Deus NÃO se opõe a construir muros!"[3] Embora em certo sentido exista um fundo de verdade nisso – Deus não se opunha a que os israelitas construíssem um muro para se defender dos ataques inimigos –, a comparação dele é, no mínimo, problemática. Mesmo deixando de lado a questão de se os Estados Unidos podem ser comparados à Israel Antiga de forma tão simplista, a postura que essa comparação assume deturpa completamente o cristianismo. O tom dessa analogia, junto à retórica que alguns utilizam, insistindo que todos sejam deportados, ou que se construa um muro para que todos fiquem do lado de fora, pode criar uma atmosfera em que os imigrantes são retratados como inimigos – quem sabe até mesmo nos incentivando a pensar assim. Está em voga uma mentalidade, mesmo entre alguns cristãos, que iguala a palavra "imigrante" às palavras "criminoso", "terrorista" ou "parasita".

No entanto, a maioria dos imigrantes não se enquadra em nenhuma dessas categorias, e está errado classificá-los dessa forma. A maior parte, inclusive aqueles que se encontram no país na clandestinidade,[4] é composta de pessoas normais fazendo o máximo que podem para cuidar de suas famílias.[5] Os cristãos em particular devem ser os últimos a permitir que a retórica exagerada instile dentro deles um espírito mesquinho e hostil. Em uma infinidade de textos bíblicos, Deus instrui os cristãos a terem compaixão do pobre, do marginal e do estrangeiro, além de providenciarem que eles recebam uma assistência real e concreta.

A hostilidade com relação ao estrangeiro – identificado como o "outro" – tem sido extremamente comum no decorrer da história. Por causa de todo o discurso de ódio empregado contra os imigrantes, alguns descartam qualquer abordagem conservadora com relação às políticas de imigração, como se fosse, na melhor das hipóteses, egoísta e cruel e, na pior delas, xenofóbica e racista. Embora esse seja o caso em alguns momentos, aqueles que fazem essas acusações de forma indiscriminada devem se dispor a refletir sobre as preocupações legítimas de muitos norte-americanos. É fácil demais "assumir uma postura de dono da verdade" e desprezar a cautela quanto a políticas mais abertas

---

3　Redação *TIME*, "Read the Sermon Donald Trump Heard Before Becoming President", *TIME*, 20 de janeiro de 2017. Disponível em: http://time.com/4641208/donald-trump-robert-jeffress-st-john-episcopal-inauguration/. Acesso em: 30 abr. 2020.

4　Neste ensaio estou usando as palavras "ilegais", "clandestinos" e "irregulares" como sinônimas.

5　A intenção não é apoiar a entrada ilegal de pessoas no país, nem ignorar o perigo que a imigração tem o potencial de trazer, mas sim observar a imprecisão de retratar a totalidade (ou mesmo a maioria) dos imigrantes como criminosos de alta periculosidade ou como terroristas.

210 ENGAJAMENTO CULTURAL

que muitos nos Estados Unidos apresentam por estarem preocupados com a situação atual. Embora os defensores das políticas conservadoras nem sempre expressem essas preocupações da melhor forma ou com níveis apropriados de compaixão, a posição conservadora sobre a imigração precisa ser entendida a partir de sua explicação mais adequada.

Muitos cristãos recorrem ao respaldo que a Bíblia dá para que os cidadãos respeitem as leis da terra, bem como para que o governo mantenha a ordem e proteja esses cidadãos. O grande respeito pelas leis do país é essencial para que a nação preserve a ordem (ainda que, obviamente, numa democracia as pessoas tenham algum poder de decisão quanto à aprovação dessas leis). O governo estabelece leis como o meio ordenado por Deus para proporcionar equilíbrio à sociedade. Como Michael Walzer afirmou, regulamentar a posição de membresia por meio da admissão e da exclusão é essencial para preservar "comunidades de caráter" – isto é, "associações humanas historicamente estáveis de homens e mulheres com algum compromisso especial um para com o outro e algum sentido especial da sua vida em comum".[6]

Assim como uma mãe deve cuidar primeiro dos próprios filhos, o país tem uma obrigação maior de cuidar de seus próprios cidadãos. Em outras palavras, se alguém aceita um conceito narrativo de personalidade, como o professor de Harvard Michael Sandel sugere, então "a nossa identidade como agentes morais tem um vínculo com a comunidade em que vivemos", logo temos "uma obrigação especial de zelar pelo bem-estar de nossos concidadãos em virtude da nossa história e da nossa vida em comum",[7] sem que isso signifique que os líderes e as políticas do governo devam ignorar ou tratar mal os imigrantes. Por analogia, devemos cultivar famílias estáveis e prósperas pelo fato de sermos cristãos, para que tenhamos condições de ser um abrigo no qual outras crianças na vizinhança possam ser recebidas e, por causa disso, que queiram visitar e até mesmo ser adotadas. A sociedade próspera – do mesmo modo que a família próspera – demonstra *ordem, solidariedade* e *prosperidade*.

Já que somos cristãos, somos chamados a falar com transparência moral para influenciar a formação de valores da política de imigração norte-americana. No entanto, se permitirmos que os grupos de interesse e os funcionários públicos dos dois lados dessa questão atrapalhem o diálogo por meio de caricaturas, teorias reducionistas e apelos que têm o propósito único de promover sua

---

6 Michael Walzer, *Esferas da justiça*: uma defesa do pluralismo e da igualdade (São Paulo: WMF Martins Fontes, 2003).

7 Michael Sandel, *Justiça*: o que é fazer a coisa certa? (Rio de Janeiro: Civilização Brasileira, 2015).

Imigração e raça **211**

base, o nosso senso de solidariedade e de estrutura será prejudicado, depredando o próprio lugar onde os imigrantes buscam refúgio. Portanto, não se deve usar o respeito à lei e a importância da solidariedade para perpetuar o sistema vigente, muito menos para justificar "soluções" que acabem separando filhos de seus pais, nem os textos bíblicos que promovem a compaixão pelo estrangeiro indicam que devemos abrir as fronteiras. Essas questões são bem mais complicadas do que isso.

A política eficaz é complicada

Na verdade, a situação é caótica. Por um lado, os Estados Unidos têm uma parcela de culpa. Como Darrell Bock observa, por todo esse período de aproximadamente trinta anos em que a política atual foi implantada, sua aplicação foi fraca e incoerente, e também muito "convidativa", até mesmo "incentivando as pessoas a virem e se estabelecerem".[8] Por causa disso, "várias gerações de pessoas estão morando em nosso país e permanecem em situação clandestina e ilegal, muitas vezes com o nosso consentimento inicial".[9] O que complica ainda mais a situação é o fato de não se ter estabelecido um procedimento claro e confiável para que os imigrantes obtenham a cidadania depois de já estarem nos EUA com um visto temporário. Quarenta por cento de todos os imigrantes em situação irregular entraram legalmente no país (como visitantes, estudantes ou trabalhadores temporários), mas não conseguiram renovar seu visto, de modo que escolheram ficar de forma ilegal.[10] Diante do modo sofrível como os EUA trataram suas políticas de imigração e do fato de que muitos imigrantes ilegais e suas famílias criaram raízes fortes no país há anos,[11] a simples deportação em massa de imigrantes não é uma opção viável, porque essa ação seria desumana.

---

8   Darrell L. Bock, *How Would Jesus Vote*: Do Your Political Positions Really Align with the Bible? [Como Jesus votaria: suas posições políticas realmente se alinham com a Bíblia?] (Nova York: Howard, 2016), p. 80.

9   Ibid.

10 Mark R. Amstutz, *Just Immigration*: American Policy in Christian Perspective [Apenas imigração: a política americana na perspectiva cristã] (Grand Rapids, EUA: Eerdmans, 2017), p. 3. Dos 11 milhões de estrangeiros morando nos Estados Unidos de forma ilegal, cerca de 40% chegaram com vistos legais, mas permaneceram depois do vencimento deles. Bryan Roberts; Edward Alden; John Whitely, *Managing Illegal Immigration in the United States*: How Effective Is Enforcement? [Administrando a imigração ilegal nos Estados Unidos: quão eficaz é a aplicação?] (Nova York: Council on Foreign Relations, 2014), p. 32.

11 O Pew Research Center afirma o seguinte: uma parcela cada vez maior de imigrantes ilegais já mora nos EUA há pelo menos uma década (66% dos adultos em 2014 em comparação com os 41% de 2005). Veja Krogstad, "5 Facts".

212 ENGAJAMENTO CULTURAL

Por outro lado, os conservadores levantam questões e preocupações legítimas. Por exemplo, será que os imigrantes tiram os nossos empregos e fazem com que nossos salários diminuam?[12] Se essa possibilidade tivesse um efeito negativo principalmente sobre a classe mais alta dos norte-americanos, então algumas pessoas poderiam ignorar esse apelo como simples ganância. No entanto, essa preocupação financeira é sentida com maior intensidade pelas famílias de classe mais baixa.

Além disso, a imigração clandestina levanta questões a respeito da nossa vulnerabilidade quanto a problemas de segurança nacional e outras atividades ilegais. Independentemente de quem sejam os imigrantes, da sua origem e do fato de apresentarem ou não alguma ameaça importante até o momento, é extremamente insensato e perigoso deixar que *qualquer pessoa* entre no país, diminuindo as restrições legais, se não tivermos a mínima ideia de quem ela é.

No afã de demonstrar compaixão pelos imigrantes que desejam morar nos Estados Unidos, não devemos deixar de levar em conta nossos concidadãos.

Indo além da simples citação de referências bíblicas

Embora a fé cristã não estipule instruções políticas específicas para a sociedade ocidental do século 21, ela não deixa de apresentar "perspectivas ideais, critérios amplos, motivações, inspirações, sensibilidades, avisos e limites morais"[13] que podem ajudar na análise das questões públicas, além de inspirar e orientar o que deve ser feito. Em vez de tentar justificar alguma política de imigração específica com passagens bíblicas, em uma tentativa de revestir um tipo determinado de

---

12 Não se chegou a um consenso sobre se os imigrantes realmente tiram os postos de trabalho e forçam os salários para baixo. Dois conservadores, David Brooks e Reihan Salam, acham que não. No entanto, Mark Amstutz, embora reconheça que há controvérsias, acredita que isso acontece e acrescenta que a maior parte dos especialistas de fato concorda que "os benefícios econômicos da imigração ilegal acabam sendo direcionados de forma desproporcional para os cidadãos com maior poder aquisitivo". Veja Amstutz, *Just Immigration*, p. 68. Os imigrantes, acima de tudo, independentemente da sua situação jurídica, estão espalhados por setores variados, e não constituem a maioria dos trabalhadores em nenhum setor da indústria dos EUA. Os imigrantes em situação regular têm mais chance de trabalhar em postos profissionais, administrativos, de negócios ou da área financeira (37%), ou como prestadores de serviço (22%). De forma diferente, os imigrantes ilegais geralmente trabalham na prestação de serviços (32%) ou na construção civil (16%) e têm uma participação maior na agropecuária (26% de todos os trabalhadores nos EUA) e na construção civil (15% de todos os trabalhadores norte-americanos). Os imigrantes ilegais são responsáveis por somente 5% do total da força de trabalho dos Estados Unidos. Veja Krogstad, "5 Facts".

13 John C. Bennett, *Foreign Policy in Christian Perspective* [Política internacional na perspectiva cristã]. (Nova York: Charles Scribner's Sons, 1966), p. 36.

Imigração e raça **213**

lei com a autoridade divina, é mais importante contribuir para o debate com critérios morais e valores importantes. Como David Brooks sugere, a melhor abordagem quanto à política de imigração consiste em reconhecer a necessidade de um realismo equilibrado: "Não existe uma resposta única e correta para as grandes questões políticas. Pelo contrário, a política geralmente é um conflito entre duas ou mais posturas, tendo cada uma delas um ângulo da verdade. Às vezes, as restrições à imigração devem ser diminuídas para que se tragam pessoas novas e um novo dinamismo, e em outras ocasiões elas devem ser maiores, para garantir a união nacional. A administração dessa questão consiste em determinar qual ponto de vista é mais necessário no momento. A política se desenvolve de forma dinâmica, porque nenhum debate pode ser resolvido definitivamente".[14]

Temos que buscar a melhoria da legislação atual com uma mente mais aberta, com palavras bem-escolhidas e com mais consciência da realidade cultural, histórica e política – reconhecendo que os interesses legítimos dos dois lados da questão precisam ser equilibrados e levados em conta. Em resumo, "uma época como esta" pede prudência teológica, em vez do disparo de uma série de passagens bíblicas para apoiar determinada política. A ordem do dia é ouvir com empatia, em vez de empregar uma retórica inflamada. Os cristãos que se preocupam com as abordagens mais liberais quanto à imigração têm a obrigação de encontrar maneiras adequadas de comunicar o amor de Deus pelas pessoas vulneráveis e vítimas da injustiça, sejam elas estrangeiras ou cidadãs do nosso país.

Joshua Chatraw (doutor em filosofia pelo Seminário Batista do Sudeste) trabalha como diretor do New City Fellows e como teólogo residente na Igreja Episcopal da Santíssima Trindade, em Raleigh, Carolina do Norte, Estados Unidos. Entre os seus livros se encontram *Apologetics at the Cross* [A apologética da cruz], *Truth in a Culture of Doubt* [A verdade em meio à cultura da dúvida] e *Truth Matters* [A verdade é importante]. Ele é membro do Centro de Pastores Teólogos e já ocupou várias posições pastorais e acadêmicas durante o seu ministério.

---

14 David Brooks, "What Moderates Believe", *The New York Times*, 22 de agosto de 2017. Disponível em: https://www.nytimes.com/2017/08/22/opinion/trump-moderates-bipartisanship-truth.html?mcubz=0. Acesso em: 1º maio 2020.

PERGUNTAS PARA DISCUSSÃO

1. Como Fields aponta em seu artigo, muitos afrodescendentes ainda encontram alguma dificuldade para aceitar a autoridade da Bíblia devido ao modo como ela foi usada como instrumento de opressão. Em seu ensaio, Chatraw afirma o quanto é improdutivo simplificar demais e lançar referências bíblicas de forma precipitada com o propósito de defender posturas políticas quanto às leis de imigração. Entendendo o dano causado pelos senhores de escravos com o uso equivocado de versículos bíblicos, como a apresentação agressiva de passagens para fundamentar políticas de imigração pode prejudicar os imigrantes?

2. Miller afirma que o único modo de chegarmos a uma reconciliação quanto às questões raciais é colocar Cristo em primeiro lugar. Strickland discute a diferença entre o racismo estrutural e o racismo individual. Já que o racismo estrutural "não se expressa em ações ou palavras isoladas", como ele pode ser vencido "colocando Cristo em primeiro lugar"?

3. Em seu artigo, Dong e Lowe analisam as implicações bíblicas da hospitalidade e como Jesus exemplificou o amor pelos estrangeiros. De que modo a noção de hospitalidade influencia as questões do racismo individual e estrutural discutidas no artigo de Strickland?

4. Em seu artigo, Miller chega à conclusão de que os Estados Unidos não se tornaram um país "pós-racial", apesar de grande parte das pessoas ter acreditado que a eleição do presidente Barack Obama levaria a essa reconciliação. Em seguida, o artigo de Chatraw analisa as posturas polarizadas dos cristãos sobre a imigração e o prejuízo que foi causado por essa polarização. Como esse antagonismo quanto às posturas sobre a imigração influenciou o conflito racial norte-americano?

5. Dong e Lowe afirmam que 88% dos evangélicos "dizem que a mídia, a família, os amigos e o contato que já tiveram com imigrantes os influenciam mais sobre essa questão do que a Palavra de Deus". Ao mesmo tempo, tanto Fields como Chatraw analisam o dano que o uso inadequado da Bíblia

causou nas relações raciais e no debate a respeito da política de imigração. Como alguém pode evitar tanto o extremo de ignorar as Escrituras por um lado quanto o outro extremo de abusar das Escrituras em favor de seus interesses pessoais?

6. Dong e Lowe se referem ao grande número de povos não alcançados nos EUA por causa da imigração e à oportunidade que essa situação apresenta para a evangelização. Como pode alguém com uma postura diferente sobre a imigração responder à afirmativa de que um número maior de imigrantes traz mais oportunidades de evangelização e de renovação da Igreja? Como você acha que Dong e Lowe reagiriam a esse questionamento?

7. Fields analisa como "movimentos de origem racista geralmente darão frutos racistas". Unindo essa análise com a reflexão de Strickland sobre o racismo individual e estrutural, como a existência de igrejas com predominância branca ou negra, como foi citado por Miller, foi impactada pelas raízes racistas e pelo racismo individual e estrutural?

8. Chatraw explica o problema de usar uma retórica irrefletida ao se referir ao imigrante usando termos como "criminoso", "terrorista" ou "parasita". Como a análise de Miller sobre a idolatria pode explicar essa hostilidade interior que muitos cristãos parecem cultivar com relação aos imigrantes?

9. Dong e Lowe analisam a necessidade de que nos envolvamos no "ministério prático" com os imigrantes, enquanto Fields escreve que "não existe reconciliação sem confissão". Como se pode integrar o apelo de Fields para a confissão ao incentivo de Dong e Lowe para se engajar no ministério prático?

10. Chatraw descreve um histórico longo e complexo de "hostilidade com relação ao estrangeiro". Com esse passado preocupante em mente, bem como a afirmativa de Strickland de que o racismo estrutural "pode ser perpetuado de forma inconsciente", será que é coerente ter alguma esperança de reconciliação? Em caso afirmativo, como esses dois obstáculos podem ser transpostos com esperança?

Capítulo 8

A CRIAÇÃO E O CUIDADO DAS CRIATURAS

A Bíblia diz claramente que Deus declarou que sua criação era "muito boa" (Gênesis 1:31) e ordenou que o homem "dominasse" sobre as outras criaturas (Gênesis 1:28), colocando-o na terra para "cuidar" dela e "cultivá-la" (Gênesis 2:15). O que não ficou tão claro com o desenrolar da história humana desde a queda é como seriam esse domínio e esse cuidado. Assim como esse domínio (ou "governo", como outras versões traduzem) que os seres humanos exercem uns sobre os outros por meio de governos diferentes e contratos sociais varia bastante, o nosso entendimento sobre como os cristãos devem administrar a criação também varia muito. O conflito entre o cuidado e o controle do homem sobre a criação reflete outro conflito paralelo entre a benignidade de Deus com relação à humanidade e a soberania que ele exerce sobre nós. Entretanto, com a entrada do pecado no mundo, o plano de Deus para o relacionamento entre o ser humano e o restante da criação, como todas as outras coisas, foi afetado pela queda. Um especialista explica que a "harmonia original da criação" foi rompida em três níveis: entre o homem e a mulher, entre o homem e os animais e entre o homem e a terra, ou o solo.[1]

A tradição cristã a respeito do cuidado da criação não foi influenciada somente pela Bíblia, mas também por duas escolas filosóficas pagãs que antecedem o cristianismo. A primeira influência foi o neoplatonismo, caracterizado por um dualismo que separa o ser humano do restante da criação de um modo que vai além das consequências claras da *imago Dei* e dos privilégios que a esfera espiritual tem sobre a esfera material e física. A segunda escola de pensamen-

---

1 Ellen Davis, *Getting Involved with God*: Rediscovering the Old Testament [Envolvendo-se com Deus: redescobrindo o Antigo Testamento] (Cambridge: Crowley, 2001), p. 74.

218 ENGAJAMENTO CULTURAL

to que também teve alguma influência veio do aluno de Platão, chamado Aristóteles, que, em vez do dualismo, abraçou uma visão hierárquica de toda a criação. Ele via toda essa criação como uma "escada da natureza", ou, como foi chamada posteriormente, a Grande Cadeia do Ser,[2] que posiciona cada categoria de coisas criadas dentro de uma hierarquia baseada na complexidade e na capacidade de raciocínio de cada ser: Deus, anjo, humanidade, plantas, rochas, com subcategorias incontáveis entre eles. O problema com esses dois conceitos, se eles não forem domados por uma estrutura bíblica, é que eles são essencialmente antropocêntricos em vez de teocêntricos.

O entendimento cristão sobre o relacionamento entre o Criador e a criatura – a crença de que Deus criou o mundo a partir do nada e existe acima e independentemente dele –, por sua vez, levou a um modo de pensar sobre o relacionamento da humanidade com o mundo natural que fugiu completamente daquele que os filósofos pagãos imaginavam. James Hannam explica que nem os filósofos gregos nem os cristãos primitivos estudavam a natureza como um fim em si mesma. Os primeiros estudavam a natureza como uma extensão da filosofia natural e, os últimos, como um meio para entender Deus e a teologia.

> Os cristãos medievais não estavam evoluindo rumo à ciência do modo como a conhecemos nos dias de hoje. Eles só estavam estudando a criação de Deus para que pudessem se tornar cristãos e teólogos melhores. Nesse sentido, sua motivação para praticar a ciência não era diferente das épocas anteriores. A única diferença foi que o cenário metafísico do cristianismo acabou levando de forma inédita a um entendimento bem-sucedido sobre a maneira como a natureza funciona.[3]

Muitos especialistas atribuem a esse entendimento cristão inédito sobre o relacionamento de Deus com a criação – e, por consequência, da humanidade com a criação – o início do raciocínio empírico e, posteriormente, da ciência moderna. Com a era científica moderna veio um domínio sobre a criação – desde a dimensão microscópica até a telescópica, do nível nuclear até o nível galáctico – que os antigos dificilmente poderiam ter imaginado. Além disso,

---

2   Para mais detalhes sobre a história da Grande Cadeia do Ser, veja Arthur O. Lovejoy, *A Grande Cadeia do Ser* (São Paulo: Palíndromo, 2005).

3   James Hannam, "How Christianity Led to the Rise of Modern Science", *Christian Research Journal*, v. 3, n. 4 (2015). Disponível em: https://www.equip.org/article/christianity-led-rise-modern-science/. Acesso em: 1º maio 2020.

A criação e o cuidado das criaturas **219**

com as maravilhas operadas por esse conhecimento e essa tecnologia também surgiu um potencial maior de trazer dano global para a criação. Esse potencial de dano se tornou mais dramático durante a Era Industrial e com a destruição em massa das guerras mundiais que se seguiram.

Por milênios, o ser humano encarou o mundo natural e o sobrenatural com superstições e filosofias humanistas. A difusão do cristianismo ajudou a impulsionar um relacionamento de domínio sobre a criação que, ao mesmo tempo que diminuiu radicalmente as doenças, a dor e o sofrimento, acabou aumentando a destruição ambiental e o sofrimento dos animais no final do século 20 e no início do século 21. Isso levou muitas pessoas a começar um questionamento sobre até onde deve ir esse domínio e qual o seu preço. Por exemplo, algumas pessoas podem afirmar que a agropecuária industrial e a escravidão humana surgiram de visões extremistas de domínio sobre a terra – e trouxeram o fruto amargo de grande sofrimento.

Em 1966, o historiador Lynn White ministrou a famosa palestra (que posteriormente foi publicada) "As raízes históricas da nossa crise ecológica", na qual afirmou que o cristianismo (que ele chama de "a religião mais antropocêntrica que o mundo já viu") foi a causa da crise ecológica. Desde a divulgação desse argumento histórico, muitos pensadores, cientistas e teólogos cristãos de renome (inclusive Francis Schaeffer, John Stott e Richard Bauckham)[4] tentaram reafirmar e desenvolver um entendimento bíblico mais detalhado sobre a administração da criação, apresentando um conceito menos antropocêntrico e mais teocêntrico.

No ensaio principal desta seção, Jonathan A. Moo afirma que as questões relacionadas às mudanças climáticas oferecem aos cristãos a oportunidade inédita de demonstrar o plano de Deus para o mundo natural e para a nossa interação com ele. Portanto, Moo lembra aos cristãos que, devido ao fato de sermos responsáveis diante de Deus por nossa administração da Terra, devemos reconhecer os desafios das mudanças do clima e exercer nosso poder para ajudar a diminuí-los. Depois, embora não discorde da teologia relatada no ensaio de Moo e reconheça a realidade e a complexidade da mudança climática, Timothy Terrell adverte os cristãos contra a precipitação de pedir uma intervenção

---

4 Francis Schaeffer, *Poluição e a morte do homem* (São Paulo: Editora Cultura Cristã, 2003); John Stott, *O discípulo radical* (Campinas: Edições Logos, 2014); Richard Bauckham, *Living with Other Creatures*: Green Exegesis and Theology [Vivendo com outras criaturas: exegese e teologia verdes] (Waco, EUA: Baylor University Press, 2011), p. 18.

220 ENGAJAMENTO CULTURAL

do governo nessa questão, explicando que os problemas do clima global são grandes e complexos demais para um governo nacional ou uma convenção de países assumir com serenidade.

O artigo de Joel Salatin desafia o cristão a ver como seu apoio à agropecuária industrial e à indústria de *fast-food* "desrespeita a vida". Ao priorizar a ordem de Deus na criação, servimos como administradores fiéis da criação e evitamos os riscos potenciais de saúde que vêm de desprezar os padrões ordenados por Deus. No outro lado da questão, Tom Pittman afirma que, ao contrário do senso comum, a agricultura orgânica não é mais sustentável ou saudável do que a agropecuária industrial e que esta alimenta um número maior de pessoas de forma mais eficiente, cuidando delas e do meio ambiente de uma maneira que liberta os indivíduos para seguir o chamado de Deus nos mais diversos campos.

Por fim, Christine Gutleben traz uma análise breve da Escritura, das tendências e declarações denominacionais e do engajamento histórico dos evangélicos no cuidado dos animais para apoiar sua afirmação de que os evangélicos patrocinam os movimentos e as organizações que promovem e incentivam esse cuidado.

A MUDANÇA CLIMÁTICA É UMA QUESTÃO CRISTÃ

Jonathan A. Moo

Por que discordamos quanto à mudança climática?

O cientista climático britânico Mike Hulme afirma que discordamos sobre a "mudança climática" porque se trata de uma questão que deixa de ser somente científica para também ser sociocultural.[1] Interpretamos a mudança climática de acordo com visões divergentes do mundo e do nosso lugar dentro dele. Para algumas pessoas, a mudança climática representa a maior ameaça à vida na Terra e tudo o que há de errado com a nossa sociedade industrializada e globalizada. Para outras, é uma questão secundária que tem sido supervalorizada pela mídia, pelos cientistas e pelos políticos que desejam ganhar dinheiro ou atenção. Para um terceiro grupo, ela não passa de um problema tecnológico que acabará sendo resolvido com mais avanços nessa área.

Independentemente da perspectiva que adotamos, a ideia da mudança climática se tornou uma parte inevitável da nossa cultura, o que é motivo suficiente para que um livro de engajamento cultural cristão lhe dê atenção. Mas existe outra razão pela qual ela é importante. A ideia de que os seres humanos podem desempenhar um papel que influencie a atmosfera de toda a Terra se tornou um exemplo dramático da inseparabilidade entre a cultura humana e a "natureza". Ela nos leva a questionar o que valorizamos e o papel e as responsabilidades da humanidade com relação ao mundo. Logo, a mudança climática representa mais do que apenas um desafio prático em potencial que exige uma resposta cristã esclarecida. Ela também concede uma oportunidade para desenvolver e praticar o significado de ver o mundo como criação de Deus com relação ao modo como nos relacionamos com Deus, com o próximo e com o restante do mundo natural.

---

1 Mike Hulme, *Why We Disagree About Climate Change* [Por que discordamos quanto à mudança climática] (Cambridge: Cambridge University Press, 2009).

222 ENGAJAMENTO CULTURAL

No que consiste a ciência da mudança climática?

Katherine Hayhoe, uma cientista climática norte-americana proeminente, que é cristã evangélica, sabe muito bem as divergências imensas que o seu trabalho acadêmico provoca entre as pessoas da sua fé. Portanto, ela geralmente lembra as pessoas que a ouvem da necessidade de separar a ciência da mudança climática dos debates políticos e ideológicos que envolvem o assunto.[2] Embora esses debates sejam necessários e importantes no que tange à interpretação da importância dos dados científicos e à decisão de como agir diante deles, os cristãos com muita frequência permanecem mergulhados em celeumas mal-informadas até mesmo sobre provas científicas em si. Os fatos por si mesmos não conseguem nos mostrar como agir, mas os cristãos têm que se preocupar com a propagação da verdade e com a tomada de decisões esclarecidas baseados nesses fatos. As Escrituras revelam uma criação maravilhosa e ordenada na qual Deus confere ao ser humano a responsabilidade importante de governar e cuidar da terra e das outras criaturas, e esse governo exige conhecimento e sabedoria.[3] Portanto, a capacidade de estudar e entender o mundo por meio da ciência é um dom que aperfeiçoa tanto a nossa observação da glória de Deus expressa pela criação quanto o nosso conhecimento sobre como viver fielmente. Assim como usamos a ciência médica para nos ajudar a saber como cuidar melhor da saúde física das pessoas, também temos que recorrer às ciências naturais e físicas para nos ajudar a entender como podemos cuidar da Terra e das pessoas que habitam nela.

O nosso entendimento sobre o clima da Terra cresceu bastante nas últimas décadas, embora já se compreenda a física básica há um bom tempo. O efeito estufa dos gases que mantêm o nosso planeta mais quente do que o normal foi descoberto há quase duzentos anos, e em 1896 o cientista sueco Svante Arrhenius calculou o possível impacto que o aumento da concentração desses gases poderia ter na temperatura global. No entanto, só bem recentemente os cientistas foram capazes de determinar de forma mais precisa qual a participação

---

2   Confira o blog dela, http://katharinehayhoe.com, e o livro que escreveu com Andrew Farley, *A Climate for Change*: Global Warming Facts for Faith-Based Decisions [Um clima de mudança: fatos sobre o aquecimento global para decisões baseadas nafé] (Nova York: FaithWords, 2009).

3   O fato de Adão ter dado nome aos animais no Éden (Gênesis 2:19-20) é um exemplo bem claro, apresentado logo no início da Bíblia, da necessidade de se conhecer as criaturas que a humanidade recebeu o mandato de governar, e o conhecimento do mundo natural fazia parte da sabedoria do rei Salomão: "Descreveu as plantas [...] os quadrúpedes, as aves, os animais que se movem rente ao chão e os peixes" (1Reis 4:33).

A criação e o cuidado das criaturas **223**

do aumento de gases do efeito estufa promovido pelo homem na gama ampla de outros fatores que também influenciam o clima na Terra. O resultado é um nível crescente da certeza de que o fator humano é altamente importante no aquecimento que o planeta vem sofrendo.

Quando os cientistas tentam reconstituir o clima do passado, eles descobrem que os cenários que incluem todas as variações conhecidas nos fatores "naturais" conferem quase exatamente com os dados observados. Entretanto, quando não se inclui o aumento de gases do efeito estufa na atmosfera causado pela atividade humana (principalmente a queima de combustíveis fósseis e a mudança do uso da terra desde a Revolução Industrial), torna-se impossível explicar o aquecimento recente da Terra. O dedo humano nas mudanças climáticas recentes, no derretimento do gelo do Polo Norte e na acidificação dos oceanos (que absorvem boa parte do dióxido de carbono que é emitido quando queimamos os combustíveis fósseis) se tornou incontestável. Os cientistas hoje têm um grau de certeza bem maior do que há alguns anos sobre o impacto que a atividade humana está causando no clima.[4]

De fato, o clima da Terra sempre mudou com o passar do tempo, em alguns momentos de maneira dramática. Portanto, mesmo que a atividade humana esteja desempenhando um papel importante na mudança climática atualmente, por que isso atrai tanto interesse? A razão principal é que o aquecimento do planeta que está acontecendo hoje e que se espera que continue por bastante tempo no futuro está chegando a um nível sem precedentes na história humana e promovendo efeitos de grande alcance e duração que se farão sentir com uma intensidade maior à medida que a Terra for se aquecendo cada vez mais. Alguns desses efeitos são benignos, mas, quando se considera o todo, um planeta que se aquece rapidamente apresenta riscos profundamente negativos para a sociedade humana e para toda a vida na Terra. Na verdade, mantendo-se a atual conjuntura, os desafios associados à mudança climática podem se tornar os

---

4   Para consultar uma introdução acessível sobre a mudança climática, veja o livro de Joseph Romm, *Climate Change*: What Everyone Needs to Know [Mudança climática: o que todos precisam saber] (Oxford: Oxford University Press, 2016); para uma introdução mais elaborada, veja o livro de John Houghton, *Global Warming*: The Complete Briefing [Aquecimento global: manual completo], 4ª ed. (Cambridge: Cambridge University Press, 2009). Para relatórios recentes resumindo a ciência da mudança climática e seus efeitos, veja os relatórios da IPCC em http://www.ipcc.ch; e, para um destaque no impacto sobre os Estados Unidos, D. J. Wuebbles et al., *Climate Science Special Report*: Fourth National Climate Assessment, Volume I [Relatório especial da ciência climática: quarta avaliação climática nacional, volume I] (Washington, D.C.: U.S. Global Change Research Program, 2017).

224 ENGAJAMENTO CULTURAL

mais importantes que enfrentaremos neste século. O fator mais desanimador é que, embora todos sejam afetados, a mudança climática prejudica de forma desproporcional aqueles que vivem nos países mais pobres, os que têm menos capacidade de se adaptar e que menos participaram da queima histórica de combustíveis fósseis.

Como os cristãos interpretam as mudanças climáticas?

O cristianismo bíblico proporciona uma interpretação diferenciada do que a ciência climática revela sobre o impacto da humanidade no clima. Por um lado, não é de se admirar que aqueles que são chamados a governar a criação como portadores da imagem de Deus (Gênesis 1:27-28; Salmos 8) e cujo destino está vinculado a toda a criação (Romanos 8:20-21) possam causar um efeito bem dramático na Terra. O fato de esse efeito ser negativo é uma característica triste de boa parte dos livros proféticos do Antigo Testamento, em que lemos frequentemente que a própria Terra e as outras criaturas sofrem por causa do pecado e da injustiça do homem (veja Isaías 24 e Oséias 4) – um tema que o apóstolo Paulo universaliza e aplica a toda a criação em Romanos 8:19-22.

Entretanto, podemos perguntar em que sentido a queima de combustíveis fósseis poderia ser pecado. Afinal de contas, com certeza é um presente o fato de haver energia armazenada nas profundezas da Terra, capaz de proporcionar (por algum tempo) um combustível barato e disponível de forma satisfatória para o progresso e o desenvolvimento humanos – inclusive a tecnologia que nos levou de forma indireta ao nosso conhecimento atual sobre o clima da Terra.

Nesse tópico, o cristianismo de fato deve reconhecer o grande bem que se pode alcançar pela criatividade e pela tecnologia humanas. Até mesmo Noé, o exemplo bíblico por excelência de alguém cuidando de outras criaturas na Terra e preservando-as, utilizou a tecnologia – uma arca – para salvar os animais. Em vez de demonizar a tecnologia, é melhor desenvolver uma postura bíblica que exponha as ambiguidades da cultura e da tecnologia humanas e que nos lembre que o poder pode ser usado para o bem e para o mal, e que até mesmo atividades potencialmente benignas podem se tornar pecaminosas quando exercidas de forma descontrolada e negligente. Para cada arca de Noé existe uma Babel; para cada Nova Jerusalém existe uma Babilônia. A questão que enfrentamos, à luz do que agora sabemos sobre o impacto das nossas ações, é o que se espera de nós como seguidores de Cristo na época e no mundo em que vivemos.

Como o cristão deve reagir às mudanças climáticas?

O cristianismo bíblico nos capacita a questionar as premissas da nossa cultura sobre o que é bom, a ir além da rotina e a imaginar maneiras alternativas de viver neste mundo. De modo mais importante, os seguidores de Jesus buscam ouvir seu chamado de amar a Deus e de amar o próximo como a si mesmos (veja Marcos 12:30-31). Amar a Deus necessariamente envolve amar e zelar bem pela criação diversificada que ele fez, à qual dá tanto valor e pela qual nos deu tamanha responsabilidade. Amar o próximo inclui o nosso cuidado pelo mundo do qual fazemos parte e a nossa atenção quanto ao modo como o que fazemos coletivamente influencia a capacidade de outras pessoas viverem e prosperarem. As exigências bíblicas de justiça (veja Isaías 1:17; Miqueias 6:8) e de igualdade (2Coríntios 8:13-14) indicam que aqueles entre nós que se encontram nos países desenvolvidos mais beneficiados pela queima de combustíveis fósseis têm que estar mais dispostos a seguir o exemplo de Cristo e assumir sacrifícios pelos nossos vizinhos globais. Com certeza, não há desculpa para buscar simplesmente proteger nosso estilo de vida se isso contribuir para o sofrimento dos outros.

Para aqueles que estão sendo renovados em Cristo à imagem do seu Criador (Colossenses 3:10), as virtudes cristãs tradicionais, como a prudência, a justiça, a temperança, a coragem e, acima de tudo, a fé, a esperança e o amor devem ser cultivadas de novas maneiras em um mundo que enfrenta a mudança climática antropogênica – isto é, causada pela ação humana. As pessoas, as igrejas e as comunidades precisam apoiar e promover de forma ativa as tecnologias, as iniciativas e as políticas que visam reduzir essas mudanças e promover adaptação e resiliência. Parte desse apoio também deve incluir o ativismo e o envolvimento no caos político, espaço em que são tomadas decisões importantes com consequências extremamente amplas, porém o cristianismo bíblico questiona narrativas totalitárias e promove a humildade de aceitar que sempre sabemos menos do que imaginamos. Independentemente das circunstâncias, ele nos desafia a nos posicionarmos ao lado do oprimido, do pobre e do fraco – e, infelizmente, as crises de refugiados que possivelmente surgirão das mudanças climáticas trarão oportunidades suficientes para que o cristão encontre maneiras práticas de amar seus vizinhos globais. Exatamente pelo fato de que o cristianismo limita a transcendência ao próprio Deus, ele leva a um pragmatismo que nega se curvar a qualquer ideologia ou política econômica

226 ENGAJAMENTO CULTURAL

com relação ao meio ambiente, mas busca imaginar como o Reino de Deus pode ser implantado aqui e agora, enquanto sempre coloca sua esperança final em Deus por meio de Cristo.

Portanto, o cristianismo bíblico faz um apelo para que promovamos uma avaliação realista da nossa capacidade e do nosso papel na criação. Reconhecendo de forma humilde os limites do nosso conhecimento e do nosso poder, cumprimos nossa missão no tempo que nos é concedido, de modo que preserve e sustente a resiliência dinâmica da criação, o seu clima hospitaleiro, o seu mosaico de cenários em transformação e as criaturas com as quais convivemos neste mundo, inclusive todos os nossos irmãos e irmãs da família humana. O nosso grande exemplo é o próprio Cristo, que não nos demonstra somente o que realmente significa ser portador da imagem de Deus, amar e se sacrificar, mas aquele que, por se fazer carne e por ter ressuscitado, se vincula à criação e traz a reconciliação e a restauração ao mundo, que nunca poderíamos trazer com a nossa própria capacidade.

Jonathan Moo (doutor em filosofia pela Universidade de Cambridge) é professor assistente de Novo Testamento e de estudos ambientais na Universidade Whitworth, em Spokane, Washington, Estados Unidos. Ele já publicou vários ensaios e livros, sendo coautor das obras *Let Creation Rejoice* [Que a criação se alegre] e *Creation Care: A Biblical Theology of the Natural World* [Cuidado com a criação: uma teologia bíblica do mundo natural].

A NECESSIDADE DE CAUTELA AO DEFENDER POLÍTICAS PARA LIDAR COM AS MUDANÇAS CLIMÁTICAS

Timothy D. Terrell

A ciência climática é complexa, e o nosso modo de entender o que se passa com a atmosfera do planeta vai se transformando à medida que se disponibilizam novas informações e novos métodos de previsão. Portanto, o cristão deve adotar uma postura cuidadosa e humilde sempre que entrar em qualquer pesquisa ou discussão sobre esse tema.

Ao tentar discorrer sobre essas questões, o cristão deve lutar pela integridade e honestidade no processo científico e pela justiça aliada à sabedoria na elaboração das políticas pertinentes a essa área. É adequado fazer um apelo para que a sociedade se arrependa da negligência em assumir sua responsabilidade e da violação dos direitos dos nossos vizinhos. Também temos que insistir para que todas as políticas públicas sigam um processo que reconheça as limitações e a falibilidade moral humanas e ainda respeite as outras instituições sociais e as outras esferas de autoridade. Devemos questionar as políticas que aumentam a sobrecarga do pobre e daquele que não tem quem o ampare.

Ética, administração e a questão do clima

Não se faz uma boa política somente com boas intenções. Geralmente, a resposta do governo a um problema ambiental notório é planejada sem as melhores informações sobre as causas ou sobre os efeitos desse processo. Infelizmente, muitas vezes os cristãos que se envolvem na política ambiental trazem mais confusão do que clareza, e geralmente não dão a devida atenção aos problemas relacionados à legislação ambiental. Uma administração sábia consiste em ser capaz de tomar decisões sensatas sobre os vários usos do mundo natural, e o pensamento cristão sobre o assunto foi frequentemente bem vago a respeito de como essas escolhas devem ser feitas.

O enfrentamento de perdas e ganhos nas políticas que visam lidar com as mudanças climáticas é inevitável. Como avaliamos os custos da redução da

228 ENGAJAMENTO CULTURAL

emissão de poluentes dos nossos processos de produção e consumo diante dos custos de adaptação? Além disso, já que a legislação governamental e o mercado têm seus próprios problemas e limitações, devemos pensar com cuidado sobre a escolha entre as duas coisas. A reflexão sobre qual deve ser a ação governamental e a avaliação dos possíveis impactos das várias estratégias consideradas devem fazer parte da elaboração ética de políticas nessa área.

A ética e os limites do governo

A função principal do governo é promover a justiça – punir aqueles que fazem o mal e honrar aqueles que fazem o bem (Romanos 13:4; 1Pedro 2:14). A justiça bíblica se resume a aplicar a lei de Deus de forma coerente (Ezequiel 18:5-9; João 5:30). Quando a ação humana sobre o meio ambiente viola claramente o direito de alguém, a resposta governamental deve reconhecer os princípios da justiça bíblica, entre os quais figuram o julgamento adequado (por exemplo, Deuteronômio 19:15-19; Mateus 18:15-17), a imparcialidade (Levítico 19:15), a proporcionalidade (Êxodo 21) e os direitos à vida e à propriedade individual (Êxodo 20:13-15; Atos 5:4). Pode ser bem difícil aplicar esses princípios nos locais onde a mudança ambiental está acontecendo. As pessoas que não acreditam em políticas efetivas para lidar com as alterações climáticas podem propor os seguintes questionamentos:

Até que ponto as mudanças climáticas podem ser atribuídas à atividade humana em vez de às alterações naturais?[1]

As mudanças climáticas podem beneficiar algumas pessoas (por exemplo, por meio de estações de cultivo maiores ou custos menores de aquecimento artificial) enquanto prejudicam outras. Quem é lesado, quem é beneficiado e a quem precisamente se atribui a culpa ou o mérito?

É justo impor sanções e restrições rigorosas a uma pessoa por causa de teóricos prejuízos futuros de dimensão incerta para os quais ela (com bilhões de outras pessoas) pode estar contribuindo?

É proporcional impor políticas que, por exemplo, exijam que uma família composta em média de quatro pessoas abdique de uma renda de 1.200 dóla-

---

1   David R. Legates; G. Cornelis van Kooten, "A Call to Truth, Prudence, and Protection of the Poor 2014: The Case against Harmful Climate Policies Gets Stronger", *The Cornwall Alliance for the Stewardship of Creation*, setembro de 2014. Disponível em: https://cornwallalliance.org/landmark-documents/a-call-to-truth-prudence-and-protection-of-the-poor-2014-the-case-against-harmful-climate-policies-gets-stronger/. Acesso em: 1º maio 2020.

res por ano e se arrisque a perder o emprego por uma redução de 0,02 °C na temperatura média global no final do século?[2]

Os ricos nos países industrializados têm o direito de dizer a uma família pobre em um país em desenvolvimento que disponibilizar a eletricidade que transforma e até salva a sua vida é arriscado demais?

Fica óbvio também que o governo é somente uma dentre as várias instituições sociais, e que ele deve respeitar a esfera familiar, a esfera eclesiástica e a esfera individual. Esses limites são uma espécie de proteção divina contra a tendência governamental à corrupção. Antes de confiar a esse governo uma nova atribuição de cuidar de um problema ambiental reconhecido, devemos nos perguntar: "Como isso pode interferir nas outras esferas de autoridade social?". Isso se verifica até mesmo (e talvez em especial) quando o governo parece ser a única instituição social suficientemente capaz de lidar com o problema. A natureza decaída da humanidade pode precisar de governo, mas até o próprio governo é influenciado pelo pecado. Quanto mais uma instituição governamental recebe a capacidade de coerção, mais cautela deve haver quanto a aumentar ainda mais o seu poder e o seu alcance.

A ética e as consequências dessas políticas

Embora as políticas que diminuem a emissão de dióxido de carbono atraiam as pessoas que se preocupam com as mudanças climáticas, existem muitos problemas. Os alvos dessa redução de emissão são estabelecidos por pessoas com uma tendência de ser mais influenciadas pela política vigente do que pelo que é melhor para a população. Por exemplo, diminuir o uso do carvão se traduz em um lucro significativo para outras soluções energéticas – principalmente para o gás natural. O apoio de algumas empresas à intervenção política pode ser um esforço dissimulado de afastar a concorrência e, em alguns casos, o processo de pesquisa científica que acaba influenciando a decisão daqueles que definem as políticas públicas pode ser corrompido.[3] Essa acaba sendo uma péssima receita para uma política sábia e ética.

---

2 Ibid.

3 Ross R. McKitrick, "Bias in the Peer Review Process: A Cautionary and Personal Account", em *Climate Coup* [Golpe climático], ed. Patrick J. Michaels (Washington, D.C.: Cato Institute, 2011). Disponível em: http://rossmckitrick.weebly.com/uploads/4/8/0/8/4808045/gatekeeping_chapter. pdf. Acesso em: 1º maio 2020.

230 ENGAJAMENTO CULTURAL

O mais complicado é que já constatamos que os resultados das políticas equivocadas com relação às mudanças climáticas podem ser devastadores para as pessoas mais pobres e mais carentes do planeta. As políticas que fazem o preço da energia subir – particularmente o custo da energia elétrica confiável – podem retardar a saída da pobreza das nações mais miseráveis do planeta. Bem mais do que 1 bilhão de pessoas vive sem eletricidade por todo o mundo e, de acordo com a Organização Mundial de Saúde, "cerca de 3 bilhões de pessoas cozinham e aquecem suas casas utilizando fogueiras e simplesmente fogões que queimam biomassa (madeira, excrementos animais e resíduos agrícolas) e carvão".[4] Cerca de 4 milhões de mortes por ano – na maior parte de mulheres e crianças – vêm de doenças respiratórias e outros problemas causados por essas fogueiras para a preparação de alimento. Além disso, a procura e o transporte de combustível para essas fogueiras significam um tempo menor para obter educação ou trabalho para o sustento, que trariam melhores condições de vida. A OMS também indica que, quando o acesso à eletricidade é limitado, as pessoas pobres recorrem a lâmpadas de querosene e outras fontes de iluminação que têm o risco potencial de queimadura e envenenamento. Será que uma política que cria tanta sobrecarga por um benefício incerto combina com o mandamento de "amar o próximo" (Marcos 12:31)?

O impacto das políticas climáticas sobre a qualidade do meio ambiente pode não ser positivo quando se leva em conta o efeito cascata. "As pessoas acabam derrubando as nossas árvores devido à falta de eletricidade", observou Gordon Mwesigye, de Uganda. "O nosso país acaba perdendo o seu *habitat* selvagem, bem como os benefícios para a saúde e a economia decorrentes da energia elétrica abundante."[5]

Em longo prazo, a busca do crescimento econômico pode trazer uma redução na emissão de muitos poluentes. Uma economia pobre que se encontra em processo de desenvolvimento pode gerar níveis maiores de poluição, mas acabará chegando a um estágio em que um maior crescimento econômico estará vinculado a uma redução na poluição. Por exemplo, um estudo indicou que no momento em que uma economia alcança um nível de renda *per capita* entre

---

4   "Household Air Pollution and Health", Organização Mundial de Saúde, 8 de maio de 2018. Disponível em: http://www.who.int/mediacentre/factsheets/fs292/en/. Acesso em: 1º maio 2020.

5   Roy Spence; Paul Driessen; E. Calvin Beisner, "An Examination of the Scientific, Ethical, and Theological Implications of Climate Change Policy", *Interfaith Stewardship Alliance* (2005), p. 10-11. Disponível em: https://www.cornwallalliance.org/docs/an-examination-of-the-scientific-ethical--and-theological-implications-of-climate-change-policy.pdf. Acesso em: 1º maio 2020.

A criação e o cuidado das criaturas **231**

6.200 e 16.100 dólares, o maior crescimento econômico tende a se vincular a um nível menor de emissão de dióxido de enxofre.[6] Para o dióxido de carbono, o ponto de mudança parece ser mais alto do que o das outras emissões – entre 37 mil e 57 mil dólares. O mundo em desenvolvimento ainda precisa percorrer um longo caminho para chegar a esse nível e, por causa disso, as estimativas de mudança climática estão associadas ao grau de crescimento econômico que acontece nesses países. Uma diminuição nessas taxas de crescimento resultante de alguma alteração nas políticas de mudança climática e em outras políticas ambientais pode fazer com que uma economia permaneça em um estágio de desenvolvimento com um maior nível de pobreza, resultando em uma emissão maior de dióxido de enxofre, de partículas e de outros poluentes do ar e da água – isso sem mencionar os outros perigos da situação de pobreza. Como o economista Cornelis Van Kooten apontou: "Para diminuir as mudanças climáticas, é preciso forçar a maioria da população mundial a continuar vivendo em um estado de pobreza abjeta. A prevenção das mudanças climáticas não ajuda os pobres, ela lhes tira as condições de vida. A pobreza simplesmente mata mais do que o clima".[7]

Uma proposta bíblica para as políticas climáticas

Embora a ciência climática esteja em franco desenvolvimento, devemos nos basear em alguns princípios que não dependem da identificação das causas ou da extensão da mudança climática global. Em primeiro lugar, como acabamos de observar, o uso do poder do governo deve ser fundamentado em princípios bíblicos de justiça, respeitando seus limites em relação às questões ambientais ou a outros problemas sociais. Além disso, as políticas quanto às mudanças climáticas são passíveis de distorção pela troca de favores políticos e por vieses no processo científico, portanto um ceticismo equilibrado é necessário quando se avalia as várias propostas políticas. Por último, é sempre necessário observar as consequências quando se tenta abordar a mudança climática em longo prazo, como o efeito cascata em outros problemas ambientais e o prolongamento da pobreza mundial.

---

6 Bruce Yandle; M. Bhattarai; M. Vijayaraghavan, "Environmental Kuznets Curves: A Review of Findings, Methods, and Policy Implications", PERC Research Studies RS-02–1a (Bozeman, EUA: Property and Environment Research Center, 2004).

7 Legates and Kooten, "A Call to Truth", p. 47.

232 ENGAJAMENTO CULTURAL

O pensamento cristão quanto a esse tema deve ser fruto da aplicação consistente e robusta da nossa fé. Deve reconhecer nossas responsabilidades de administrar com sabedoria nossos recursos, amar nossos vizinhos e "nos lembrarmos dos pobres" (Gálatas 2:10), além de admitir as limitações do nosso conhecimento e a realidade da nossa natureza decaída sem deixar de confiar na soberania do bom Criador.

Timothy Terrell (doutor em filosofia pela Auburn University) detém a Cátedra T. B. Stackhouse de Economia no Wofford College. Ele é membro sênior do Instituto Mises e trabalha na equipe editorial do *Quarterly Journal of Austrian Economics*. Sua pesquisa inclui obras sobre a regulamentação ambiental, os direitos de propriedade e a ética dos sistemas de mercado.

DEUS SE IMPORTA COM OS ANIMAIS — E NÓS TAMBÉM

Joel Salatin

Como ambientalista cristão, eu me coloco no cabo de guerra entre os adoradores da criação que demonizam a direita religiosa pelo seu suposto ódio pelo meio ambiente e os adoradores do Criador que debocham daqueles que "abraçam as árvores". Embora isso provavelmente seja um pouco exagerado, sempre tenho a impressão de me colocar em um impasse entre os cristãos conservadores ampliando o seu domínio, com a exceção dos bebês humanos, e os ambientalistas elevando a conservação, exceto dos bebês que ainda não nasceram.

Há muitos anos me pediram para que eu ajudasse a editar um protocolo de defesa dos animais para um grupo ativista chamado Humane Society of the United States (uma sociedade em favor do tratamento humano dos animais). Quando observei que eles achavam desumano abortar um embrião de bezerro depois do segundo trimestre de gravidez, eu fiz uma anotação na margem dizendo que nenhum de seus autores classificava o aborto de um bebê com tempo equivalente de gestação como desumano. Isso causou certa agitação e nunca mais pediram a minha opinião sobre nenhum assunto. A comunidade cristã fica sem palavras diante desse tipo de hipocrisia.

Da mesma forma, quando cristãos param em um McDonald's ou outra rede de *fast-food* para comer um hambúrguer a caminho de uma manifestação pró-vida, a comunidade secular também fica sem palavras diante da sua hipocrisia. Para os ambientalistas, esse tipo de restaurante representa paradigmas escandalosos de desrespeito à vida. Eles acham que associar as duas coisas é igual e indescritivelmente hipócrita.

Usando as palavras clássicas de Jesus, vamos dar uma olhada na viga em nossos olhos antes de criticar o cisco no olho dos outros. Não é possível fazer nada a respeito da hipocrisia deles, mas podemos tomar providências quanto à falsidade de nossas ações. Vamos começar com uma afirmação bem ampla: Deus é o nosso Senhor e é dono do mundo, do universo e de todas as coisas. Tudo pertence a ele.

Por que esse mundo existe? Nem faço ideia da infinidade de pensamentos na mente de Deus, mas sugiro que uma dessas razões é nos trazer uma lição

234 ENGAJAMENTO CULTURAL

espiritual. Nem eu nem você podemos ver Deus ou o restante do mundo espiritual, mas a criação nos traz um cenário prático maravilhoso no qual se pode apresentar a verdade espiritual. Ela começa em Gênesis, com Deus criando a ordem a partir do caos. Deus é organizado e tem um plano – para você, para a humanidade e para o universo. Muitas das questões que confrontam a nossa cultura secularizante vêm do nosso caos disfuncional: a destruição do casamento, da família, dos padrões bíblicos, da honestidade e do trabalho.

Os padrões que Deus estabeleceu fazem parte dessa ordem. Percebemos isso nas sementes que dão fruto de acordo com a sua espécie. A identidade única de cada espécie também participa dessa ordem e desse padrão. A mistura de espécies gera o caos (em outras palavras, os organismos transgênicos). Percebemos as diferenças entre os animais herbívoros, carnívoros e onívoros. Quando, há trinta anos, o Departamento de Agricultura dos Estados Unidos levou fazendeiros como eu a jantares com carne de graça para nos ensinar um novo método científico de criar carne barata alimentando vacas com vacas mortas, eu detestei – não porque não gostasse de ciências ou do Departamento de Agricultura, mas porque não conseguia ver um padrão em que herbívoros comessem carniça na natureza criada por Deus.

Com certeza, a comunidade científica – e muitos cristãos – riu de mim como um ludista, um homem das cavernas contra a ciência, mas, trinta anos depois, esse caos deu fruto com a encefalopatia espongiforme bovina (o mal da vaca louca). A ordem de Deus pode ser burlada por um tempo, porém, mais cedo ou mais tarde, ela cobra um alto preço. Os ambientalistas costumam dizer: "A natureza tem a palavra final".

A geração que cresceu nas décadas de 1950 e 1960 se lembra de uma época em que as "alergias alimentares" não eram mencionadas nem mesmo no dicionário. Também não se falava em "bactéria retorcida", listeria, *Entamoeba coli* e salmonela. Conhecíamos pouca gente com obesidade, talvez uma pessoa com diabetes e ninguém com autismo. Quando não tratamos bem o nosso cônjuge, o casamento se destrói. O mesmo acontece com o sistema alimentar: quando não o tratamos bem, perdemos a saúde.

Deus só se agradará de mim como fazendeiro se a minha fazenda for um exemplo da sua verdade. Em outras palavras, quando os visitantes saem da minha fazenda, eles devem dizer: "Acabamos de ver redenção, abundância, beleza, cortesia, respeito pela vida". Será que amontoar 5 mil porcos em cubículos num prédio respeita a dignidade da vida dos porcos? Será que é bonito? As crianças se sentiriam à vontade diante disso?

A criação e o cuidado das criaturas   235

Em nossa fazenda, não começamos a criar porcos para vender, mas sim para fazer um trabalho bem especial: aerar o adubo. Em vez de usar máquinas de compostagem caras que consomem muita energia, colocamos milho na pilha de composto e os porcos partem em busca dele, aerando o material como batedeiras gigantes. Não os vemos como lombo ou filé; eles são colaboradores no nosso ministério de saneamento da terra, e isso honra completamente as características físicas distintas dos porcos – permitindo que eles expressem seus dons e talentos. Os ambientalistas usariam a palavra "diversidade", mas eu classificaria como "dons e talentos".

Já discuti com muitos cristãos que dizem que a agropecuária não tem uma dimensão moral, que são só escolhas de maquinário e produtos químicos feitas pelo indivíduo. No entanto, 1 Coríntios 10:31 diz que devemos "fazer *tudo* para a glória de Deus" (destaque nosso). Deus não separa as esferas como morais e amorais. Ele está interessado em tudo, desde os lírios do campo até os cabelos em nossa cabeça, ou se os pardais estão bem.

Isso não quer dizer que devemos nos tornar superdetalhistas e fazer disso uma espécie de seita baseada nas obras humanas, mas indica que precisamos lidar com a repercussão espiritual de cada mínimo aspecto de nossa vida. Será que é importante se usamos isopor na nossa festa americana? Será que Deus quer um mundo repleto de aterros cheios de material que não pode ser decomposto? Pelo menos o papel pode ser reciclado para retornar à economia, que, por falar nisso, é movida pelo carbono.

O Sol fornece energia gratuita todos os dias, banhando o planeta em abundância; as plantas convertem essa energia em estrutura física, inalando CO_2 e exalando O_2. A planta vive, morre, se decompõe e se regenera pela energia criada pelo processo de decomposição. Que exemplo maravilhoso de vida espiritual que somente pode acontecer por meio da morte. Só podemos viver para Deus morrendo para nós mesmos. Só podemos liderar quando servimos às pessoas. O princípio ecológico mais fundamental é que algo tem que morrer para que haja vida.

Quando extraímos vida da cenoura ou do frango, essa vida é sacrificada para que possamos viver. Toda a noção de que podemos fertilizar a colheita com compostos químicos sintéticos burla essa base ecológica; quando fazemos isso para cultivar os alimentos, os nossos filhos não conseguem entender como a vida surge. Suavizar o ciclo da vida está a um passo de suavizar a cruz.

A minha sugestão é santificarmos esse sacrifício com o modo como valorizamos a vida. Quando desrespeitamos o frango ou a cenoura em vida, essa

236 ENGAJAMENTO CULTURAL

existência desvalorizada desonra o sacrifício. Será que Deus se preocupa com a erosão do solo? Será que se importa com o fato de que nós, seres humanos – compostos em boa parte de cristãos –, tenhamos criado por meio do nosso escoamento agrícola uma zona morta do tamanho de Nova Jersey no Golfo do México? Se fôssemos os mordomos na famosa parábola dos talentos, será que passaríamos no teste?

Os terrenos são compostos dos recursos que Deus (ou a natureza) disponibilizou nesse local: ar, solo, água etc. Será que o modo como plantamos e nos alimentamos enriquece ou esgota esses recursos? Todos nós concordamos que um bom mordomo, um servo fiel enriqueceria esse terreno. Será que aquilo em que cremos no culto se reflete no que aparece no nosso cardápio? Quando o derramamento de esterco mata os peixes, o mau cheiro se espalha por toda a vizinhança e a monocultura esgota o solo, o que isso diz sobre o nosso cuidado com o que Deus nos confiou?

O fato de que ter a coragem de fazer essa pergunta nas igrejas em geral compromete o nosso reconhecimento como cristãos indica quanta moral foi perdida pela comunidade da fé nessa questão. Somos nós, meus queridos, que deveríamos estar carregando a bandeira da mordomia da criação, que deveríamos ser conhecidos por preservar e acalentar de forma humilde o que recebemos de Deus. Chegou o dia de acalmarmos nosso coração diante de Deus a respeito desse assunto e refletirmos sobre o que Jesus faria em nosso lugar.

Joel Salatin e sua família administram a fazenda Polyface, no vale Shenandoah, na Virgínia, fornecendo carne de boi, porco, aves, coelho e cordeiro e produtos florestais diretamente para 5 mil famílias, cinquenta restaurantes e outras lojas especializadas. Joel é editor da revista *Stockman Grass Farmer* e escreveu 12 livros, inclusive *You Can Farm* [Você pode cultivar] e *Folks, This Ain't Normal* [Amigos, isso não é normal].

A AGROPECUÁRIA EFICAZ É UMA BOA MORDOMIA

Tom Pittman

Não sou nutricionista nem economista, mas sou cientista da computação, posso ler números e realizar cálculos.[1] Além disso, leio minha Bíblia com atenção. Os computadores são implacáveis; portanto, para que funcionem direito, eu também preciso ter muito cuidado com os meus dados. Esse acaba se tornando um hábito que se estende a tudo que faço. Gosto de pensar que isso também ajuda minha vida espiritual.

Comecei a pensar nesse assunto em 2013, mais ou menos na época em que o periódico *Christianity Today* publicou o que me pareceu um artigo bem vago exaltando os benefícios espirituais de abater o frango que se consome em uma fazenda sustentável (não exatamente "orgânica"), livre de transgênicos, onde o frango é criado em liberdade, em algum lugar no Estado norte-americano de Ohio. Sempre que alguém afirma: "Esta atividade é mais espiritual do que aquela", preciso me esforçar muito para decidir se devo adaptar minha vida espiritual para desfrutar desses supostos benefícios, ou se essa afirmação não passa de uma preferência pessoal por uma tradição secular em vez de outra. Depois de uma pesquisa profunda que explicarei em breve, acabei concluindo que o artigo da fazenda de frangos pertencia à segunda categoria.

"Do Senhor é a terra e tudo o que nela existe."[2] Somos apenas administradores do que Deus colocou aos nossos cuidados. Esgotar o solo não se trata de uma boa administração e não combina com a noção bíblica dessa tarefa. No entanto, acrescentar produtos químicos ao solo para aumentar a colheita e diminuir o custo do trabalho não esgota a terra necessariamente.[3] Os métodos agrícolas

---

1 A pesquisa que levou a este ensaio está descrita com mais detalhes no meu site (inclusive com o link para o meu WebLog); veja Tom Pittman, "Thanking God for Factory Farms and Processed Foods", *Tom Pittman's WebLog*, 20 de dezembro de 2013. Disponível em: http://www.ittybittycomputers.com/Essays/FactoryFarm.htm. Acesso em: 2 maio 2020.

2 Salmos 24:1 (veja também 1Coríntios 10:26,28; Êxodo 9:29; 19:5; 1Crônicas 29:11).

3 Encontrei vários sites explicando que o conceito de "orgânico" não quer dizer necessariamente "sustentável". A maioria desses autores prefere o orgânico, portanto é preciso analisar seus argumentos para perceber que os métodos agrícolas convencionais na verdade são mais

(continua)

238 ENGAJAMENTO CULTURAL

orgânicos também acrescentam compostos químicos ao solo, mas esses compostos "orgânicos" não são tão eficazes; portanto, para que se alcance o mesmo efeito, é necessário usá-los em uma quantidade maior do que nos inorgânicos.[4]

A plantação de cenouras na Califórnia ficava bem perto de onde eu morava. Um fazendeiro de lá me disse que não existem cenouras orgânicas, porque, sem o uso de pesticidas, os nemátodos comem todas elas.[5] Hoje, vinte anos depois, encontro cenouras "orgânicas" no mercado que certamente contaram com os pesticidas para o seu plantio. Um site do governo lista as substâncias sintéticas que podem ser utilizadas na produção de colheitas orgânicas.[6] Existe outra página para produtos que não são sintéticos, sendo que alguns deles prejudicam organismos.

A comida orgânica é considerada mais saudável, mas será que é mesmo? Tudo o que encontro são opiniões superficiais. Todos os dados científicos parecem sugerir que não se consegue identificar nenhuma mudança nutricional.[7] É bem verdade que nomes químicos obscuros não parecem muito apetitosos, mas eles não estariam lá se os cientistas descobrissem que esses compostos causam algum dano à saúde. Com exceção das drogas recreativas (inclusive o álcool, o fumo e o açúcar), todos esses elementos químicos seguramente não causaram nenhum problema para a maioria dos norte-americanos, porque em cem anos a nossa expectativa de vida dobrou com relação aos nossos antepassados que não tinham essas substâncias na alimentação.

Existe também a palavra "sustentável". Se a superfície do solo não for prejudicada, então todas as fazendas são sustentáveis, mas a produtividade

---

produtivos de forma sustentável. Veja Henry I. Miller, "How College Students Are Being Misled About 'Sustainable' Agriculture", *National Review*, 4 de maio de 2017. Disponível em: https://www.nationalreview.com/2017/05/organic-farming-not-sustainable/. Acesso em: 2 maio 2020; "Are Organic and Non-GMO Farming More Sustainable Than Farming Using GMO's?", Genetic Literacy Project. Disponível em: https://gmo.geneticliteracyproject.org/FAQ/organic-non-gmo-farming-sustainable-farming-using-gmos/. Acesso em: 2 maio 2020.

4 Christie Wilcox, "Mythbusting 101: Organic Farming > Conventional Agriculture", *Scientific American*, 18 de julho de 2011. Disponível em: https://blogs.scientificamerican.com/science-sushi/httpblogsscientificamericancomscience-sushi20110718mythbusting-101-organic-farming-conventional-agriculture/. Acesso em: 2 maio 2020.

5 Eu não moro mais perto de fazendas que plantam cenoura, mas encontrei alguns sites públicos que corroboram o que escrevi. Veja T. L. Widmer; J. W. Ludwig; G. S. Abawi, "The Northern Root-Knot Nematode on Carrot, Lettuce, and Onion in New York", Cornell University. Disponível em: http://vegetablemdonline.ppath.cornell.edu/factsheets/RootKnotNematode.htm. Acesso em: 2 maio 2020.

6 "Synthetic Substances Allowed for Use in Organic Crop Production", Cornell Law School. Disponível em: https://www.law.cornell.edu/cfr/text/7/205.601. Acesso em: 2 maio 2020.

7 Wilcox, "Mythbusting 101".

A criação e o cuidado das criaturas 239

total (o número de pessoas alimentadas), nos últimos cem anos ou mais, parece ter sido 25% maior na agricultura industrial do que na agricultura "orgânica",[8] e bem mais alta do que na agricultura convencional, em que as pessoas e os animais fazem o trabalho em vez das máquinas. Hoje em dia, os EUA exportam mais comida do que importam.[9] Se convertêssemos todos os hectares de terra arável no país para a agricultura orgânica, não haveria mais exportações, e muitas pessoas em países com escassez de alimentos sofreriam. Somos capazes de alimentar todo o povo americano sem recorrer à importação – especialmente se transformarmos áreas desérticas e parques nacionais em terra produtiva.[10] Entretanto, será que essa seria uma boa maneira de usar os nossos recursos naturais?

Não há uma diferença grande de área cultivada entre a colheita orgânica e os alimentos que o restante de nós consome. A diferença principal diz respeito à mão de obra. A maior parte das pessoas concorda que a agricultura orgânica exige uma mão de obra intensiva, mas poucas fontes informam dados comparativos que mostrem quão intenso o trabalho deve ser. Encontrei um fazendeiro[11] que forneceu números concretos: "Se os hectares que cultivo fossem trabalhados da forma convencional, com certeza eu precisaria de um só operador, mas atualmente estou trabalhando com três operadores em tempo integral". Portanto, o cultivo de orgânicos para ele exige três vezes o trabalho do método convencional e, em uma cultura em que se exige o trabalho manual para a agricultura orgânica, deixar as máquinas e os produtos químicos com certeza traria uma carência de mão de obra.

---

8   Bryan Walsh, "Whole Food Blues: Why Organic Agriculture May Not Be So Sustainable", *TIME*, 26 de abril de 2012. Disponível em: http://science.time.com/2012/04/26/whole-food-blues-why-organic-agriculture-may-not-be-so-sustainable/. Acesso em: 2 maio 2020.

9   Não consegui encontrar números consistentes para a exportação de alimentos dos EUA, mas os números apresentados aqui levam a essa conclusão. Veja Daniel Workman, "United States Top 10 Exports", World's Top Exports, 8 de fevereiro de 2018. Disponível em: http://www.world stopexports.com/united-states-top-10-exports/. Acesso em: 2 maio 2020.

10 O autor desse site promove a agricultura orgânica, mas, se lermos com cuidado, acabamos descobrindo várias admissões que ele faz de suas desvantagens, como esta: "Com a menor produtividade da agricultura orgânica, [...] a terra arável que temos no momento poderia alimentar [9,6 bilhões de pessoas em 2050] se fossem totalmente veganas, [mas somente] 15% das que seguem a dieta ocidental baseada na carne". John Reganold, "Can We Feed 10 Billion People on Organic Farming Alone?", *The Guardian*, 14 de agosto de 2016. Disponível em: https://www.theguardian.com/sustainable-business/2016/aug/14/organic-farming-agriculture-world-hunger. Acesso em: 2 maio 2020.

11 Alison Dirr, "Organic Farming: Reduced Chemical Costs, Increased Labor", *American News*, 31 de julho de 2012. Disponível em: http://articles.aberdeennews.com/2012–07–31/news/32967117_1_conventional-farmers-organic-crops-organic-food.

240 ENGAJAMENTO CULTURAL

Se forçássemos todas as fazendas a cultivar somente orgânicos, não haveria como encontrar trabalhadores suficientes que estivessem dispostos a receber o salário estipulado pelo sindicato, muito menos o que fazendas familiares costumam pagar para seus filhos e netos. O custo da mão de obra passaria a ser astronômico e a comida orgânica nas lojas não custaria duas vezes mais do que a produzida pela agricultura industrial, mas sim dez vezes.[12] Precisaríamos importar alimentos do agronegócio dos países emergentes para dar o que comer à nossa massa faminta. Esse não é um modo cristão de agir, porque Deus se importa com "as viúvas e os órfãos", especialmente aqueles que não têm como cuidar de si mesmos.

Felizmente, os alimentos orgânicos nos Estados Unidos – como os jatos particulares, os carros mais velozes, o ateísmo, o marxismo e o café vindo dos países em desenvolvimento pelo acordo do "comércio justo" – são um privilégio que somente uma parcela mínima da classe alta pode pagar, e as suas preferências não chegam a prejudicar o restante da economia.

Há duzentos anos, antes da invenção dos métodos agrícolas automatizados e dos alimentos processados, praticamente todas as pessoas do mundo (com exceção dos reis e da nobreza) passavam a maior parte do tempo plantando (ou pescando) e preparando o alimento para sua própria subsistência. Nos países mais pobres, isso continua sendo verdade, mas não em nosso país. Todos aqui se beneficiam da agricultura moderna e dos alimentos processados, porque grande parte da população não está limitada a comer o mínimo possível para sobreviver, e assim muitos entre nós podem obedecer ao segundo grande mandamento de Deus e transformar o nosso mundo em um lugar melhor. Muitas pessoas desperdiçam a sua riqueza em uma vida de gastos desenfreados ou na regressão aos métodos agrícolas de seus bisavós, mas ainda existe uma reserva de recursos suficiente para capacitar um número imenso de pessoas a criar mais riqueza, fazendo de nosso país o mais rico da face da Terra – de modo que até

---

12 Minha estimativa de "aumento de dez vezes" é um tanto especulativa, baseada na matemática da economia dos mercados, mas nenhum governo nos Estados Unidos sobreviveria o suficiente para deixar a situação chegar a esse patamar. Derrubaríamos qualquer lei que exigisse 100% de agricultura orgânica mais rápido do que derrubamos a Lei Seca (a fome é um problema mais grave do que a sobriedade), e provavelmente abriríamos as fronteiras para trabalhadores rurais estrangeiros e até mesmo os norte-americanos que não estivessem muito dispostos a trabalhar nessa área poderiam ser motivados pelos salários altos, ou tudo isso aconteceria ao mesmo tempo.

A criação e o cuidado das criaturas **241**

mesmo os pobres entre nós (de acordo com o índice de pobreza do governo)[13] têm mais renda do que metade da população mundial.[14]

No primeiro século, o sistema de estradas romanas facilitava a proclamação do evangelho por todo o Império. Depois de 1.500 anos, a imprensa e a promoção da alfabetização espalharam a mensagem renovada da Reforma para pessoas que estavam presas à ininteligível liturgia latina. Há 150 anos, a Revolução Industrial – e, por extensão, a mecanização das fazendas e da agricultura – libertou milhões de pessoas do encargo da produção pessoal de alimentos, o que, como os avanços tecnológicos anteriores, também nos ajudou a sustentar missões ao redor do mundo e a imprimir Bíblias e materiais evangelísticos em vários idiomas, em uma obediência (tardia) à Grande Comissão. Confesso que tinha vontade de fazer parte dessa obra de Deus, mas Deus não quis que eu fosse missionário. Deus está usando a nossa tecnologia e a riqueza norte-americana para divulgar o evangelho. Portanto, sendo tecnólogo, percebo o que Deus me chamou para fazer.

Além disso, sou grato a Deus pela agricultura moderna e pelos alimentos processados,[15] porque assim posso me alimentar, me vestir e ainda ter tempo o suficiente para criar aplicativos para traduzir a Bíblia e escrever ensaios como este, desde que possam ajudar as pessoas a perceber que Deus é bom.

Tom Pittman (doutor pela Universidade da Califórnia em Santa Cruz) escreveu o livro *The Art of Compiler Design* [A arte do design do compilador], com James Peters. Seus trabalhos mais recentes incluem a mentoria de um projeto de carro autônomo em uma escola de ensino médio, a criação de um aplicativo para análise de DNA e uma extensa pesquisa sobre o uso da tecnologia na tradução, para sua tese de doutorado.

---

13 "Federal Poverty Guidelines", *Families USA*, fevereiro de 2017. Disponível em: http://familiesusa. org/product/federal-poverty-guidelines. Acesso em: 2 maio 2020.

14 Glenn Phelps; Steve Crabtree, "Worldwide, Median Household About $10,000", *Gallup*, 16 de dezembro de 2013. Disponível em: http://news.gallup.com/poll/166211/worldwide-median-house hold-income-000.aspx. Acesso em: 2 maio 2020.

15 Este texto exalta os benefícios da agricultura mecanizada e dos alimentos processados para a minha vida pessoal e para a economia dos Estados Unidos como um todo. Não deve ser lido como uma recomendação para nenhuma pessoa em particular, a não ser para agradecer a Deus por esses benefícios.

A PROTEÇÃO DOS ANIMAIS COMO UMA CAUSA CRISTÃ

Christine Gutleben

O cristianismo tem uma rica história de compaixão pelos animais. Por séculos, os pensadores cristãos expressaram um cuidado com os animais baseado no mandato bíblico de "cuidado com os menores irmãos" (Mateus 25:40). Duas das organizações mais importantes de proteção aos animais foram fundadas e lideradas por cristãos: a Sociedade Real para a Prevenção da Crueldade contra os Animais (SPCA, na sigla em inglês), no Reino Unido, e a Humane Society dos Estados Unidos. Nesse sentido, os princípios cristãos de compaixão, misericórdia e administração dos recursos naturais são a base do movimento moderno de proteção aos animais.

A compaixão cristã pelos animais também fica evidente nas declarações feitas por líderes de igrejas e convenções denominacionais. Essas declarações são expressões teológicas baseadas no cuidado das criaturas de Deus e definem o conjunto de crenças da comunidade sobre os animais. Todas as principais tradições cristãs têm declarações oficiais sobre os animais.

A influência dos indivíduos cristãos que buscaram divulgar a causa da proteção aos animais dentro de suas igrejas, o crescimento do grau de escolaridade e a influência da ecologia cristã e da preocupação com a sustentabilidade também determinaram a história recente das perspectivas cristãs a respeito da criação.

Embora o foco do cuidado cristão com os animais seja abrangente, estudaremos a base bíblica da proteção dos animais, algumas tendências importantes em toda a gama de denominações cristãs que se revelam por meio de suas declarações de fé e a participação cristã na fundação do movimento de proteção aos animais.

A Bíblia

Em Gênesis, a Bíblia ensina que Deus criou os animais, os abençoou, fez alianças com eles e declarou que eles são bons.

Desde o jardim do Éden até a arca de Noé e o reino pacífico do Messias, as Escrituras hebraicas contêm muitas referências a animais e às nossas responsabilidades com relação a eles. Provavelmente a mais clara delas se encontra em Provérbios 12:10: "O justo cuida bem dos seus rebanhos, mas até os atos mais bondosos dos ímpios são cruéis".

Aprendemos no primeiro livro da Bíblia que não há como entender o domínio sem o propósito da administração responsável. Deus nos dá domínio sobre a criação – mas a criação continua sendo dele. Ele continua sendo o dono e o sustentador, portanto somos administradores de um mundo que não é nosso.

O Novo Testamento contém menos referências aos animais, mas tem como base as Escrituras hebraicas. Em Mateus 10:29-31, lemos o seguinte: "Não se vendem dois pardais por uma moedinha? Contudo, nenhum deles cai no chão sem o consentimento do Pai de vocês. Até os cabelos da cabeça de vocês estão todos contados. Portanto, não tenham medo; vocês valem mais do que muitos pardais!". Como o teólogo Barrett Duke dá a entender: "Jesus queria que aqueles que o ouviam entendessem que o coração de Deus tinha um forte vínculo emocional com aqueles pardais. Ele só dá uma atenção maior ao que acontece com as pessoas, mas ainda se importa com o que acontece com os pardais. Quando reconhecemos que Deus tem um vínculo emocional com os pássaros – isto é, com os animais – da mesma forma que com os seres humanos, entendemos que essa passagem fala somente de uma diferença de intensidade do vínculo com Deus, não da existência ou inexistência desse vínculo".[1]

A Bíblia fala várias vezes sobre o cuidado que Deus tem com suas criaturas, além de demonstrar, pelo seu relacionamento com a criação, como devemos tratá-las.

A história

O movimento moderno de proteção dos animais começou no início do século 19, na Inglaterra. O parlamentar evangélico e abolicionista William Wilberforce acreditava que a crueldade contra os animais e todos os outros vícios sociais exerciam um efeito embrutecedor sobre a alma humana. Ele entendia que tolerar essa crueldade incentivava a tolerância à crueldade com seres humanos, inclusive à escravidão.[2]

---

1 Barrett Duke, "10 Biblical Truths About Animals", *The Ethics and Religious Liberty Commission*, 5 de janeiro de 2015. Disponível em: https://erlc.com/resource-library/articles/10-biblical-truths-about-animals. Acesso em: 2 maio 2020.

2 M. J. D. Robert, *Making English Morals*: Voluntary Association and Moral Reform in England 1787-1886 [Criando a moral inglesa: associação voluntária e reforma moral na Inglaterra 1787-1886] (Cambridge: Cambridge University Press, 2004).

244 ENGAJAMENTO CULTURAL

Em 16 de junho de 1824, Wilberforce, o reverendo Arthur Broome e outras pessoas fundaram a primeira organização moderna de proteção aos animais, a Sociedade para a Prevenção da Crueldade contra os Animais (SPCA). Eles decidiram que seriam formados dois comitês: um para garantir o cumprimento da primeira lei de proteção aos animais, aprovada dois anos antes, e outro para supervisionar "a publicação de artigos e sermões para implementar uma mudança nos sentimentos morais daqueles que tinham animais".[3] Wilberforce acreditava que a melhor forma de despertar o carinho para com os animais era por meio da fé. Por fim, a sociedade que ele ajudou a fundar recebeu a bênção real e se tornou a Sociedade Real para a Prevenção da Crueldade contra os Animais (RSPCA).

A Humane Society dos Estados Unidos (HSUS), que atualmente é a maior organização norte-americana de proteção aos animais, várias vezes reconheceu a importância da fé para defender os animais, desde a sua fundação em 1954. O primeiro presidente da HSUS, Robert Chenoweth, disse durante o seu primeiro relatório anual aos membros da sociedade: "Cremos que existe um Deus que criou todas as coisas e nos colocou na Terra para conviver. Acreditamos que tanto o fraco quanto o forte são dignos do nosso amor e compaixão".[4]

Dois presidentes dessa sociedade, John A. Hoyt e Paul G. Irwin, eram religiosos, e sua liderança nas operações diárias durou 35 anos, mais da metade da existência da organização. Hoyt era um pastor presbiteriano que descrevia seu trabalho como um ministério que beneficiava tanto os animais quanto as pessoas. Em 2007, a HSUS iniciou formalmente um programa de alcance missionário.[5]

Declarações

Declarações oficiais das principais denominações e dos principais líderes refletem as perspectivas cristãs existentes e as que estão em desenvolvimento sobre a proteção dos animais.

---

3   Edward Fairholme; Wellesley Pain, *Century of Work for Animals*: The History of the R.S.P.C.A., 1824-1924 [O centenário do trabalho pelos animais: a história da RSPCA, 1924-1924] (Guildford, Inglaterra: Billing and Sons, LTD, 1924), p. 55.

4   Robert J. Chenoweth, "The First Annual Report by the Chairman of the Board to members ofThe National Humane Society", 3 de novembro de 1955, arquivo da HSUS, Gaithersburg, Maryland, EUA.

5   "Faith Outreach", Humane Society. Disponível em: humanesociety.org/faith. Acesso em: 2 maio 2020.

A VISÃO CATÓLICA SOBRE OS ANIMAIS

A Igreja Católica é a maior denominação cristã do mundo, representando mais da metade dos cristãos e com praticamente 80 milhões de fiéis nos EUA. Segundo o *Catecismo da Igreja Católica*, os animais podem ser usados para servir a propósitos humanos, mas esses usos têm limites, já que "é contrário à dignidade humana fazer sofrer inutilmente os animais e dispor indiscriminadamente de suas vidas".[6] O papa Francisco reafirmou esse ensino por duas vezes em sua encíclica *Laudato Si'*.[7] A repetição dessa declaração pelo papa não deixa nenhuma dúvida quanto ao valor dos animais, além da sua utilidade para a humanidade.

A *Laudato Si'* está cheia de referências a animais, o que destaca a ideia de que o cuidado com os animais e com a criação é essencial para uma vida fiel. Escreve o papa Francisco: "Viver a vocação de guardiões da obra de Deus não é algo de opcional nem um aspecto secundário da experiência cristã, mas parte essencial duma existência virtuosa".[8]

Historicamente, algumas das principais figuras do catolicismo, como São Tomás de Aquino (1225-1274) e São Francisco de Assis (1181-1226), ensinaram o valor dos animais: "Todas as criaturas [...] vêm do propósito de Deus [...] para que a sua bondade pudesse ser [...] simbolizada por elas".[9] Conta-se que Francisco pregou aos animais, resgatou-os do perigo, deu-lhes comida e conforto e exaltou suas virtudes. A história dos outros santos está repleta de exemplos semelhantes de bondade com os animais como expressão da fé religiosa.[10]

O PROTESTANTISMO TRADICIONAL E OS ANIMAIS

As quatro maiores denominações protestantes tradicionais nos EUA são a Igreja Metodista Unida (IMU), a Igreja Evangélica Luterana da América (ELCA, na sigla em inglês), a Igreja Presbiteriana dos EUA (PC [USA], em inglês) e a Igreja Episcopal (TEC, em inglês), que têm ao todo cerca de 15 milhões de

---

6　Santa Sé, *Catecismo da Igreja Católica* (Vaticano: Libreria Editrice Vaticana, 1993), p. 2.417-2.418.

7　Papa Francisco, Carta encíclica *Laudato Sî* do Santo Padre Francisco sobre o cuidado da casa comum (Vaticano: Libreria Editrice Vaticana, 2015), p. 92, 130.

8　Ibid., p. 217.

9　Tomás de Aquino, *The 'Summa Theologica' of St. Thomas Aquinas, Part 1. Fathers of the English Dominican Province* [A 'Summa Theologica' de São Tomás de Aquino, parte 1. Pais da província dominicana inglesa, tradução para o inglês (Londres: R&T Washbourne, 1912), p. 255.

10　Tomás de Celano, *The Lives of Saint Francis of Assisi* [As vidas de São Fransico de Assis], tradução de A. G. Ferrers Howell (Londes: Methuen, 1908), p. 58-60, 77, 297. *The Church and Kindness to Animals* [A Igreja e a gentileza com os animais] (Londres: Burns & Oates, 1906).

246 ENGAJAMENTO CULTURAL

membros em todo o país. A autoridade e a estrutura dessas denominações variam, baseando-se em conselhos locais e nacionais.

A Igreja Metodista Unida "[apoia] leis que protegem a vida e a saúde dos animais, inclusive as que garantem o tratamento bondoso de animais domésticos e de animais usados em pesquisas, e o abate sem dor de todas as espécies de animais para consumo, com apoio particular para proteger os que estão ameaçados de extinção".[11]

Sessenta por cento de todos os mamíferos na Terra fazem parte de rebanhos,[12] portanto é comum entre as denominações destacar o uso industrial de animais para alimento em seus comentários. A IMU "apoia um sistema de agricultura sustentável [...], um sistema em que os animais utilizados para a agricultura sejam tratados com cuidado e suas condições de vida sejam o mais próximas possível das naturais".[13]

A IMU identifica o início da sua tradição de cuidado com os animais nas palavras do próprio fundador, John Wesley (1703-1791), que observou: "Nada é mais certo, porque do mesmo modo que 'o Senhor ama a todos os homens', 'sua misericórdia se estende a todas as suas obras'".[14]

A declaração da Igreja Evangélica Luterana sobre a criação explica que "a instrução de Deus de ter domínio e subjugar a terra não é uma permissão para um domínio explorador. O domínio com cuidado (Gênesis 1:28; Salmos 8), uma responsabilidade especial, deve refletir o modo de Deus de governar como rei pastor que assume a forma de servo (Filipenses 2:7), usando uma coroa de espinhos".[15]

A Elca foi fundada por Martinho Lutero (1486-1546), que declarou que "toda a natureza divina existe em todas as criaturas, de forma mais profunda, íntima e presente do que a própria criatura para si mesma".[16]

---

11 Igreja Metodista Unida, *The Book of Discipline of the United Methodist Church* [O livro da disciplina da Igreja Metodista Unida] (Nashville, EUA: United Methodist Publishing House, 2012), p. 51.

12 Nadia Murray-Ragg, "60% of All Mammals on Earth Are Livestock, Says New Study", LiveKindly, 28 de maio de 2018. Disponível em: https://www.livekindly.co/60-of-all-mammals-on-earth-are-livestock-says-new-study/. Acesso em: 3 maio 2020.

13 Ibid, p. 123.

14 John Wesley, "Sermon 60: The General Deliverance", *The Works of the Rev. John Wesley, AM* [As obras do reverendo John Wesley], v. VI. John Emory, ed. (Londres: Wesleyan Conference Office, 1878), p. 242, 245.

15 Evangelical Lutheran Church in America, "A Social Statement on Caring for Creation: Vision, Hope, Justice", (1993), p. 2-3.

16 Martinho Lutero, *Luther's Works* [Obras de Lutero], v. 37, ed. Helmut T. Lehmenn (Filadélfia, EUA: Muhlenberg, 1959), p. 60.

A criação e o cuidado das criaturas 247

De acordo com a Igreja Presbiteriana, "a administração humana da criação não é um domínio de senhorio, mas sim um domínio de amor inequívoco por esse mundo".[17] Ela admite que "há um reconhecimento cada vez maior de que todas as criaturas com que convivemos neste planeta têm o seu próprio valor" e observa que "o povo de Deus tem o chamado de [...] refletir o amor de Deus por todas as criaturas".[18]

A PC (USA) se baseia nos escritos de João Calvino (1509-1564), que disse que tratamos a criação como se constantemente ouvíssemos Deus falando no nosso ouvido: "Preste contas da sua administração".[19]

A Igreja Episcopal publicou uma série de deliberações em 2003, chamada "Apoie o cuidado ético dos animais". Eles "incentivam seus membros a garantir que as técnicas de pecuária para com os animais cativos e domésticos proíbam o sofrimento em fábricas de filhotes e fazendas industrializadas".[20]

Embora essas declarações sejam apenas uma pequena representação do cuidado de cada tradição com os animais, elas se referem aos mesmos assuntos: Deus ama os animais, os animais pertencem a ele, o valor deles vai além da sua utilidade para nós e os seres humanos têm domínio sobre eles, mas devem exercê-lo com uma grande responsabilidade.

Em 2010, o Barna Group descobriu que 93% dos líderes seniores das paróquias católicas e das igrejas protestantes tradicionais achavam que os seres humanos tinham a responsabilidade de tratar os animais com cuidado.[21] Essa concordância quase unânime provavelmente se deve ao reforço constante das Escrituras e da doutrina com relação aos animais.

AS IGREJAS EVANGÉLICAS E OS ANIMAIS

Nos Estados Unidos, os evangélicos constituem um grupo diversificado de cristãos protestantes. Dependendo do critério adotado para definir essa

---

17 National Council of Churches, "Past Denominational Statements, PCUSA, UPCUSA, PCUS: Stewardship", (1984), 6:5.

18 Igreja Presbiteriana (EUA), "The Constitution of the Presbyterian Church (U.S.A.) Part II: Book of Order 2015-2017" (Louisville, EUA: Office of the General Assembly, 2015), W-7.5003.

19 João Calvino, *Institutes of the Christian Religion* [Princípios da religião cristã], v. II, Henry Beveridge, trad. (Edimburgo: T&T Clark, 1863), p. 35.

20 The Episcopal Church General Convention, "Resolution #2003-D016: Support Ethical Care of Animals", *Journal of the General Convention of... The Episcopal Church*, Minneapolis, 2003 (Nova York: General Convention, 2004), p. 253.

21 Barna Group, "How American Faith Influences Views on Animals" (Humane Society dos Estados Unidos, 2010).

248 ENGAJAMENTO CULTURAL

comunidade, o número de evangélicos pode variar de 25 a 35% da população norte-americana.[22] A maioria dos membros da Convenção Batista do Sul (SBC, na sigla em inglês), uma denominação protestante composta por quase 16 milhões de membros, se considera evangélica.

Essa Convenção não publica declarações que se aplicam a todas as igrejas que fazem parte dela, mas publica confissões de fé e deliberações anuais. Embora afirme que a humanidade é "a obra-prima da criação de Deus",[23] a SBC explica que os seres humanos podem usar os animais, mas que esse domínio tem limitações: "Deus nos criou com uma dependência dos recursos naturais ao nosso redor e nos confiou um domínio de responsabilidade e proteção. [...] O domínio que Deus nos deu sobre a criação não é ilimitado [...] todas as pessoas e todas as atividades serão julgadas com padrões mais altos do que o lucro por si só".[24] Em 2006, a SBC decidiu "renovar o seu compromisso com o mandamento de Deus de exercer uma administração cuidadosa e um domínio sábio sobre a criação".[25]

Um dos líderes mais conhecidos da Convenção Batista do Sul, o reverendo Billy Graham, cresceu em uma fazenda de laticínios, onde desenvolveu um carinho pelos animais. Ele afirmou uma vez que "Deus está atento ao nosso cuidado com cada parte da criação – inclusive com os animais. Afinal de contas, ele os criou, e os animais essencialmente pertencem a ele".[26]

Em 2015, três líderes evangélicos elaboraram e lançaram a Declaração Evangélica sobre a Proteção Responsável dos Animais, assinada por mais de cem representantes. Trata-se da primeira declaração desse tipo, "decidindo governar e valorizar todos os animais como seres vivos dignos de compaixão, porque eles, no fim das contas, pertencem a Deus".[27]

---

22 A maioria das pesquisas traz números nessa faixa. No entanto, o Barna Group revela uma taxa menor, de somente 8% da população. Barna Group, "Survey Explores Who Qualifies as an Evangelical", janeiro de 2007.

23 Southern Baptist Convention, "Basic Beliefs: Man". Disponível em: http://www.sbc.net/aboutus/basicbeliefs.asp. Acesso em: 3 maio 2020.

24 Southern Baptist Convention, "Resolution: On the Gulf of Mexico Catastrophe" (2010). Disponível em: http://www.sbc.net/resolutions/1207/on-the-gulf-of-mexico-catastrophe. Acesso em: 3 maio 2020.

25 Southern Baptist Convention, "On Environmentalism and Evangelicals" (2006). Disponível em: http://www.sbc.net/resolutions/1159/on-environmentalism-and-evangelicals. Acesso em: 3 maio 2020.

26 Billy Graham, "Does God Care about Animals", respostas de Billy Graham, 13 de maio de 2010. Disponível em: https://billygraham.org/answer/does-god-care-about-animals/. Acesso em: 3 maio 2020.

27 *An Evangelical Statement on Responsible Animal Care for Animals*. Disponível em: www.everylivingthing.com. Acesso em: 3 maio 2020.

A criação e o cuidado das criaturas **249**

Com a divulgação dessa declaração, Lifeway Research, o departamento de pesquisas da Convenção Batista do Sul apurou que 89% dos pastores protestantes concordam que os cristãos têm a responsabilidade de se posicionar contra a crueldade praticada em relação aos animais.[28]

Conclusão

Os fiéis, os líderes e as igrejas cristãs em geral debatem a questão dos animais e do tratamento dispensado a eles há séculos. Tanto a Bíblia quanto a história e a doutrina da Igreja trazem aspectos da perspectiva cristã quanto à proteção dos animais, além do desenvolvimento de campanhas e de programas por parte de cristãos que não têm cargos eclesiásticos.

Nos últimos anos, testemunhamos uma crescente preocupação com os animais e a sua proteção, que provocou a elaboração de declarações de militância, doutrinas e outras manifestações de apoio. Essas fontes, cada uma a seu próprio modo, exemplificam o significado da *imago Dei*. Os seres humanos receberam a digna tarefa de responsabilidade pelos animais, porque somos um reflexo de Deus e da sua misericórdia. Longe de ser uma questão trivial, o tratamento que damos aos animais reflete nossa essência mais profunda como seres criados à imagem de Deus.

Christine Gutleben é ex-diretora sênior do programa de alcance missionário da HSUS. Ela criou o Conselho Doutrinário dessa organização e coproduziu o filme *Eating Mercifully* [Comendo com misericórdia]. Christine obteve o mestrado na Graduate Theological Union e na sua filial, a Dominican School of Philosophy and Theology.

---

28 Lifeway Research, "Pastor Views on Animal Welfare", The Humane Society dos Estados Unidos, 2015.

PERGUNTAS PARA DISCUSSÃO

1. Em seu artigo, Moo diz que "os países desenvolvidos mais beneficiados pela queima de combustíveis fósseis têm que estar mais dispostos a seguir o exemplo de Cristo e assumir sacrifícios pelos nossos vizinhos globais". Como alguém que segue a opinião de Terrell pode responder a essa afirmação sobre a obrigação dos cristãos a respeito da mudança climática para com aqueles que se encontram nos países em desenvolvimento?

2. Salatin se refere em seu artigo às dicotomias estranhas que existem tanto na escola de pensamento que defende a vida quanto na escola que defende a escolha, fazendo com que cada lado veja o outro como hipócrita. Como alguém que segue a opinião de Pittman responde a essa comparação sobre o valor que se dá à vida humana e à vida animal?

3. Pittman inicia o seu artigo afirmando que não é apropriado declarar que uma maneira de abater um frango é "mais espiritual" do que a outra. Como uma pessoa que segue a posição de Gutleben responde a essa declaração, especialmente quando se leva em consideração o histórico cristão de proteção, aos animais e à vida, de William Wilberforce em particular?

4. Pittman discute com profundidade a logística e a pragmática associadas à agropecuária, enquanto Salatin analisa as consequências doutrinárias e o padrão natural estabelecido pela criação. Seria possível equilibrar essas duas posturas, ou será que elas se opõem uma à outra? Se o equilíbrio for viável, como se pode atingi-lo?

5. Moo menciona que a mudança climática passou a ser uma questão sociocultural em vez de estar restrita à ciência. Dê exemplos do modo como as culturas, os cenários e os dados demográficos influenciam a formação das visões particulares sobre essa questão.

6. Tanto Salatin quanto Pittman se referem ao conceito da "administração responsável" em seus artigos. Para Pittman, ela consiste na administração do tempo, dos talentos e de outros recursos pessoais, e, na visão de Salatin, deve-se administrar a natureza, a criação e os padrões de crescimento

estabelecidos por Deus. Que premissas e definições subjacentes fazem com que essas posições cheguem a resultados tão distintos, apesar de partirem do mesmo conceito?

7. Gutleben analisa profundamente as várias declarações divulgadas por diversas denominações cristãs sobre a proteção da dignidade dos animais. A prática e o ensino das igrejas atuais e do cristianismo como um todo estão de acordo com elas, ou essas declarações soam inusitadas?

8. Em vários momentos, a impressão que se tem é a de que um artigo contradiz o outro. Por exemplo, Pittman afirma que o acréscimo de fertilizantes químicos ao solo não leva a um esgotamento, enquanto Salatin diz o contrário. Terrell declara que existe o risco de mais sofrimento dos pobres se as mudanças climáticas não forem levadas a sério. Como o cristão pode explicar esses "fatos" tão desencontrados, e como isso acontece?

9. Moo analisa a importância da administração responsável quando se cuida do clima – lembrando que o homem recebeu a tarefa de cuidar da criação. Como Terrell vê esse conceito de "administração"? Quem seria responsável por ela e quem seria isento?

10. Em muitos desses artigos, os autores destacam o mesmo conceito, mas chegam a conclusões completamente diferentes. O amor ao próximo, a administração delegada por Deus, a responsabilidade, o cuidado com a criação e o tratamento digno da natureza são exemplos desses conceitos. Como cada autor define cada uma dessas ideias e como essas definições influenciam a postura que eles defendem em seus artigos?

Capítulo 9
POLÍTICA

Para a maioria dos norte-americanos na atualidade, a política não é um tema tratado de forma universal e filosófica. Pelo contrário, é um tema abordado diariamente em noticiários, portais, postagens nas redes sociais e conversas em casa durante as refeições. Não dá para ficar alheio ao fato de que todos nós – cristãos e adeptos de outras crenças – estamos inseridos em um contexto cultural profundo que está presente em tudo o que fazemos e que transcende as fronteiras dos estados e dos países.

A relação da Igreja com a *pólis* (a palavra grega que designa "cidade" ou "Estado", da qual surgiu a palavra "política") é variada e incerta, porque o histórico da Igreja até o momento é tão variado quanto os governos que existiram ao longo dos séculos. A Igreja do primeiro século surgiu em uma sociedade em que ser cristão era considerado crime ou traição à pátria. A situação foi revertida algumas centenas de anos depois, quando o cristianismo se tornou a religião oficial do Império Romano. A partir dos dois polos dessa dialética surgiu o modo de vida norte-americano, baseado de forma clara nos princípios judaico-cristãos, entre os quais se destacam a liberdade religiosa e a inviolabilidade dos direitos humanos.

É bem claro que a relação da Igreja com a política depende da época, do local e da sociedade em que os membros estão inseridos. Apesar disso, os princípios bíblicos referentes à cidadania cristã neste mundo e ao Reino de Deus são imutáveis, embora a aplicação desses princípios possa ser entendida de várias maneiras. Ao longo da história, o envolvimento cristão na política assumiu diversas formas, desde a separação do monasticismo medieval[1] ao ativismo político da Maioria Moral nos Estados Unidos no final do século 20.[2] Para

---

1 "Monasticism", *New Advent*. Disponível em: http://www.newadvent.org/cathen/10459a.htm. Acesso em: 3 maio 2020.

2 Doug Banwart, "Jerry Falwell, the Rise of the Moral Majority, and the 1980 Election", *Western Illinois Historical Review*, v. 5 (2013). Disponível em: http://www.wiu.edu/cas/history/wihr/pdfs/Banwart-MoralMajorityVol5.pdf. Acesso em: 3 maio 2020.

254 ENGAJAMENTO CULTURAL

ajudar o cristão a prosseguir, algumas pessoas, como Rod Dreher, recorrem à história da Igreja para analisar como os adeptos do cristianismo se envolveram na cultura política nos tempos antigos. Outras pessoas não olham para o passado, mas analisam os modelos globais da atualidade – a isso se deve a crescente aceitação do socialismo entre os cristãos que chegaram à idade adulta no século 21.[3] Os métodos que os cristãos empregam para se envolver na política se adaptam e passam por ajustes de acordo com as normas culturais, já que a Igreja sempre busca ter voz ativa nesse contexto.

Com uma gama tão ampla de contextos políticos, a primeira lição de casa importante para o cristão na discussão desse tema é superar a tendência de ver a política somente no contexto do seu próprio país. Como James Davison Hunter explica: "Tanto em seu lado conservador quanto em seu lado progressista, a política cristã legitima muito facilmente as ideologias dominantes e justifica, sem nem questionar, as estruturas macroeconômicas e as práticas do nosso tempo". No entanto, ele também diz que a crítica precisa ir além disso:

> A vida moral e as práticas diárias da Igreja também se alinham muito às premissas normativas que prevalecem na cultura americana. Os cristãos assimilaram o estilo de vida dominante de uma maneira no mínimo dúbia em questões como o namoro e o casamento, a formação e a educação dos filhos, o relacionamento mútuo e as obrigações do indivíduo com relação à sua comunidade, a vocação, a liderança, as relações de consumo, o lazer, a "aposentadoria" e o uso do tempo na fase final da vida. Além disso, essa assimilação com certeza depõe contra a integridade básica do nosso testemunho diante do mundo. Seja como for, a maneira como os cristãos assimilam a cultura política não passa de uma extensão de sua assimilação de todos os aspectos da cultura e do modo de vida que ela considera normal. A ausência de distanciamento e de reflexão por parte dos cristãos sobre a política não passa de uma consequência da negligência no pensamento crítico sobre o restante do mundo em que habitam.[4]

---

3   Thaddeus John Williams, "Christian Millennials and the Lure of Socialism, Part One: How Biblical Concern for the Poor Can Turn to an Unbiblical Understanding of People", *The Good Book Blog*, 21 de dezembro de 2016. Disponível em: https://www.biola.edu/blogs/good-book-blog/2016/christian-millennials-and-the-lure-of-socialism-part-one-how-biblical-concern-for-the-poor-can-turn-to-an-unbiblical-understanding-of-people. Acesso em: 3 maio 2020.

4   James Davison Hunter, *To Change the World*: The Irony, Tragedy, & Possibility of Christianity in the Late Modern World [Mudar o mundo: a ironia, tragédia e possibilidade do cristianismo no mundo contemporâneo] (Oxford: Oxford University Press, 2010), p. 184-185.

Em outras palavras, os sistemas políticos mais amplos refletem a cultura ao seu redor, portanto as leis e os líderes que surgem a partir desses sistemas não passam de um reflexo dessa cultura mais ampla. Quando se entende isso, o papel do cristão na política passa a ser, ao mesmo tempo, bem mais claro e bem mais oculto. Ele não está preso aos extremos do que se classifica como *fundamentalismo* e *secularismo*,[5] mas tem o chamado de ir além desses dois polos.

Entretanto, como a história demonstra, não existe uma forma política que se encaixe em todos os contextos e, por esse motivo, também não existe uma forma "cristã" de se envolver na política. N. T. Wright deixa isso bem claro quando explica que o livro de Jim Wallis, *God's Politics: Why the Right Gets it Wrong and the Left Doesn't Get it* [A política de Deus: por que a direita entende errado e a esquerda não entende nada], tem um sentido contrário na Inglaterra com relação aos Estados Unidos, onde os termos *direita* e *esquerda* têm conotações opostas.[6] Esse exemplo engraçado nos chama a atenção para o fato de que, como o título do capítulo de Wright sugere com tanta propriedade, a visão cristã sobre a política é "muito pequena".[7] Wright afirma:

> A Igreja fará com os governantes desse mundo o que Jesus fez com Pilatos no capítulo 18 e no capítulo 19 de João, em que confronta a autoridade com a cultura do Reino e da verdade, mesmo que esses valores sejam totalmente indesejados e, com certeza, incompreensíveis. Parte do modo como a Igreja fará isso é assumindo e cultivando essas obras de justiça e misericórdia, de beleza e relacionamento, que os governantes sabem muito bem que favorecem a vida, mas não têm o mínimo poder para promover. A Igreja, entretanto, mesmo quando se encontra diante de governantes declaradamente pagãos e hostis, tem o compromisso de preservar sua fé em Jesus Cristo como Senhor, diante do qual se prostrarão e a cujo julgamento devem se antecipar. Portanto, a Igreja, no seu compromisso bíblico de "manifestar os feitos de Deus na esfera pública", é chamada a aprender como cooperar sem abrir mão de seus valores e criticar sem fazer uso de nenhum dualismo. Por isso é extremamente importante a Teoria do Bem Comum.[8]

---

5 N. T. Wright, *Surpreendido pelas Escrituras*: questões atuais desafiadoras (Viçosa: Editora Ultimato, 2014), p. 166.

6 Ibid., p. 164.

7 Ibid., p. 171.

8 Ibid., p. 178.

256 ENGAJAMENTO CULTURAL

Independentemente da época ou da cultura, Wright afirma: "Convocar os governos, especialmente os poderosos, para a prestação de contas [...] é uma parte central da vocação da Igreja" na esfera política.[9]

Ao longo da história da Igreja, alguns cristãos chamaram o governo à responsabilidade como oficiais eleitos, alguns participando dele, outros como opositores e muitos como mártires. A parte complicada é saber qual é o chamado da Igreja de acordo com a sua contribuição em determinado momento e em determinado lugar em particular.

O pequeno ensaio de Robert P. George inicia esta seção afirmando que a melhor maneira de implantar uma reforma na política norte-americana é retornar aos valores originais que propiciaram a fundação e a formação desse país. Rod Dreher utiliza uma abordagem bem diferente, defendendo que a oportunidade para uma votação calcada em valores já terminou, deixando esse tipo de eleitor sem espaço e sem ter nenhuma voz política forte no que diz respeito à ética. Por isso, ele incentiva os cristãos a verem a Opção Beneditina como o caminho para manter a influência no mundo político e cultural sem renunciar aos valores que a sustentam. Respondendo diretamente à visão geral de engajamento em um mundo pós-cristão apresentada no livro *A opção beneditina* (em vez do ensaio específico de Dreher para este livro), Nathan Finn apresenta sua própria visão de engajamento político de acordo com a visão paleobatista, afirmando que essa visão promove um espaço eclesiástico e missional mais robusto para esse engajamento.

A contribuição de Vincent Bacote é uma resenha do pensamento de Abraham Kuyper para sinalizar um caminho pelo qual o cristão de hoje pode organizar seu trabalho e sua fé de modo coerente e complementar, incentivando por meio disso os outros cristãos a reconhecerem o pluralismo das cosmovisões e permanecerem engajados na esfera sociopolítica. Por fim, o ensaio de Michael Wear defende que, quando entendemos corretamente para que servem os partidos políticos, temos a liberdade de retornar a eles como um meio de influenciar a política norte-americana de uma maneira mais eficaz e eficiente.

---

9 Ibid., p. 179.

UMA VISÃO CONSERVADORA PARA A REFORMA POLÍTICA DOS ESTADOS UNIDOS

Robert P. George

O nosso amado país infelizmente passa por problemas e precisa urgentemente de reformas. No centro das nossas inquietudes está o que sempre esteve presente em toda a nossa história, desde o pecado original da escravidão: a infidelidade aos princípios fundadores da nossa nação. Entre esses princípios se encontram os nossos compromissos com a Constituição, bem como nossas normas, práticas e nossos entendimentos morais e culturais de que esses compromissos são a base para a nossa compreensibilidade e força, sem as quais eles não podem subsistir por muito tempo. Os Estados Unidos ainda têm uma grande perspectiva de futuro, mas nós nos perdemos em muitas áreas fundamentais. Se quisermos que esse país cumpra sua promessa, as coisas precisam mudar de rumo. Não será fácil e não se tratará de um caminho sem sacrifícios, mas podemos conseguir.

Temos que renovar nosso compromisso nacional à limitação do governo e ao Estado de Direito. Isso exigirá a restauração da separação constitucional entre os poderes e a recuperação do princípio federativo. De forma mais ampla, temos que exigir o respeito ao princípio de subsidiariedade, a ideia de que as questões devem ser tratadas no nível mais baixo na hierarquia ou mais local possível, não somente em prol da liberdade individual (embora isso com certeza seja muito importante), mas também em prol do fortalecimento de instituições fundamentalmente importantes da sociedade civil. Essas instituições começam com a família e com associações religiosas e privadas que: (a) auxiliem a família na formação de cidadãos decentes e honrados – pessoas que estão moralmente aptas para os encargos e para as responsabilidades que a liberdade acarreta; e (b) desempenhem um papel importante nas áreas da saúde, da educação e da previdência, incluindo a prestação de serviços sociais e de assistência aos necessitados.

Nós também precisamos restaurar ao seu lugar devido o componente democrático de nosso sistema republicano, revertendo as usurpações absurdas e frequentes da autoridade legislativa que são cometidas de forma rotineira pelo Poder Executivo e pelo Poder Judiciário. Essa reforma nos capacitará de modo decisivo a chegar ao progresso necessário em questões fundamentais no sentido da restauração

258 ENGAJAMENTO CULTURAL

de princípios básicos da lei e da cultura, tendo início com a santidade da vida humana em todos os estágios e condições, o casamento como a união conjugal entre marido e mulher e o respeito à liberdade religiosa e de consciência, além de outras liberdades civis básicas. O liberalismo social está em alta, especialmente depois de oito anos de uma promoção agressiva por parte de um presidente que estava disposto a aumentar ou até mesmo ultrapassar os limites constitucionais do Poder Executivo em todas as suas atitudes, a fim de institucionalizar seus valores socialmente liberais e infiltrá-los na nossa trama legislativa e em nossas instituições públicas (incluindo as Forças Armadas). Entretanto, tudo o que ele e os tribunais fizeram pode ser desfeito. É uma questão de vontade política – ou de disposição de "pagar o preço que for necessário e carregar todo o peso" para alcançar o que é preciso em nome da renovação moral e cultural.[1]

A reforma econômica também terá o seu lugar na agenda reformadora geral. Os subsídios corporativos e os acordos de cavalheiros (do tipo que, por exemplo, cria obstáculos legais para impedir que as pequenas empresas venham a competir com firmas que já estão estabelecidas há muito tempo e que podem absorver com maior facilidade os custos para se adequar às normas) são manchas na honra da nossa nação. Além disso, existe o problema da plutocracia, de que a esquerda debocha, mas sempre busca obter vantagens, e que a direita nega ou ignora, supondo que o poder cultural e político dos grandes negócios não passa de um jogo normal de forças que atuam no livre mercado. A desigualdade econômica não é injusta em si mesma, e qualquer esforço realmente efetivo para erradicá-la nos levaria à ditadura em pouco tempo, mas a justiça de fato exige que mantenhamos valores que possibilitem uma competitividade justa e proporcionem condições para a mobilidade social em larga escala. Um sistema coerente consiste em dar às empresas que estão começando a possibilidade de competir de forma justa com as empresas grandes e recompensar o trabalho duro, a iniciativa e a disposição em assumir riscos financeiros para investir.

Na área da segurança nacional, na qual se encontra boa parte dos nossos desafios mais urgentes, um senso renovado de excepcionalismo norte-americano – que seria incentivado em grande parte pela reforma moral e pela rededicação aos nossos princípios constitucionais – nos faria muito bem. O excepcionalismo

---

1 Para um estudo mais profundo sobre a moralidade tradicional diante daqueles que a atacam no mundo moderno, veja o livro de Robert George, *Conscience and its Enemies*: Confronting the Dogmas of Liberal Secularism [A consciência e seus inimigos: confrontando os dogmas do secularismo liberal] (Wilmington, EUA: ISI, 2016).

americano geralmente não é bem compreendido. Não se trata da afirmação de que nós, norte-americanos, sejamos um povo superior. Em vez disso, é uma declaração de que os princípios da nossa fundação são únicos e valiosos. É uma reivindicação de que o povo norte-americano não se uniu pelo sangue ou por um pedaço de terra, mas por um compromisso em comum com um credo moral e político: "Consideramos estas verdades como evidentes por si mesmas: que todos os homens são criados iguais, dotados pelo Criador de certos direitos inalienáveis, entre os quais figuram a vida, a liberdade e a busca da felicidade".[2]

Foi esse credo que mobilizou os norte-americanos no passado para defender o nosso país, e é ele que pode novamente nos fortalecer para que nos posicionemos diante dos malfeitores que nos ameaçam e nos inspirar a fazer sacrifícios que – sem dúvida – deverão ser realizados se realmente quisermos derrotá-los. Esses malfeitores estão certos de que prevalecerão sobre nós, apesar de nosso poder militar extraordinário, porque eles têm no que acreditar, enquanto nós não acreditamos em nada; porque eles são exigentes moral e espiritualmente, enquanto nós estamos parados buscando a nossa própria satisfação; porque eles estão dispostos a lutar e morrer, e nós não. Nossa sobrevivência depende totalmente da hipótese de eles estarem certos ou errados sobre essas questões. Isso depende de nós. O objetivo central de todo movimento reformador digno de nota é garantir que essas crenças sobre nós estejam erradas. Se estiverem certas, então estamos perdidos, e a nobre experiência da liberdade sustentada pela ordem moral que nos foi concedida pelos fundadores da república norte-americana na aurora do nosso país também se perderá.

Este texto foi adaptado de um artigo publicado inicialmente no site firstthings.com em 4 de julho de 2016 com o título "What Would a Reform Agenda Look Like" ("Como seria um plano de reforma política").

Robert P. George é professor detentor da cátedra McCormick de Jurisprudência e diretor do Programa James Madison de Ideais e Instituições Norte-Americanas da Universidade de Princeton. Formado no Swarthmore College, George recebeu os diplomas de mestre de Estudos Teológicos e de bacharel em Direito da Universidade de Harvard e os diplomas de doutor em Filosofia e de bacharel e doutor em Direito Civil da Universidade de Oxford.

2　Para mais informações a respeito da moralidade política, veja o livro de Robert George, *In Defense of Natural Law* [Em defesa da lei natural] (Nova York: Oxford University Press, 2001).

O ENGAJAMENTO POLÍTICO SEGUNDO A OPÇÃO BENEDITINA

Rod Dreher

Como os povos de outras democracias ocidentais, os norte-americanos estão passando por um terremoto que abala as bases da ordem do pós-guerra. A crescente hostilidade contra os cristãos e a confusão moral dos eleitores com motivação ética devem nos inspirar a imaginar um caminho melhor para o futuro. A Opção Beneditina, minha visão mais ampla de afastamento cultural estratégico inspirado pela Ordem de São Bento,[1] faz um apelo em favor de uma maneira nova e radical de se fazer política, baseada em um localismo prático. Esse localismo se fundamenta no trabalho pioneiro dos dissidentes da Europa Oriental que desafiaram o comunismo durante a Guerra Fria. Uma forma ocidentalizada de "política antipolítica", utilizando a expressão cunhada pelo prisioneiro político tcheco Václav Havel, é a melhor opção de avanço para os cristãos ortodoxos que buscam o engajamento prático e eficaz na vida pública sem comprometer sua integridade e, com certeza, sua humanidade.

Já na década de 1960, com exceção notável da luta pelos direitos civis, o interesse moral e cultural não era uma questão inegociável da política norte-americana. O povo dos Estados Unidos votou maciçamente por motivações econômicas, como tinha feito desde a Grande Depressão. No entanto, a revolução sexual mudou tudo isso. A direita religiosa começou a crescer no Partido Republicano, enquanto a esquerda secular fez o mesmo entre os democratas. Na virada do século, a guerra cultural já estava inegavelmente no centro nevrálgico da política norte-americana. Hoje em dia, entretanto, o que conhecíamos como *guerra cultural* terminou. Os chamados "eleitores éticos", conservadores religiosos e sociais, foram derrotados e marginalizados politicamente. A nação está se dividindo em classes, com uma parcela grande tanto da esquerda jovem quanto da direita populista desafiando o consenso da economia global de livre mercado que constituiu o traço de união da política norte-americana por várias gerações.

---

1 Rod Dreher, *A opção beneditina*: uma estratégia para cristãos no mundo pós-cristão (Campinas: Ecclesiae, 2018).

Como os eleitores que são motivados principalmente pelos valores morais se encaixam nessa nova ordem? Não temos como fazer isso, na verdade. A campanha presidencial de 2016 deixou bem claro – de forma gritante e torturante – que os cristãos conservadores não têm a quem recorrer. Para ser sincero, não existe a alternativa de os cristãos abandonarem totalmente a cena política. A Igreja não pode se omitir da sua responsabilidade de orar pelos líderes políticos e da sua voz profética diante deles. A questão real diante de nós não é se desistiremos da política ou não, mas como exerceremos o poder político com prudência, especialmente em uma cultura política instável. A época atual exige a atenção à Igreja local e à comunidade, que não dependem principalmente do que acontece em Washington para florescer. Ela também exige uma avaliação profunda da fragilidade do que pode ser alcançado pela política partidária. Yuval Levin, editor da revista *Nation Affairs* e membro do Centro de Ética e de Políticas Públicas de Washington, defende que os conservadores religiosos desfrutariam de uma situação melhor "construindo subculturas vibrantes" em vez de buscando cargos políticos.[2]

Embora os cristãos ortodoxos tenham que adotar o localismo porque já não podem esperar uma influência marcante nas políticas de Washington, como acontecia anteriormente, existe uma causa que deve receber toda a atenção que ainda têm pela política nacional: a liberdade religiosa. Ela é fundamental para a Opção Beneditina. Sem uma defesa robusta e bem-sucedida das proteções da Primeira Emenda, os cristãos não terão a chance de construir as instituições comunitárias fundamentais para que se mantenham a nossa identidade e os nossos valores.

Lance Kinzer, deputado republicano pelo Estado do Kansas durante dez anos, está na linha de frente da transição política de que os conservadores cristãos precisam participar. Os republicanos desse Estado, antes que os tribunais impusessem o casamento gay, tentaram ampliar as proteções da liberdade religiosa para preservar os prestadores de serviço para casamentos, os confeiteiros e muitos outros. Como diversos legisladores desse Estado de maioria republicana, Kinzer imaginava que essas leis passariam pela Câmara e pelo Senado facilmente. Em vez disso, a Câmara de Comércio do Kansas se posicionou

---

2 Yuval Levin, *The Fractured Republic*: Renewing America's Social Contract in the Age of Individualism [A república fraturada: renovando o contrato social americano na era do individualismo] (Nova York: Basic, 2016), p. 165.

262 ENGAJAMENTO CULTURAL

fortemente contra essa lei. Kinzer já tinha decidido deixar a política estadual, e o retrocesso quanto à legislação de proteção da liberdade religiosa confirmou que ele havia tomado a decisão correta. Não se tratava somente de um cansaço em relação ao processo político, mas sim de um reconhecimento de que, devido à "realidade do momento cultural", era mais importante proteger sua comunidade local mais de perto do que continuar seu trabalho legislativo. Entretanto, ele não deixou a política por completo. Atualmente, Kinzer viaja por todo o país defendendo as leis que garantem a liberdade religiosa nas assembleias legislativas estaduais, cumprindo o primeiro objetivo dos cristãos que adotam a Opção Beneditina: garantir e ampliar o espaço no qual podemos ser quem somos e construir nossas próprias instituições.

A política antipolítica

Pode parecer um tanto estranho chamar a Ordem de São Bento de "documento político", mas ela não passa de uma constituição que governa a convivência de uma comunidade. A política da Opção Beneditina começa com o reconhecimento de que a sociedade ocidental é pós-cristã e de que, sem que aconteça um milagre, não há esperança de que essa condição seja revertida muito em breve. Os cristãos têm que direcionar sua atenção para algo diferente. Parte da mudança que precisamos fazer consiste em aceitar que, nos próximos anos, os cristãos fiéis terão que escolher entre ser bons norte-americanos e ser bons cristãos.

Temos que enfrentar uma questão que soará herética para muitos de nós, de acordo com o nosso catecismo civil patriótico. A democracia liberal, por estabelecer o governo do povo, é tão forte quanto o povo que a exerce. A questão que se coloca diante de nós é se a nossa situação política atual é uma traição à democracia liberal ou, por causa de seus princípios fundamentais de individualismo e igualitarismo, a realização inevitável da democracia liberal sob o secularismo. Se a segunda hipótese estiver correta, então não se faz necessária a segunda vinda de Ronald Reagan ou de um suposto salvador da pátria, mas sim de um novo – e bem diferente – São Bento.

Que tipo de política devemos buscar na Opção Beneditina? Se ampliarmos a nossa visão política para que a cultura seja incluída, descobriremos que as oportunidades de ação e serviço são ilimitadas. O filósofo cristão Scott Moore diz que erramos ao falar de política somente como uma questão de Estado.

Política 263

"A política consiste no modo como ordenamos nossa vida juntos na pólis, seja numa cidade, numa comunidade ou mesmo numa família."[3]

Václav Havel, dramaturgo e preso político tcheco, discute esse conceito de "viver em verdade" e tem muito a ensinar aos cristãos. Ele diz para considerarmos o verdureiro que vive sob um regime comunista e coloca um cartaz na janela de sua loja dizendo: "Trabalhadores do mundo, uni-vos!". O verdureiro não faz isso necessariamente por acreditar nessas palavras, mas simplesmente porque quer evitar problemas. O que acontecerá se ele retirar o cartaz da sua janela? E se ele se negar a seguir a multidão em troca de aceitação? Ele perderá seu emprego e sua posição na sociedade, mas, ao dar testemunho da verdade, conquistará algo com um potencial enorme. Ele estará dizendo que o rei está nu, e, porque o rei está de fato nu, algo extremamente perigoso acontecerá: por causa de sua ação, o verdureiro trará uma mensagem para o mundo, mostrando a todos que é possível viver com sinceridade. Ele passa a ser uma ameaça ao sistema – mas preserva desse modo a sua humanidade. Havel também diz que isso é uma conquista bem mais importante do que a posse de um partido ou de outro político.[4]

Logo, o caminho para preservar a humanidade do indivíduo é criar e apoiar "estruturas paralelas" nas quais a verdade pode ser vivida em comunidade. Um bom exemplo de como essa vida melhor poderia ser vem do finado matemático e dissidente Vaclav Benda. Católico fiel, Benda acreditava que o comunismo mantinha seu punho de ferro sobre as pessoas por meio do isolamento, fragmentando seus vínculos sociais naturais. A contribuição mais importante de Benda para o movimento dissidente foi a ideia de uma "pólis paralela" – uma sociedade separada, porém permeável, que subsiste de modo paralelo ao regime comunista. Colocando em risco a sua vida e a da sua família (ele e a esposa tinham seis filhos), Benda rejeitou a segregação. Ele insistiu que a pólis paralela tinha que encarar a si mesma como lutando em prol "da preservação ou da renovação da comunidade da nação no sentido mais amplo da palavra – envolvendo a defesa de todos os valores, instituições e condições materiais em que a existência dessa comunidade se baseia".[5]

---

3   Scott H. Moore, *The Limits of Liberal Democracy: Politics and Religion at the End of Modernity* [Os limites da democracia liberal: política e religião no fim da modernidade] (Downers Grove, EUA: InterVarsity Press, 2009), p. 15.

4   Václav Havel, "The Power of the Powerless" (1979), trad. Paul Wilson, em *The Power of the Powerless* [O poder dos impotentes], Václav Havel et al. (Londres: Hutchinson,1985), p. 27-28.

5   Veja Vaclav Benda, "The Parallel '*Polis*'", em *Civic Freedom in Central Europe* [Liberdade cívica na Europa Central] (Londres: Palgrave Macmillan, 1991), p. 35-41.

264 ENGAJAMENTO CULTURAL

A partir dessa perspectiva, a pólis paralela não consiste em construir uma comunidade isolada para os cristãos, mas em estabelecer (ou restabelecer), em vez disso, práticas e instituições comuns que podem reverter o isolamento e a fragmentação da sociedade contemporânea. Em outras palavras, os cristãos dissidentes devem encarar seus projetos da Opção Beneditina como a construção de um futuro melhor não somente para si mesmos, mas para todos ao seu redor. Enquanto o Ocidente for cedendo à apatia, cada vez mais pessoas buscarão algo real, significativo ou mesmo sadio. Nosso mandato como cristãos é oferecer a elas justamente isso.

Não importa quão furiosas e demandantes as batalhas políticas partidárias sejam, os cristãos devem entender que a política norte-americana convencional não pode consertar os problemas da nossa sociedade e cultura. A política da Opção Beneditina entende que os transtornos da vida pública norte-americana vêm dos transtornos da alma norte-americana. Ela começa com a proposição de que o trabalho político mais importante da nossa era é a restauração da ordem interna, harmonizando-a com a vontade de Deus, o mesmo objetivo da vida em uma comunidade monástica. Todo o resto vem naturalmente.

Essa é a maneira de começarmos a política antipolítica da Opção Beneditina: nos separarmos culturalmente da tendência dominante. Trata-se de desligar a televisão, de se afastar do *smartphone*, de ler livros, de jogar, de compor música e de festejar com os vizinhos. Não basta fugir do que é ruim, deve-se abraçar o que é bom. Os tempos mudaram de forma dramática, e não podemos mais contar com políticos e ativistas para que lutem sozinhos na guerra cultural em nosso lugar. Nós, os cristãos fielmente ortodoxos, não pedimos para viver esse exílio interno num país que pensávamos que era nosso, mas essa é a nossa situação. Passamos a ser minoria, então que sejamos uma minoria criativa, oferecendo calor humano e alternativas cheias de luz a um mundo cada vez mais frio, morto e obscuro.

Adaptado do capítulo 4 do livro de Rod Dreher, *A opção beneditina: uma estratégia para cristãos no mundo pós-cristão* (Campinas: Ecclesiae, 2018), intitulado "Um novo tipo de política cristã".

Rod Dreher é editor sênior da revista *The American Conservative*. Ele já trabalhou para os jornais *New York Post, The Dallas Morning News, National Review*, entre outros, e já teve artigos publicados nos periódicos *The Wall Street Journal, Commentary*, e outros. Dreher é autor de *How Dante Can Save your Life* [Como Dante pode salvar sua vida] e *A opção beneditina*.

UMA VISÃO PALEOBATISTA
A PRIORIDADE DAS IGREJAS E DAS MISSÕES LOCAIS

Nathan A. Finn

Em 2017, Rod Dreher publicou seu livro best-seller chamado *A opção beneditina: uma estratégia para cristãos no mundo pós-cristão*.[1] Ele defende um afastamento estratégico dos cristãos da vida pública em prol do cultivo da sua própria comunidade de fé e da preparação para um novo engajamento quando a cultura norte-americana estiver em ruínas e as pessoas estiverem desejosas de um caminho melhor. David Brooks chamou *A opção beneditina* de "o livro religioso mais debatido e importante da década".[2]

Dreher fez várias postagens em seu blog sobre a Opção Beneditina antes de publicar o livro, portanto os líderes cristãos discutem sua proposta há praticamente cinco anos. Muitos apresentaram alternativas, baseando-se em figuras históricas como William F. Buckley, Francisco de Assis, Abraham Kuyper e William Wilberforce. Neste ensaio, apresento minha alternativa amigável à Opção Beneditina. Ela é pactual, católica, congregacional, comissionada e culturalmente revolucionária. Chamo minha proposta de "Opção Paleobatista". Essa opção traz um roteiro para navegar nos Estados Unidos pós-cristãos que se baseia de forma mais profunda nas igrejas locais e se reveste de uma intenção bem mais missional que a Opção Beneditina.

A ascensão e o declínio da Visão Paleobatista

O movimento batista começou na primeira metade do século 17.[3] A Visão Paleobatista, que se desenvolveu durante os primeiros duzentos anos desse movimento, tinha como foco as igrejas locais e cultivava uma identidade pactual, congregacional, comissionada e contracultural.

---

1   *A opção beneditina*: uma estratégia para cristãos no mundo pós-cristão (Campinas: Ecclesiae, 2018).

2   David Brooks, "The Benedict Option", *New York Times* (14 de março de 2017). Disponível em: https://www.nytimes.com/2017/03/14/opinion/the-benedict-option.html. Acesso em: 5 maio 2020.

3   Para ter um panorama da história dos batistas, veja o livro de Anthony L. Chute; Nathan A. Finn; Michael A. G. Haykin, *The Baptist Story*: From English Sect to Global Movement [A história batista: de seita inglesa a movimento global] (Nashville, EUA: B&H Academic, 2015).

Os primeiros batistas formularam suas crenças sobre a salvação e sobre a Igreja em termos de aliança. Ser cristão consistia em participar da aliança eterna da graça pelo arrependimento e pela fé. As congregações nada mais eram que comunidades regeneradas, nas quais os cristãos declarados voluntariamente assumiam juntos uma aliança entre si. O batismo dos fiéis era considerado o sinal do compromisso individual com a aliança e com o discipulado da comunidade. Persistir no pecado sem se arrepender era quebrar esse pacto, além de uma possível prova de que na verdade tal pessoa não fazia parte da aliança da graça.

Eles também praticavam a política congregacional. Acreditavam que cada igreja local era um microcosmo da Igreja universal e que todos os membros deviam exercer a supervisão espiritual uns sobre os outros. As igrejas são embaixadas do Reino, os membros da Igreja são os cidadãos e todos os cidadãos do Reino tomam posse dos planos do Rei. Embora as congregações batistas separassem indivíduos para servir como pastores e diáconos, elas defendiam que todos os crentes eram chamados ao ministério da proclamação do evangelho em suas palavras e da sua aplicação na vida pessoal por meio de cada gesto.

Eles eram revolucionários culturalmente, embora fossem diferentes dos anabatistas, que rejeitavam a autoridade legítima dos magistrados ou adotavam o pacifismo. Os batistas desejavam ver os cristãos governando, declaravam lealdade à Coroa. Muitos lutaram durante a Guerra Civil Inglesa e alguns até conquistaram cadeiras no Parlamento. Mesmo assim, eles continuavam sendo contraculturais ao rejeitar o estabelecimento da Igreja Estatal Anglicana. Desejavam uma nação governada por princípios cristãos, mas defendiam a liberdade de consciência, afirmando que, essencialmente, uma pessoa só deve prestar contas de suas convicções religiosas a Deus.

A adoção de uma espécie de catolicidade de Igreja Livre também foi uma marca dos primeiros batistas. Em suas declarações de fé, eles espelhavam os credos ecumênicos ao formular suas crenças sobre a Trindade e sobre a cristologia. O Credo Ortodoxo (1678) estabeleceu os credos antigos nas congregações batistas em geral. A Segunda Confissão de Londres (1689) defendeu vigorosamente uma Igreja universal visível, na qual os batistas eram uma pequena parte. Os batistas calvinistas também viam a si mesmos como participantes do "interesse protestante": a defesa transcontinental das igrejas reformadas e luteranas contra as invasões do catolicismo romano.

Por fim, os batistas se entendiam como um povo comissionado, embora esse destaque só tenha surgido depois de 150 anos da fundação do movimento. Mesmo que os primeiros batistas tivessem um compromisso com o evangelismo e com a plantação de igrejas, a obra missionária no século 17 ainda não era uma prática tão difundida entre os protestantes. No início do século 18, os batistas gerais já tinham sido amplamente contaminados pelo ceticismo iluminista e estavam apostatando rumo a heresias. Os batistas particulares, influenciados pelo racionalismo hipercalvinista, geralmente desprezavam a urgência missionária. Perto do final do Despertar Evangélico na Grã-Bretanha, os principais teólogos batistas apresentaram justificativas centradas na mensagem da cruz para o evangelismo e para as missões estrangeiras. A passagem principal passou a ser Mateus 28:19-20, que os batistas interpretavam como um mandamento extensivo a todas as gerações de cristãos.

Com exceção do destaque missionário, essas propriedades acabaram sendo perdidas ou redefinidas entre os batistas norte-americanos nos séculos 19 e 20. Muitos batistas adotaram uma forma radical de interpretação bíblica que desvinculava as Escrituras de todos os outros tipos de tradição, rejeitando a princípio todos os credos (e às vezes até as declarações denominacionais). Os batistas passaram a analisar seus princípios históricos cada vez mais sob o prisma do individualismo iluminista e da democracia de Thomas Jefferson. No início do século 20, os porta-vozes afirmavam que a tradição batista era essencialmente norte-americana, por causa do seu compromisso com a democracia e com a separação entre a Igreja e o Estado.

Então o mundo começou a mudar. Enquanto as elites batistas estavam alinhadas às decisões da Suprema Corte de meados do século, que codificavam as interpretações seculares da separação entre a Igreja e o Estado, os batistas da base cada vez mais chegavam ao entendimento de que os Estados Unidos eram uma nação perdida. A turbulência moral dos anos 1960 contribuiu para um senso crescente de apreensão. Muitos evangélicos que estavam experimentando esse tipo de ansiedade cultural, inclusive milhões de batistas, se alinharam à direita religiosa que surgia dentro do Partido Republicano e buscaram recuperar os Estados Unidos para Deus. O fato de tantos batistas desejarem que os EUA fossem uma nação cristã demonstra a distância entre as prioridades paleobatistas e o conceito batista moderno de "engajamento político".

268 ENGAJAMENTO CULTURAL

Os paleobatistas nos Estados Unidos pós-cristãos

Os batistas norte-americanos precisam retornar para a visão paleobatista e recomendá-la para todos os cristãos fiéis em nossa nação pós-cristã. Para os paleobatistas, as igrejas locais são comunidades contraculturais de discípulos que fazem uma aliança de andar juntos na direção da adoração, da catequese, do testemunho e do serviço cristão. Àqueles que, como Dreher, estão se voltando para movimentos neomonásticos, os paleobatistas diriam que um entendimento pactual da membresia da Igreja alcança o mesmo objetivo, mas o aplica a todos os membros. Quando se restringe os membros da Igreja a cristãos declarados, as igrejas se tornam o contexto mais natural para a formação teológica e moral e o discipulado intencional. De acordo com essa visão, as congregações expressam o melhor das prioridades monásticas clássicas, mas participam da base de uma membresia importante da Igreja, em vez de adotarem uma forma especial de discipulado reservada para os membros verdadeiramente comprometidos.

Chegou a hora daquilo que Timothy George classifica como "ecumenismo nas trincheiras", conforme representado em iniciativas como Evangelicals and Catholics Together (Evangélicos e Católicos Unidos) e a Declaração de Manhattan.[4] Os paleobatistas devem estar dispostos a juntar forças com outros cristãos o máximo possível, com integridade, sem se envergonhar dos princípios que diferenciam a sua tradição. A invasão do secularismo militante pede a mortificação de todas as formas de sectarismo, de idolatria denominacional e de partidarismo. As congregações paleobatistas não devem se confundir com o Partido Republicano na oração, mas devem revolucionar a cultura para o bem comum. As igrejas são corpos missionários que capacitam os membros e trabalham ao lado de outros cristãos para propagar as boas novas, servir aos necessitados e cultivar a prosperidade humana. Esse elemento missional continua constituindo uma falha estrutural na Opção Beneditina.

Embora a visão paleobatista represente uma alternativa à Opção Beneditina, os batistas têm muito a aprender com Dreher em um aspecto importante. Ele afirma que as comunidades de fé devem formar os fiéis na Grande Tradição do cristianismo clássico. Embora os primeiros batistas estivessem engajados em um tipo de catolicidade, é justo dizer que esse nunca foi um ponto forte

---

4 Timothy George, "Evangelicals and Others", *First Things* (fevereiro de 2006). Disponível em: https://www.firstthings.com/article/2006/02/evangelicals-and-others. Acesso em: 5 maio 2020.

dos batistas. Mesmo assim, estou animado com o número cada vez maior de batistas que adotam a tradição dos credos ecumênicos, guardam o calendário cristão, celebram a Ceia com maior frequência em cultos públicos e aprendem com as práticas espirituais de irmãos e irmãs de outras tradições eclesiásticas. Esses paleobatistas estão adotando um senso maior de catolicidade de forma intencional, sem recuar um centímetro na sua identidade batista.[5] Os batistas proliferarão nos Estados Unidos pós-cristãos se nos posicionarmos conscientemente como um movimento de renovação eclesiológica dentro da grande tradição do cristianismo universal.

Conclusão

A Opção Paleobatista apresenta uma alternativa para o futuro dos batistas e de outros evangélicos com essa visão doutrinária na busca de viver de maneira fiel nos Estados Unidos pós-cristãos. Até mesmo as tradições que discordam de algumas características batistas podem adotar uma perspectiva propositalmente pactual, congregacional, comissionada e contracultural e adaptar suas prioridades aos seus contextos. Nesse sentido, todos os fiéis norte-americanos podem desenvolver "instintos paleobatistas" em resposta ao ativismo secularista. A transmissão da fé que uma vez foi dada aos santos (Judas v. 3) é mais importante do que a transmissão da identidade batista para a próxima geração. Embora os paleobatistas acreditem que os diferenciais batistas sejam essencialmente corretos e que devam ser adotados, defendidos e recomendados aos outros, somente a fé comum a todos os fiéis cristãos de todos os lugares incentivará a nossa maturidade espiritual, nos capacitará ao testemunho cristão, nos motivará ao serviço humilde e sacrificial e nos ajudará a pensar corretamente sobre Deus e o seu mundo e a viver corretamente diante de Deus neste mundo.

Este ensaio foi adaptado do artigo de Nathan N. Finn intitulado "Baptists and the Benedict Option in American Babylon", publicado em *Canon and Culture* (22 de março de 2016). Disponível em: https://erlc.com/resource-library/articles/baptists-and-the-benedict-option-in-american-babylon. Acesso em: 5 maio

---

5 Para conhecer um grupo representativo dessa ideia entre os batistas do Sul, veja *The Center for Baptist Renewal*. Disponível em: http://www.centerforbaptistrenewal.com/. Acesso em: 5 maio 2020.

270 ENGAJAMENTO CULTURAL

2020). Veja também "Baptists and the Benedict Option in American Babylon", *Christianity in the Academy*, v. 13 (2016), p. 156-167.

Nathan A. Dinn (doutor pelo Seminário Teológico Batista do Sudeste) é diretor e reitor da University Faculty na North Greenville University. Seus trabalhos mais recentes incluem a coedição dos livros *A Reader's Guide to the Major Writings of Jonathan Edwards* [Guia das principais obras de Jonathan Edwards] e *Spirituality for the Sent: Casting a New Vision for the Missional Church* [Espiritualidade para os enviados: moldando uma nova visão da igreja missional].

A CONTRIBUIÇÃO DE ABRAHAM KUYPER À POLÍTICA

Vincent Bacote

As palavras "kuyperiano" e "neocalvinista" se referem de modo geral a uma abordagem de uma fé cristã holística baseada na vida e na obra de Abraham Kuyper, um teólogo, pastor, jornalista e político que chegou a ser primeiro-ministro da Holanda (1901-1905). Ele encabeçou um movimento classificado como "antirrevolucionário" por causa de sua divergência quanto aos objetivos da Revolução Francesa, como foi explicado resumidamente por David Koyzis:

> Depois de a geração de guerra e instabilidade iniciada em 1789 finalmente terminar com a derrota de Napoleão em 1815, muitos europeus, especialmente aqueles que eram leais ao evangelho de Jesus Cristo, se mobilizaram na tentativa de combater as ilusões ideológicas que a Revolução tinha elaborado. Isso implicou a ruptura com a preocupação – ou melhor, obsessão – moderna com a soberania e o resgate de um reconhecimento do polimorfismo legítimo da sociedade. [...] Quando reconhecem que a única fonte de unidade no cosmo é o Deus que nos criou e nos redimiu na pessoa do seu Filho, os cristãos ficam livres da necessidade de identificar uma fonte unificadora dentro do cosmo.[1]

Os temas e as disposições que surgiram a partir de Kuyper e de seus companheiros antirrevolucionários levaram a uma abordagem do engajamento político cristão que nem marginalizava a Igreja institucional nem incentivava o protagonismo eclesiástico das questões públicas. Em vez disso, enquanto a Igreja dá a prioridade e o destaque ao trabalho de formação cristã por meio da proclamação da Palavra e da obediência aos sacramentos, os cristãos que frequentam a Igreja e são formados por ela são incentivados a participar da esfera pública nos diversos domínios da educação, dos negócios, das associações

---

1   David Koyzis, "Happy AR Day! a holiday to counter Bastille Day", *Kuyperian*, 20 de julho de 2017. Disponível em: http://kuyperian.com/happy-ar-day-holiday-counter-bastille-day/. Acesso em: 5 maio 2020.

272 ENGAJAMENTO CULTURAL

voluntárias e da política. A participação cristã nessas esferas não é dirigida pelo clero, embora a formação cristã deva influenciar a abordagem dos fiéis nas diversas áreas da sociedade. Um fator igualmente importante é que, na medida em que os cristãos reconhecem Deus como a única autoridade e devem resistir à necessidade de identificar e impor uma cosmovisão unificada dentro do mercado de cosmovisões ou de ideias, eles podem reconhecer um pluralismo de cosmovisões expresso no surgimento de instituições, como escolas e partidos políticos baseados em uma variedade de perspectivas.

A ideia de Kuyper a respeito da "soberania das esferas" é bem importante nesse contexto. Segundo essa visão, Deus é soberano sobre toda a criação, mas também existe uma soberania derivada distribuída entre as esferas sociais, como a família, as escolas e o Estado. Cada esfera age de forma diferente (por exemplo, não se deve administrar um lar como uma empresa), e o pluralismo de esferas também dá margem a uma diversidade de cosmovisões concretizada em uma diversidade de instituições públicas.

Entre as dimensões teológicas importantes dessa abordagem da vida pública está uma teologia proeminente da criação, que não entra em conflito com a redenção. Embora algumas expressões da fé cristã retratem a salvação como a fuga de uma criação decaída, a abordagem kuyperiana com relação à política destaca a criação como reivindicada por Deus, e nunca considerada uma causa perdida. A doutrina da graça comum é importante nesse tópico. Para Kuyper, a graça comum é a permissão teológica para que os cristãos saiam de seus enclaves rumo à esfera pública com o propósito de ser administradores responsáveis da criação. Na graça comum, Deus age para preservar a ordem da criação depois da entrada do pecado no mundo. A generosidade divina que preserva o mundo possibilita que se continue a obedecer ao primeiro mandamento de governá-lo bem, o que alguns chamam de "mandato da criação", ou "mandato cultural" (Gênesis 1-2). À luz da realidade da depravação, embora o engajamento no mundo continue sendo adequado para os seres humanos, ele passa a ser uma atividade mais complicada. É igualmente importante destacar as possibilidades restantes de participação no mundo de Deus enquanto se mantém uma disposição humilde devido aos desafios sempre presentes de um mundo que, apesar de decaído, continua sendo bom. As consequências para a política são significativas: embora possa haver maneiras de a vida humana se desenvolver ou melhorar por meio da administração responsável da vida política, nenhum sistema ou política será perfeito ou o melhor para todos em todo o mundo.

Uma abordagem kuyperiana da política também deve destacar o que Kuyper chama de "antítese". Esse termo se refere à ênfase que Kuyper dá para a ideia de que o fato de os cristãos serem pessoas que experimentaram a graça especial da salvação e que foram regeneradas pelo Espírito Santo para perceber, pensar e agir de um modo diferente dos que não são cristãos deve resultar em abordagens de engajamento cultural e político baseadas nos princípios cristãos. Na política da época em que Kuyper viveu, essa distinção ainda era notável no desenvolvimento do Partido Antirrevolucionário, que atingiu o auge quando ele tomou posse como primeiro-ministro em 1901 (embora seja importante observar que Kuyper precisou de uma coalizão com outros partidos para chegar a essa conquista). Do mesmo modo que a graça comum, a antítese deve ser temperada com humildade. O coração regenerado não leva a uma mentalidade e prática política com visão totalmente clara. Vemos através de um vidro translúcido, e o processo de santificação é uma estrada bem longa com muitas curvas.

Para muitas pessoas, o fato de Kuyper ter sido primeiro-ministro revela que sua abordagem tinha intenções teocráticas, mesmo que ele tenha adotado uma plataforma pública pluralista. Embora ele de fato tenha feito afirmações que expressavam o seu desejo de que a Holanda agisse de acordo com as ordenanças divinas, as palavras seguintes esclarecem o seu entendimento de "nação cristã":

> Certas expressões como "nação cristã", "país cristão", "sociedade cristã", "arte cristã" ou coisas do tipo não indicam necessariamente que essa nação consista principalmente de cristãos regenerados ou que essa sociedade tenha sido transformada no Reino dos céus [...]. Em um país como este, a graça na Igreja e entre os cristãos exerce uma influência tão poderosa sobre a graça comum, que ela acaba chegando ao seu desenvolvimento máximo. Portanto, o adjetivo "cristão" nada expressa sobre o estado espiritual dos habitantes desse país, mas simplesmente depõe a favor do fato de que a opinião pública, a mentalidade geral, as ideias predominantes, as normas de conduta, as leis e os costumes desse lugar claramente foram impactados pela fé cristã. Embora isso possa ser atribuído à graça especial, é manifesto na esfera da graça comum, isto é, na vida civil comum. Essa influência leva à abolição da escravatura nas leis e na vida do país, à posição mais desenvolvida da mulher, à manutenção da moralidade pública, ao respeito pelo domingo, à compaixão pelos pobres, a uma priorização coerente do ideal

274 ENGAJAMENTO CULTURAL

sobre o material e – mesmo no tratamento das pessoas – à elevação de tudo o que é humano de seu estado degradado a uma posição mais nobre.[2]

Cultivar a influência cristã na vida política não implica buscar uma plataforma teocrática e totalitária que ameaça todos os que se recusam a "seguir a cartilha". Em vez disso, a abordagem kuyperiana, na melhor expressão da palavra, nos incentiva a buscar maneiras de preencher a sociedade com a influência cristã, abordando os vários aspectos da vida pública com o propósito de uma transformação cada vez maior. É necessário que esse compromisso seja assumido em longo prazo para resistir aos altos e baixos que assaltam o engajamento cultural e o processo político. Portanto, o objetivo não é uma conquista cristã da sociedade, mas um engajamento consistente, fiel e diferenciado.

Embora a abordagem kuyperiana da política tenha surgido de um contexto europeu específico e tenha tido alguma influência no Ocidente, isso não indica que ela seja restrita a ambientes com alguma forma de democracia. Em vez disso, assim como as dimensões práticas da abordagem de Kuyper tinham o propósito de lidar com a situação imediata, o alvo no presente e no futuro deve ser refletir sobre como incentivar e buscar a militância política à luz das oportunidades e das limitações de cada situação. Em alguns casos, isso se traduz em oportunidades para estar no centro da vida política, enquanto em outros pode se limitar a esforços extremamente locais para facilitar o progresso humano.

A tradição política kuyperiana, no melhor sentido da palavra, é um reconhecimento e uma resposta à nossa oportunidade de ação política como administradores fiéis da criação divina, o incentivo de buscar maneiras criativas para que a verdade de Deus se traduza em expressões do bem comum e a humildade de reconhecer que até mesmo as nossas melhores contribuições são incompletas e estão sujeitas a melhorias e revisões.

Vincent Bacote (doutor pela Drew University) é professor assistente de Teologia e diretor do Centro de Ética Aplicada no Wheaton College, em Illinois, nos Estados Unidos. Ele é autor de várias obras, entre elas o livro *The Political Disciple: A Theology of Public Life*. [O discípulo político: teologia da vida pública]. Ele mora em Glen Ellyn, Illinois, com sua família, e toca contrabaixo de vez em quando.

---

2 Abraham Kuyper, "Common Grace", em *Abraham Kuyper: A Centennial Reader* [Abraham Kuyper: um leitor centenário], ed. James D. Bratt (Grand Rapids: Eerdmans, 1998), p. 198-199.

CRISTÃO E DEMOCRATA

Michael Wear

A tarefa de defender qualquer partido político não é nada fácil nos dias de hoje. Testemunhamos um baixo nível de aprovação tanto do Partido Republicano quanto do Partido Democrata. A polarização partidária nunca esteve tão alta. Parece claro, até mesmo óbvio, que o problema da nossa política reside nos partidos.

O diálogo sobre o que significa ser democrata ou republicano foi reduzido e distorcido pelo fato de que ninguém está muito satisfeito com a própria existência de partidos políticos. O que pode surpreender as pessoas é que as coisas de que elas menos gostam sobre os nossos partidos políticos são agravadas pela sua própria decisão de não participar desses partidos. Em uma época em que a identidade partidária está ocupando muito espaço em nossa política e em nossa vida, é essencial reposicionar o papel do partido político em nossa mente antes de empreender qualquer esforço frutífero na defesa de algum partido em particular.

Não atribuímos tanta importância ao que representa um partido político ou ao que significa se afiliar a algum deles por causa da sua essência, mas por causa daquilo que está em pauta em sua própria agenda ou na agenda de outros indivíduos que se beneficiam deles. Isso quer dizer que os partidos políticos não exigem nossa lealdade por direito, mas por interesse.

Os fundadores dos Estados Unidos, com sua grande confiança e dependência da racionalidade humana, carregavam suas reservas quanto aos partidos políticos por entenderem que eles tinham um grande potencial de prejudicar o pensamento racional e independente. No artigo décimo de "O Federalista",[1] ficamos sabendo que os próprios fundadores (nesse caso, o artigo foi escrito por James Madison) estavam preocupados com a ameaça que a divisão e a polarização trazem para a democracia e o pensamento racional.[2]

---

1   James Madison, "The Federalist Papers: Number 10", 23 de novembro de 1787, *The Avalon Project*. Disponível em: http://avalon.law.yale.edu/18th_century/fed10.asp. Acesso em: 5 maio 2020.

2   Madison explicou por que se formam as facções: "Enquanto a razão do homem continuar sendo passível de erro, e ele contar com liberdade para exercê-la, formar-se-ão várias opiniões. Enquanto

(continua)

276 ENGAJAMENTO CULTURAL

A capacidade que os partidos políticos têm de assumir um lugar de definição na nossa identidade e de conduzir o modo como vemos nossos vizinhos é ampliada pela sofisticação cada vez maior da tecnologia política e da ubiquidade da mídia política. Nunca antes os políticos ou seus partidos tiveram acesso a tantas informações sobre a nossa vida, e o que eles estão pedindo não é somente o seu voto, mas a sua lealdade. As campanhas e os partidos conquistarão sua lealdade com base em sua visão de que eles abraçam políticas que promoverão o bem comum do país da melhor maneira, mas utilizarão todos os meios possíveis para obtê-la. Se for necessário, vale o apelo emocional, a afinidade cultural, ou simplesmente a demonização da outra opção. Se esses métodos forem mais eficazes que os argumentos concretos em prol da abordagem de uma política em particular, os interesses do partido mobilizarão sua estratégia na direção de uma política de identidade, de emoção e de sentimento.

O que precisamos entender, assim como os políticos, os estrategistas e até mesmo os adversários estrangeiros entendem, é que a nossa política tanto é motivada pela nossa emoção quanto a conduz. Os candidatos agora são tratados como marcas, com campanhas que não são criadas para promover ideais, mas para apresentar um candidato com quem os eleitores "se identifiquem" de modo pessoal.[3]

Esta é a verdade nua e crua: a situação da nossa política e dos nossos partidos políticos reflete nossos desejos, nossos anseios e nossa alma. Existem elementos estruturais do nosso sistema político – por exemplo, o modo como as campanhas

---

houver um vínculo entre a razão e o amor-próprio, suas opiniões e paixões terão uma influência recíproca, e a primeira se tornará o objeto ao qual a segunda se vinculará". "The Federalist Papers: Number 10", 23 de novembro de 1787, *The Avalon Project*. Disponível em: http://avalon. law.yale.edu/18th_century/fed10.asp. Acesso em: 5 maio 2020. Esse ensaio prossegue explicando a proteção que o regime republicano de governo traz para conter os efeitos do sectarismo – que em uma sociedade maior será difícil para todos que têm um interesse em comum ("invadir o direito de outros cidadãos") para "descobrir sua própria força e agir uns em conformidade com os outros". Essas defesas parecem ser prejudicadas pelos avanços tecnológicos modernos.

3   Em um artigo intitulado "How Big Data Broke American Politics", Chuck Todd explica que "os megadados – uma combinação de poder tecnológico imenso e de informações detalhadas sobre os eleitores – agora permitem que as campanhas indiquem seus apoiadores mais prováveis. Essa ferramenta faz com que a mobilização seja mais fácil, rápida e bem mais barata do que convencer os vizinhos". Você pode também refletir sobre como os operadores russos exploraram as divisões mais suaves entre os norte-americanos para provocar uma agitação imensa que promoveu os interesses russos e desestabilizou os Estados Unidos política e socialmente. Eles compraram anúncios no Facebook que foram criados "com maestria para imitar e se infiltrar no discurso político dos EUA, enquanto buscavam aumentar o conflito entre os grupos que já suspeitavam um do outro". Disponível em: https://www.washingtonpost.com/business/technology/russian-operatives-used-facebook-ads-to-exploit-divisions-over-black-political-activism-and-muslims/2017/09/25/4a011242-a21b-11e7-ade1-76d061d56efa_story.html. Acesso em: 5 maio 2020.

Política 277

são financiadas e como se estruturam as eleições – que incentivam o que há de pior em nossa política, mas eu gostaria que você considerasse essas realidades não simplesmente como problemas a resolver, mas sim como problemas criados por nós mesmos. As estruturas e as instituições que provocam tanto cinismo existem dessa forma em grande parte por causa de como participamos ou deixamos de participar delas. A maior parte das coisas de que não gostamos na política vem das próprias exigências que os cidadãos norte-americanos, em diferentes proporções, impuseram ao sistema político no passado.

Tendo explorado esse contexto, estamos prontos para refletir sobre os partidos políticos e sobre o valor de se afiliar a um deles.

Os partidos políticos são veículos que organizam os políticos e os eleitores que os apoiam. Seu propósito é representar uma perspectiva ou disposição política em particular, levar um apelo ao eleitor com base nessa perspectiva e fornecer apoio institucional aos seus oficiais e membros. Uma observação bem clara sobre eles e que nem sempre é tão óbvia por causa da retórica que os envolve é que os partidos não têm um controle efetivo sobre as convicções políticas de seus membros registrados. A filiação não exige nem indica a concordância com todas as posições que a plataforma atual defende, do mesmo modo que se inscrever numa academia não exige o uso de todos os aparelhos que ela tem. Não é assim que acontece. Quando nos inscrevemos em uma academia, é porque acreditamos ter uma obrigação com nós mesmos (e talvez até com a sociedade) de nos mantermos em forma, e porque é necessário se inscrever em uma instituição que se dedica a trazer um meio para que os indivíduos tomem atitudes na esfera restrita dos exercícios, reunindo recursos de outros indivíduos que têm o mesmo desejo geral. É possível optar por outra academia por uma série de razões, tanto pessoais quanto outras mais expressivas, e, com certeza, suas razões para ingressar na academia serão diferentes das razões de muitas outras pessoas que escolheram esse mesmo lugar. Na verdade, suas razões são únicas, mas, ainda assim, todos estão juntos, com a contribuição individual influenciando e sendo influenciada pelos outros membros e pela administração da academia.

Pode soar um tanto ridículo ou até mesmo ofensivo comparar a inscrição em uma academia com a afiliação partidária – com certeza se trata de uma comparação limitada – , mas um possível motivo de ofensa seria a importância injustificada que se coloca na identidade partidária. Infelizmente, a polarização partidária é uma característica que define não somente a política moderna, mas

278 ENGAJAMENTO CULTURAL

também a vida atual. O sectarismo se encontra em um recorde histórico.[4] Essa polarização não contamina somente o planejamento e as decisões políticas, mas também a nossa comunidade, os nossos relacionamentos e a nossa alma. A identidade política agora se reflete em nossas amizades e na nossa vida sentimental, no lugar onde moramos e nas mídias que consumimos.[5] Como já discutimos, isso beneficia os partidos políticos, mas frustra o país.

A reação adequada pode parecer o afastamento dos partidos. Se deixarmos de lhes dar nossa influência, a influência deles desaparece, certo?

Na verdade, essa ideia está sendo testada neste momento. O afastamento dos partidos políticos não é radical, isso já ficou antiquado. Chegamos ao percentual mais alto de adultos que se identificam como politicamente independentes nos últimos anos. Isso não causou nenhum surto de pensamento independente. Como a cientista política Julia Azari observa: "Embora os partidos estejam enfraquecendo como organizações, como ideias – o partidarismo –, eles estão cada vez mais fortes".[6] Como os dois partidos políticos acabam ficando apenas com os que "acreditam realmente" e como esses partidos ao mesmo tempo estão enfraquecidos institucionalmente, isso não diminuiu, mas contribuiu para uma polarização ainda maior entre eles.

Azari afirma que, em parte, a situação chegou a esse patamar porque, "enquanto as organizações partidárias são concretas, o partidarismo se encontra no reino das ideias. A identidade partidária nos informa quem tem as mesmas crenças que nós e nos ajuda a dar um sentido político para as coisas, transmitindo princípios importantes sobre o mundo por meio de símbolos. É nessas fendas abstratas que cresce a política verdadeiramente patológica".[7]

---

4 Niraj Chokshi, "U.S. Partisanship Is Highest in Decades, Pew Study Finds", *The New York Times*, 23 de junho de 2016. Disponível em: https://www.nytimes.com/2016/06/24/us/politics/partisanship-republicans-democrats-pew-research.html. Acesso em: 5 maio 2020.

5 Um livro de autoria de Bill Bishop, do ano de 2008, intitulado *The Big Sort* [A grande separação], afirma que os norte-americanos estão cada vez mais separados por região geográfica: acabamos escolhendo morar perto de pessoas que pensam como nós. Nos últimos cinquenta anos, testemunhamos um crescimento de 800% no percentual de norte-americanos que se irritariam se seu filho se casasse com alguém que pertencesse a um partido diferente do deles. Em 1960, somente 5% dos adultos se sentiam assim. Em 2010, 40% dos adultos dos EUA disseram que ficariam muito irritados. Leia mais sobre isso em: https://hbr.org/2017/05/research-political-polarization-is-changing-how-americans-work-and-shop. Acesso em: 5 maio 2020.

6 Julia Azari, "Weak Parties and Strong Partisanship Are a Bad Combination", *Vox*, 23 de novembro de 2016. Disponível em: https://www.vox.com/mischiefs-of-faction/2016/11/3/13512362/weak-parties-strong-partisanship-bad-combination. Acesso em: 6 maio 2020.

7 Ibid.

Afastar-se dos partidos políticos não diminui essa patologia. Na verdade, isso a alimenta. Embora esse afastamento enfraqueça a instituição do partido de alguma maneira, ele acaba fortalecendo a ideia do partido.

Você se afilia a um partido para influenciá-lo, não para que ele o influencie. Os partidos políticos com certeza querem que você pense que as coisas não são assim – a liderança dos oficiais fica bem mais fácil se puderem convencê-lo de que eles definem quem é um "verdadeiro democrata" ou um "verdadeiro republicano" e quem não é. Entretanto, nossos partidos só poderão mudar nossos pontos de vista se lhes dermos esse poder.

O afastamento não está funcionando. Deixar o partido é renunciar de forma unilateral a uma das principais alavancas que temos para influenciar o rumo do nosso governo. A participação no partido não é uma declaração de identidade. É uma escolha sobre como usar o seu poder como cidadão.

Precisamos de um reinvestimento das pessoas nos partidos políticos. Nossas políticas só melhorarão quando os norte-americanos deixarem de ver os partidos como fontes de identidade e passarem a vê-los como mediadores para a influência política que existe para receber e harmonizar nossas opiniões e perspectivas, não para servir de fonte de opinião, perspectiva ou identidade.

Logo, tendo esse pensamento adequado sobre os partidos políticos, podemos refletir sobre a razão pela qual um cristão se afiliaria ao Partido Democrata. Já deve estar bem claro que, ainda que possamos defender as razões pelas quais os cristãos devam ser democratas, o nosso propósito nunca será sugerir ou argumentar que o Partido Democrata é o único partido para os cristãos ou que todos os cristãos deveriam ser democratas. Esses argumentos colocam na política uma carga moral que não se justifica e que pode levar a uma manipulação espiritual.

Pode-se escolher seu partido político com base no seu interesse pessoal ou em seu histórico ou experiência familiar e pessoal. Acredito que essas motivações sejam aceitáveis para escolher um partido. Como somos cristãos, devemos ver a política como uma forma básica de amar o próximo.[8] Sua decisão de se afiliar a um partido político não deve ser motivada somente por seus interesses pessoais, suas afinidades ou experiências, mas também por uma reflexão sobre o interesse

---

8   Para saber mais sobre como os cristãos devem pensar a respeito da política, veja o livro de Michael Wear, *Reclaiming Hope*: Lessons Learned in the Obama White House About the Future of Faith in America [Resgatando a esperança: lições aprendidas no Governo Obama sobre o futuro da fé nos Estados Unidos] (Nashville, EUA: Nelson, 2017).

280 ENGAJAMENTO CULTURAL

das outras pessoas. Com certeza, essa reflexão nunca poderá ser completa ou perfeita. A filiação a um partido nunca será fruto de uma consideração perfeita do interesse dos outros, porque os partidos políticos consideram e servem a esses interesses de forma diferente. Essa orientação altruísta na política se refere principalmente ao posicionamento do coração, não a mais uma arma retórica para discriminar os outros conforme suas decisões políticas.

Sou democrata por todas essas razões: cresci numa família que não dava tanta atenção à política, nem era muito partidarista, mas as pessoas mais importantes na minha vida foram democratas. Meu avô, do qual eu era muito próximo, era um democrata ao estilo do presidente Roosevelt, o que me cativou bastante.

Sou democrata porque meu interesse político principal estava no movimento em favor dos direitos civis e na obra posterior dos líderes dos direitos civis a respeito do racismo em nossas leis e em nossa sociedade. Embora não concorde com todos que se dizem ativistas pelos direitos civis em todos os momentos, o racismo é abominável para mim, e não aceito nenhum esforço que venha a prejudicar o direito ao voto, por exemplo.

Sou democrata porque, quando me tornei cristão, nos primeiros anos do século 21, entendi que, apesar de minhas opiniões sobre algumas questões sociais serem divergentes das opiniões dos meus companheiros de partido, minhas visões formadas pela Bíblia a respeito de temas como reforma nas leis de imigração, justiça criminal, direitos civis e humanos, pobreza e muitos outros tópicos políticos estavam mais alinhadas à abordagem do Partido Democrata na época.

Sou democrata porque, quando era criança, por um período bem breve, minha família dependeu do Programa de Complemento Alimentar que os republicanos geralmente querem cortar e os democratas lutam para proteger. Não preciso mais desse auxílio, mas sei que milhões de famílias precisam dele nos dias de hoje.

Sou democrata porque acredito que temos a responsabilidade de administrar bem nossos recursos ambientais e que o ganho econômico nem sempre justifica a degradação ambiental.

Sou democrata porque acredito que as nossas políticas de imigração devem pender para a compaixão e a preservação das famílias.

Sou democrata porque acredito que o governo deve ajudar as famílias a prosperarem, e que a desagregação das famílias não é somente uma fuga das normas culturais, mas sim o resultado dos incentivos e dos desencorajamentos que estão embutidos em nossas políticas econômicas e governamentais.

Todas essas posições vêm da minha fé, mas eu tento não confundir minhas motivações com aquilo que é final e verdadeiro. A história está cheia de exemplos de políticas bem-intencionadas que produzem o efeito oposto ou que resultam em consequências imprevistas. Nós simplesmente fazemos o melhor que podemos para aplicar os valores inspirados pelas Escrituras e pela tradição cristã, enquanto também abrimos espaço para outros cristãos que priorizam outros valores ou são levados a conclusões diferentes sobre as políticas, mas são motivados pelos mesmos valores básicos que temos em comum.

Afirmar que é possível se afiliar a um partido político falho se você julgar que essa ação é a melhor maneira de administrar sua influência para o bem dos seus vizinhos não é uma apologia ao relativismo, mas um reconhecimento de que a política é, basicamente, relativa. É a própria natureza do nosso sistema de governo, que é pelo menos tão compreensível para Deus quanto é para nós. As nossas escolhas não são totalmente nossas, mas somos moldados por nossos concidadãos e pelos processos institucionais, como os que ocorrem em nossos partidos políticos.

Você poderia ser tão fiel como republicano quanto é como democrata, e vice-versa. É só evitar fazer do seu partido político um ídolo ou sujeitar sua consciência aos ditames desse partido. Uma das razões pelas quais os nossos partidos se tornaram tão radicais é que nós não possibilitamos que eles cultivem uma diversidade ideológica. Os cristãos estão bem-posicionados para encontrar uma motivação para que os dois extremos se engajem institucionalmente em nossos partidos políticos enquanto mantêm a independência ideológica. Repito que não nos afiliamos a nenhum partido por comunidade ou identidade, mas porque eles são veículos que canalizam e mediam nossas ideias políticas.

Você deve se afiliar a um partido político porque os partidos desempenham um papel significativo no funcionamento do governo, que é de grande importância para a nossa comunidade e para o bem-estar do próximo. A minha defesa do Partido Democrata não consiste em dizer que ele é uma opção perfeita para os cristãos, ou o partido cristão por excelência, mas sim que ele é, diante da época em que estamos e da situação política atual, o melhor partido para os cristãos, na minha opinião. Isso é quase tudo que desejo afirmar para ajudar você nessa decisão de suma importância. Em uma época tão polarizada, os nossos partidos e a nossa nação se beneficiariam de pessoas dispostas a um compromisso permeado de ambivalência.

282 ENGAJAMENTO CULTURAL

Devemos suspeitar daqueles que fingem que o futuro pelo qual esperamos só pode ser alcançado se a nossa política for mais dogmática, que desejam colocar na política a esperança de que podemos nos expressar perfeitamente por meio dela e que fazem de uma questão como a afiliação a um partido uma espécie de dogma religioso. É melhor pensar na política como um fórum que não é decisivo, no qual podemos amar o próximo, buscando a justiça naquilo que nos for possível, até que o Deus de justiça venha em sua perfeita glória para resolver todas as coisas.

Michael Wear, fundador da Public Square Strategies [Estratégias da Vida Pública], escreveu o livro *Reclaiming Hope: Lessons Learned in the Obama White House About the Future of Faith in America* [Resgatando a esperança: lições aprendidas no Governo Obama sobre o futuro da fé nos Estados Unidos]. Ele escreve artigos para *The Atlantic, Christianity Today* e *USA Today,* entre outros. Michael faz parte do comitê do Bethany Christian Services e é membro sênior do Trinity Forum.

PERGUNTAS PARA DISCUSSÃO

1. Em cada um dos artigos, os autores começam sua discussão com definições preconcebidas de palavras como *democrata*, *republicano*, *política* etc. Existe alguma discrepância entre os artigos quanto a essas definições?

2. Dreher usa a eleição de 2016 como prova de que, diante da polarização dos dois principais partidos políticos, os cristãos conservadores ficam sem espaço. Como pode alguém com a visão de Wear discordar dele e responder a essa afirmação?

3. Bacote analisa a importância da administração responsável com relação ao papel cristão na política, usando-a como motivação para o envolvimento dedicado dos cristãos nessa esfera. Como Dreher difere da interpretação de Bacote a respeito de "administração responsável" e como aconselha os cristãos a praticá-la no que se refere à política?

4. Wear declara que os cristãos devem evitar ver os partidos políticos como uma identidade, vendo-os, em vez disso, como meio de se envolver na política atual. Será que isso é coerente ou mesmo possível no cenário político em que vivemos? Se isso for possível, como o cristão pode evitar que o seu testemunho seja manchado por outros membros do seu partido que ferem ou contradizem os princípios bíblicos?

5. Como cada um desses artigos define o papel do cristão como "administrador responsável" com relação à política?

6. Quais são as principais diferenças entre a Opção Paleobatista e a Opção Beneditina?

7. Como pode alguém que segue a tradição de Dreher responder à seguinte frase do artigo de Finn sobre a Opção Paleobatista: "De acordo com essa visão, as congregações expressam o melhor das prioridades monásticas clássicas, mas participam da base de uma membresia importante da Igreja, em vez de adotarem uma forma especial de discipulado reservada para os membros verdadeiramente comprometidos"?

8. Wear analisa o fato de que ele faz parte de um partido político, mas discorda veementemente de muitos colegas em algumas questões. Como pode alguém

da tradição de Dreher responder a Wear ou a qualquer pessoa que fosse membro de um partido do qual discordasse em princípios importantes?

9. Em seu artigo, George declara que a solução para as questões políticas dos Estados Unidos se encontra no retorno à sua base, e que os princípios originais sobre os quais o nosso país foi fundado são cristãos de forma inerente e independente. Como pode alguém da tradição de Dreher responder a isso?

10. Como Finn e Dreher poderiam comentar o conceito do "excepcionalismo americano"?

Capítulo 10

TRABALHO

Não é necessário irmos além de Gênesis 1 para entender que o cristão é chamado a trabalhar: isso faz parte do propósito inicial de Deus. Lemos em Gênesis 1:28: "Sejam férteis e multipliquem-se! Encham e subjuguem a terra! Dominem sobre os peixes do mar, sobre as aves do céu e sobre todos os animais que se movem pela terra". Antes da queda, quando o trabalho se tornou cansativo, Adão e Eva trabalhavam lado a lado cuidando do jardim e cultivando-o, como administradores, de modo amável e alegre.

No entanto, a aceitação do trabalho como parte essencial do chamado cristão não facilita o entendimento da relação dos fiéis com o trabalho fora do jardim. O trabalho, além de sua relação com o cristão, foi distorcido pela queda, juntamente com todas as outras coisas. Como diz Gênesis 2:15: "O Senhor Deus colocou o homem no jardim do Éden para cuidar dele e cultivá-lo". Depois da queda, Deus diz a Adão que seu presente original – que consistia em um jardim abundante e um bom trabalho – havia sido substituído, como se encontra em Gênesis 3:17-19, por "sofrimento", "espinhos e ervas daninhas" e "suor do seu rosto". O trabalho da mulher – o trabalho de parto – também seria acompanhado de dor e sofrimento (Gênesis 3:16). No princípio, o trabalho foi um dom frutífero, mas agora é uma fonte de "sofrimento" (v. 17).

Já que o trabalho faz parte do plano e do desígnio iniciais de Deus, ele também se estende ao projeto atual para a humanidade. O trabalho é mais duro depois da queda, mas continua sendo bom. Essa ideia de bondade inerente ao labor conflita com a noção clássica expressa na palavra latina para essa atividade (*negotium*), da qual vem o verbo "negociar". A palavra *negotiate* em latim indica a negação ou retirada do *otium*, que quer dizer *lazer*. Nesse entendimento, não se vê o trabalho como uma atividade positiva, mas sim como a negação de uma situação positiva, o que acaba destacando ainda mais a ideia de o trabalho ser

286 ENGAJAMENTO CULTURAL

uma maldição em vez de uma bênção. De fato, no mundo antigo o lazer era um privilégio da elite, e o trabalho era a obrigação das massas.

Quando Jesus escolheu seus discípulos, ele os chamou a abandonar seu trabalho terreno para segui-lo, o que os cristãos contemporâneos chamam de "ministério de tempo integral". No entanto, o apóstolo Paulo foi um exemplo de ministro que se envolveu em um trabalho secular, a confecção de tendas, para sustentar sua missão de espalhar o evangelho e edificar a Igreja. Nos séculos posteriores, a Igreja Primitiva deu origem a uma classe de pessoas cuja obra exigia um afastamento do mundo para uma vida monástica em que o trabalho consistia na cópia de manuscritos, na oração, no culto regular e no estudo das Escrituras. (A palavra "liturgia" na verdade significa "o trabalho do povo". Logo, essa adoração devia ser entendida como uma espécie de trabalho.)

Martinho Lutero criticava de forma radical a divisão medieval entre trabalho dentro (ou em prol) e fora da Igreja, com a sua doutrina da vocação. Antes da Reforma, a ideia de vocação (ou chamado) era limitada a chamados e vocações santos: a pessoa era chamada a se afastar do mundo secular para participar do ministério. Entretanto, Lutero e os outros reformadores buscaram resgatar o pensamento bíblico que entende todo trabalho moral e biblicamente lícito como um modo de concretizar o chamado dos cristãos de amar a Deus e servir ao próximo.[1]

Hoje em dia, alguns cristãos seguem vocações dentro do ministério, e suas necessidades físicas e financeiras são supridas como servos dentro da Igreja. No entanto, a maioria dos cristãos segue vocações fora da Igreja como banqueiros, professores, eletricistas, encanadores, advogados e outras profissões leigas, e é nesse ponto que começa o conflito. Não é difícil perceber como o pastor da igreja local serve o Reino de Deus por meio do seu trabalho, mas pode ser complicado para o eletricista, por exemplo, ver como seu trabalho de cuidar da fiação de uma casa promove o Reino de Deus. A doutrina de Lutero sobre a vocação precisa ser adotada em parte do pensamento contemporâneo acerca do trabalho.

A descrição que Lesslie Newbigin faz do dualismo existente na sociedade pós-iluminista, escrita há mais de 25 anos, mantém em grande parte a sua precisão: "Supõe-se que existem declarações do que se chama 'fato' que foram –

---

1   Veja Gustaf Wingren, *Luther on Vocation* [Lutero sobre a vocação], trad. Carl C. Rasmussen (Eugene, EUA: Wipf and Stock, 2004).

como dizemos – provadas cientificamente; não há arrogância em dizer isso. Contudo, as afirmações que dizem respeito à natureza humana e ao destino não podem ser provadas. Identificá-las como fatos é algo inaceitável".[2] Ainda que o surgimento de "fatos alternativos" para persuadir seja um interessante fenômeno político e de relações públicas, geralmente se entende a diferença entre "fatos" e "valores". A esfera pública funciona com o que se supõe serem "fatos objetivos e científicos", e inclui a escola, o trabalho e o mercado. A esfera privada, por outro lado, se baseia nas preferências e nos valores pessoais, e dela fazem parte o lar, o lugar de adoração e os relacionamentos pessoais. À luz dessa divisão rígida entre a esfera pública e a privada, muitos cristãos vivem uma vida de duplicidade, expressando sua fé cristã dentro da esfera privada entre amigos próximos, família e irmãos na fé, enquanto separam sua identidade cristã de sua identidade ocupacional, criando um ego dividido. Logo, embora a adoração cristã seja fervorosa no domingo, ela pode ficar adormecida de segunda a sexta das oito da manhã às cinco horas da tarde, porque, de acordo com a pressão cultural, ela pertence à esfera privada.

Portanto, o desafio para o cristão é entender que o seu trabalho é vinculado holisticamente à sua cidadania no Reino de Deus, como "exatamente o meio pelo qual posso ser o sal e a terra que Jesus me chamou a ser".[3] Dorothy Sayers explica:

> Em nenhum aspecto a Igreja perdeu tanto a noção da realidade quanto na sua falha em reconhecer e respeitar a vocação secular. Ela permitiu que o trabalho e a religião se tornassem departamentos separados, e se surpreende ao descobrir que, por causa disso, o trabalho secular passou a ter objetivos totalmente egoístas e destrutivos, e a maior parte dos trabalhadores inteligentes do mundo descartou a religião, ou, pelo menos, nem se importa com ela. Entretanto, será que isso é tão surpreendente assim? Como alguém pode continuar a se interessar por uma religião que parece não se importar com 90% da sua vida? A abordagem da Igreja com relação a um carpinteiro geralmente é se limitar a dizer que ele não beba nem faça desordem no domingo, enquanto, na verdade, o que deveria

---

2   Lesslie Newbigin, *O Evangelho em uma sociedade pluralista* (Viçosa: Editora Ultimato, 2016).

3   Hugh Whelchel, *How Then Should We Work? Rediscovering the Biblical Doctrine of Work* [Como devemos trabalhar? Redescobrindo a doutrina bíblica do trabalho] (McLean, EUA: Institute for Faith, Work, and Economics, 2012), p. xxiii.

288 ENGAJAMENTO CULTURAL

ser dito a ele é que a demanda principal da sua religião é que ele faça suas mesas com capricho.[4]

O trabalho do cristão é santo porque Deus santifica aquele que o faz. Portanto, quando o cristão trabalha em sua vocação, ele reflete a glória de Deus para o mundo, que o observa por meio dela. O *modo* como o cristão realiza seu trabalho diz tanto sobre sua fé cristã quanto o seu culto no domingo – ou talvez até mais.

No primeiro ensaio desta seção, Alex Chediak usa uma perspectiva centrada no evangelho para analisar como os cristãos devem se engajar no mercado de trabalho secular, afirmando que a maneira como os cristãos trabalham é tão importante para demonstrar o poder do evangelho quanto aquilo que eles fazem. Dando um destaque diferente – sem ser oposto – ao tema, Jeremy Treat reformula como os cristãos devem pensar sobre o trabalho, analisando três mudanças básicas que eles precisam implementar para desenvolver uma teologia bíblica do labor. Por fim, Treat incentiva os cristãos a pensar no trabalho de um modo vocacional, comunitário e holístico.

O ensaio de Darrell Bock apresenta uma teologia resumida da riqueza e depois reflete sobre a sabedoria moral que isso traria às mais diversas situações econômicas complexas, fazendo um apelo aos cristãos para que busquem a justiça de modo intangível. Partindo da premissa de que o dinheiro é moralmente neutro em si mesmo, mas o modo como o administramos tem consequências éticas, Matthew Loftus aborda a questão da economia global, incentivando a responsabilidade pessoal e a administração fiel enquanto também exorta os cristãos de todas as escolas econômicas a cultivar a humildade, a generosidade, a justiça e a compaixão na administração de suas finanças pessoais e na estruturação dos sistemas econômicos.

Para terminar, Kayla Snow coloca nosso entendimento sobre o trabalho dentro da estrutura da narrativa da criação, afirmando que o ritmo de trabalho e descanso é um elemento essencial da ordem criada que Deus determinou para a humanidade para que pudéssemos adorá-lo e desfrutar da sua presença.

---

4   Dorothy Sayers, *Creed or Chaos?* [Crença ou caos?] (Manchester, EUA: Sophia Institute, 1974), p. 89.

O TRABALHO TAMBÉM É UMA PLATAFORMA PARA O EVANGELISMO

Alex Chediak

O filme de 1999 intitulado *A chave do sucesso*, com participação de Kevin Spacey e Danny DeVito, apresenta uma justaposição fascinante entre o trabalho e o evangelismo. O filme fala sobre uma equipe de três vendedores que trabalham para uma fábrica de lubrificantes industriais e são enviados para uma convenção de líderes industriais em Wichita, Kansas, Estados Unidos. Os vendedores promovem um coquetel para interagir com os clientes em potencial. Os homens estão na expectativa de fazer negócio com o maior industrial do Estado de Indiana – o "big kahuna". O negócio acaba não dando certo porque um dos vendedores, Bob, fica tão ocupado em compartilhar sua fé com o empresário, que não consegue promover o produto da sua companhia. O filme apresenta um diálogo bem longo em que os colegas de Bob o repreendem por suas prioridades estarem fora de ordem.

Para os cristãos, o filme desperta uma questão que perturba muitos de nós que trabalhamos principalmente com pessoas que não partilham da nossa fé (que era o meu caso antes de ingressar numa faculdade cristã): será que as prioridades de Bob estavam mesmo invertidas? Afinal, a alma do "big kahuna" não seria mais importante do que o tipo de lubrificante industrial que ele adquire? Trocando em miúdos, não é melhor tentar ganhar almas no trabalho para justificar o mal necessário do emprego "secular"? No fim das contas, qual seria o propósito de Deus em nos dar esse emprego, além de suprir nossa necessidade financeira?

Uma dicotomia falsa

As perguntas que acabei de citar se baseiam em uma dicotomia muito comum, mas não verdadeira. Não se trata de escolher uma coisa ou outra; as duas coisas, tanto trabalhar quanto evangelizar, são importantes. Entretanto, como o cristão deve agir quando uma prejudica a outra?

De forma graciosa, a Bíblia não nos impõe uma ansiedade de ter que evangelizar 24 horas por dia e sete dias por semana. Essa graça nos ensina que o

290 ENGAJAMENTO CULTURAL

nosso trabalho – produzindo um resultado lícito que não seja pecaminoso – tem um valor intrínseco, quer ganhemos almas ou não. O nosso trabalho tem valor porque nos foi atribuído por Deus, como consequência direta do mandato cultural – a tarefa que Deus deu aos nossos primeiros pais de exercer o domínio responsável sobre a ordem criada. Ele tem um papel especial no nosso culto espiritual (veja Romanos 12:1; Hebreus 13:15-16) e na maneira de amarmos o próximo como a nós mesmos, porque, ao desempenhá-lo com excelência e integridade – como padeiros, mecânicos, advogados, médicos, professores etc. –, estamos servindo às pessoas de maneira específica, usando os talentos especiais que Deus nos confiou. Nosso trabalho deve ser feito de todo o coração, como para o Senhor (Colossenses 3:23-24), porque, quando servimos ao próximo, servimos a Deus. Como disse Gustav Wingren: "Deus não precisa das nossas boas obras, mas o nosso próximo precisa".[1] Na verdade, as nossas atividades relacionadas ao trabalho não ajudam somente o próximo. Elas acabam nos ajudando no sentido de que geralmente permitem que coloquemos pão em nossa mesa, nos dão um teto para nos abrigarmos e roupa para vestirmos – evitando que sejamos um fardo para as outras pessoas (veja 2Tessalonicenses 3:6-12). Longe de ser um mal necessário, o trabalho é um bem de primeira necessidade.[2]

Tudo isso é verdade, mas como nosso trabalho se relaciona ao progresso do evangelho? Mesmo que eu trabalhe com afinco como professor, banqueiro, encanador ou em qualquer outro emprego, meus colegas e clientes continuarão precisando de Jesus, não é verdade? Isso é um fato, mas o nosso trabalho faz prosperar o governo e o Reino de Cristo de pelo menos três modos: ele demonstra o evangelho, faz com que as pessoas deem ouvidos ao evangelho e adorna o evangelho. Vamos estudar o assunto seguindo essa ordem.

O nosso trabalho demonstra o evangelho

Nossa salvação acontece pela graça, por meio da fé, sem as obras, como nos lembra a conhecida passagem de Efésios 2:8-9. O versículo seguinte, entretanto, não é tão conhecido: "Porque somos criação de Deus realizada em Cristo Jesus para fazermos boas obras, as quais Deus preparou de antemão para que

---

1 Gustaf Wingren, *Luther on Vocation* [Lutero sobre a vocação], trad. Carl C. Rasmussen (Eugene, EUA: Wipf and Stock, 1991), p. 10.

2 D. G. Hart, "Work as (Spiritual) Discipline", *Modern Reformation* (julho/agosto de 2002), p. 33-35.

Trabalho 291

nós as praticássemos" (Efésios 2:10). Mesmo não sendo salvos *por* nossas boas obras, somos salvos *para* praticá-las. Nosso emprego não passa de um palco no qual nos dedicamos às boas obras. O modo como nos comportamos no trabalho deve demonstrar ao mundo que o evangelho está nos transformando de pessoas que só pensam em si mesmas em pessoas que consideram o próximo e servem a Deus.

Precisamos tomar cuidado nessa questão: é possível ter um coração egoísta mesmo sendo um empregado excelente. Obviamente não é a essa conclusão que queremos chegar. A ideia é outra: devido ao fato de o Espírito Santo nos transformar em pessoas cada vez mais altruístas e tementes a Deus, nós acabaremos, por consequência, sendo colaboradores melhores, seja qual for a nossa vocação. O motivo é que a graça de Deus nos ensina a trabalhar de coração, como para o Senhor (Colossenses 3:23), a sermos esforçados (Efésios 4:28) e "dispostos a fazer o bem" (Tito 2:14).

Nossos colegas podem ser melhores do que nós no conhecimento ou no compromisso. Afinal, o evangelho não nos faz somente trabalhadores melhores, mas também cônjuges, pais e cidadãos de qualidade. Portanto, o nosso compromisso profissional será moderado pelo nosso compromisso pessoal. Não idolatramos o trabalho, mesmo que nosso chefe ou nossos colegas façam isso. Mesmo assim, nossas boas obras – dentro e fora do trabalho – demonstrarão que experimentamos a graça de Deus.

Isso me faz lembrar de uma cena do grande filme sobre a Segunda Guerra Mundial, intitulado *A última das guerras*. Os japoneses capturam um grupo de prisioneiros de guerra aliados que levavam Bíblias. Os guardas ficam furiosos e ameaçam confiscá-las. Um prisioneiro pede aos japoneses para continuar com elas. Sua linha de raciocínio é que "este livro nos faz servir melhor ao seu imperador". Este é um fato: o cristianismo nos faz servos melhores, e (por extensão) empregados melhores, e isso faz com que as pessoas deem ouvidos ao evangelho.

O nosso trabalho faz com que as pessoas deem ouvidos ao evangelho

Há um fundo de verdade no popular ditado: "Ninguém se importa com o que você sabe até o momento em que eles sabem que você se importa". Aprendemos melhor e somos mais cativados no contexto do relacionamento pessoal.

292 ENGAJAMENTO CULTURAL

Provavelmente isso se aplica bem mais aos dias de hoje do que ao passado por duas razões: em primeiro lugar, vivemos dias de sobrecarga de informações. Só absorvemos aquelas provenientes de fontes que conquistam a nossa confiança, enquanto bloqueamos milhões de outras vozes. A segunda delas é que a maioria das pessoas que não são cristãs acredita que sua crença, no máximo, é verdade para você, mas não tem nada a ver com elas. Logo, como poderemos fazer com que as pessoas, nesse ambiente pós-moderno tão povoado, deem ouvidos ao evangelho?

Passamos boa parte do nosso tempo acordados no ambiente de trabalho. O modo como realizamos nosso trabalho, a atitude e o comportamento geral que demonstramos aos nossos colegas nesse local pode tanto conquistar nosso direito de ser ouvidos nas questões de fé quanto jogar fora essa oportunidade. A qualidade da vida de Ester e de Mardoqueu lhes deu uma influência extraordinária diante do rei Assuero. Em 1Pedro 3:1-2 se diz às esposas que seus maridos que não creem podem ser "ganhos sem palavras, pelo procedimento de sua mulher, observando a conduta honesta e respeitosa de vocês". De forma parecida, se nossos colegas e clientes perceberem que nossa vida é caracterizada pela integridade, pela compaixão e pela tolerância sincera para com aqueles que são contra a religião ou simplesmente não têm opção religiosa, isso nos dá moral para apresentar a razão da esperança que há em nós (1Pedro 3:15), de modo que sejamos ouvidos.

O nosso trabalho adorna o evangelho

Nosso trabalho pode dar a oportunidade – ou abrir as portas – para o evangelho quando as pessoas não sabem que somos cristãos. Quando elas sabem disso, o nosso trabalho bem-feito adorna o evangelho (veja Tito 2:10). Todo enfeite deixa algo mais bonito. Colocamos enfeites nas árvores de Natal porque isso as deixa mais agradáveis de ver. Se o nosso trabalho for bem-feito – com uma atitude alegre –, ele faz com que o evangelho pareça mais bonito.

É preciso esclarecer que o nosso trabalho não tem a capacidade de deixar o evangelho mais bonito, nem acrescenta nada a ele. O evangelho não é nada menos que as boas novas de que Deus conquistou a salvação para os pecadores enviando seu Filho Jesus para viver uma vida perfeita e ser um substituto perfeito que tira o pecado, que morreu para conquistar a salvação para todo aquele que crê nele e invoca seu nome (veja João 3:16; Romanos 6:23; 10:13).

Essas são as melhores notícias do planeta Terra, e nossas obras não têm o poder de melhorá-las.

No entanto, nosso trabalho pode fazer com que esse evangelho pareça mais doce para as outras pessoas. Se fizermos nosso trabalho com dedicação, pontualidade, profissionalismo e integridade, e os outros souberem que somos cristãos, será mais fácil que eles creiam em Jesus. No entanto, se formos desleixados e desatentos às nossas atividades, será bem mais difícil. Não é a qualidade do evangelho que está em jogo, mas o seu poder de atração.

Dr. Alex Chediak (doutor pela Universidade da Califórnia em Berkeley) é professor da Universidade Batista da Califórnia. Ele escreveu o livro *Thriving at College* [Prosperando na faculdade], um guia sobre como os estudantes podem administrar seus anos na faculdade. Ele também escreveu *Beating the College Debt Trap* [Vencendo a armadilha da dívida estudantil].

O TRABALHO COMO O CUMPRIMENTO DO MANDATO DA CRIAÇÃO

Jeremy Treat

Se uma pessoa fosse à igreja todo domingo dos 25 aos 65 anos, ela passaria cerca de 3 mil horas reunida com o corpo de Cristo. Se essa mesma pessoa trabalhasse em tempo integral durante o mesmo período, cumpriria cerca de 80 mil horas de trabalho. A ideia é simples: o lugar principal no qual o cristão demonstra sua fé é o local de trabalho.

No entanto, de que modo a fé modela nossas horas de trabalho? Para muitas pessoas, a influência de Cristo fica restrita às cadeiras da igreja e não alcança as outras áreas da vida, como o trabalho. Para outras, a maneira de aplicar a fé ao trabalho é simplesmente transmitir o evangelho no escritório ou ganhar uma boa quantia em dinheiro que pode ser investida no ministério ou em missões. De acordo com essa visão, Deus só se importa com o trabalho de alguém se este for usado para o evangelismo de forma clara.

Mas não é esse o retrato que as Escrituras apresentam sobre o trabalho e o seu lugar na vida das pessoas que servem a Deus. O aprendizado e a prática da visão bíblica do trabalho exigem três mudanças principais de mentalidade com relação às atividades laborais:

A primeira mudança: da ocupação para a vocação

A ocupação consome tempo, mas a carreira consiste em um modo de construir um reino pessoal. O emprego pode ser um meio de ganhar dinheiro, mas a vocação é um chamado de Deus (a palavra "vocação" vem do latim *vocare*, que significa "chamar"). Esta é a natureza do trabalho: um chamado de Deus a usar seus dons e talentos para servir as pessoas e glorificar a Deus. Muitos imaginam que o "chamado" para o trabalho está reservado somente a pastores e missionários – que são chamados para "a obra de Deus". No entanto, nas Escrituras Deus chama as pessoas para vários tipos de trabalho, inclusive aqueles que são considerados seculares. Quando Deus quis restaurar a Jerusalém que estava em ruínas, ele não chamou somente o sacerdote Esdras, mas também o planejador urbano Neemias e o político Zorobabel.

A humanidade é convocada ao trabalho porque foi criada para isso. Em Gênesis 1, Deus diz ao casal Adão e Eva: "Sejam férteis e multipliquem-se! Encham e subjuguem a terra! Dominem [...]" (Gênesis 1:28). Esse mandato da criação não se limita à geração de filhos – é uma instrução para que se crie uma cultura. A Terra foi criada boa, mas não estava completa: tinha um potencial a ser desperto. As instruções para "subjugá-la" e "dominá-la" não consistem em um apelo para a opressão, mas para a administração responsável. Deus encarregou os portadores da sua imagem da responsabilidade de preservar e cultivar sua boa criação.

Em Gênesis 2, o mandato da criação é explicado de forma mais profunda por meio de um exemplo prático: a jardinagem. Deus coloca Adão no jardim e, em vez de lhe dar uma rede, lhe dá um encargo: "cuidar dele e cultivá-lo" (Gênesis 2:15). Guarde bem isso: o trabalho faz parte do bom propósito para a criação. Nesse caso, a jardinagem serve como protótipo de todo tipo de trabalho. Os eletricistas usam a matéria-prima da eletricidade e trabalham-na de modo que seja bênção para as outras pessoas, e os músicos fazem a mesma coisa com o som, trazendo ordem ao caos para proporcionar algo que agrada a Deus e beneficia o próximo. Já os escritores trabalham como artesãos das palavras de uma maneira que traz sentido e beleza à vida.[1]

Infelizmente, muitos cristãos hoje pensam que o trabalho só tem valor instrumental, dando a entender que ele só importa para Deus se for usado como instrumento para propósitos espirituais, como evangelismo e missões. No entanto, como o trabalho é um chamado de Deus para cuidar da sua criação e cultivá-la, todas as suas formas têm um valor intrínseco (exceto, obviamente, quando transgridem as instruções morais de Deus). Um marceneiro que faz mesas de cozinha pode ter certeza de que seu trabalho glorifica a Deus porque ajuda a sociedade a prosperar. Ele não tem a obrigação de pregar o evangelho para os colegas ou os clientes (embora o evangelismo também seja ótimo), nem tem que escrever versículos bíblicos do lado da mesa. Quando faz mesas, ele cumpre o chamado de usar seus dons para trabalhar a criação de Deus para o bem do próximo. Pode-se dizer o mesmo dos professores, dos executivos, das enfermeiras, dos artistas etc. O valor do trabalho externo à Igreja pode ser visto de forma clara nas Escrituras: Deus se importava tanto com o que José

---

1 Inspiro-me aqui na obra excelente de Timothy Keller e Katherine Leary Alsdorf, *Como integrar fé e trabalho*: nossa profissão a serviço do Reino de Deus (São Paulo: Vida Nova, 2014).

296 ENGAJAMENTO CULTURAL

fazia no governo quanto com os negócios de Boaz ou com as vendas de linho fino de Lídia.

A segunda mudança: do lucro pessoal para o bem comum

A humanidade foi criada e convocada para o trabalho, mas, por causa do pecado, existem espinhos em nosso jardim vocacional que dificultam que demos fruto (Gênesis 3:17-18). Neste mundo decaído, o trabalho raramente é usado para honrar a Deus e servir ao próximo, sendo visto, em vez disso, como um modo de manipular as pessoas e estabelecer um nome para nós mesmos.

Tenho uma boa notícia! A graça de Deus em Cristo não se limita a tirar o pecado, ela também restaura o propósito de Deus na criação, incluindo o papel do trabalho. Isso dá ao trabalho uma perspectiva no contexto do evangelho, que é bem diferente de somente falar do evangelho no trabalho. As boas novas de Jesus não influenciam as nossas atividades só em alguns momentos de vislumbre do evangelho, mas também pela observação constante dessas tarefas à luz do evangelho.

O evangelho nos liberta da busca constante de legitimação e identidade por meio do trabalho. Quando somos justificados somente em Cristo e somente pela fé, não trabalhamos para agradar o homem, mas para agradar a Deus. Isso é bem difícil em meio a uma sociedade baseada em resultados, em que somos definidos por nossas conquistas e questionados sobre o que fazemos. Como somos pessoas que estão "em Cristo", a base da nossa identidade não se encontra em nosso desempenho, mas na graça de Deus. Quando não atribuo ao trabalho o encargo da construção da minha identidade ou da demonstração do meu valor, estou apto a recebê-lo como um dom, de acordo com o seu propósito original. O evangelho liberta o trabalho das algemas da ambição egoísta e o direciona à busca da prosperidade da nossa nação.

"A heresia básica da Modernidade", diz Dorothy Sayers, "consiste em dizer que o trabalho não é a expressão da energia criativa a serviço da sociedade, mas somente algo que se faz para obter dinheiro e prazer".[2] Na verdade, o trabalho é um dos principais meios de amar o próximo, tanto de forma pessoal (interagindo com os colegas) quanto social (no modo como a empresa contribui

---

2   Dorothy Sayers, "Creed or Chaos?", em *Creed or Chaos?* [Crença ou caos?] (Nova York: Harcourt Brace, 1949), p. 43.

para a sociedade). O objetivo do trabalho não se limita ao lucro, à fama ou à satisfação. O trabalho não foi criado para nosso progresso pessoal, mas sim para o bem do próximo e para fazer a sociedade prosperar.

A terceira mudança: da visão limitada para a visão holística da obra de Deus

Muitas pessoas veem a obra de Deus no mundo somente sob o prisma da salvação espiritual. No entanto, a história bíblica não se resume a Deus resgatando almas de uma criação decaída. Essa ação salvífica de Deus faz parte do contexto maior de renovação da sua criação. Deus sempre age com o propósito de sustentar e renovar o mundo. Ele realiza a maior parte da sua obra por intermédio de nós, e usa como meio o nosso trabalho.

Lemos em Salmos 136:25, por exemplo, que Deus "dá alimento a todos os seres vivos", mas de que maneira ele faz isso? Ele normalmente não estala os dedos e faz a comida aparecer no prato. Pelo contrário, ele alimenta as pessoas por meio do fazendeiro, do caminhoneiro, do comerciante, do cozinheiro e do garçom. Como disse Martinho Lutero: "Deus poderia lhe dar facilmente o cereal e o fruto sem que se arasse ou plantasse, mas a vontade dele não é essa".[3] Segundo sua afirmação, Deus tira leite da vaca por meio da vocação da ordenhadora.

De acordo com Amy Sherman, existem várias maneiras de Deus operar no mundo, e as milhares de vocações humanas expressam os aspectos diferentes dessa obra:[4]

Obra redentora: ações divinas de salvação e de reconciliação

Pastores
Conselheiros
Pacificadores

Obra criativa: estruturação divina do mundo físico e humano

Músicos
Poetas

---

3   Martinho Lutero, *LW* [Obras de Lutero], 14:114.
4   Amy L. Sherman, *Kingdom Calling*: Vocational Stewardship for the Common Good [O chamado do Reino: administração vocacional pelo bem comum] (Downers Grove, EUA: IVP, 2011), p. 103-104.

298 ENGAJAMENTO CULTURAL

Pintores
Arquitetos
Designers de interiores

Obra providencial: provisão e sustentação divinas

Mecânicos
Encanadores
Bombeiros

Obra de justiça: manutenção divina da justiça

Juízes
Advogados
Policiais e militares

Obras de misericórdia: intervenção divina para consolar, curar, orientar e pastorear

Assistentes Sociais
Médicos
Enfermeiras
Paramédicos
Psicólogos

Obra reveladora: iluminação divina pela verdade

Cientistas
Educadores
Jornalistas

Como alguém pode descobrir o seu chamado específico dentro da obra holística de Deus? Um bom lugar para começar é a reflexão sobre as palavras de Frederick Buechner: "O lugar para o qual Deus chamou você é exatamente aquele em que sua alegria mais profunda encontra a necessidade mais profunda do mundo".[5] Independentemente do que você faça, seja um bispo ou um barista, faça isso para a glória de Deus (Colossenses 3:23).

---

5   Frederick Buechner, *Wishful Thinking*: A Theological ABC [Pensamento desejoso: um alfabeto teológico] (Nova York: Harper & Row, 1973), p. 95.

Lembre-se desta dica prática: a palavra "cristão" cai melhor como substantivo do que como adjetivo. Não existe um "café cristão", mesmo quando é servido na cafeteria "Raiz de Jessé" ou "Café Crente". Quem realmente existe é o cristão, que pode servir um café delicioso ou sofrível. O mesmo acontece com cineastas, músicos, enfermeiros, dentistas, dentre outros. O cristão é aquele que deposita sua fé em Cristo, aquele que é chamado a ser um bom administrador de qualquer coisa que o Senhor lhe confiar como instrumento da sua vocação, seja um grão de café ou uma guitarra.

Deus se importa com tudo isso. Ele sustenta e salva sua criação. Quando compreende a obra de Deus dentro desse contexto, a pessoa passa a ter o desejo de seguir a carreira do Direito por se importar com a justiça (não com a posição social), deseja a Medicina por se importar com a saúde (não com a riqueza), dedica-se aos negócios porque se importa com as pessoas (não com o lucro) e se empenha em sua arte por valorizar o que é belo (não pela fama). O conceito bíblico de "vocação" não somente dá sentido ao nosso trabalho nesta vida como orientará nossa eternidade, porque usaremos nossos dons e talentos para a glória de Deus e para servir aos outros na Nova Jerusalém para sempre.

Jeremy Treat (doutor pelo Wheaton College) é pastor, pregador e orientador na Reality LA em Los Angeles e professor assistente de teologia na Biola University. Ele escreveu o livro *The Crucified King: Atonement and Kingdom in Biblical and Systematic Theology* [O rei crucificado: a expiação e o Reino na teologia bíblica e sistemática] e *Seek First: How the Kingdom of God Changes Everything* [Buscai primeiro: como o Reinado de Deus muda tudo].

O CHAMADO PARA A ADMINISTRAÇÃO RESPONSÁVEL
A BÍBLIA E A CIÊNCIA ECONÔMICA

Darrell Bock

O dinheiro como recurso é uma parte importante da vida humana. A famosa música do filme *Cabaret* passa de forma categórica a mensagem de que "o dinheiro faz o mundo girar". O uso e abuso do dinheiro é um tema importante da Bíblia, e é muito fácil encerrar a discussão dizendo que o dinheiro é totalmente bom ou totalmente ruim. Na verdade, como todo recurso, o dinheiro pode ser usado para o bem ou para o mal. É algo que precisa ser bem administrado. As Escrituras veem aquele que tem recursos como alguém com uma fonte potencial de força (Provérbios 10:15). Elas também depreciam o amor ao dinheiro como a raiz de toda espécie de males (1Timóteo 6:10). Portanto, é necessário certo equilíbrio quando se pensa sobre como combinar o dinheiro com uma administração responsável. Conforme o texto sugere, a questão não é o recurso em si, mas o modo como é encarado e como se lida com ele.

O dinheiro e o indivíduo

A liberdade pessoal de acumular riqueza é um tópico importante. Os valores bíblicos lidam tanto com a nossa liberdade de acumular riqueza quanto com a nossa obrigação de ajudar o próximo.

A riqueza é vista como uma bênção quando é utilizada de forma adequada. Lemos em Eclesiastes 5:19: "E, quando Deus concede riquezas e bens a alguém, e o capacita a desfrutá-los, a aceitar a sua sorte e a ser feliz em seu trabalho, isso é um presente de Deus".

Trazer recursos para a família faz parte do uso adequado da riqueza – alimentação, abrigo e roupas. Além disso, outros itens relacionados ao bem-estar humano e ao respeito às pessoas criadas à imagem de Deus incluem assistência médica e outras necessidades básicas da vida – que no mundo moderno podem incluir a educação para proporcionar uma capacidade melhor ao indivíduo para a sua contribuição social. Essa é uma parte importante de administrar bem a Terra (Gênesis 1:26-28). O objetivo não é ser servido pela sociedade, mas cumprir o dever de servir a comunidade (2Tessalonicenses 3:8). A sociedade tem a responsabilidade de ajudar as pessoas nesse preparo.

A união da riqueza com a sabedoria serve à sociedade e contribui para o seu bem-estar – geralmente por meio do fornecimento criativo de serviços que podem ajudar as pessoas a ter uma vida mais eficiente.

As passagens bíblicas como as que citamos levam muitas pessoas a definir a ética de trabalho protestante como um dia de trabalho duro por um salário consistente.[1] Conforme percebemos a partir desses textos bíblicos, a busca da riqueza não é uma coisa ruim, mas está atrelada à busca do trabalho que serve aos outros e administra bem a criação. Os recursos são uma bênção quando são bem-utilizados e aplicados em benefício da nossa família e do próximo em nossa sociedade.

Mas as Escrituras também alertam sobre os riscos relacionados à riqueza e sobre a sua necessidade de administração. Em primeiro lugar, as riquezas podem facilmente trazer uma sensação falsa de confiança e segurança. O texto de Provérbios 11:28 diz: "Quem confia em suas riquezas certamente cairá, mas os justos florescerão como a folhagem verdejante". Outro perigo da riqueza reside no fato de que ela pode produzir uma espécie perigosa de comodismo, como se menciona em Provérbios 21:17: "Quem se entrega aos prazeres passará necessidade; quem se apega ao vinho e ao azeite jamais será rico". Além disso, a riqueza às vezes é obtida tirando vantagem dos outros, como se observa em Provérbios 22:16: "Tanto quem oprime o pobre para enriquecer-se como quem faz cortesia ao rico, com certeza passarão necessidade". Essa passagem não condena a riqueza em geral, mas aquela que é obtida por meios perversos. A opressão dos pobres e a intimidação diante dos ricos levam à pobreza.

Os profetas também avisam contra obter riqueza à custa dos outros. Um desses avisos se encontra em Jeremias 5:27: "Suas casas estão cheias de engano, como gaiolas cheias de pássaros. E assim eles se tornaram poderosos e ricos".

Jesus também falou sobre esse tema. Em Lucas 12:15-21, ele conta uma parábola sobre um fazendeiro rico que, no momento em que sua colheita aumentou ainda mais, não levou em consideração, e evitou de propósito, compartilhar com o próximo – construindo até mesmo armazéns maiores para guardar toda

---

1 A expressão "ética do trabalho protestante" foi estudada pela primeira vez por Max Weber, *A ética protestante e o espírito do capitalismo* (São Paulo: Editora Martin Claret, 2013).

302 ENGAJAMENTO CULTURAL

a sua colheita. Porém, por ter guardado tudo para si mesmo, Deus recolheu a sua vida. As riquezas do homem o levaram a um senso de autossuficiência que o afastou de Deus. Jesus chamou esse pecado de "afronta contra Deus".

Economia empresarial

A reflexão sobre a riqueza e a pobreza tem um legado bem extenso, que remonta à época anterior à Reforma.[2] Mas existe pouco material na Bíblia ou mesmo nos escritos da Igreja pré-moderna que lide diretamente com a economia empresarial. Isso acontece porque a maior parte da vida monetária girava em torno da agricultura, da pesca ou do trabalho especializado. O desenvolvimento do capital era mínimo, já que a inovação tecnológica era bem esporádica. A prestação de serviços em geral se resumia a formas de escravidão e não contribuía para o desenvolvimento da economia. Uma economia baseada na expansão e no compartilhamento de recursos era quase impossível dentro dessa estrutura. Essa economia dependia de avanços tecnológicos importantes que não surgiriam até o período medieval e depois se intensificariam com a Revolução Industrial. Esses avanços e seu impacto permanecem nos dias de hoje e são responsáveis por muitas possibilidades econômicas.

O estudo mais importante sobre os grandes negócios trata de como nos relacionamos uns com os outros de modo pessoal.[3] Por um lado, as grandes corporações geralmente despersonalizam os indivíduos em prol da lucratividade, e aqueles que são mais responsáveis pela injustiça pessoal podem estar escondidos por detrás das camadas gerenciais ou do tamanho da operação, isso sem mencionar como a simples logística pode dificultar um serviço mais eficaz e humano. No entanto, por outro lado, um sistema econômico ou uma empresa eficiente pode trazer vários benefícios à sociedade.[4]

---

2 James Halteman; Edd Noell, *Reckoning with Markets*: Moral Reflections in Economics [Considerando os mercados: reflexões morais sobre a economia] (Oxford: Oxford University Press, 2012), especialmente os capítulos 2 e 3.

3 Edd Noell; Stephen Smith; Bruce Webb, *Economic Growth*: Unleashing the Potential of Human Flourishing [Crescimento econômico: liberando o potencial do desenvolvimento humano] (Washington, D.C.; AEI, 2013).

4 Kenman L. Wong; Scott B. Rae, *Business for the Common Good*: A Christian Vision of the Marketplace [Negócios para o bem comum: uma visão cristã do mercado] (Downers Grove, EUA: InterVarsity Press Academic, 2011), p. 117-122; Jeff Van Duzer, *Why Business Matters to God (And What Still Needs to Be Fixed)* [Por que os negócios importam para Deus (e o que ainda precisa de conserto)] (Downers Grove, EUA: InterVarsity Press, 2010).

Trabalho 303

Os valores cristãos e a reflexão econômica

Na reflexão moral, não somos chamados a adotar só um grande princípio que possa dizer que os negócios são bons ou ruins. Esse é um simplismo que não ajuda ninguém. Em vez disso, temos que considerar o tipo de sociedade construída pelos negócios. O caráter e a motivação são importantes dentro dela. A responsabilidade de todo aquele que administra um negócio é a busca do lucro e da administração correta dos recursos disponíveis, assim como o interesse de quem governa uma nação é viabilizar uma economia que cresce de maneira saudável.

Essas análises são complexas porque envolvem respostas nacionais e internacionais em nível global, além de aplicações localizadas para cidades ou famílias. Quando falamos do capitalismo, é importante observar que ele se apresenta de várias formas, desde a intervencionista do Estado até a altamente liberal em que, geralmente, não há restrições legais, entre outras. Devemos ter cuidado para evitar generalizações quando falamos sobre o capitalismo, ou sobre o socialismo, ou sobre países de "economia mista", como o Estado de Bem-Estar Social. De que tipo de economia estamos falando? Qual é o país que constitui uma economia-modelo? Seriam os Estados Unidos, o Reino Unido, a Alemanha, a Suécia, o Japão, a China, ou outro país? Existe toda uma gama de modelos, não somente um modelo "puro". Como nas outras áreas que estamos abordando, o uso de frases de efeito ou de um discurso exaltado não ajuda muito. Boa parte do nosso discurso político passa por cima desses detalhes e não serve a ninguém. Precisamos de uma discussão ponderada, não da dialética da luta de classes.[5]

Os valores bíblicos com relação aos pobres, à prosperidade humana e à preocupação com a justiça para toda a humanidade devem nos nortear em nossa economia empresarial. É necessário que se chegue a um equilíbrio entre o respeito ao direito individual, que cultiva uma economia que funciona para a maioria das pessoas, e o compromisso com a responsabilidade de cuidar bem do próximo, da parte daqueles que têm essa possibilidade.

A análise política sobre a previdência e a ajuda governamental em geral precisa ser orientada pela Bíblia, apesar de utilizar uma linguagem diferente.

---

5   Kathryn Blanchard, *The Protestant Ethic or the Spirit of Capitalism*: Christians, Freedom, and Free Markets [A ética protestante ou o espírito do capitalismo: cristãos, liberdade e livre mercado] (Eugene, EUA: Cascade, 2010), p. 218.

304 ENGAJAMENTO CULTURAL

Os temas da justiça e do amor inegavelmente nos dizem para cuidar dos pobres. Esse cuidado funciona de duas maneiras: suprir as necessidades básicas de comida, abrigo e roupa e incutir a responsabilidade nas pessoas para que elas possam ter mais condições de cuidar de si mesmas. Esse não deixa de ser mais um conflito da vida em um mundo decaído que precisa ser resolvido.

Ao lidar com os pobres com compaixão, precisamos ter sabedoria quanto ao nível de ajuda necessário para proporcionar um auxílio eficaz. No fascinante livro intitulado *When Helping Hurts: How to Alleviate Poverty without Hurting the Poor* [Quando ajudar machuca: como aliviar a pobreza sem magoar os pobres], Steve Corbett e Brian Fikkert discorrem sobre abordar a pobreza de um modo que forneça oportunidades reais para os pobres deixarem de passar necessidade.[6] Nesse processo, eles observam três níveis de assistência para os pobres.

O primeiro nível é classificado como *socorro*. Trata-se simplesmente da ajuda em meio às calamidades ou do auxílio que supre as necessidades imediatas ou em curto prazo. É o que eles chamam de "pronto-socorro para estancar o sangramento".

Depois vem a *reabilitação*, que busca restaurar as pessoas em um nível funcional. Ela ensina a pessoa que recebe essa assistência a cooperar com o próprio processo de recuperação. As pessoas assistidas começam a exercer mais autonomia nesse processo. É nesse ponto que a educação ou o treinamento em habilidades importantes entra em ação, bem como o apoio constante para que esses esforços possam ser bem-sucedidos.

O nível final e mais abrangente é o *desenvolvimento*. É o momento de capacitar as pessoas a cuidarem de si mesmas, portanto é posta de lado a diferença entre a pessoa que ajuda e a pessoa que recebe o auxílio, porque todos contribuem ao máximo. Isso implica empoderar as pessoas para cumprir o mandato da criação de Gênesis 1:26-28, para subjugar a Terra e serem administradoras responsáveis, disciplinadas e cuidadosas de seus recursos. Nesse ponto, a educação e a assistência médica acessível são desejáveis, porque fica mais difícil ter a capacidade de ajudar na operação e na administração do nosso mundo se não houver a instrução necessária e as condições mínimas de saúde.

---

6 Steve Corbett; Brian Fikkert, *When Helping Hurts*: How to Alleviate Poverty without Hurting the Poor (Chicago: Moody Press, 2009).

Ao explicar esses níveis de envolvimento, Corbett e Fikkert acrescentam: "Um dos maiores erros que as igrejas norte-americanas cometem – sem sombra de dúvida – é prestar socorro em situações em que a abordagem mais adequada é de reabilitação ou desenvolvimento".[7] Não se dá margem à autonomia da pessoa assistida, porque a utilização exclusiva de métodos "de ajuda" com enfoque no socorro imediato a mantém em um beco sem saída.

Não é difícil perceber que os dois níveis de auxílio mais necessários para a ajuda em longo prazo – a reabilitação e o desenvolvimento – não podem ser deixados a cargo de uma única entidade social.

Entretanto, a justiça com relação ao pobre é uma espada de dois gumes: aqueles que têm riquezas são chamados a ser generosos e compassivos no amor ao próximo, mas aqueles que são pobres não devem roubar ou invejar o que os outros adquiriram legitimamente. Todos nós somos responsáveis por fazer tudo o que podemos para mudar a nossa situação. O perigo de uma sociedade que cultiva o assistencialismo é que ele pode levar a pessoa a uma dependência doentia dos outros em relação ao que deve e pode providenciar para si mesma. Em vez de sermos beneficiários passivos, todos nós devemos seguir em frente e aproveitar as oportunidades que a reabilitação e o desenvolvimento concedem.

Como em todas as questões complicadas, existe uma necessidade muito grande de discussões pertinentes e equilibradas a respeito de como a sociedade deve ajudar e como as pessoas carentes devem contribuir com esse auxílio. Precisamos prestar uma atenção especial ao possível bloqueio da oportunidade de contribuição causado pelas falhas do sistema social. Como temos que assumir políticas que reflitam o propósito de Cristo, devemos evitar argumentos discriminatórios que privilegiem o nosso lado da questão e considerar o que está mais de acordo com os princípios bíblicos. Podemos cooperar para alcançar um equilíbrio maior e administrar nosso mundo de modo mais eficaz. A justiça, a misericórdia, a liberalidade, a compaixão e a responsabilidade podem coexistir.

Darrell Bock (doutor pela Universidade de Aberdeen) é diretor-executivo para o engajamento cultural do Centro Hendricks e professor pesquisador sênior de Estudos do Novo Testamento do Seminário Teológico de Dallas. Ele escreveu e/ou editou mais de quarenta livros, apresenta o podcast Table e já foi presidente da Sociedade Teológica Evangélica.

---

7 Ibid., p. 100.

O CRISTIANISMO PRECISA DE UMA PERSPECTIVA ECONÔMICA GLOBAL

Matthew Loftus

A questão do engajamento cultural cristão e da economia global é, bem francamente, intensa. Existem tantas forças diferentes influenciando o nosso mundo, e muitas delas são tão gigantescas, que a maioria das pessoas se sente mais confortável evitando o assunto. No entanto, muitos cristãos nos países desenvolvidos influenciam a economia de outros países pelo que compram, pelas pessoas nas quais votam e pelo modo como contribuem para várias organizações. Os cristãos no Ocidente que foram abençoados com muito devem aprender a administrar o dinheiro que Deus lhes deu de modo que não prejudiquem os outros, especialmente seus irmãos e suas irmãs ao redor do mundo.

O comércio entre as nações existe desde o início das relações internacionais, mas a história recente tem testemunhado avanços rápidos na comunicação e no transporte que permitem que as informações e os bens se espalhem de forma ágil por todo o planeta. Esse processo é chamado de *globalização*. Um fazendeiro no interior do Quênia pode usar seu celular (feito na China com materiais extraídos da República Democrática do Congo) para realizar uma chamada de vídeo com seu sobrinho que estuda no Canadá. O sobrinho pode enviar dinheiro para seu tio eletronicamente para pagar pelo combustível extraído da Arábia Saudita que move o caminhão feito no Japão que leva as flores do fazendeiro para a capital Nairóbi. As flores são transportadas de avião para um mercado na França, onde um turista brasileiro tira uma *selfie* com elas, que é enviada para os amigos que moram na América do Sul.

A globalização traz efeitos positivos e negativos. Os caminhões, os trens e os aviões que transportam coisas livremente criam oportunidades de trabalho para muitas pessoas, proporcionando mais do que o simples sustento, mas também permitem que a riqueza fique concentrada nas mãos de poucos indivíduos, enquanto muitos outros perdem o emprego. Isso é particularmente desafiador nos países mais desenvolvidos, onde a mão de obra pouco qualificada é terceirizada para outros países em que os salários são menores ou é substituída por robôs. Os países desenvolvidos, então, podem subsidiar seus próprios produtos e depois lançá-los no mercado internacional, prejudicando países que estão tentando fazer parte da competição. A tecnologia da comunicação agora permite, via satélite, que o evangelho alcance nações que são hostis à presença missionária, mas também permite que os ensinos falsos e a pornografia sejam transmitidos para qualquer lugar onde haja um telefone celular. O primeiro passo para administrar bem nossos recursos no mundo é aprender sobre como a economia global molda a vida e as ocupações de todos.

Até o próprio processo de desenvolvimento consiste em uma questão de administração fiel. As várias nações escolhem prioridades diferentes para desenvolver sua economia baseadas em seus recursos e interesses, mas as tendências pecaminosas dos seres humanos geralmente fazem desse "desenvolvimento" um processo desigual e inadequado. Muitas pessoas que são ricas tentam acumular o quanto podem de riquezas e se dedicam a consumir luxos em vez de assegurar que todos tenham o que precisam para a vida, muitas vezes pelo uso de métodos corruptos deploráveis. Quanto ao desenvolvimento cultural, as pessoas desejosas daquilo que é popular no Ocidente são pressionadas a abandonar o que é bom em sua própria cultura em favor da obscenidade explícita, do evangelho da prosperidade ou da educação impregnada de ateísmo apregoada pelos governantes neocolonialistas.

Isso leva imediatamente a uma série de dilemas sobre como escolhemos gastar nosso dinheiro. Os bens que desejamos quase sempre são mais baratos quando produzidos por pessoas que não têm o poder de exigir salários melhores ou condições de trabalho mais seguras. Em alguns casos, recorre-se à escravidão ou à violência absoluta para extrair recursos ou manufaturar produtos, enquanto o lucro vai para organizações terroristas ou para milícias brutais. Em diversas situações, é bem difícil saber como um material ou produto em particular foi obtido.

Mesmo quando sabemos como algum produto chegou a nós e temos ciência de que não houve nenhuma violência propriamente dita em sua produção, ainda existe o debate sobre a questão ética de investir o nosso dinheiro nele. Será que é certo comprar uma camisa feita por um trabalhador que suou por muitas horas em condições brutais, mas ainda consegue usar seu pequeno salário para mandar as crianças para a escola? Será que vale a pena comprar amoras importadas em dezembro? Será que é bom patrocinar uma empresa que tenta contornar a obrigação de pagar benefícios para seus funcionários reduzindo as suas horas trabalhadas?

308 ENGAJAMENTO CULTURAL

Não existem respostas fáceis para essas perguntas, embora se perceba claramente na Bíblia que Deus ouve o clamor dos trabalhadores que não recebem um salário justo (Tiago 5:1-6) e não aceita o culto daqueles que oprimem seus funcionários (Isaías 58:1-4). O ensino cristão através dos séculos reforçou e transmitiu essas ideias, como na ótima encíclica papal *Rerum Novarum*, que foi publicada em 1891, enquanto muitas dessas questões estavam sendo colocadas em pauta no pensamento religioso e social. Nessa encíclica, o papa Leão XIII diz:

> Façam, pois, o patrão e o operário todas as convenções que lhes aprouver; cheguem, inclusivamente, a acordar na cifra do salário: acima da sua livre vontade está uma lei de justiça natural, mais elevada e mais antiga, a saber, que o salário não deve ser insuficiente para assegurar a subsistência do operário sóbrio e honrado. Mas se, constrangido pela necessidade ou forçado pelo receio dum mal maior, aceita condições duras que por outro lado lhe não seria permitido recusar, porque lhe são impostas pelo patrão ou por quem faz oferta do trabalho, então é isto sofrer uma violência contra a qual a justiça protesta.[1]

O mandamento de Deus de obedecer ao *Shabat* também nos ordena permitir que as pessoas que trabalham para nós descansem, portanto devemos considerar se o dinheiro que gastamos está sendo direcionado a empregadores injustos que forçam seus empregados a violar esse mandamento. Os consumidores também têm o poder de defender os trabalhadores em todos os lugares do mundo, além de poderem recusar a compra de produtos que sintam terem sido produzidos de forma antiética. Assim como não queremos investir nosso dinheiro em estúdios que produzam pornografia ou permitir que nosso imposto seja utilizado para construir uma nova clínica de aborto, devemos nos esforçar (mesmo que de forma imperfeita) para usar nosso dinheiro de uma maneira que ajude as pessoas a trabalhar em serviços justos.

A contribuição a instituições de caridade nos traz uma série diferente de perguntas. Muitas pessoas nos países desenvolvidos, reconhecendo a necessidade de ajudar os pobres em outros lugares, contribuem generosamente para várias organizações que fornecem alimentos, assistência médica ou educação.

---

1 Encíclica *Rerum Novarum*, site da Santa Sé. Disponível em: http://www.vatican.va/content/leo-xiii/pt/encyclicals/documents/hf_l-xiii_enc_15051891_rerum-novarum.html. Acesso em: 8 maio 2020.

Os cristãos também investem bilhões de dólares todo ano para sustentar missionários e trabalhadores nativos para divulgar o evangelho. Essa generosidade ajuda a comunicar o evangelho de Jesus Cristo em palavras e em obras ao redor do mundo, provocando uma incrível diminuição nas mortes por doenças evitáveis em todo o planeta e concedendo a oportunidade para que milhões de pessoas possam ouvir falar de Jesus.

No entanto, as boas intenções nunca são suficientes para ajudar de forma eficaz. A doação de roupas, por exemplo, geralmente atrapalha o crescimento do mercado têxtil nos países em desenvolvimento.[2] Uma ideia que parece atraente para os doadores ocidentais pode, na verdade, ser um "elefante branco" na comunidade que recebe essa ajuda. Realizar doações em dinheiro sem investigar como ele é gasto pode incentivar a fraude ou perpetuar práticas prejudiciais.

Um exemplo comum é o problema dos orfanatos. A maior parte dos países desenvolvidos não recorre mais a orfanatos, porque reconhece o prejuízo intrínseco que as crianças podem experimentar por crescer em um orfanato, mas tem o prazer de doar generosamente para órgãos internacionais que direcionam sua atenção a poucas crianças. Muitos desses chamados "órfãos" ainda têm pais vivos, que possivelmente abandonaram seus filhos no orfanato esperando que eles pudessem receber educação. Em alguns casos, as crianças podem ter sido sequestradas e vendidas para esses orfanatos.

Em muitos lugares onde os orfanatos sustentados pelo Ocidente prosperam, as crianças que perderam o pai, a mãe ou ambos os pais são tradicionalmente criadas pelos parentes. É injusto tirar esses filhos dessas redes de apoio e de sua comunidade local, abandonando outras crianças que são tão pobres quanto elas. É por isso que apadrinhar uma criança – processo que geralmente distribui benefícios por toda a comunidade e que de fato aumenta a probabilidade de emprego para a criança apadrinhada[3] – costuma ser um modelo mais eficaz, do mesmo modo que os programas que tentam sustentar famílias que acolhem os órfãos da comunidade.

Nossa economia global contemporânea é complexa e generalizada, dando-nos mais poder do que nunca de abençoar o próximo, mas também muitas

---

2   Natalie L. Hoang, "Clothes Minded: An Analysis of the Effects of Donating Secondhand Clothing to Sub-Saharan Africa" (2015), Scripps SeniorTheses, tese 671. Disponível em: http://scholarship. claremont.edu/scripps_theses/671. Acesso em: 8 maio 2020.

3   Bruce Wydick et. al, "Does International Child Sponsorship Work? A Six-Country Study of Impacts on Adult Life Outcomes", Journal of Political Economy, v. 121, n. 2 (2013), p. 393-436.

310 ENGAJAMENTO CULTURAL

maneiras de causar dano sem que saibamos disso. Assim como nos beneficiamos da comunicação instantânea e dos bens que podem ser transportados para qualquer lugar, recai sobre nós a responsabilidade de administrar bem o nosso poder e a nossa riqueza. Podemos fazer isso pesquisando a cadeia produtiva, fazendo perguntas difíceis para as organizações para as quais contribuímos e defendendo uma economia boa e justa que reflita o cuidado bíblico com as pessoas vulneráveis e as suas condições de trabalho.

Matthew Loftus trabalha como médico de família em Litein, no Quênia, e é membro docente do programa de residência em medicina familiar da Universidade Kabarak, sediada em Nakuru, Quênia. Ele atende aos pacientes e ajuda a ensinar e supervisionar os alunos e os estagiários que participam dos programas de treinamento médico.

CICLOS DE TRABALHO E DESCANSO

Kayla Snow

O capítulo 2 de Gênesis começa com o retrato do Criador todo-poderoso e imutável do universo descansando. A partir dessa passagem da Escritura, Deus revela uma parte importante do seu plano para a humanidade: ele nos mostra que a vida que ele concedeu e ordenou segue o ciclo eterno de trabalho e descanso, ou *Shabat*. Por toda a sua história, o povo judeu entendeu e observou o ciclo de trabalho e descanso com grande reverência e temor. Por outro lado, os cristãos se empenham muito em seu trabalho, mas, em geral, perderam o significado, o propósito e a prática do descanso sabático; logo, acabamos nos desgastando no nosso trabalho e nos cansando no nosso lazer. Muitas vezes trabalhamos sete dias por semana e, mesmo quando descansamos, não entramos completamente no descanso que Deus nos mostra em Gênesis 2. Entretanto, quando passamos a pautar nossa vida no ciclo de trabalho e descanso que Deus nos mostra e nos concede, também passamos a desfrutar de modo mais completo da abundância da vida cristã no Reino de Deus.

A dificuldade cristã com o *Shabat* vem em grande parte da falta de entendimento do seu real significado para aquele que crê. Como geralmente se entende, o *Shabat* se baseia no ensino e na tradição judaicos e, de forma mais destacada, na lei judaica. No entanto, os cristãos foram dispensados da lei por Jesus Cristo, que a cumpriu de modo perfeito. O que permanece do *Shabat* quando se tira a lei na qual ele se baseia? Para responder a essa pergunta, temos que recorrer à narrativa da criação, porque o *Shabat* vem antes da lei, como parte da ordem criada.

Os cristãos não costumam se dar conta de que o próprio *Shabat* é algo que faz parte da criação. Em sua descrição na narrativa da criação, vemos Deus desfrutando do seu trabalho e se alegrando em sua bondade. No sétimo dia, ele entra em um descanso, que nada mais é que o auge da sua criação. Não é que Deus esteja cansado; ele se agrada da bondade da criação e consagra o sétimo dia como um dia para que nós nos alegremos com ele. De acordo com Norman Wirzba, o *Shabat* é "uma celebração e uma participação da aprazível experiência do próprio Deus".[1] A tradição judaica afirma que o sétimo dia

---

1   Norman Wirzba, *Living the Sabbath*: Discovering the Rhythms of Rest and Delight [Vivendo o *Shabat*: descobrindo o ciclo do descanso e do lazer] (Grand Rapids, EUA: Brazos, 2006), p. 47.

312 ENGAJAMENTO CULTURAL

foi um ato da criação, porque foi o dia em que Deus criou o *menuha*, que é traduzido como "descanso".[2] Wirzba chama a criação do sábado de "o clímax da criação".[3] Então, segundo ele, a gênese da humanidade não é o pináculo da criação. Em vez disso, o descanso encontrado em nossa comunhão eterna e nosso deleite com Deus é o ponto alto.

O descanso sem a lei, no entanto, fica difícil – ou até perigoso – de definir. No seu livro *Keeping the Sabbath Wholly: Ceasing, Resting, Embracing, Fasting* [Guardando o sábado de forma integral: parando, descansando, aderindo e jejuando], Marva Dawn adverte várias vezes contra adotar uma prática ou um horário específico para se guardar o *Shabat*, observando que esse comportamento geralmente nos faz retornar ao legalismo.[4] Como cristã criada na região sul dos Estados Unidos, muitas vezes vivenciei um legalismo com relação ao domingo que, embora tenha sido imposto com a melhor das intenções, na verdade acabava limitando o domingo a um dia de soneca, televisão e tédio. Deixamos de trabalhar durante esse dia, mas não tenho certeza de que substituímos o trabalho por atividades dignas desse momento. Se o *Shabat* é intrinsecamente bom pelo fato de Deus tê-lo criado, então o descanso que se deve observar ao longo dele deve refletir alguma coisa da natureza divina, algo que possamos desfrutar por meio de Cristo, sem recorrer à lei.

Com certeza, a chave para entender o *Shabat* sob a Nova Aliança se encontra em Cristo, mas primeiro precisamos entender o *caráter* do descanso sabático conforme foi estabelecido na criação. Como o teólogo judeu Abraham Joshua Heschel explica, o *menuha* criado no sétimo dia não é um "conceito negativo, mas sim algo real e intrinsecamente positivo".[5] Essa diferença é importante porque indica que o *Shabat* não se resume às coisas que não podemos fazer; mas envolve as coisas que *devemos* fazer. Portanto, não podemos desfrutar do *Shabat* simplesmente por meio da abstinência, da renúncia, do abandono. Pelo contrário, o *Shabat* exige que escolhamos o que de fato alimenta e nutre a alma. Participamos do Espírito do *Shabat*, que se oferece a nós como a fonte

---

2 Abraham Joshua Heschel, *The Sabbath*: Its Meaning for Modern Man [O *Shabat*: seu significado para o homem moderno] (Boston: Shambhala, 2003), p. 13.

3 Wirzba, *Living the Sabbath*, p. 47.

4 Marva J. Dawn, *Keeping the Sabbath Wholly*: Ceasing, Resting, Embracing, Fasting (Grand Rapids, EUA: Eerdmans, 1989).

5 Heschel, *The Sabbath*, p. 13.

Trabalho 313

do descanso perfeito.[6] Agostinho escreveu esta frase famosa: "Fizeste-nos, Senhor, para ti, e o nosso coração anda inquieto enquanto não descansar em ti".[7] Toda forma de descanso que vivenciarmos no sábado deve ser baseada em Cristo, sem o qual não podemos encontrar o verdadeiro descanso.

Quando o nosso descanso passa a ser um desperdício de tempo, um consumo irrefletido, ou simples satisfação de desejos mundanos, não entramos de verdade no descanso sabático, e a nossa alma continua cansada, dilacerada e pesada, sem estar pronta para o trabalho que vem pela frente. Se o *Shabat* é santo, e ele é, então há no seu propósito e na sua prática uma santidade que, quando se perde, destrói a sua beleza e o seu poder. É essa santidade a razão pela qual a lei foi estabelecida. Abraham Joshua Heschel escreve: "O *Shabat* não é um momento para diversão ou superficialidade [...] mas uma oportunidade para curar nossa vida dilacerada, para edificar em vez de gastar o tempo".[8] A beleza dessas palavras de Heschel não deve ser ignorada. Com grande frequência, quando paramos de trabalhar, perdemos tempo em atividades que têm pouco ou nenhum valor eterno. Na verdade, geralmente achamos que o descanso equivale a assistir ao nosso programa favorito, dar uma olhada nas redes sociais ou, o meu passatempo favorito, tirar um cochilo. Não há nada de errado com essas coisas. Mas também nenhuma delas é realmente satisfatória para a alma. Na visão de Heschel, o tempo é santo, sagrado. A santidade do tempo que Heschel observa vem da crença judaica de que Deus, de fato, fez do sábado – o dia, uma coleção de tempo – um espaço santo em que os crentes contemplam a eternidade que se desenrola diante deles e são renovados pelo Espírito enquanto permanecem em sua celebração. Como Wirzba diz: "A prática do *Shabat*, sob esse prisma, passa a ser uma espécie de treinamento para a vida na eternidade, uma preparação para a recepção completa e para o acolhimento na presença de Deus".[9] Quando vivenciamos o *Shabat* aqui e agora, temos uma amostra da eternidade.

O conceito de "descanso" reformula o modo como pensamos sobre o *Shabat* em todos os aspectos de nossa vida. Não se trata apenas de um simples domingo. Wirzba explica:

> Para muitos de nós parece estranho que o *Shabat* assuma tamanha importância na vida de fé, porque fomos criados achando que a guarda do *Shabat*

---

6 Ibid., p. 7.
7 Agostinho, *Confissões*, p. 4.
8 Heschel, *The Sabbath*, p. 7.
9 Wirzba, *Living the Sabbath*, p. 31-32.

314 ENGAJAMENTO CULTURAL

é um acréscimo a uma semana ocupada. *Shabat* é o tempo reservado para que descansemos e baixemos a guarda, para dar um intervalo nos padrões competitivos e frenéticos da vida diária. Não é isso que aqueles que nos transmitiram em primeiro lugar o ensino sobre o *Shabat*, os judeus, pensavam. Na visão deles, a guarda do *Shabat* é o que *buscamos*. Como nosso objetivo mais importante e abrangente, ele estrutura e contextualiza nosso planejamento, do mesmo modo que o desejo de alcançar um objetivo em especial – um campeonato, um desempenho magistral, uma refeição elaborada ou uma festa – exige que sigamos as etapas adequadas *em todo o processo*. O *Shabat* estrutura toda a nossa vida, ajudando-nos a estabelecer prioridades e a decidir qual das nossas atividades e aspirações glorifica a Deus.[10]

Portanto, o descanso sabático não se resume a uma fuga ou uma recarga para o trabalho. Sou uma pessoa atlética – não uma atleta em nenhum sentido profissional, mas alguém que treina regularmente e busca superar os limites físicos com frequência. Ultimamente, eu tenho praticado o treino intervalado de alta intensidade, ou HIIT, que, embora seja uma forma leve de tortura, é incrivelmente eficaz para treinar o coração, ativar o metabolismo e criar força e resistência. Os programas HIIT se baseiam no princípio básico de trabalharmos com a capacidade máxima de treino por pequenos intervalos e descansarmos rapidamente entre cada intervalo para nos recompormos, para que possamos nos esforçar com a mesma energia na próxima parte do treino. Nesses programas de treino, o descanso é tão importante quanto o trabalho, porque o *descanso* nos permite trabalhar com a capacidade máxima a cada intervalo. Costumamos pensar no *Shabat* desse modo, como um meio de recarga física e espiritual para podermos trabalhar num nível ideal nos outros dias. Heschel combate essa ideia, dizendo: "No entanto, de acordo com a mentalidade bíblica, o trabalho é um meio para se obter um fim, e o *Shabat* é um dia de descanso, como um dia de abstinência do trabalho cansativo, mas não para se restabelecer a força perdida e estar em forma para a próxima jornada de trabalho. O *Shabat* é um dia em prol da vida".[11] Logo, quando damos uma pausa no trabalho no *Shabat*, não "paramos somente com o próprio trabalho, mas também com a necessidade de conquista e de produtividade".[12] O descanso

---

10 Ibid., p. 30.
11 Heschel, *The Sabbath*, p. 2.
12 Dawn, *Keeping the Sabbath*, p. 2.

Trabalho **315**

do *Shabat* não visa aumentar a eficiência, como se fôssemos máquinas que precisam ser recarregadas por algumas horas para que estejam prontas para o uso novamente. Não é assim que Deus nos vê, e não foi por essa razão que ele nos ofereceu a bênção do *Shabat*.

Em sua essência, o *Shabat* é celebrado para desfrutar uma amostra da eternidade com o nosso criador. É nisso que reside a realidade do *Shabat*. Ele permite que experimentemos o descanso que Cristo ofereceu quando disse: "Venham a mim, todos os que estão cansados e sobrecarregados, e eu lhes darei descanso. Tomem sobre vocês o meu jugo e aprendam de mim, pois sou manso e humilde de coração, e vocês encontrarão descanso para as suas almas. Pois o meu jugo é suave e o meu fardo é leve" (Mateus 11:28-30). Se o nosso trabalho não é realizado para nós mesmos, como Hugh Whelchel afirma,[13] de modo parecido, nem mesmo o nosso descanso é dirigido a nós, mas aponta para Cristo e para sua obra eterna. Heschel escreve:

> Aquele que deseja penetrar na santidade do dia tem que largar a profanação do comércio lisonjeiro, de estar preso ao trabalho rotineiro. [...] Seis dias por semana lutamos com o mundo, tirando o lucro da terra; no *Shabat* nos ocupamos de forma especial com a semente da eternidade que foi plantada em nossa alma.[14]

Assim, Heschel afirma que o *Shabat* permite que nós nos libertemos do "jugo do trabalho rotineiro". Como cristãos, no entanto, sabemos que não nos limitamos a essa libertação, mas a trocamos pelo jugo de Cristo.

Kayla Snow obteve seu mestrado em inglês pela Liberty University. Ela ministra cursos de pesquisa e redação e de literatura inglesa nessa mesma universidade. Sua pesquisa se concentra principalmente na influência do pensamento e da teologia cristãos nas obras literárias de escritores como Jonathan Swift, G. K. Chesterton, J. R. R. Tolkien e Flannery O'Connor. Ela publicou o artigo "What Hath Hobbits to Do with Prophets: The Fantastic Reality of J. R. R. Tolkien and Flannery O'Connor" no periódico *LOGOS: A Journal of Catholic Thought and Culture*.

---

13 Hugh Whelchel, *How Then Should We Work? Rediscovering the Biblical Doctrine of Work* [Como devemos trabalhar? Redescobrindo a doutrina bíblica do trabalho] (McLean, EUA: Institute for Faith, Work, and Economics, 2012).

14 Heschel, *The Sabbath*, p. 1.

PERGUNTAS PARA DISCUSSÃO

1. Em seu artigo, Loftus discute o *Shabat* e como não devemos patrocinar os empregadores que exigem que seus funcionários trabalhem no domingo. No entanto, Treat escreve: "O trabalho não foi criado para nosso progresso pessoal, mas sim para o bem do próximo e para fazer a sociedade prosperar". Como Treat ou os outros autores encaram a questão de apoiar empresas que se mantêm abertas aos domingos?

2. Um perigo oculto quanto às grandes empresas que Bock aborda em seu artigo é que o lucro em alguns momentos acaba sendo mais importante do que as pessoas; entretanto, Bock também toca no assunto da liberdade de acumular dinheiro. Como se pode equilibrar essas duas questões?

3. Treat analisa como o trabalho é "um dos principais meios de amar o próximo". Buscando entender esse conceito pelo prisma do artigo de Loftus, como a atitude de "amar o próximo por meio do trabalho" pode ser afetada pela globalização?

4. Chediak afirma que o trabalho promove o evangelho porque "demonstra o evangelho, faz com que as pessoas deem ouvidos ao evangelho e adorna o evangelho". De acordo com a análise de Loftus sobre a globalização, será que esses mecanismos para a propagação do evangelho seriam alterados ou continuariam da mesma forma?

5. Ao entender o propósito da riqueza, Bock afirma: "O objetivo não é ser servido pela sociedade, mas cumprir o dever de servir a comunidade". Como, então, a perspectiva de Bock precisa acomodar aqueles que não têm escolha senão se beneficiar da sociedade, como os deficientes, os doentes e as crianças menores?

6. Chediak discute como o trabalho pode adornar o evangelho ou torná-lo mais "doce". Ele afirma que, se nós, como cristãos, tivermos um bom caráter e permitirmos que descubram que somos cristãos, pode ser mais fácil para nossos colegas de trabalho e empregadores crerem em Cristo. Como a posição de Chediak pode lidar com a verdade infeliz de que em muitos

lugares os cristãos no local de trabalho são conhecidos por serem legalistas e preconceituosos, tornando o evangelho bem menos "doce"?

7. Ao entender a justiça e o amor pelos pobres, Bock analisa a importância de "suprir as necessidades básicas", que ele define como "comida, abrigo e roupas". O que podemos dizer das necessidades imateriais, como o incentivo, a compaixão e a capacitação? Como pode o trabalho do cristão lidar com essas necessidades básicas junto com as necessidades materiais, fazendo com que as pessoas deem ouvidos ao evangelho e ao mesmo tempo adornando o evangelho, segundo a análise de Chediak?

8. Ao entender os três níveis da ajuda aos pobres que Bock relaciona – socorro, reabilitação e desenvolvimento –, vemos que ele claramente acha que o nível de desenvolvimento é o mais abrangente. No artigo de Treat, ele cita as variedades de vocações de Amy Sherman – redentoras, criativas, providenciais, de justiça, de misericórdia e reveladoras –, sendo que algumas são mais claramente relacionadas ao nível de desenvolvimento da ajuda aos pobres do que outras. Como Bock pode aplicar o "desenvolvimento" a cada tipo de trabalho vocacional?

9. Loftus analisa a importância de administrar bem o poder e a riqueza. No artigo de Chediak, o autor lida com o modo como o trabalho transmite o evangelho de três maneiras principais ("demonstra o evangelho, faz com que as pessoas deem ouvidos ao evangelho e adorna o evangelho"). Como a administração sábia do poder e da riqueza coopera para propagar o evangelho da maneira a que Chediak se refere?

10. Snow destaca a importância do descanso com relação ao trabalho. Como a Igreja possivelmente permitiu que as práticas de trabalho da cultura moderna se infiltrassem no padrão expresso no capítulo 2 de Gênesis? Como isso influenciou o testemunho da Igreja de forma prejudicial?

Capítulo 11

A ARTE

A Bíblia, principalmente o Antigo Testamento, tem muito a dizer sobre a arte criativa. As primeiras palavras humanas registradas na Bíblia são a poesia que Eva inspirou em Adão (Gênesis 2:23). No livro de Êxodo, tomamos conhecimento de que Deus chamou um artista especializado para construir o tabernáculo que levaria a arca da aliança. Ele também deu instruções detalhadas a Moisés sobre o *design* do tabernáculo e a sua decoração. A descrição detalhada do brilho artístico do templo de Salomão no capítulo 6 de 1Reis afirma a importância da beleza e do *design*. O rei Davi, que escreveu muitos salmos, tocava harpa e era poeta. Até mesmo os vários gêneros literários representados nos diversos livros da Bíblia demonstram que não somente o conteúdo, mas também a forma literária é importante. Além disso, é claro que basta observar as formas espetaculares (e aparentemente gratuitas) que estão por toda parte do mundo que Deus criou para perceber que ele se importa com a arte e a beleza e as manifesta de várias maneiras (Jó 38-41).

A arte da era primitiva do cristianismo geralmente honrava os princípios básicos da fé com símbolos e tipos, até mesmo com a apropriação de materiais e mitos da cultura pagã que estava ao seu redor. Na Idade Média, equipada com o poder e os recursos do Império Romano, a Igreja criou algumas das obras mais esplêndidas e duradouras da história nas catedrais e nos mosteiros. Essa arte foi feita a partir do trabalho de artesãos e trabalhadores custeados e sustentados por toda a comunidade, levando décadas para ser construída. Jacques Maritain explica:

> Na estrutura poderosamente social da civilização medieval, o artista
> se limitava a ter um título, e tudo que dizia respeito à sua individualidade
> que poderia ser interpretado como anárquico era proibido, porque uma
> disciplina social natural e externa lhe impunha certas condições restriti-

320 ENGAJAMENTO CULTURAL

vas. Ele não trabalhava para os ricos, nem para os famosos, nem para os mercadores, mas para os fiéis; sua missão era acolher suas orações, instruir sua inteligência e agradar à sua alma e aos seus olhos.[1]

A relação da tradição judaico-cristã primitiva com a arte é surpreendentemente complexa, mesmo quando esta é criada ou realizada diretamente para o serviço ou para a adoração a Deus, quando é denominada "arte sacra", ou "religiosa". Pense, por exemplo, nos vitrais de uma igreja e nas torres das catedrais medievais, nas pinturas de Michelangelo na Capela Sistina, nos mosaicos bizantinos, nos ícones russos ou na "Última Ceia", de Leonardo da Vinci.

Nos tempos antigos e medievais, a arte em toda a sua variedade carregava um sentido de técnica. Toda a arte constituía uma obra de habilidade e de destreza, e toda ela era funcional. O artífice criava ferramentas para os trabalhadores, o artesão tratava o couro para elaborar roupas e o pintor ou escultor trabalhava em belas artes para a Igreja e para a comunidade.[2] Entretanto, com o advento da Renascença e do seu retorno ao humanismo do mundo antigo greco-romano, a arte foi se separando cada vez mais da comunidade de fé e glorificando cada vez mais o indivíduo, tanto em sua temática quanto em sua criação. A questão do valor da arte em si mesma (que seria denominado "arte pela arte" no final do século 19) é uma questão claramente moderna. Foi nessa época que se desenvolveu a diferenciação entre a "arte" e o "artesanato" e, por causa disso, entre a arte erudita e a popular. À medida que essa distinção entre o que é útil e o que é belo foi aumentando, os cristãos passaram a suspeitar cada vez mais do que é simplesmente belo.

O desprezo, o ceticismo e a hostilidade existentes em alguns setores da Igreja atual com relação à arte pela arte têm uma série de causas, particularmente dentro do protestantismo. Por exemplo, a iconoclastia do puritanismo (bem como do islamismo) se baseia na proibição do segundo mandamento sobre as imagens de escultura. O puritano do século 17 Richard Baxter, por exemplo, rejeitava a leitura de obras literárias por seus próprios méritos porque acreditava que o tempo seria investido de uma maneira mais sensata na leitura das Escrituras e dos comentários bíblicos. Os puritanos também se opunham ao teatro, principalmente com base na prostituição e em outras atividades ilícitas

---

1 Jacques Maritain, *Art and Scholasticism with Other Essays* [A arte e a escolástica com outros ensaios] (Minneapolis, EUA: Filiquarian, 2007), p. 24-25.

2 Para mais detalhes com relação a essa história, veja o capítulo 4 do livro *Art and Scholasticism*, de Maritain.

A arte 321

que geralmente se desenvolviam em suas vizinhanças e por causa da temática teatral muitas vezes zombeteira com relação à piedade e à religião. Essa oposição à arte baseada mais no contexto e no conteúdo do que na forma prosseguiu através dos séculos. De fato, a fraqueza principal no engajamento com a arte por parte da Igreja contemporânea está, provavelmente, na sua tendência de destacar o conteúdo em detrimento da forma e o papel da experiência estética como um aspecto fundamental da formação espiritual.[3]

Outros pensadores cristãos mais recentes analisaram o valor intrínseco da arte a partir de uma cosmovisão obviamente cristã. Um dos mais notáveis entre os autores modernos é Francis Schaeffer, em seu pequeno tratado *A arte e a Bíblia*.[4] Ao afirmar que a arte é intrinsecamente boa e que ela deve ser julgada tanto na sua forma quando no seu conteúdo, Schaeffer ajudou a despertar o interesse e a valorização da arte entre os cristãos evangélicos a partir do século passado.

No ensaio que inicia esta seção, Makoto Fujimura desenvolve uma reestruturação do modo como os cristãos contemporâneos pensam sobre o seu papel na cultura, pedindo-lhes que saiam do consumo passivo para o protagonismo por meio do empoderamento dos artistas cristãos.

O artigo de W. David O. Taylor analisa a natureza do Deus trino para exemplificar a natureza abundante com a qual os artistas podem criar aceitando a fé e colocando essa fé em ação. Ao mesmo tempo que o Deus trino constitui a fonte e a base definitiva de toda a teologia, o evangelho de Jesus Cristo consiste na autorrevelação definitiva de Deus. Portanto, o ensaio de Taylor é complementado pela aplicação de Taylor Worley do arco da narrativa do evangelho (criação, queda, redenção e restauração) para explicar quais são as características e as virtudes que os cristãos devem buscar na arte.

A contribuição de Jonathan Anderson traça uma reflexão sobre a obra de John Cage intitulada *4'33"*, para despertar um entendimento mais profundo da arte e do modo como os cristãos devem se engajar nela, concluindo que eles têm tudo a oferecer e aprender com a arte contemporânea.

---

3   Muitas obras cristãs recentes têm o propósito de preencher essa lacuna. Veja, por exemplo, a série de James K. A. Smith intitulada *Liturgias culturais*; o livro de David Lyle Jeffrey, *In the Beauty of Holiness* [Na beleza da santidade] (Grand Rapids, EUA: Eerdmans, 2017); o de Jeremy Begbie, ed., *Beholding the Glory* [Diante da glória] (Grand Rapids, EUA: Baker, 2000); além do livro de William Dyrness, *Visual Faith* [Fé visual] (Grand Rapids, EUA: Baker, 2001); o de W. David O. Taylor, *For the Beauty of the Church* [Pela beleza da Igreja] (Grand Rapids, EUA: Baker, 2010); e o de Makoto Fujimura, *Culture Care* [Cuidado da cultura], 2ª ed. (Downers Grove, EUA: IVP, 2017).

4   Francis Schaeffer, *A arte e a Bíblia* (Viçosa: Editora Ultimato, 2009).

322 ENGAJAMENTO CULTURAL

Para encerrar, temos a participação de Cap Stewart nesta seção, com um artigo que traz um alerta, buscando provocar uma conscientização do potencial impacto degradante de algumas formas de arte. Em particular, ele pede aos cristãos que reavaliem seus padrões de consumo de filmes, novelas, séries, dentre outros, devido à objetificação sexual na indústria do entretenimento, além de fazer um apelo para que amem os artistas como amam a si mesmos e evitem consumir mídias que objetifiquem os atores e as atrizes.

A CRIATIVIDADE COMO EXPRESSÃO DO AMOR A DEUS

A ARTE É MESMO UM ENGAJAMENTO CULTURAL?

Makoto Fujimura

Em primeiro lugar, façamos uma reflexão sobre a palavra "engajar".

Trata-se de uma palavra beligerante. No inglês, ela também é associada ao casamento, no sentido de que uma pessoa primeiro "se engaja" com alguém para depois se casar.

Portanto, quando falamos de "engajamento cultural", geralmente se imagina que existam duas partes em conflito, ou duas pessoas que estão pensando seriamente em se casar. Não tenho certeza se alguma dessas definições descreve o incômodo atual, nem se essas conotações estão presentes na mente de quem usa essa palavra. A Igreja deseja que o "engajamento cultural" passe a ideia de uma luta contra os anos de abandono ou de descuido com relação à cultura. Portanto, a expressão "engajamento cultural" causa certo estranhamento, quem sabe porque evoque o sentimento de "dar murro em ponta de faca".

A missão básica da Igreja é abordar o mundo com o amor de Deus. Esse amor é produtivo e criativo, além de usar a imaginação e fazer com que as coisas aconteçam.

Não precisamos de um engajamento. Em vez disso, precisamos produzir. Andy Crouch desenvolve muito bem essa tese no seu livro *Culture Making* [Produzindo cultura] e, de modo parecido, James Davison Hunter avisou em seu clássico livro *Culture Wars* [Guerras culturais], antes que qualquer outro escritor tivesse a coragem de fazer isso, sobre as consequências debilitantes do conflito e da polarização entre culturas como fruto desse "engajamento".[1]

Percebi que, nesse modelo de "engajamento cultural", as igrejas se dispõem a criar grupos artísticos e "usar" a arte para evangelismo e discipulado. Já fui procurado para aconselhar igrejas cheias de vontade de criar programas como esse. Meu primeiro conselho é que não façam isso.

---

1   James Davison Hunter, *Culture Wars* (Nova York: Basic, 1991).

324 ENGAJAMENTO CULTURAL

A primeira reação é de choque: "Mas você não é um defensor dos artistas na Igreja?" Sim. No entanto, a segmentação dos artistas em seu próprio quadrado para que possam expressar sua dor não é exatamente a minha ideia de estratégia para a transformação da cultura. "Usar" a arte implica "usar" o ser humano. Como Lewis Hyde observou em sua obra de referência *The Gift: Creativity and the Artist in the Modern World* [O dom: a criatividade e o artista no mundo moderno], a arte é um dom, não uma mercadoria.[2] Existe a possibilidade de se transformar a arte em um bem de consumo ou pelo menos torná-la "útil", mas também precisamos perceber que existe o perigo de a arte e o artista perderem a alma nesse processo. Como observa Hyde: "As obras de arte coexistem em duas 'economias': a economia de mercado e a economia dos dons. No entanto, somente uma delas é essencial: a obra de arte pode sobreviver sem o mercado, mas não existe arte sem um dom que a viabilize".[3] Em um mundo transacional, a arte perde o seu poder, mas, quando ela se situa na "economia dos dons", existe a chance de libertação da cultura. "Usar" a arte para qualquer propósito instrumental é relegá-la à esfera transacional do "resultado" e da "programação". Em vez disso, a arte fala do mistério da existência, do poder do que é efêmero, descreve o indescritível e resiste aos rótulos. A simples definição de algum "alvo" para os grupos artísticos bem-intencionados e o agendamento de reuniões para estabelecer "estratégias de sucesso" podem limitar os artistas ao segmento "útil" da sociedade.

No entanto, de forma irônica e paradoxal, essa habilidade do artista de criar algo que a sociedade considera inútil ou impossível de aplicar na indústria é exatamente o que torna a arte tão valiosa, tanto como mercadoria quanto como capital social. Nesse sentido a arte é gratuita, mas a criação de Deus, que é expressão do seu amor, também é assim. Deus é autossuficiente, portanto, não precisa de nós. Por que, então, ele desejou criar alguma coisa? Deus é Criador porque ele é amor. O amor cria, e faz isso de forma gratuita – não por alguma necessidade, mas por extravagância e paixão. Por isso, a parte de nossa vida que parece inútil para o nosso pragmatismo utilitário é exatamente a que o Espírito Santo pode usar para transmitir uma mensagem sobre a nova criação.

Em vez disso, o meu conselho é: capacitem os artistas. Deem atenção àquele "algo mais" que nem o mercado nem a "necessidade" da Igreja pode explicar.

---

2   Lewis Hyde, *The Gift*: Creativity and the Artist in the Modern World (Nova York: Vintage, 2009).
3   Ibid., p. 88.

Cuidem deles, pelo fato de a beleza e a misericórdia se encontrarem no evangelho. Deleguem tarefas a eles, pensem neles para fazer parte da equipe da sacristia ou de presbíteros – sem a intenção de que eles ajudem em decisões pragmáticas, mas sim para nos ajudarem a enxergar, a "pintar" o futuro juntos. Enviem os artistas como artistas missionários para os lugares mais necessitados e desprovidos de beleza, como Wall Street ou a área devastada por furacões em Porto Rico. Deem ao seu ministro de louvor um descanso sabático para compor músicas. Incentivem seus músicos a compor músicas que todos possam cantar (isto é, que não se limitem ao estilo de adoração), inclusive quem ainda não é cristão. Arranquem a parte instrumental e transacional da linguagem e deixem que a arte seja um presente para o mundo.

Imagine se os artistas tiverem a oportunidade de liderar a Igreja, para sugerir reflexões sobre as hipóteses mais variadas?

Que tal se eles fossem enviados em missões e compartilhassem o que aprenderam na volta para casa por meio de um *show*, de uma exibição ou de relatos escritos?

E se os artistas viajarem com seus patrocinadores para descobrirem juntos como ser uma presença saudável em meio ao caos?

Não seria uma boa ideia também organizar uma viagem reunindo artistas reconhecidos e revelações artísticas para colaborarem em projetos para o futuro?

A filósofa Esther Meek afirma, no livro *Loving To Know: Covenant Epistemology* [O amor pelo conhecimento: a epistemologia da aliança]: "Uma vez que o conhecimento tem como base a assistência, cuidar leva a conhecer. Dar assistência é amar, e o resultado do amor é o conhecimento".[4] A assistência é a essência da criação de uma comunidade, é a base de tudo o que é digno de buscar e o alvo de todo o conhecimento, além de viabilizar a criatividade e a produtividade. Ela constitui a fonte de nosso "engajamento cultural prudente" e conduz à prosperidade e à abundância.

A mensagem de Jeremias 29 levou minha família e eu a passarmos 15 anos na cidade de Nova York, transformando nossos filhos em filhos do "Marco Zero" (morávamos a três quadras das Torres Gêmeas). Essa passagem profunda de "engajamento cultural" afirma:

---

4   Esther Lightcap Meek, *Loving to Know: Covenant Epistemology* (Eugene, EUA: Cascade, 2011), p. 31.

326 ENGAJAMENTO CULTURAL

> Assim diz o Senhor dos Exércitos, o Deus de Israel, a todos os exilados, que deportei de Jerusalém para a Babilônia: "Construam casas e habitem nelas; plantem jardins e comam de seus frutos. Casem-se e tenham filhos e filhas; escolham mulheres para casar-se com seus filhos e deem as suas filhas em casamento, para que também tenham filhos e filhas. Multipliquem-se e não diminuam. Busquem a prosperidade da cidade para a qual eu os deportei e orem ao Senhor em favor dela, porque a prosperidade de vocês depende da prosperidade dela". (Jeremias 29:4-7)

Vários aspectos dessa voz profética que contraria a nossa intuição nos levaram a essa cidade e a essa cultura. Em primeiro lugar, foi Deus que nos trouxe ao exílio, não os nossos pecados. Em segundo lugar, não estamos aqui só para "abordar" a cidade, mas sim para amá-la, nos fixar nela e plantar jardins. Devemos manter nossa identidade e nosso chamado como realidades distintas de cultura, mas devemos orar pela cidade e pela prosperidade de sua cultura.

Esse é o nosso mapa para a jornada cultural. Com base nele, tenho promovido o que chamo de "assistência cultural", em contraposição à guerra cultural. A assistência cultural encara a cultura como um ecossistema abundante, ou um jardim a ser preservado. Em vez de assumir uma mentalidade de "nós contra eles", precisamos reconhecer que temos que cuidar da mesma terra. Mesmo que discordemos do nosso colega jardineiro, ainda podemos trabalhar juntos para plantar e tirar as ervas daninhas. Nos momentos em que surgirem desavenças, como na hora de escolher o que plantar, ou o que devemos tirar, podemos dar margem à discordância. Afinal de contas, o dente-de-leão pode fazer parte de uma salada, mas também pode ser considerado uma erva daninha. Com uma compreensão suficiente da razão pela qual plantamos ou tiramos, existe até mesmo a possibilidade de mudar de ideia.

Porém, o que mais me encanta no decreto de Jeremias é o versículo 7: "Orem ao Senhor em favor dela, porque a prosperidade de vocês depende da prosperidade dela".

Será que temos orado pela nossa cultura, ou para que a nossa cidade prospere? Ou temos entrado na guerra cultural para negar o potencial dessa cidade e lutar contra a sua prosperidade? Talvez a razão para a nossa cultura como seguidores de Cristo não resultar em bênção abundante seja o fato de não seguirmos bem esse mandato. Não temos amado, nem mesmo buscado a prosperidade dos vizinhos dos quais discordamos. O que aconteceria a partir de agora se os seguidores de Cristo passassem a ser um centro radical de generosidade e começassem a abençoar nossa cidade com beleza e misericórdia?

A essência de tudo é o amor, porque ele dá fruto. Além disso, é preciso cuidar da fertilidade do solo para que a semente do amor possa germinar. Vamos começar o cultivo, especialmente nos "invernos" das nossas comunidades eclesiásticas. Que chegue logo a nossa primavera, e que a prosperidade que vem de Deus abençoe até mesmo os nossos vizinhos "das fileiras inimigas" e as pessoas de várias procedências que estão em nosso meio.

Makoto Fujimura, diretor do Centro Brehm do Seminário Teológico Fuller, é um renomado artista, escritor e palestrante. Ele fundou o Movimento da Arte Internacional, em 1992, e o Instituto Fujimura, em 2011. O seu livro *Refractions: A Journey of Faith, Art and Culture* [Refrações: uma jornada de fé, arte e cultura] é uma coleção de ensaios sobre cultura, arte e humanidade.

A ARTE PELA FÉ

W. David O. Taylor

O que quer dizer apoiar a arte pela fé? Muitos de nós podem imaginar que a resposta é óbvia, mas o que exatamente queremos dizer com "fé"? Será que estamos nos referindo à fé "individual" que alguém deposita em Deus? Queremos indicar que "a fé" é um eufemismo para a doutrina cristã? Estamos nos referindo a um grupo de fiéis, como na frase "Eu participo da fé"?

Quero propor neste artigo que o significado de "arte pela fé" não se baseia principalmente em algo que descreva os seres humanos. Em vez disso, o objeto e a base dessa fé são o Deus trino. Sugiro que uma base adequada para a arte surge do nosso conhecimento desse tipo de Deus como Pai, Filho e Espírito Santo, e da nossa participação na vida trina.

Que tipo de Deus é esse? Além disso, como a arte se encaixa no mundo que a Trindade tornou possível? Neste artigo, eu gostaria de trazer três observações (breves até demais) sobre o Deus que confessamos como trino e relacioná-las com o tipo de arte que podemos classificar como "pela fé".

Deus Pai: Criador do céu e da terra

O mundo que Deus criou é marcado pela superabundância. Existem mais coisas no cosmo do que o ser humano precisa ou que poderia utilizar em várias vidas. O canto dos pássaros, que é bem harmonioso para o ouvido humano, vai muito além do nosso prazer auditivo. O sabor da nossa comida, desde o frango com molho indiano até as deliciosas rosquinhas, vai além do que qualquer indivíduo merece. É aí que está a exuberância: de luz, de leitura, de aroma e de som. Neste mundo não existe só um tipo de maçã: existem 7.500 variedades de cultivares, desde a argentina até a gala.

No mundo de Deus existem a necessidade e a arte. O homem tem que fazer roupas para se proteger dos elementos externos, mas consegue fazer rendas e chapéus Panamá. Também precisa construir abrigos, mas consegue fazer basílicas e bivaques. Precisa praticar a justiça, amar a misericórdia e andar humildemente com Deus, mas consegue fazer isso das mais variadas maneiras, que são tanto práticas como agradáveis aos olhos. Um bom exemplo disso é a estética das próteses.[1] Neste mundo, o homem pode jogar Pokémon e tocar um piano de cauda. Os seres humanos podem se divertir. De forma semelhante a Deus, eles conseguem dar forma a coisas novas, como o pudim de caramelo, a Terra-Média, pensadores esculpidos em bronze e realidades virtuais.

Por causa da abundância que caracteriza a criação de Deus, como sinal da graça divina, o homem não é obrigado a se sentir somente "útil". Ele consegue refletir sobre as coisas: a razão de o vermelho ser como é, de os embelezamentos melódicos nas músicas nos sensibilizarem tanto, de as catedrais góticas parecerem picos montanhosos piramidais, e por que, no humor, o bordão correto é tudo. Os homens conseguem imaginar histórias sobre brinquedos e o gesto perfeito para a princesa Odete no balé *O Lago dos Cisnes*, de Tchaikovski. As pessoas conseguem fazer isso porque é do agrado eterno de Deus possibilitar que esse mundo exista.

Deus Filho: a verdadeira humanidade

Assim como é somente em Cristo que percebemos a imagem verdadeira da humanidade, também é somente em Cristo que percebemos a extensão da fragilidade humana. Na iniciativa de Cristo de se tornar "carne da nossa carne", descobrimos tanto a nossa grande necessidade de redenção quanto a proporção correta da nossa vocação: como amados por Deus, capacitados pelo Espírito, em Cristo, para elaborar coisas (como um mundo chamado Nárnia ou um continente chamado Westeros) e descobrir o sentido das coisas do nosso mundo (como o Monumento aos Veteranos do Vietnã, criado por Maya Lin).

Assim como Jesus usa histórias e parábolas para revelar a condição humana, os artistas usam histórias e parábolas para revelar a glória da humanidade (*A Divina Comédia*) e a sua miséria (*Crime e Castigo*), suas esquisitices (Dr. Seuss) e sua seriedade (*M*A*S*H*). Assim como Jesus revela o desconhecido, os artistas, de certo modo, revelam coisas que de outra forma seria impossível perceber, como Christopher Nolan parece fazer em seu filme *Interestelar*. Assim como Jesus nos capacita a "sentir" a bondade de Deus, os artistas nos dão uma ideia da bondade de Deus por meio da visão (vitrais Tiffany), do som (*Looney Tunes*), do paladar (*paella*), do tato (*Coppélia*) e do olfato (ikebana).

---

1   "The Aesthetics of Prosthetics: Aimee Mullins", YouTube, 22 de agosto de 2012. Disponível em: https://www.youtube.com/watch?v=CEdhSpaiRUI. Acesso em: 9 maio 2020.

330 ENGAJAMENTO CULTURAL

Eusébio de Cesareia escreveu uma vez que Jesus tinha três ofícios: rei, profeta e sacerdote. É por meio desses três ofícios, o bispo do século 4 afirmava, que Cristo opera a reconciliação do mundo. Se o nosso chamado humano está "em Cristo", então nós também, de alguma maneira, nos envolveremos em atividades proféticas, sacerdotais e reais. Os artistas, segundo esse esclarecimento, se enquadram na atividade de denunciar o que está certo ou errado, o efeito exato da peça de Athol Fugard intitulada *"Master Harold"... and the Boys*. Os artistas oferecerão os elementos deste mundo de volta para Deus, como o hino "Toma, ó Deus, meu coração", de Frances Havergal. E eles vão criar coisas, como limeriques bobos e comédias surrealistas, e tudo isso farão em nome de Cristo.

Deus Espírito Santo: Senhor e doador da vida

De acordo com as Escrituras, o Espírito Santo anima o universo, dando vida a todas as coisas. Portanto, de algum modo, os artistas vivificam aquilo que parece estar morto, como as intervenções orgânicas de Andy Goldsworthy na natureza podem mostrar, e renovam a vida do que já envelheceu, como podemos observar na *The Saint John's Bible*. Assim como o Espírito Santo ilumina as coisas de Deus, os artistas revelam coisas que estão ocultas ou na escuridão (como na obra "Sandstars" [Estrelas de areia], de Gabriel Orozco, ou no filme *Loving*, de Jeff Nichols). Assim como o Espírito faz uma inversão, de modo que o primeiro seja o último, os artistas também criam coisas que colocam o nosso mundo de cabeça para baixo, como as peças de Shakespeare costumam fazer.

É o Espírito Santo que expõe a intimidade da condição humana. Os artistas também expõem a profundidade do sofrimento humano, como faz o *Kyrie* da Missa Luba, versão congolesa da Missa Latina, e ao mesmo tempo nos sensibilizam com a intensidade da alegria humana, como no filme *Up – Altas Aventuras*, de Pete Docter. Assim como o Espírito Santo improvisa, os artistas fazem com que o conhecido pareça estranho (como a exposição de carros batidos de John Chamberlain) e o estranho pareça conhecido (como no romance *The Sparrow* [O pardal], de Mary Doria Russell); e, assim como o Espírito une o parecido e o diferente, os artistas correlacionam coisas que dificilmente esperaríamos ou acreditaríamos que fossem possíveis, como a música litúrgica da banda Aradhna, que emprega formas musicais indianas.

Além disso, toda a verdadeira bondade ou beleza que possa ser apresentada ao mundo por meio dessas obras de arte só pode ser atribuída à inspiração do Espírito Santo.

Conclusão

A fé no Deus trino não é apenas uma negociação entre o ser humano de um lado e Deus do outro, mas sim um verdadeiro abrigo. De forma mais precisa, é uma pessoa na qual habitamos – o próprio Cristo. Pelo Espírito, habitamos na vida fiel do Filho que apresenta toda a criação, em amor, para o Pai. Por sua vez, o Pai nos chama pelo Seu Espírito para viver, aqui e agora, de nosso modo particular, a vida do seu Filho. Portanto, a arte pela fé consiste na arte que foi orientada pela vida da Trindade. Essa orientação abre um imenso campo de possibilidades, variedade, estilo e interesse para o cristão na área artística.

Quando se vê as coisas por esse ângulo, os artistas "da fé" desejam produzir uma arte que, dentre outras coisas, traga uma amostra de um mundo ajustado, que não é marcado por uma economia de escassez contaminada pelo pecado, mas sim por uma economia de abundância, mergulhada na graça. Além disso, já que nenhum estilo nem gênero artístico pode expressar de forma profunda todo o interesse humano, nem captar o mistério do mundo criado por Deus, só a integralidade do corpo de Cristo, por todo o curso da história, terá como fazer com que o *shalom* de Deus seja concretizado pela arte que ele produz. Até mesmo nesse momento, com certeza, será necessária a eternidade inteira para dar a Deus toda a glória devida ao seu nome trino.

W. David O. Taylor (doutor em teologia pela Duke Divinity School) é professor assistente de teologia no Seminário Teológico Fuller. Ele escreveu os livros *The Theater of God's Glory* [O teatro da glória de Deus] e *Glimpses of the New Creation* [Vislumbres da nova criação]. Ele é sacerdote anglicano e já fez palestras sobre arte em vários lugares, desde a Tailândia até a África do Sul. Ele mora em Austin, Estados Unidos, com a sua família.

ENCONTRANDO A HISTÓRIA DE DEUS POR MEIO DA ARTE

Taylor Worley

No que consiste um encontro verdadeiramente importante com a arte? Em um trabalho mais técnico e menos conhecido, C. S. Lewis explica assim esse desafio básico: "Nós nos sentamos diante da imagem para que algo aconteça conosco, não para fazer alguma coisa com ela. A primeira exigência que qualquer obra de arte impõe a nós é a rendição. Olhar. Ouvir. Receber. Tirar a nós mesmos do caminho".[1] Em outras palavras, o lugar da experiência artística necessariamente é um lugar de vulnerabilidade criativa e emocional. Temos que estar preparados para dar uma pausa e esperar pacientemente por tudo aquilo que a obra de arte nos proporciona e para sermos conduzidos a todos os lugares aonde a obra de arte nos levar. Essa abertura e generosidade de espírito não nascem conosco. Alguns de nós, sem dúvida, acharão esse processo complicado e frustrante. Muitas formas de arte exigem uma atenção contínua e cuidadosa, o que parece cada vez mais complicado em nossa época saturada pela mídia. No entanto, os cristãos não se expõem a essa experiência de mãos vazias. A seguir, passaremos a analisar quatro aspectos da história bíblica (ou seja, a criação, a queda, a redenção e a restauração) e como eles proporcionam recursos teológicos para entender a arte. O evangelho de Cristo, em particular, recomenda que apreciemos a beleza, a profecia, a hospitalidade e a imaginação artísticas.

Antes de explicar esses valores, é necessário que se faça uma observação importante. Assim como nas gerações anteriores, há uma pergunta que nos consome: "O que é arte?". Alguns relatos supõem ou dão como certa sua definição de arte. Nesse aspecto, os filósofos que estudam a arte podem ajudar bastante. Possivelmente quem mais pode nos ajudar é o filósofo cristão Nicholas Wolterstorff e seu livro *Art in Action: Toward a Christian Aesthetic* [Arte em ação: rumo a uma estética cristã]. Ele responde a essa pergunta da seguinte forma:

---

1   C. S. Lewis, *Um experimento em crítica literária* (Rio de Janeiro: Thomas Nelson Brasil, 2019), p. 19. Ele continua: "Não ajuda em nada perguntar primeiro se a obra diante de você merece tal rendição, pois, até que você se renda, você não tem como saber".

A arte não serve a nenhum propósito, nem deve. Ela deve desempenhar e desempenha uma diversidade enorme de papéis na vida humana. A obra de arte é um instrumento pelo qual podemos realizar vários gestos, como homenagear pessoas de valor e expressar nosso sofrimento, despertar emoções e transmitir conhecimento.[2]

Essa observação traz uma explicação bastante necessária. Por que perguntamos o que é arte? Será que estamos buscando uma definição precisa ou um conceito geral que simplesmente nos ajude a discriminar o que é ou não é arte? Todos que já foram a um museu de arte com uma coleção moderna ou contemporânea sabem que essas categorias não são tão simples assim. Portanto, em vez de descrever a essência da arte, Wolterstoff recorre às várias funções da arte. Se reconhecermos que a arte é capaz de realizar muitas coisas diferentes, precisaremos transcender à definição de um único parâmetro digno de observação. Logo, em seguida passamos a refletir sobre como os quatro valores que apresentamos podem ser complementares nessa definição, sem que haja uma competição entre eles.

A arte é bela

A beleza celebra a ordem, a harmonia, a simetria, a proporção, o equilíbrio e a forma. Como o valor predominante na história do cristianismo, a beleza ocupa um lugar central no engajamento artístico do cristão. Pessoas ilustres como Agostinho tiveram muito a apreciar nos relatos greco-romanos da beleza eterna. Os períodos da Baixa Idade Média e da Renascença – quem sabe a época das maiores conquistas artísticas da comunidade cristã – demonstram essa referência. No entanto, na história recente, a influência da beleza caiu de maneira considerável. O secularismo levou à quebra da antiga tríade verdade/beleza/bondade e, sob a influência do Romantismo, o "sublime" (isto é, tudo o que arrebata os sentidos, assusta ou é fantástico) tomou o lugar do belo como valor estético dominante nos dias de hoje.

Entretanto, quanto ao evangelho cristão, a beleza se encaixa no primeiro movimento da história quádrupla da ação de Deus no mundo e se relaciona mais de perto com a doutrina da criação (Gênesis 1:31). A beleza caracteriza a

---

2   Nicholas Wolterstorff, *Art in Action*: Toward a Christian Aesthetic (Grand Rapids, EUA: Eerdmans, 1987), p. 4.

334 ENGAJAMENTO CULTURAL

bondade, a integridade e a maravilha da obra das mãos de Deus. Conota a perfeição no propósito e dá a entender uma plenitude. É quando tudo se encontra exatamente como deve ser que de fato nos damos conta da beleza das coisas.

A beleza, como um valor teológico para o engajamento artístico, continua fundamental, mas não é um critério único. Embora sempre venha em primeiro lugar, nunca deve estar sozinha. Quando tentamos permitir que a beleza conte toda a história do valor de uma obra de arte, necessariamente deixamos de lado a complexidade da queda, da redenção ou da restauração. Esses esforços resultam em um relato infeliz e fraco da beleza, algo parecido com uma sinfonia de que foram extraídos todos os acordes menores da partitura. Temos que nos lembrar de que a nossa fé se encontra em um belo Messias que o profeta Isaías, possivelmente de forma paradoxal, descreve da seguinte forma: "Ele não tinha qualquer beleza ou majestade que nos atraísse, nada em sua aparência para que o desejássemos" (Isaías 53:2b). Como no livro *O idiota*, de Fiódor Dostoiévski, somos lembrados de que a beleza que salvará o mundo não é a beleza que esperamos. Precisamos acrescentar um segundo valor teológico ao primeiro: o belo precisa ser acompanhado pelo profético.

A arte é profética

Aquilo que é profético revela a desordem, a injustiça, a opressão e o mal. Como valor teológico, o testemunho profético serve para nos lembrar de que vivemos em meio a um mundo decaído em rebelião contra o Reino de Deus. Enquanto a beleza age como uma força estabilizadora para a nossa experiência, o profético serve para nos desconcertar. Ao passo que a beleza nos orienta à vida ideal no bom mundo de Deus, o testemunho profético constitui uma desorientação profunda desse ideal. Enquanto a beleza destaca como o mundo deve ser, a profecia nos ajuda a ver em que estamos destituídos dessa glória.

Os autores da Bíblia geralmente usam figuras de linguagem comoventes para reforçar seu testemunho profético. Por várias vezes em toda a Escritura, o fracasso moral é descrito como uma linha quebrada ou tortuosa:

> Não conhecem o caminho da paz;
> não há justiça em suas veredas.
> Eles as transformaram em caminhos tortuosos;
> quem andar por eles não conhecerá a paz. (Isaías 59:8)

Esses usos de uma avaliação estética como "tortuosa" nos recordam o quanto Deus valoriza uma descrição honesta da decadência do mundo. Quando nós, como cristãos, conseguirmos valorizar a contribuição da linha tortuosa de algum artista, teremos a capacidade de encontrar muitas obras de arte que se dedicam mais a dizer a verdade e a representar o mundo como ele realmente é do que uma beleza idealizada e distante.

Porém, do mesmo modo que a beleza, o testemunho profético não pode ser o único valor do engajamento artístico para os cristãos. Assim como a beleza pede um testemunho profético, a profecia também depende de todos os outros critérios. Quão difícil é se concentrar no que não tem sentido sem alguma referência ao que é coerente? A queda com certeza não é o fim da história que Deus preparou, mas sim outro ponto de partida dentro desse contexto. De fato, o pecado, a morte e o mal não prevalecerão. Apesar de a arte do testemunho profético nos proporcionar a oportunidade de perceber e lamentar a decadência do nosso mundo e da nossa vida, temos que a contrabalancear com a esperança de que Deus restaurará as ruínas que fizemos e transformará nosso sofrimento em um louvor extravagante (Isaías 61:1-3).

A arte é hospitaleira

Tudo o que é hospitaleiro promove a identificação, a autenticidade e a inclusão, além de constituir uma espécie de convite. Como próximo movimento nesse fluxo de valores teológicos em cascata, queremos analisar a hospitalidade no contexto da arte. Como a beleza traz orientação para o mundo e o testemunho profético desorienta, a arte como hospitalidade promove uma reorientação. Nesse aspecto, a obra de arte pode funcionar como um veículo para que se experimente de forma substitutiva os pensamentos, os sentimentos ou as questões de outro imaginário. Esse outro pode ser o próprio artista, o assunto da obra, a subjetividade que se pressupõe daqueles que consomem a obra, ou algo totalmente diferente. Essa obra pode expressar a perspectiva de um indivíduo em particular ou de uma comunidade que necessariamente não estaria disponível de outro modo para aquele que a vê. Assim, a hospitalidade remete à visão renovada daqueles discípulos no caminho de Emaús, que, embora não soubessem com quem estavam falando, sentiam o coração arder dentro deles (Lucas 24:32).

Isso pode parecer simplista demais ou destituído de heroísmo, mas, em meio ao desenrolar daquilo que é profético, a hospitalidade pode dar o espaço

336 ENGAJAMENTO CULTURAL

necessário para que se espere o que vem em seguida – traz uma esperança de redenção. Podemos ver o lado acolhedor da arte como a preparação para que uma história trágica termine bem. A resolução duradoura e satisfatória de uma história requer algum tempo ou espaço para que se confie que, embora não pareça haver saída, Deus na verdade vai dar uma solução. A redenção nunca é abstrata: ela sempre se manifesta de forma concreta e pessoal. A esperança é uma prática, um exercício, um meio de vida nesse mundo, e não se resume a um simples conceito. A hospitalidade na arte nos faz lembrar que a expressão do sofrimento é necessária para que surja a verdadeira esperança.

A arte dá asas à imaginação

A função imaginativa explora tanto o possível quanto o potencial ou mesmo o que é fantástico. É o momento em que passamos a vivenciar a redenção que Deus nos está proporcionando. Só temos acesso à beleza da criação como um passado reconstruído e, do mesmo modo, só podemos imaginar o futuro como uma restauração prometida, em que Cristo une todas as coisas em si mesmo (Apocalipse 21:5). De fato, a glória da ressurreição de Cristo garante a transformação do mundo e o imaginário na arte nos ajuda a enxergar o que ainda não aconteceu. A própria história bíblica incentiva a criatividade da arte nesse tópico, porque as Escrituras registram alguns detalhes fascinantes sobre o único emissário do mundo vindouro que este mundo já viu. O Cristo ressuscitado evidencia tanto a continuidade quanto a descontinuidade com a nossa experiência terrena. Por exemplo, ele pode passar pela porta fechada do lugar onde os discípulos estão, mas depois pede a eles algo para comer (João 20:19-20 e Lucas 24:36-43). A nova realidade da Ressurreição reunirá elementos conhecidos e desconhecidos ao mesmo tempo, e a arte pode nos ajudar a imaginar tudo isso no presente. Na verdade, boa parte da trajetória da arte moderna e contemporânea se recusa a se fixar nas fórmulas estilísticas consagradas pelo tempo e, em vez disso, explora possibilidades totalmente novas para cada suporte escolhido. Por exemplo, o que o pintor pode fazer com a sua pintura que nunca tenha sido feito anteriormente?

Assim, o imaginário leva a história adiante – além da resolução e em direção a algo bem melhor: de glória em glória (2Coríntios 3:18). Ele dialoga com o estado futuro em que poderemos verdadeiramente desfrutar da abundância criativa de uma história bem-resolvida. Celebraremos o fato de que a história

A arte 337

não foi somente resolvida, mas prossegue rumo a algo ainda maior e melhor. Assim como na oração de Paulo pelos efésios, somos convidados a contemplar com a arte "infinitamente mais do que tudo o que pedimos ou pensamos" (Efésios 3:20).

Conclusão

Cada um desses valores representa um meio viável e importante para o engajamento artístico. A cada um deles deve ser dada a devida atenção. Infelizmente, por causa da influência do fundamentalismo e do seu desprezo pela cultura secular, o cristão tem sido visto como aquele que tende a protestar, se abster, criticar e rejeitar os movimentos culturais. Com sorte, esse conjunto de valores teológicos abrirá novos horizontes para que se encontre tudo o que há de bom na arte. Com certeza, nem tudo que encontrarmos pode ou deve ser cultivado, mas devemos demonstrar de modo tangível que a fé, a esperança e o amor do evangelho de Cristo nos levam a celebrar tudo o que podemos. Para que isso aconteça, devemos adotar esses valores complementares, encontrando a arte a partir de várias perspectivas. Onde não encontrarmos o belo, talvez possamos apreciar o acolhedor. Se não encontrarmos algo que nos traga esperança, quem sabe possamos apreciar a vulnerabilidade e a autenticidade. Quando não encontrarmos consolo, talvez possamos aceitar a distância e perturbação como a própria inquietação divina com relação a um mundo incompleto e imperfeito. Talvez até mesmo aquilo que ainda não está terminado ou não é completo possa fornecer uma base para potencializar uma futura solução. No evangelho do Senhor Jesus Cristo, já temos a resposta para todas as necessidades humanas, portanto vamos nos animar para dar à arte a chance de fazer várias perguntas sobre os mais variados assuntos. Desse modo, o cristão tem muito a oferecer para o mundo atual. De todas as pessoas, devemos ser as mais pacientes, mais hospitaleiras e mais simpáticas (envolvidas e engajadas), porque nosso suave e firme Salvador já deu o grande exemplo para todos nós (Romanos 2:4).

Taylor Worley (doutor pela Universidade de St. Andrews) é professor assistente de fé e cultura, além de vice-presidente e assistente de vida espiritual e de ministério na Trinity International University. Ele foi coeditor do livro *Theology, Aesthetics, and Culture: Responses to the Work of David Brown* [Teologia, estética e cultura: uma resenha da obra de David Brown].

A ARTE CONTEMPORÂNEA E A VIDA COTIDIANA

Jonathan A. Anderson

Muitas pessoas veem a arte moderna e contemporânea como desvinculada da vida diária. Geralmente ela aparenta ser o domínio de objetos estranhos e difíceis isolados em locais extravagantes de exposição, circulando em meio ao seu próprio mercado rarefeito, sustentada por um vocabulário acadêmico que o público em geral não consegue – nem deseja – acompanhar. Essa suposta desconexão é real, mas seus motivos – que na verdade são virtudes – exigem uma compreensão mais profunda. Por um lado, podemos simplesmente reconhecer (e perdoar) os efeitos da especialização: a arte se tornou um campo de estudo robusto e, como tal, pode se tornar complicada e elitizada, como todas as outras áreas – afinal de contas, não existe no discurso artístico nada mais obscuro do que aquilo que se pode observar hoje na Matemática, na Medicina, na Teologia, no Direito, na Engenharia, na Contabilidade etc. Por outro lado, tem algo na arte contemporânea que parece ser intencionalmente distante e difícil. O cânon artístico dos dois últimos séculos celebra obras de arte que abalam profundamente, que têm uma aura de mistério, que surpreendem e superam as expectativas a respeito do que devem ser ou fazer. Como projeto em geral, a arte contemporânea visa desconcertar e complicar aquilo que de outro modo pareceria conhecido, estabelecido e hermeneuticamente fácil.

Entretanto, o que geralmente não se entende é que essa estranheza e essa dificuldade intencional não são um fim em si mesmas – pelo menos quando a obra de arte tem uma importância humana duradoura. Em vez disso, tudo o que as obras de arte que não atendem às expectativas pretendem é criar uma certa distância para reflexão a partir da qual se possa rever e reconhecer o que já se tornou corriqueiro. Em outras palavras, toda a iniciativa de apresentar objetos artísticos em espaços destinados a chamar a atenção, no final das contas, tem menos a ver com uma alienação da vida diária do que com um apelo para renovar a atenção dada ao ambiente onde vivemos diariamente e à rotina de vida preestabelecida. De fato, essa é a razão pela qual a arte contemporânea se concentra nas coisas do cotidiano: nos materiais comuns, no artesanato, nas formas, nas tecnologias e na mecânica visual que passa despercebida. Apesar da impressão comum de que a arte contemporânea é alienada da vida diária do público em geral, é justamente com esse tema que ela mais se preocupa.

A obra 4′33″, de John Cage

Tomemos como um exemplo influente a infame obra *4'33"*, de John Cage (1952), uma performance de piano em três movimentos composta de quatro minutos e 33 segundos de pausa musical. Cage reconhecia que essa composição silenciosa "seria considerada uma piada e uma renúncia ao trabalho", embora também acreditasse sinceramente que, "se fosse executada, passaria a ser o mais sublime tipo de obra".[1] Ela foi apresentada pela primeira vez na sala de concertos Maverick, em Woodstock, Nova York – um teatro rústico que fica bem em frente a uma floresta. Não se tocou nota nenhuma por toda a duração da performance, mas puderam ser ouvidos na sala diversos sons: os cantos de pássaros, o vento batendo nas árvores, os carros passando na estrada mais próxima etc. A ideia de Cage era que as pessoas que fossem ao concerto com a expectativa de ouvir sons que fizessem sentido pudessem ser capazes de ouvir todos esses sons de fundo – e, de fato, a textura sonora multifacetada que envolve a nossa vida – como algo intensamente musical. Cage omitiu o único instrumento que a plateia esperava ouvir na expectativa de que essa atenção fosse voltada a ouvir o mundo ao seu redor como um ambiente que (sempre) executa um tipo de música surpreendentemente elegante e complexa.[2]

Cage foi influenciado pela consciência zen-budista do ambiente, mas também associou essa obra à advertência de Jesus para "ver como crescem os lírios do campo" – da forma exata como se apresentam, sem nenhuma influência humana –, porque "nem Salomão, em todo o seu esplendor, vestiu-se como um deles" (Mateus 6:25-30).[3] Cage buscou um equivalente sonoro: ver como evoluem as "flores" do campo sonoro, convencido de que nem Beethoven, com todo o seu esplendor, comporia sons como os que nos envolvem constantemente, inclusive os mais sutis que são produzidos pelos instrumentos mais

---

1 John Cage, em Richard Kostelanetz, *Conversing with Cage* [Conversas com Cage], 2ª ed. (Nova York: Routledge, 2003), p. 69.

2 Para uma descrição melhor e uma análise mais profunda dessa obra, consulte o livro de Jonathan A. Anderson e William A. Dyrness, *Modern Art and the Life of a Culture*: The Religious Impulses of Modernism [A arte moderna e a vida de uma cultura: os impulsos religiosos do Modernismo] (Downers Grove, EUA: InterVarsity Press Academic, 2016), p. 291-298.

3 Veja Kostelanetz, *Conversing with Cage*, p. 245.

340 ENGAJAMENTO CULTURAL

extravagantes (pense, por exemplo, no "instrumental" bastante exagerado exigido para se produzir os sons do vento que sopra em meio às arvores ou dos automóveis que trafegam por uma rodovia).

Independentemente de alguém considerar ou não que *4'33"* seja "o mais sublime tipo de obra", a ideia principal é que ela (entre várias outras obras de arte do século 20 que poderiam ser discutidas neste texto) esclarece profundamente a vocação central da arte como a apresentação – uma verdadeira manifestação para os olhos – de qualquer forma, artefato, evento e/ou espaço que, nas palavras de Cage, tenham sucesso em "nos despertar para a nossa própria vida".[4] Portanto, a arte tem pouquíssimo a ver com a produção de certas qualidades de forma e muito mais a ver com a produção de certa qualidade de atenção dentro de uma comunidade. A música de Cage obviamente não impressiona com o emprego de habilidades, a beleza formal ou o conteúdo expressivo. No entanto, seu valor principal reside em ser "um meio de converter a mente, de mudá-la de direção, para que tire o foco de si mesma e se volte para o restante do mundo",[5] revelando a simples entrega desse mundo e da consciência humana, nos alinhando "à nossa própria vida" com um senso ampliado de sentido, de atenção e até mesmo de gratidão.[6] Toda apresentação que satisfaz essa função é, em sua avaliação, uma obra de arte do mais alto nível.

Uma estrutura para a sua compreensão

Esse exemplo, e a (re)definição da arte que o acompanha, traz uma estrutura útil por meio da qual se pode entender a matriz maravilhosamente "estranha" que surgiu na arte das últimas décadas. Em primeiro lugar, muitos artistas continuam a empregar artefatos comuns do cotidiano – objetos que foram encontrados, bens de consumo, materiais de construção, várias formas de detritos culturais – como meios artísticos para refletir sobre a vida atual.

---

4   John Cage, "Experimental Music" (1957), em *Silence*: Lectures and Writings [Silêncio: palestras e escritos] (Middletown, EUA: Wesleyan University Press, 1961), p. 12.

5   Cage, em Kostelanetz, *Conversing with Cage*, p. 241.

6   Cage associou por várias vezes *4'33"* a um momento alegre: "Não existe um dia sem que eu aplique essa obra na minha vida e no meu trabalho. Ouço essa música todos os dias. [...] Acima de tudo, ela é a fonte de celebração da minha vida". Veja William Duckworth, *Talking Music*: Conversations with John Cage, Philip Glass, Laurie Anderson, and Five Generations of American Experimental Composers [Falando de música: conversas com John Cage, Philip Glass, Laurie Anderson e cinco gerações de compositores americanos experimentais] (Nova York: Schirmer, 1995), p. 13-14.

Artistas como Tara Donovan, por exemplo, organizam milhares de objetos descartáveis produzidos em massa (copos de isopor, canudos etc.) em formas imensas que são ao mesmo tempo belas e repulsivas, fazendo um apelo para que se questione a ética implícita nas coisas que produzimos. Outros artistas, como Jim Hodges, exploram a capacidade poética das coisas do dia a dia, usando materiais domésticos, como flores de índigo ou de seda, para criar meditações líricas sobre a fragilidade e a dignidade da vida humana. Outros usam objetos que encontram por aí como lamentos sobre a violência e o sofrimento. Por exemplo, Doris Salcedo usa as cadeiras que encontra e móveis cheios de concreto como símbolos comoventes daqueles que "desapareceram" no conflito violento no seu país de origem, a Colômbia.

Em segundo lugar, muitos artistas interferem fisicamente no espaço urbano – tanto público quanto particular – para refletir sobre a maneira como a vida humana é moldada pelo desenho de nossa casa, do nosso bairro, dos nossos estabelecimentos comerciais e das nossas instituições públicas. Theaster Gates, por exemplo, incorporou um envolvimento profundo na revitalização urbana à sua prática artística, restaurando prédios vazios na cidade de Chicago para gerar novas formas de interação e de sentido na comunidade. O artista coreano Do-Ho Suh discute as questões da migração e do deslocamento cultural ao reconstruir de forma detalhada sua casa da infância a partir de tramas translúcidas de poliéster, criando uma estrutura maleável que é dobrada e transportada para vários locais de exibição por todo o mundo. Artistas como Francis Alÿs abordam questões parecidas se envolvendo diretamente na dinâmica de vida da cidade, atrapalhando de forma sutil as rotinas, os padrões e os limites que passam despercebidos, mas que definem a vida no espaço público das metrópoles.

Um terceiro aspecto é que essas abordagens acentuam a importância do corpo humano tanto como objeto quanto como meio de contemplação artística. Para artistas como Tim Hawkinson, isso toma o formato de improvisações esculturais líricas da forma humana, investigando o corpo como um lugar tanto de desejo como de limitação, mediação e imediatismo. Artistas performáticos, como aqueles que são influenciados por Allan Kaprow, consideram o próprio corpo e as atividades corriqueiras (respirar, espremer laranjas, apertar mãos) como meios e locais para refletir sobre as premissas tácitas a respeito da vida humana concreta, das normas sociais performativas e dos hábitos cotidianos.

Em quarto lugar, muitos artistas dirigem sua atenção para as tecnologias de comunicação em massa como domínios conhecidos que carecem de uma

342 ENGAJAMENTO CULTURAL

análise profunda (e de perturbação). O artista sul-africano William Kentridge cria filmes e instalações assustadores analisando o modo como as tecnologias da comunicação moldam e narram histórias coletivas. Gillian Wearing e Lorna Simpson avaliam a forma como as mídias fotográficas moldam nossa maneira de retratar – e, portanto, de ver – nós mesmos e as outras pessoas. Wade Guyton e Raphaël Rozendaal tomam emprestados os formatos e os processos da mídia digital para distorcer e desestabilizar seus efeitos, enquanto artistas como Bill Viola tentam resgatá-los para a contemplação poética da transitoriedade e da transcendência.

A arte contemporânea e o cristianismo

E então, como tudo isso se relaciona com o modo como o cristão pensa sobre a arte e se engaja nesse meio? Afinal de contas, a história da arte moderna e contemporânea é a história da arte depois que deixou a Igreja (um histórico que, diga-se de passagem, se inicia de forma decisiva com a Reforma Protestante, e não com o Iluminismo). O afastamento entre a arte moderna e a Igreja levou muitos cristãos a organizar seu "engajamento artístico" com palavras defensivas. Essas abordagens têm seu mérito, mas também têm falhas terríveis – a pior delas foi praticamente garantir a ignorância e a ausência de alguns em tudo o que acontece na arte atual.

Pelo menos duas considerações incentivam outra abordagem. Em primeiro lugar, o entendimento da arte contemporânea que definimos anteriormente explica até que ponto os artistas se envolvem de forma ativa nas vocações humanas fundamentais de cuidar, cultivar e dar nome à terra, e ampliam a sensibilidade incluindo nossas maneiras inculturadas de viver neste mundo. Quanto a isso, na arte contemporânea o cristão tem muito a reconhecer como produto em si mesmo, para ser desfrutado e debatido em seus próprios termos, sem reduzi-lo impacientemente a argumentos de cosmovisão ou incorporá-lo de forma acrítica à Igreja. Em segundo lugar, todos os temas discutidos até agora neste artigo abrangem questões teológicas profundas e consequências relacionadas a elas, mesmo que elas geralmente não sejam representadas o suficiente e sejam mal interpretadas no modo como a história e a crítica da arte costumam ser escritas e ensinadas. Os especialistas reconhecem cada vez mais que a arte moderna e contemporânea se envolve, como sempre, em temas e interesses que têm raízes e dimensões religiosas profundas, embora ainda seja necessário fazer muita coisa para realizar uma análise mais profunda. O cristão tem muito a contribuir e a aprender com o engajamento artístico como um conjunto de esferas que já têm uma carga teológica bem densa, particularmente quando passamos a entender como a estranheza generativa da arte contemporânea pode nos ajudar a despertar para a vida atual.

Jonathan A. Anderson é um artista, crítico de arte e professor assistente de arte na Biola University. Ele escreveu com William Dyrness o livro *Modern Art and the Life of a Culture: The Religious Impulses of Modernism* [A arte moderna e a vida de uma cultura: os impulsos religiosos do Modernismo].

QUANDO A ARTE PASSA A SER PECAMINOSA

Cap Stewart

Diante do erotismo desenfreado da cultura popular no Ocidente, a principal preocupação que o cristão expressa em seu engajamento artístico é com relação ao conteúdo: "Será que esse álbum, ou *videogame*, ou filme passará a ser uma pedra de tropeço para mim?".

Preocupações como essa são legítimas, mas não vão muito longe. Na maioria das vezes que participamos de algum tipo de entretenimento, acabamos interagindo, de alguma maneira, com outros seres humanos. Se a objetificação pode nos influenciar de forma negativa como consumidores, o que ela faz com aqueles que estão do outro lado da equação?

"Não somos coisas"

Observe a experiência de Jennifer Lawrence quando participou do filme *Passageiros*, de 2017. Esse projeto incluiu sua primeira cena de sexo no cinema. Ela descreve a situação da seguinte forma:

> Eu bebi tudo e mais um pouco, mas isso levou a uma ansiedade bem maior quando voltei para casa, porque um pensamento me assaltava: "O que foi que eu fiz? Não faço a mínima ideia!". Além disso, ele [Chris Pratt] era casado. Seria a primeira vez que eu beijaria um homem casado, e o sentimento de culpa me deu o maior frio na barriga. É claro que eu tinha consciência de que tudo fazia parte da minha profissão, mas isso não ajudava em nada com a minha ansiedade. Por isso, liguei para minha mãe, esperando que ela me dissesse que estava tudo bem.[1]

Esse relato não é simplesmente a reação de uma atriz saindo da sua zona de conforto, mas a sua reação diante da violação da sua consciência. O esquema

---

1   Stephen Galloway, "Jennifer Lawrence, Cate Blanchett and Six More Top Actresses on Pay Gap, Sex Scenes and the Price of Speaking Frankly: 'There Is Always a Backlash'", *Hollywood Reporter*. Disponível em: https://www.hollywoodreporter.com/features/jennifer-lawrence-cate-blanchett-six-841113. Acesso em: 9 maio 2020.

que ela adotou para lidar com a situação – ficar bêbada – somente exacerbou sua ansiedade e culpa.[2]

De forma trágica, a experiência de Lawrence não passa de uma dentre várias experiências semelhantes. Por exemplo, Ruta Gedmintas descreve sua primeira cena de sexo na série da HBO *The Tudors* da seguinte forma: "Morri de medo e não tinha ideia do que se passava. [...] Chorei muito depois, porque pensava comigo mesma: 'Isso não é atuar, o que é que estou fazendo?'".[3]

Na verdade, se você prestar atenção na maneira como as artistas descrevem suas cenas de nudez e de sexo, perceberá que a escolha das palavras revela muita coisa: Zoe Saldana chamou a situação de "constrangedora",[4] Eva Mendes achou a filmagem "péssima"[5] e Margot Robbie classificou como "desgastante".[6] Reese Witherspoon ficou "apavorada",[7] Jemima Kirke achou que a situação foi "mortificante"[8] e Michelle Williams a rotulou como "tóxica".[9] Claire Foy achou a situação "humilhante",[10] a cena de Natalie Dormer foi "traumatizante",[11] Kate Winslet acha que foi um pouco "antiética"[12] e Dakota Johnson classificou o momento como "chocante".[13]

---

2 Para uma análise mais profunda desse incidente, leia o seguinte: Cap Stewart, "A Tale of Two Sexual Assaults on Jennifer Lawrence", Happier Far. Disponível em: http://www.capstewart. com/2016/12/a-tale-of-two-sexual-assaults-on.html. Acesso em: 9 maio 2020.

3 Gerard Gilbert, "'My Mum's Going to See This': Actors and Actresses Reveal Secrets of the Sex Scenes", *The Independent*. Disponível em: http://www.independent.co.uk/arts-entertainment/tv/ features/my-mums-going-to-see-this-actors-and-actresses-reveal-secrets-of-the-sex-scenes-7658255.html. Acesso em: 9 maio 2020.

4 Frankie Taggart, "Zoe Saldana: Hollywood bullied Trump", *Yahoo!* Disponível em: https://www. yahoo.com/news/zoe-saldana-hollywood-bullied-trump-035518571.html. Acesso em: 9 maio 2020.

5 Bang Showbiz, "Eva Mendes hates sex scenes", *Azcentral*. Disponível em: http://archive.azcentral.com/ thingstodo/celebrities/free/20130325eva-mendes-hates-sex-scenes.html. Acesso em: 9 maio 2020.

6 Cap Stewart, "What About Actors Who Willingly Undress for the Camera?", Happier Far. Disponível em: http://www.capstewart.com/2014/05/what-about-actors-who-willingly-undress.html. Acesso em: 9 maio 2020.

7 Antoinette Bueno, "Reese Witherspoon 'Panicked' When Filming Wild's Graphic Drug & Sex Scenes", *Entertainment Tonight*. Disponível em: http://www.etonline.com/news/154587_reese_ witherspoon_panicked_when_filming_wild_graphic_drug_and_sex_scenes. Acesso em: 9 maio 2020.

8 Christopher Rosen, "Jemima Kirke, 'Girls' Star, On Periods, Collaborations And Sex Scenes", *Huffington Post*. Disponível em: https://www.huffingtonpost.com/2012/04/23/jemima-kirke-girls_ n_1444001.html. Acesso em: 9 maio 2020.

9 Lynn Hirschberg, "Michelle Williams & Ryan Gosling: Heart to Heart", *W Magazine*. Disponível em: https://www.wmagazine.com/story/michelle-williams-ryan-gosling. Acesso em: 9 maio 2020.

10 Gilbert, "My Mum's Going to See This".

11 Ibid.

12 Ellie Krupnick, "Kate Winslet Channels Elizabeth Taylor On V's September Cover", *Huffington Post*. Disponível em: https://www.huffingtonpost.com/2011/09/08/kate-winslet-v-september-cover_n_953560.html. Acesso em: 9 maio 2020.

13 Cap Stewart, "Why Don't More Christians Like 'Fifty Shades of Grey'?", Happier Far. Disponível em: http://www.capstewart.com/2015/05/why-dont-more-christians-like-fifty.html. Acesso em: 9 maio 2020.

346 ENGAJAMENTO CULTURAL

Até existem casos em que as mulheres são constrangidas de modo semelhante a um abuso sexual, como demonstram os depoimentos de Sarah Silverman,[14] Salma Hayek,[15] Kate Beckinsale,[16] Sarah Tither-Kaplan[17] e Maria Schneider.[18] Tudo isso já é o suficiente para dizer que muitas mulheres passam por experiências traumáticas devido à banalização da sua privacidade, da sua dignidade e da sua sexualidade em nome do entretenimento.

Será que os exemplos acima representam o modo como todos os artistas se sentem? Obviamente não. Boa parte deles não demonstra nenhuma oposição quanto ao conteúdo de nudez e de sexo. É até possível que as experiências que descrevi não sejam generalizadas, mas elas são frequentes a ponto de constituir uma preocupação importante, especialmente pelo fato de que é praticamente impossível aqueles que assistem discernirem se a produção do trecho de conteúdo sexual envolveu coação intensa, um pouco de coação ou nenhuma espécie de coação. Não costuma haver diferença no resultado.

Na indústria do entretenimento, existe uma "tradição de longa data de objetificação das personagens femininas".[19] Na verdade, a pressão social que se impõe sobre as mulheres para atuar publicamente como objetos sexuais é concreta e sempre se faz presente, infiltrando-se em todas as formas de arte. Tomando como exemplo a esfera cinematográfica, as mulheres tiram a roupa em público três vezes mais do que os homens.[20] O crítico de cinema James Berardinelli explica o motivo: "Na maioria das vezes, somente as atrizes de

---

14 Alistair McGeorge, "Sarah Silverman reveals she was violated while filming a sex scene for a comedy", *The Mirror*. Disponível em: https://www.mirror.co.uk/3am/celebrity-news/sarah-silverman-sex-scene-reveals-2816174. Acesso em: 9 maio 2020.

15 Stephanie Merry, "Hayek's accusations about the making of Frida make us question nudity in movies", *Sydney Morning Herald*. Disponível em: http://www.smh.com.au/comment/hayeks-accusations-about-the-making-of-frida-make-us-question-nudity-in-movies-20171214-h04hhs.html. Acesso em: 9 maio 2020.

16 Cap Stewart, "Hollywood's Secret Rape Culture", Happier Far. Disponível em: http://www.capstewart.com/2014/05/hollywoods-secret-rape-culture.html. Acesso em: 9 maio 2020.

17 Daniel Miller; Amy Kaufman, "Five women accuse actor James Franco of inappropriate or sexually exploitative behavior", *Los Angeles Times*. Disponível em: http://www.latimes.com/business/hollywood/la-fi-ct-james-franco-allegations-20180111-htmlstory.html. Acesso em: 9 maio 2020.

18 Lina Das, "I felt raped by Brando", *The Daily Mail*. Disponível em: http://www.dailymail.co.uk/tvshowbiz/article-469646/I-felt-raped-Brando.html. Acesso em: 9 maio 2020.

19 Lily Rothman, "Harvey Weinstein and Hollywood's Ugly Casting Couch History", *TIME*. Disponível em: http://time.com/4981520/harvey-weinstein-hollywood-gender-history. Acesso em: 9 maio 2020.

20 Ben Child, "Female nudity almost three times as likely as male in Hollywood films", *The Guardian*. Disponível em: https://www.theguardian.com/film/2016/apr/05/female-nudity-three-times-likely-male-hollywood-films. Acesso em: 9 maio 2020.

primeira linha podem estabelecer cláusulas que excluam cenas de nudez em seus contratos. As atrizes menos conhecidas ou aquelas de menor reputação simplesmente são colocadas em uma situação de 'pegar ou largar', em que a nudez se torna uma condição para fazer parte do elenco. Como em todo comércio, é uma questão de quem detém o poder".[21]

A mulher é tratada como objeto, degradada, e até sofre violência sexual por causa dos "detentores do poder", porém, quem exatamente são essas pessoas? São os produtores, os diretores e outros líderes executivos, mas grande parte da influência pode ser atribuída a outra fonte: os consumidores, como eu e você.

Não haveria tanto material erotizado no nosso entretenimento se não houvesse uma procura tão grande. Pode ser que não nos consideremos pessoas que procuram tal conteúdo, ou toleremos coisas assim somente para desfrutar uma boa história ou uma boa performance, ou até mesmo façamos isso enquanto criticamos o conteúdo pornográfico publicamente. No entanto, o nosso investimento nessas obras só passa a ideia de apoio. Nas palavras da escritora Anna Lappé: "A cada vez que gastamos o nosso dinheiro, estamos escolhendo o tipo de mundo que queremos".[22]

Ame o seu artista como a si mesmo

Quando debatemos sobre a adequação de várias formas de entretenimento, acabamos elaborando (acredito que de forma inconsciente) discursos fracos com base na areia inconstante do egoísmo. Nossa liberdade pessoal passa a ser questionável em sua importância quando interfere na saúde espiritual, emocional e psicológica do próximo. Como o apóstolo Paulo escreveu: "Irmãos, vocês foram chamados para a liberdade. Mas não usem a liberdade para dar ocasião à vontade da carne; pelo contrário, sirvam uns aos outros mediante o amor. Toda a lei se resume num só mandamento: 'Ame o seu próximo como a si mesmo'" (Gálatas 5:13-14).

No que se refere a buscar e desfrutar a arte, a liberdade que o cristão tem é maior do que muitos legalistas querem que acreditemos. Isso, porém, só responde por metade desse princípio, porque ignora um elemento importante da

---

21 James Berardinelli, "Barenaked Actresses". Disponível em: http://www.reelviews.net/reelthoughts/barenaked-actresses. Acesso em: 9 maio 2020.

22 Anna Lappé, *Goodreads*. Disponível em: https://www.goodreads.com/quotes/587323-every-time-you-spend-money-you-re-casting-a-vote-for. Acesso em: 9 maio 2020.

348 ENGAJAMENTO CULTURAL

nossa liberdade, que é a nossa capacidade em Cristo de limitar nossas práticas em prol do amor ao próximo.

É justamente esse amor que estamos deixando de lado.[23] A nossa mentalidade consumista está atrapalhando nossa capacidade de refletir sobre o bem-estar daqueles aos quais pagamos pela nossa diversão. Infelizmente, estamos mais preocupados com a nossa reputação, ou com desfrutar uma experiência de descontração, ou com nos informarmos sobre o que os outros estão fazendo.

Sugiro que cultivemos, em vez disso, uma disposição de negar a nós mesmos qualquer diversão que contribua para a degradação sexual do artista. Apesar de essa decisão limitar nossas opções, muitas vezes de forma significativa, pense em tudo o que temos a ganhar: a valorização da dignidade da pessoa humana a despeito da capacidade que ela tem de nos distrair, o corte pela raiz das cobiças secretas que podem estar escondidas debaixo da superfície, uma liberdade maior do egocentrismo, um domínio maior sobre a tentação da pornografia (em todas as suas formas), um exercício mais saudável da sexualidade, que se ocupe mais da necessidade do outro que da nossa, o cultivo do amor puro, santo e erótico pelo cônjuge e a experiência de uma consciência limpa por vários pequenos atos de amor altruísta. A recompensa por amar o próximo é rica e profunda, e logo perceberemos como essas coisas que tínhamos medo de perder eram pequenas e mesquinhas.

Cap Stewart desenvolveu seu amor à ficção por meio do teatro, do rádio, da produção de vídeo, do cinema independente e da coleção e crítica de trilhas sonoras. Sua crítica cultural aparece, entre outros lugares, nos periódicos *Reformed Perspective, The Gospel Coalition* e *Speculative Faith*. Cap escreve sobre teologia e arte no site capstewart.com desde 2006.

---

23 Tenho uma dívida de gratidão com o pastor Wayne A. Wilson, cujo capítulo "The Law of Love" [A lei do amor] do livro *Worldly Amusements* [Diversões mundanas] motivou minhas palavras sobre amar nossos artistas como a nós mesmos.

PERGUNTAS PARA DISCUSSÃO

1. Em seu ensaio, Taylor declara que os artistas que creem no evangelho devem criar uma arte que aponte para a graça divina e o *shalom* que está no plano de Deus. Como você acha que alguém que segue essa tradição lidaria com a arte que apresenta depravação, ou o lado obscuro da realidade? Existe algum lugar para esse tipo de arte na posição de Taylor? Em caso afirmativo, qual seria esse lugar?

2. Worley declara aos cristãos que, no engajamento artístico: "Onde não encontrarmos o belo, talvez possamos apreciar o acolhedor". Como Stewart pode interagir com esse apelo para que se observe o que é "bom" na arte que ao mesmo tempo retrata ou utiliza o que é "ruim"?

3. Fujimura alerta contra a "batalha cultural", dizendo que devemos ser capazes de "trabalhar juntos para plantar e tirar as ervas daninhas" com "jardineiros" culturais dos quais discordamos, para amar e buscar a prosperidade dos nossos vizinhos. No entanto, Stewart declara que, quando apoiamos determinado tipo de arte, estamos na verdade apoiando o tratamento desonroso de atores e atrizes – em certo sentido, violando diretamente a sua prosperidade. Como pode alguém que segue a tradição de Fujimura trabalhar com "jardineiros" que propagam o mal na arte (como no exemplo de Stewart) sem apoiar o que eles fazem, com uma atitude passiva?

4. No seu artigo, Stewart é bastante claro ao dizer que o cristão deve se recusar a desfrutar obras de arte (ou filmes, em particular) que podem eventualmente explorar a sexualidade de algum modo, tudo isso em nome da dignidade e da proteção do artista. Como Worley pode responder a essa eliminação total de um grande percentual dos filmes devido ao conteúdo sexual?

5. Worley esclarece no seu ensaio que algumas virtudes na arte, como a beleza e o testemunho profético, não devem figurar sozinhas na tradição cristã, mas ser acompanhadas das outras para que se faça o relato completo da cruz de Cristo. Como isso se encaixa com a sua afirmação final de que o cristão deve buscar o cultivo da arte pelas virtudes que percebe nela, apesar de outras virtudes não estarem presentes? Existe algum risco nisso?

350 ENGAJAMENTO CULTURAL

6. No seu ensaio, Anderson analisa a definição de "arte" que identifica "o mais sublime tipo" de obra como qualquer apresentação (seja um afresco imenso ou uma apresentação silenciosa de uma peça para piano) que consegue nos alinhar "'à nossa própria vida' com um senso ampliado de sentido, de atenção e até mesmo de gratidão". Existe algum artigo que você leu nesta seção que discorde de Anderson sobre o que faz com que uma obra de arte seja do "mais alto nível"? Em caso afirmativo, identifique o autor desse artigo e justifique sua resposta.

7. Anderson começa seu artigo admitindo que a arte, tanto como uma disciplina complexa quanto por sua própria natureza, geralmente é difícil de explicar. Então, no final do texto, ele declara que a arte encerra verdades teológicas profundas em sua raiz com as quais o cristão deve interagir, e não deve ignorar. Porém, de acordo com seus reconhecimentos iniciais, será que o engajamento artístico não poderia ser perigoso para o cristão se ele não receber o treinamento e os recursos necessários para entender sua profundidade ou complexidade?

8. Enquanto Taylor e Fujimura têm a tendência de destacar o engajamento artístico do cristão como "produtor" ou criador, Worley e Anderson destacam o papel do cristão como "consumidor", ou aquele que experimenta a arte. Essas duas opiniões se contradizem ou se complementam?

9. Taylor emprega os atributos de Deus para justificar o engajamento artístico do cristão. Entretanto, Worley faz uso dos valores cristãos. Como você acha que essas duas visões podem interagir? Você acha que eles estão essencialmente falando da mesma coisa, ou que discordam de forma bem clara?

10. No ensaio de Fujimura, ele diz que, em vez de se engajar, o cristão deve se ocupar de produzir arte. No entanto, com tanta arte que já está sendo produzida, como esse posicionamento leva o cristão a entender a arte com a qual convive a todo instante?

Capítulo 12

GUERRA, ARMAS E PENA DE MORTE

Não existe uma posição cristã definitiva sobre o papel que os fiéis devem desempenhar em uma guerra e sobre o que eles devem pensar a respeito do uso das armas e da pena de morte. Por toda a história, os pensadores cristãos entenderam o ensino bíblico acerca desse tema de forma bem diferente, baseados na sua interpretação das Escrituras – dando um destaque maior ao capítulo 9 de Gênesis e ao capítulo 13 de Romanos no debate – e no seu entendimento sobre a história da Igreja, bem como na pressão de seu próprio contexto histórico. Pelo menos parte do desafio que o cristão enfrenta ao decidir como e o que deve pensar sobre a sua participação na guerra – e, de forma mais ampla, em toda forma de violência – vem da aparente ruptura entre o relato e o ensino da guerra do Antigo Testamento e a atitude e o ensino de Cristo sobre o assunto. As posições sobre a guerra, as armas e a pena de morte dependem, pelo menos em parte, da relação hermenêutica que alguém traça entre o Antigo e o Novo Testamentos. O Deus do Antigo Testamento por várias vezes orienta seu povo – os israelitas – para a guerra, a fim de libertá-los de seus opressores, livrá-los de seus inimigos e garantir para eles a Terra Prometida. Por outro lado, Cristo ensina seus seguidores a amar o inimigo, orar por ele e, seguindo seu exemplo, até a morrer por ele. É amplamente reconhecido que os pais da Igreja Primitiva mantinham posições pacifistas, distanciando bastante o governo e os militares de sua época de sua participação no Reino de Deus. Essa dualidade significava que eles geralmente reconheciam o direito do Império de administrar a pena de morte, ao mesmo tempo que exortavam o cristão a não participar da execução dessa pena.[1]

---

1   Veja James J. Megivern: *The Death Penalty*: An Historical and Theological Survey [A pena de morte: uma pesquisa teológica e histórica] (Nova York: Paulist Press, 1997), p. 9-50.

352 ENGAJAMENTO CULTURAL

Um dos pacifistas mais antigos de que se tem notícia na história da Igreja é Justino Mártir (de cerca de 150 d.C.).[2] Os cristãos do século 2 se identificavam como "guerreiros, mas de uma classe especial, isto é, guerreiros pacíficos", porque "se recusavam ao uso da violência e, quanto ao lado guerreiro, eram excelentes [...] em demonstrar fidelidade à sua causa e coragem diante da morte iminente".[3] O registro histórico mostra que, para alguns cristãos primitivos, a não violência era vista "como um atributo essencial do discipulado" que se exigia até mesmo dos novos convertidos que haviam trabalhado no exército ou em outros cargos dos quais a violência fazia parte.[4] Na verdade, durante o reinado de Marco Aurélio (de 161 a 180 d.C.), "a Igreja encarava o serviço militar e a devoção a Jesus como duas coisas mutuamente exclusivas, como uma escolha que os soldados romanos que se sentiam atraídos pelo evangelho eram forçados a fazer".[5] Tertuliano afirmava que a própria essência do evangelho exigia que aqueles que acreditassem nele "aceitassem a morte quando fossem atacados", em vez de reagir contra seus agressores de modo violento.[6] Ele até chegou a proibir que os cristãos exercessem cargos governamentais devido ao fato de suas decisões envolverem naturalmente questões de vida ou morte para outras pessoas.[7] A posição da Igreja contra a violência foi relaxando, no entanto, à medida que Roma experimentava um período prolongado de paz sob a *Pax Romana*, e Tertuliano finalmente permitiu que os convertidos continuassem a ter cargos de acordo com sua profissão enquanto a paz prevalecesse.[8] Foi isso que acabou acontecendo – durante algum tempo.

A primeira mudança importante no modo como se encarava a relação do cristão com a violência aconteceu porque a Igreja se viu na posição de conselheira governamental e geopolítica. Geralmente se atribui a Agostinho o desenvolvimento da base da Teoria da Guerra Justa, os princípios orientadores pelos quais o cristão tradicionalmente admitiu a participação na guerra contra outros países. Agostinho escreve:

---

2 Kirk MacGregor, "Nonviolence in the Ancient Church and Christian Obedience", *Themelios*, v. 33, n. 1 (maio de 2008), p. 17.

3 Ibid., p. 18.

4 Ibid., p. 18.

5 Ibid., p. 19.

6 Ibid., p. 19.

7 Ibid., p. 20.

8 Ibid., p. 21

Em que consiste o mal moral de uma guerra? Será a morte de algumas pessoas que morrerão de qualquer modo, para que outras sejam submetidas a um estado pacífico em que a vida possa prosperar? Isso é simplesmente um desagrado covarde, não um sentimento religioso. O mal real na guerra é o amor à violência, a crueldade vingativa, a inimizade feroz e implacável, a resistência atroz, a cobiça pelo poder, entre outras coisas, e se deve impor o castigo justo sobre essas pessoas, de maneira que, em obediência a Deus ou a alguma autoridade legítima, o homem de bem deve se engajar na guerra contra a resistência violenta, sempre que se achar em situação de responsabilidade que exija dele que ordene ou execute ações desse tipo.[9]

Em outras palavras, Agostinho, afirmando o que o Antigo Testamento revela sobre a natureza do Senhor por meio do modo como se relaciona com Israel enquanto simultaneamente honra o que Cristo ensina sobre o Reino de Deus no Novo Testamento, sugere que a violência não é errada por si mesma. Pelo contrário, ele defende que é o amor à violência que é perverso e que deve ser rechaçado e limitado até mesmo pela violência santa, se for necessário. No livro *A Cidade de Deus*, ele contesta o questionamento de que o primeiro mandamento proíbe que se mate alguém em qualquer circunstância:

No entanto, a própria autoridade divina criou algumas exceções à regra de que é contra a lei matar um ser humano, mas essas exceções só incluem aqueles que Deus ordena que sejam mortos, seja por alguma lei que ele forneceu ou por uma ordem expressa que se aplica a uma pessoa ou a uma época em particular. Além disso, aquele que presta o serviço a esse comandante na verdade não comete assassinato. Em vez disso, ele, como uma espada, não passa de um instrumento nas mãos daquele que o ordenou. Por isso, aqueles que, pela autoridade de Deus, se envolvem numa guerra, de modo nenhum agem contra o mandamento que diz "Não matarás", nem aqueles que, investidos da autoridade delegada, castigam com a morte os ímpios de acordo com suas leis, isto é, de acordo com a autoridade da razão supremamente justa.[10]

---

9   Agostinho, "Against Faustus, Book 22" em *From Irenaeus to Grotius*: A Sourcebook on Christian Political Thought [De Ireneu a Grócio: um guia de referência do pensamento politico cristão], ed. Oliver; Joan O'Donovan (Grand Rapids, EUA: Eerdmans, 1999), p. 117.

10 Agostinho, *A Cidade de Deus, parte 1: livros I a X*, (São Paulo: Editora Vozes, 2013), p. 24 (1.21).

354 ENGAJAMENTO CULTURAL

Essas, dentre outras afirmações, não somente lançaram a base para a Teoria da Guerra Justa[11] e promoveram a defesa que existe atualmente da pena de morte, mas também, quando mal aplicadas, abriram o caminho para a justificação das Cruzadas, um período da história da Igreja em que a violência contra os inimigos era exercida de forma agressiva. No período moderno, a Igreja já tinha voltado seu espírito beligerante e violento para si mesma, na forma de vários tipos de violência impetrados pela Igreja de Roma e pelos reformadores protestantes por toda a Europa.

A fundação dos Estados Unidos, gerada pelas guerras religiosas que interferiam na liberdade religiosa das seitas cristãs emergentes, também teve como base a violência e as armas em nível pessoal e comunitário, já que os colonos europeus chegaram e, em nome da liberdade religiosa, arrancaram as terras dos indígenas norte-americanos. A base da formação dessa nação nas primeiras colônias, depois na expansão para o oeste e finalmente na sua própria Guerra Civil, consistia em uma justificativa para o uso das armas e da violência para tomar e colonizar a terra. Essa longa história continua a influenciar o debate nacional sobre o controle de armas e a violência armada.

No início do século 20, quando o mundo todo estava em guerra, os cristãos que se opunham conscientemente a isso estavam longe de ser uma regra, consistindo numa verdadeira exceção. A Igreja, com o restante do mundo, enfrentou uma violência sem precedentes com o uso de armas bem mais poderosas do que tudo o que se havia visto antes: "Em todos os lugares, a maioria esmagadora de cristãos declarava a mesma decisão, isto é, que lutar, derramar sangue, matar – desde que fosse feito em defesa de um país ou dos mais fracos, para honrar os tratados ou para manter a justiça internacional – era dever e privilégio do cristão".[12] Em outras palavras, a maioria dos cristãos retornou a um entendimento filosófico e teológico mais coerente sobre a Teoria da Guerra Justa instituída por Agostinho e apoiou amplamente as duas guerras mundiais como necessárias para afastar o mal que estava oprimindo e matando pessoas inocentes.

Com certeza, as guerras do século 20 não se limitaram às duas guerras mundiais. Na verdade, esse século vivenciou guerras e rumores de guerras em todas

---

11 John Langan, "The Elements of Augustine's Just War Theory", *Journal of Religious Ethics*, v. 12, n. 1 (primavera de 1984), p. 19-38.

12 C. John Cadoux, *The Early Christian Attitude to War* [A atitude cristã primitiva em relação à guerra], reimpressão (Nova York: Gordon, 1975), p. 127-128.

as partes do mundo, e a reação cristã a esses conflitos continuou variada, com as duas visões acadêmicas principais sendo a aplicação responsável da Teoria da Guerra Justa e a passividade. O famoso pacifista contemporâneo Stanley Hauerwas explica as diferenças dentro do pacifismo, dizendo: "O meu pacifismo, que é baseado em premissas cristológicas, não encara nossa desaprovação da guerra como estratégia para fazer com que o mundo seja menos violento. Na verdade, minha posição sobre o assunto é que o cristão não é chamado a ser violento, não porque isso traga a promessa de um mundo sem guerras, mas porque nós não conseguimos, como seguidores fiéis de Jesus, imaginar a vida de outra maneira que não seja a não violência, mesmo em meio a um mundo em guerra".[13]

O fantasma do terrorismo e das armas de destruição em massa no século 20 transformou o debate de um modo que não poderia ser previsto, mesmo durante as guerras mundiais. Nos dias de hoje, a Teoria da Guerra Justa e o pacifismo precisam levar em conta a possibilidade de nações inteiras de pessoas inocentes serem feridas ou destruídas com um simples apertar de botão ou com a liberação de alguma substância tóxica. Além disso, com a ajuda da imprensa e da tecnologia moderna, a nossa noção da crueldade terrível e da violência em massa que continuam a ser perpetradas contra o mundo levanta a questão sobre se a pena de morte é, pelo menos em casos extremos de brutalidade repreensível, a mais adequada. No entanto, até mesmo para algumas pessoas que teoricamente veem certo valor na defesa da pena de morte, as aparentes injustiças sistêmicas raciais e socioeconômicas têm um peso, e às vezes acabam levando essas pessoas a se oporem a essa pena na prática. A impressão é de que boa parte da Igreja americana tem tratado essa questão com um fervor maior nas eleições do que no altar.

Esta seção inclui três séries de artigos que claramente trazem posições antagônicas. Em primeiro lugar, Matthew Arbo apresenta um argumento teológico e filosófico contra a pena de morte, enquanto Joe Carter apresenta outro em favor dela, baseado em um estudo da aliança com Noé.

Na segunda série, Bruce Ashford expressa seu apoio à Teoria da Guerra Justa, defendendo que essa é a abordagem mais coerente lógica e teologicamente para se entender a função da guerra e da violência de acordo com as Escrituras.

---

13 Stanley Hauerwas, "Pacifism, Just War & the Gulf: An Exchange", *First Things,* 2 de maio de 1991. Disponível em: https://www.firstthings.com/article/1991/05/pacifism-just-war-the-gulf-an-exchange. Acesso em: 10 maio 2020.

356 ENGAJAMENTO CULTURAL

Opondo-se a isso, Ben Witherington III apresenta um argumento a favor do pacifismo pessoal cristão, rejeitando a violência em nível individual com base nos padrões morais e éticos cristãos enquanto reconhece que Deus deu autoridade aos governos seculares para fazer uso da violência se for necessário.

Na terceira sequência, Rob Schenck afirma que os cristãos, ao seguir o exemplo de Cristo, devem evitar o porte de armas e a violência letal, enquanto Karen Swallow Prior, a partir de suas experiências pessoais e princípios a favor da vida, apresenta seu argumento em prol desse porte, fazendo um apelo para que os cristãos – particularmente as mulheres cristãs – tenham sabedoria e uma administração responsável na elaboração de seus conceitos sobre o porte de armas e a violência.

ARGUMENTOS CONTRA A PENA DE MORTE

Matthew Arbo

Os cristãos não são obrigados a apoiar a pena de morte e, com certeza, nem devem apoiá-la. Essa é a tese que quero defender aqui. Minhas razões para me opor à pena de morte são tanto filosóficas quanto teológicas. Gostaria de começar enunciando os questionamentos filosóficos, que divido entre objeções práticas e teológicas a essa punição. A justiça com relação à pena de morte não se baseia no sentimento da satisfação alcançada por meio da retaliação ou da vingança, mas em corrigir aquilo que precisa ser ajustado.

Objeções práticas

As provas também sugerem que a pena de morte não serve como inibidor de crimes hediondos. Em primeiro lugar, se um crime não é premeditado, ou é cometido no calor da paixão, então a ameaça de execução nunca passou pela mente do transgressor antes de cometer o delito. Além disso, muitos que cometem crimes hediondos admitem ignorar a possibilidade de serem executados pela sua transgressão. Também, em 14 dos estados que não adotam a pena de morte, a taxa de homicídios se encontra na média ou abaixo da média nacional. As provas a favor da eficácia da execução para desencorajar os crimes violentos não são conclusivas.

Considere as seguintes estatísticas norte-americanas:

- Mais da metade das pessoas que se encontram no corredor da morte é de afrodescendentes.
- Desde 1977, a maioria esmagadora das pessoas nesse corredor (77%) foi executada por ter matado vítimas brancas, apesar de os americanos afrodescendentes serem as vítimas da metade de todos os homicídios.
- Desde 1973, 140 indivíduos que se encontravam no corredor da morte receberam indulto.
- Quase todos que foram condenados à morte não podiam pagar o próprio advogado.
- Desde 1976, 82% de todas as execuções aconteceram no Sul dos Estados Unidos.

358 ENGAJAMENTO CULTURAL

- Das 344 pessoas que receberam indulto por meio do Projeto Inocência, vinte estiveram no corredor da morte por algum tempo. Dessas 344 exonerações, 71% envolviam identificação inadequada por parte das testemunhas, 46% foram relacionadas ao uso indevido das provas da investigação e 28% estavam associadas a confissões falsas ou feitas sob coação.
- Dessas 344 pessoas, dois terços eram afrodescendentes.

Esses números representam somente uma pequena amostra dos endêmicos problemas práticos do sistema judiciário.[1] Gostaria de destacar em particular os problemas de representação legal e de preconceito racial. Considerando-se a pressão atual que se coloca sobre a defensoria pública, tanto por causa do acúmulo de casos quanto pelo prolongado baixo orçamento, é difícil saber se o criminoso violento que não tem como pagar pela sua defesa é adequadamente representado pelo defensor público, independentemente das boas intenções ou do talento que este tenha. Além disso, as provas cada vez mais sugerem que as pessoas afrodescendentes recebem um percentual desproporcional de condenações à pena capital. A reunião desses fatos constitui um motivo suficiente para suspender temporariamente a pena de morte em todo o país.

Objeções teológicas

Examinemos agora as objeções teológicas à pena de morte. Em primeiro lugar, se alguém deseja basear a justificação da pena de morte na Lei de Talião do Antigo Testamento, é preciso demonstrar como a morte é uma medida punitiva correta, e não somente permitida, sob o ponto de vista moral. A instrução de Jesus em Mateus 5:38-41 deixa claro que as interpretações retaliatórias da lei são incorretas. Se alguém sofre algum dano ou injustiça, Jesus apela para a tolerância e para a caridade, descartando toda leitura que justifique a vingança. Na prática, é especialmente difícil desassociar a vingança da retribuição na pena capital. Em alguns momentos, com certeza se exige das autoridades governamentais o uso da força para a manutenção da lei e para garantir a ordem, mas nada impõe que se mate o criminoso nessas situações (cf. Romanos 13). Ao apelar para a clemência ponderada, o cristão não está sendo insubordinado ou desrespeitoso.

---

1 Essas estatísticas vêm do Projeto Inocência e do banco de dados referentes às exonerações da Universidade do Michigan. Consulte os sites https://www.innocenceproject.org/dna-exonera tions-in-the-united-states/ e https://www.law.umich.edu/special/exoneration/Pages/about.aspx. Acesso em: 10 maio 2020.

Existe outro aspecto teológico que foi abordado há muito tempo por Agostinho: quando a pessoa é condenada à morte, retira-se dela a possibilidade de evangelização e de conversão. A clemência amplia as possibilidades de um novo nascimento em Cristo. Ela não garante essa conversão, obviamente, mas a execução com certeza exclui essa possibilidade. Por toda a sua história, a Igreja deu muita importância a essa oportunidade em particular.

Em terceiro lugar, a fé cristã na sua totalidade favorece a vida, do início ao fim. Esse compromisso tem abrangência suficiente para contemplar as pessoas condenadas. Todo ser humano tem dignidade, e ninguém, nem mesmo as pessoas mais monstruosas, pode perder completamente essa dignidade. Como o cristão leva a dignidade humana a sério, ele deve criticar toda pena que cultive atitudes de desprezo com relação aos condenados. O código de Deuteronômio, por exemplo, limita o número de golpes de açoite que o infrator pode receber, porque, de outro modo, "seria humilhar publicamente um israelita" (Deuteronômio 25:1-3). A degradação é bem diferente da vergonha, que deve realmente fazer parte do castigo; porém a execução é, por definição, uma degradação. Como Oliver O'Donovan afirma: "Quando o sofrimento do castigo passa a ser objeto de curiosidade e fascinação vulgar, ou até mesmo de um experimento, a pessoa condenada deixa de ser considerada um de nós, um ser humano digno de amor ao próximo, e o respeito ao ser humano parece desaparecer".[2]

Permita-me lidar com dois possíveis questionamentos. Algumas pessoas podem ter algum problema com o uso da referência de Mateus 5:38-41 como crítica à Lei de Talião. Elas dirão que a instrução de Jesus é dirigida aos discípulos, à Igreja, e não se aplica às autoridades civis. Em parte, essa objeção é válida, porque de fato Jesus está se dirigindo a seus seguidores, mas o texto não especifica que ele esteja se referindo somente aos fiéis, nem exclui a possibilidade de a autoridade civil também ser cristã. Logo, se eu estiver correto, o cristão que defende a pena de morte deve apresentar justificativas exclusivamente cristãs que respeitem a força do ensino de Jesus: será que essa punição impede a vingança? Além do mais, qual é a virtude cristã que ela estabelece que nenhum outro castigo pode promover?

---

2 Para saber mais sobre a situação da justiça criminal, inclusive sobre algumas propostas de reforma em suas políticas, veja o excelente livro de William Stuntz intitulado *The Collapse of American Criminal Justice* [O colapso da justiça criminal norte-americana] (Cambridge: Belknap, 2011).

360 ENGAJAMENTO CULTURAL

O segundo questionamento seria relacionado a eu ter descartado o texto de Gênesis 9:6 como princípio básico suficiente para justificar a pena de morte. O texto fala por si mesmo: "Quem derramar sangue do homem, pelo homem seu sangue será derramado; porque à imagem de Deus foi o homem criado". Destruir a imagem de Deus traz consequências graves. Essa é uma afirmativa teológica muito forte e, devido ao fato de Gênesis 9:6 aparecer de forma tão central nas defesas da pena capital, desejo responder de maneira mais profunda a essa objeção.

Poderia se dizer muita coisa sobre o que acontece em Gênesis 9, desde o seu contexto exclusivo pós-diluviano até o uso repetitivo da simbologia do "sangue". Entretanto, quanto à sua aplicação à pena de morte, é o princípio do versículo 6 que acaba sendo consagrado na história do Direito. Quando é interpretado literalmente, esse versículo não fala desse assunto, mas, quando é lido conforme essa intenção, serve para uma justificativa legal importante para a retribuição que se baseia no valor da imagem de Deus.

A aliança realizada em Gênesis 9 tem duas partes distintas que se integram – os versículos 1 a 7 e os versículos 8 a 17. Na primeira parte, Deus diz a Noé e aos seus filhos o que eles devem fazer e explica-lhes a relação que eles devem desenvolver com as outras criaturas a partir daquele instante. Deus lhes dá "tudo", mas com algumas condições: eles não podem ingerir carne com sangue, nem podem derramar o sangue de outra pessoa. Esse é o contexto imediato para o versículo 9, que passa a estipular a pena por derramar o sangue de alguém. A humanidade se diferencia das outras criaturas por ser a imagem de Deus. É por isso que se repete o mandamento de frutificar, e somente depois dele, na segunda parte, a aliança é ampliada para abranger todas as outras criaturas. Simplesmente não faz sentido nenhum ler os versículos 1 a 7 como se incluíssem todas as criaturas diante do fato de que todas as provisões dessa aliança se aplicam em específico às atividades humanas.

Percebo algo diferente no versículo 6 e acredito que esse versículo deva ser interpretado de acordo com a obra salvífica de Cristo e com a Nova Aliança que ele estabeleceu com sua Igreja. Meu motivo para isso é que as outras condições da aliança em Gênesis 9:1-7 têm uma aplicação muito simbólica para a Igreja nos dias de hoje, e em alguns aspectos também foram cumpridas no próprio Cristo. Será que "tudo o que se move" pode realmente servir de alimento para nós? É possível, se não for provável, que naquele contexto isso seja exatamente o que foi ordenado. Somos obrigados a seguir isso? Toda a humanidade? Ou somente a Igreja? Se for assim, o que devemos fazer em relação à instrução de Paulo em 1Coríntios 8 e 10 sobre comer e deixar de comer? Deus também diz a Noé e a seus filhos que ele lhes está concedendo "todas as coisas". Se isso for verdade, como deveremos interpretar João 3:34-36, em que Jesus explica que o Pai ama o Filho e "colocou todas as coisas em suas mãos"? Com certeza, a aliança noética ainda faz sentido e tem sua importância para a Igreja, mas, por essas razões, eu não interpreto os versículos 1 a 7 como um princípio moral independente.

A interpretação do versículo 6 de forma literal, sem considerar a obra e a aliança de Cristo, implica consequências um tanto bizarras. Como mencionei, o versículo 6 pressupõe a lógica da Lei de Talião, mas em nenhuma parte da história esse princípio foi adotado de forma literal – isto é, o castigo tendo que ser exatamente igual ao crime. Nem mesmo nos excêntricos códigos do islamismo isso acontece. Quando alguém rouba da barraca de frutas e verduras do outro, por exemplo, a pena é amputar a mão do criminoso, não roubar seus produtos, mesmo que esta última alternativa reflita a Lei de Talião de forma mais aproximada. Quando os códigos penais foram institucionalizados politicamente, como foi o caso depois de muitas gerações, nenhum deles especificou uma retaliação total da falta sobre o transgressor, mas sim a execução de uma pena proporcional contra o que cometeu a transgressão, em particular em relação à forma e ao rigor.

A questão central reside na maneira como a aliança noética é reinterpretada de acordo com a obra realizada por Cristo. A Igreja não pode traçar uma linha reta partindo de Gênesis 9:6 rumo à justificação formal da pena de morte. Essa passagem tem que ser interpretada e aplicada de acordo com a Nova Aliança e com a missão que ela concede à Igreja. A Igreja consiste em um povo reconstituído pela graça e pelo amor de Cristo, e o seu mandamento é amar a Deus e ao próximo. Imagino que o condenado possa ser considerado um próximo. Será que estamos amando a família e os amigos da pessoa que foi morta, por exemplo, quando reforçamos seu desejo de ver o assassino executado? Se todos os seres humanos são portadores da imagem de Deus, quem nós devemos amar: o assassinado ou o assassino? Se não podemos amar a pessoa morta, então seria possível amar alguma vítima idealizada, que represente todos os que se perderam? A passagem de Gênesis 9:6 não responde a essas perguntas, nem foi escrita com esse propósito. Isso também se aproxima da minha afirmação de que matar uma pessoa como punição a um assassinato é algo paradoxal de

362 ENGAJAMENTO CULTURAL

"apoiar". Como amamos os portadores da imagem de Deus e apoiamos a morte de um desses portadores ao mesmo tempo?

Esses são os meus questionamentos e as minhas explicações. Expus todos eles de forma franca, sabendo que muitos leitores rejeitarão completamente os meus argumentos. Peço somente que reflitam: a pena de morte dá ao condenado aquilo que ele merece ou simplesmente aplaca a ira, por mais justificada que seja, das pessoas que tinham algum relacionamento com o indivíduo assassinado e que acham que "o cumprimento da justiça" equivale a "matar aquele que matou meu ente querido"?

Uma defesa cristã legítima da pena capital tem que demonstrar o bem que ela promove sem recorrer à satisfação da vingança. Os cristãos conhecem pelo menos um exemplo de pessoa inocente que foi executada de forma injusta. Quantos mais estaremos dispostos a aceitar com o simples propósito de manter uma pena que podemos muito bem dispensar? Receio que muitas defesas supostamente cristãs da pena de morte sejam mais emotivas e utilitárias do que teológicas.

Matthew Arbo (doutor pela Universidade de Edimburgo) trabalha como professor assistente de estudos teológicos e diretor do Centro de Fé e Vida Pública da Universidade Batista de Oklahoma. Ele é autor dos livros *Walking Through Infertility* [Encarando a esterilidade] e *Political Vanity* [Vaidade política]. Arbo é presbítero da Frontline Church, em Oklahoma City, Estados Unidos.

A PENA DE MORTE É BÍBLICA E JUSTA

Joe Carter

Quando se reflete sobre a moralidade de uma questão como a pena de morte, a primeira pergunta que o cristão deve fazer é se Deus de algum modo se manifestou sobre o assunto.

Ao tentar responder a essa pergunta, muitos cristãos recorrem à lei de Moisés. Negar a legitimidade da pena de morte passa a ser mais difícil quando reconhecemos que a lei concedida por Deus aos israelitas incluía 21 tipos diferentes de crime para os quais a pena capital era aplicada.

O problema com essa abordagem, claro, é que a lei de Moisés se aplicava apenas a Israel. Já que essa aliança particular foi celebrada entre Deus e o povo hebreu, ela nunca foi aplicável de forma universal. No entanto, embora a lei de Moisés não constitua uma base sólida para a defesa da pena de morte atual, existe uma aliança que a corrobora: a aliança noética.

Depois de Deus ter destruído a humanidade com o dilúvio, ele estabeleceu uma aliança com Noé, sua família e seus descendentes. Com a promessa de que nunca destruiria a terra por meio da água novamente, Deus incluiu esta instrução moral: "Quem derramar sangue do homem, pelo homem seu sangue será derramado; porque à imagem de Deus foi o homem criado" (Gênesis 9:6).

Esse versículo não somente traz uma norma moral para a pena de morte, mas também delega a responsabilidade à humanidade – para uma autoridade humana legítima, mas não definida – e a limita a um crime em particular. Já que essa aliança é "eterna" (9:16) e "para todas as gerações futuras" (9:12), ela é tão válida para os dias de hoje como era no tempo de Noé.

Entretanto, quem seria a autoridade legítima para cumprir esse dever? Na sociedade israelita, era a família da vítima. Quando foram criadas formas mais avançadas de autoridade governamental, essa tarefa foi transferida para os magistrados.

Alguns cristãos afirmam que, já que os governos liberais modernos não reconhecem a autoridade de Deus, o Estado moderno se exime da execução dos mandatos divinos. Isso acaba fazendo com que a questão sobre a pena capital seja considerada uma questão de justiça social, e às vezes de justiça individual. Já que a pena de morte não se encaixa em um interesse social legítimo, como

364 ENGAJAMENTO CULTURAL

eles propõem, o seu único propósito é o de satisfazer a exigência de vingança pela vítima.

Esse argumento se baseia na premissa de que relegar a vingança pessoal à esfera da ilegalidade isenta o governo da responsabilidade de implementar a pena capital que foi ordenada por Deus. Entretanto, que base temos para acreditar nessa afirmação?

No Oriente Médio Antigo, esperava-se que a pessoa que denunciava alguma transgressão buscasse a justiça pessoal efetuando uma retaliação proporcional. Essa busca pela justiça frequentemente evoluía para uma vingança pessoal, e por fim para uma rixa de sangue entre famílias ou tribos. O sofrimento resultante muitas vezes era muito maior do que a injustiça que dera origem à demanda.

No entanto, a lei mosaica impôs um limite para a vingança pessoal, permitindo apenas o que era diretamente proporcional ao dano realizado. Isso é conhecido como a Lei de Talião, ou da retaliação (Êxodo 21:23-24; Deuteronômio 19:21; Levítico 24:20-21). A expressão "olho por olho" não significa que você deve literalmente arrancar os olhos de alguém (como a passagem de Êxodo 21:26-27 deixa claro), mas somente que a compensação deve ter a proporção exata do prejuízo sofrido. (Devemos também observar que os juízes – a versão israelita dos magistrados civis – usavam os versículos para decidir sobre a questão. A vingança era mediada por um terceiro.)

No Sermão do Monte, Jesus impõe uma restrição ainda maior sobre a Lei de Talião: "Vocês ouviram o que foi dito: 'Olho por olho e dente por dente'. Mas eu lhes digo: Não resistam ao perverso. Se alguém o ferir na face direita, ofereça-lhe também a outra" (Mateus 5:38-39).

Essa é uma limitação radical ao que era considerado um direito de justiça individual, mas devemos observar com cuidado o que Jesus não disse nessa passagem. O que ele deixou de fora nesse versículo é tão importante quanto o que ele incluiu. Lemos em Êxodo 21:23-24: "Mas, se houver danos graves, a pena será vida por vida, olho por olho, dente por dente, mão por mão, pé por pé".

Observe que Jesus começa citando "olho por olho" em vez de "vida por vida". O assassinato não era, nem nunca tinha sido, uma questão de vingança individual. Quando uma pessoa cometia assassinato, ela cometia uma ofensa contra o próprio Deus, e não somente contra um indivíduo em particular, ou mesmo contra a sociedade. O mandamento de Jesus só se aplica à vingança individual, não invalidando a instrução divina na aliança noética.

As diferentes ordenações do contrato social podem transferir o ônus de executar a pena capital de uma esfera social (a família) para outra (o magistrado civil), mas a obrigação deve ser realizada. Se os cristãos acreditam que suas autoridades governamentais são legítimas, então devem esperar que elas assumam o papel instituído pelo próprio Deus.

O apóstolo Paulo explica que o governo tem a tarefa de implementar a ira de Deus sobre aquele que pratica o mal. Em Romanos 13:1-6, Paulo estabelece um argumento lógico com várias premissas que se relacionam entre si.

1. Todas as autoridades foram instituídas por Deus.

2. Todos os cristãos estão sujeitos a essas autoridades governamentais.

3. Todas essas autoridades foram instituídas por Deus para o bem das pessoas.

4. As autoridades governamentais servem a Deus.

5. Resistir a essas autoridades equivale a resistir ao que Deus determinou e trará o juízo divino sobre o indivíduo.

6. As autoridades divinas que "usam a espada" estão executando a ira de Deus sobre aquele que faz o mal.

A passagem que Paulo escreveu é bem clara: as autoridades governamentais são instituídas por Deus para executar sua ira sobre quem pratica o mal. Não importa se o governo reconhece ou não o senhorio de Deus sobre ele: a Bíblia explica que as nações e os governantes são servos de Deus (veja Isaías 45:1; Jeremias 25:9; Daniel 4:32).

Podemos escolher rejeitar a legitimidade dessa ordem, mas, quando fazemos isso, na verdade estamos escolhendo rejeitar a sabedoria de Deus. Se os cristãos acreditam que o governo é legítimo, então devem esperar que ele execute esse mandato contra os assassinos. É um escândalo que os oficiais da Igreja caluniem os oficiais do governo afirmando que eles "não estão seguindo o evangelho de Jesus Cristo" quando na verdade eles estão executando o comando divino.

No entanto, esse não é o único escândalo. Existem preocupações sérias com o modo como a pena de morte é aplicada e executada nos Estados Unidos. Embora a Bíblia estabeleça uma justificativa e até mesmo uma exigência da pena de morte, ela não lida com os problemas relacionados à sua aplicação. Temos a responsabilidade moral de reparar esses erros pelo processo político. Entretanto, o que não podemos fazer é permitir que a nossa preocupação quanto aos meios, ao método e à abrangência da pena de morte anule nossa obediência na execução da instrução divina.

366 ENGAJAMENTO CULTURAL

Há muito tempo, Deus fez uma promessa de nunca mais destruir a raça humana com um dilúvio. Quando vemos o arco da aliança no céu, devemos nos lembrar "da aliança eterna entre Deus e todos os seres vivos de todas as espécies" (Gênesis 9:16). Como cristãos, devemos nos lembrar de bem mais do que somente a aliança. Quando vemos o arco-íris, devemos nos lembrar de que somos criados à imagem de Deus e, quando vemos a cadeira elétrica, devemos nos lembrar do preço a ser pago quando destruímos uma pessoa que é portadora de sua imagem.

Joe Carter é editor da Coalizão pelo Evangelho e do livro *NIV Lifehacks Bible* [Bíblia NVI: dicas para a vida]. Escreveu a obra *The Life and Faith Field Guide for Parents* [O guia parental da vida e da fé]. Ele serve como ancião na Grace Hill Church em Herndon, Virgínia, Estados Unidos.

QUANDO A GUERRA É JUSTA

Bruce Riley Ashford

Com a idade de 53 anos, depois de ter servido como comandante-chefe do Exército Continental, George Washington afirmou: "Meu maior desejo é ver essa praga que assola a humanidade, chamada "guerra", ser banida da face da Terra".[1] Não há dúvida de que muitos entre nós também desejam que a guerra seja banida para sempre, mas, assim como Washington, precisamos reconhecer que a guerra às vezes é inevitável em um mundo habitado por pecadores.

A visão sobre guerra e paz denominada "Guerra Justa"

A Bíblia nos revela uma história abrangente do mundo. Essa história se estende rumo ao passado, até a criação do céu e da terra, e prossegue até a volta de Cristo para derrotar seus inimigos e renovar o céu e a terra. Essa narrativa divina constitui a verdadeira história de todo o mundo, e é o contexto dentro do qual podemos começar a entender o sentido da guerra e da paz.

Na época da criação, o mundo de Deus era caracterizado por uma paz e uma harmonia abrangentes (Gênesis 1-2). Na verdade, a palavra hebraica que é traduzida como "paz" é *shalom*. Essa palavra indica mais do que a simples ausência de guerra. Ela dá a entender algo bem mais abrangente: a prosperidade universal, o prazer, a paz, a ordem e a justiça.

Quando Adão e Eva pecaram, eles quebraram esse *shalom* e deixaram o mundo na condição que agora conhecemos e com a qual convivemos (Gênesis 3). Por causa do pecado, nosso mundo deixou de ser caracterizado pela prosperidade geral, pelo prazer ou pela paz. Em vez disso, ele está repleto dos efeitos do pecado, inclusive das terríveis realidades da guerra. No entanto, Deus, no seu amor, enviou seu Filho para nos salvar do pecado e das suas consequências (João 3:16-18). Na verdade, ele promete que enviará seu Filho novamente no futuro para vencer seus inimigos e estabelecer um Reino de paz (Apocalipse 21-22).

---

1   Carta de George Washington para David Humphreys, em 25 de julho de 1785.

368 ENGAJAMENTO CULTURAL

Enquanto isso, antes que o Filho volte para implantar seu Reino pacífico, a Bíblia apresenta alguns princípios específicos que se aplicam à guerra e à paz. Em primeiro lugar, ela explica que não podemos forçar o mundo a se tornar uma utopia livre de guerras. Até que Jesus volte, continuará a haver "guerras e rumores de guerras", porque "ainda não é o fim" (Mateus 24:6). Em segundo lugar, Deus ordenou que os governos empreguem a força como uma ferramenta adequada para defender os seus cidadãos (Salmos 144:1; Romanos 13:1-7). Por último, os cristãos devem sempre esperar e orar pela paz, mas também devem aceitar o fato de que a guerra às vezes será necessária e, por causa disso, devem ver a carreira militar como uma vocação honrosa (Lucas 3:14).

Duas abordagens inadequadas com relação à guerra

A visão que acabamos de resumir é conhecida como "Guerra Justa". Ela se baseia no ensino bíblico para afirmar que a força mortal às vezes é necessária, porque vivemos em um mundo decaído. No entanto, nem todos os cristãos adotam o conceito da "Guerra Justa".

PACIFISMO (SEJA PACÍFICO DEIXANDO AS ARMAS DE LADO)

Alguns cristãos são pacifistas. O pacifista se recusa a usar a força mortal porque acredita que não é bom agir assim. Alguns adeptos dessa corrente aprovam o uso da força mortal por parte das Forças Armadas contanto que eles próprios não participem, mas o pacifista coerente se recusa a apoiar todas as formas de violência. Ele se baseia em passagens como o Sermão do Monte, em que nos é dito que devemos amar os nossos inimigos e ser pacificadores (Mateus 5:9, 38-46).

Embora seja bem-intencionado, o pacifismo é idealista e não faz uso de um ensino bíblico mais completo. Ele ignora os fatos de que Deus instrui o governo a usar a espada (Romanos 13:3-5), de que Jesus usou violência para purificar o templo (João 2:15-16) e de que ele disse aos seus discípulos para carregarem espadas para o caso de precisarem delas (Lucas 22:36). Os pacifistas estão certos em desejar a paz, mas estão equivocados em pensar que o governo não deve desembainhar a espada em um mundo decaído.

AS CRUZADAS (A BUSCA DA PAZ UNIVERSAL POR MEIO DAS ARMAS)

Outros cristãos rejeitam os critérios da "Guerra Justa" e apoiam guerras de cruzada. A guerra de cruzada é religiosa e/ou ideológica. É liderada por uma autoridade religiosa (como um ímã) ou ideológica (como Lênin) que deseja vencer o mal e impor sua visão do "bem".[2] Os cruzados veem a si mesmos como lutando a favor do bem definitivo, impondo uma ordem social ideal. Por exemplo, em vez de limitar a guerra fazendo distinção entre combatentes e não combatentes, sua tendência é querer aniquilar a ordem social anterior convertendo, castigando ou destruindo o inimigo.

O retrato idealista das cruzadas não é baseado no ensino da Palavra de Deus. Embora existam momentos em que a Bíblia vê a mentalidade da cruzada com bons olhos, esses episódios tratam de situações em que o próprio Deus instruiu Israel a entrar em guerra (como em Números 31:1-54) ou em que Deus liderará uma cruzada final para vencer seus inimigos e estabelecer um único governo mundial (Apocalipse 19:11-21).

Critérios para ingressar em uma guerra justa

Por milênios, os filósofos gregos, os advogados romanos, os teólogos cristãos e outros desenvolveram critérios específicos que devem ser levados em conta para que se justifique a entrada de um país em uma guerra justa. Os critérios são os seguintes:[3]

Uma causa justa: a nação só pode entrar em uma guerra se estiver se defendendo de uma agressão injusta. Em outras palavras, não se deve entrar em uma guerra simplesmente para derrubar o líder de outro país, impor algum sistema político ou econômico predileto ou expandir o seu próprio poder.[4]

---

2   Roland H. Bainton, *Christian Attitudes toward War and Peace*: A Historical Survey and Critical Re-evaluation [Atitudes cristãs sobre a guerra e a paz: uma pesquisa e reavaliação crítica histórica] (Nashville, EUA: Abingdon, 1960).

3   Para uma explicação mais elaborada desses critérios com relação à sua aplicação a uma guerra recente, a Guerra do Golfo Pérsico, veja Daniel R. Heimbach, "The Bush Just War Doctrine: Genesis and Application of the President's Moral Leadership in the Persian Gulf War", cap. 17 do livro *From Cold War to New World Order*: The Foreign Policy of George H. W. Bush [Da Guerra Fria à Nova Ordem Mundial: a política exterior de George H. W. Bush], ed. Meena Bose; Rosanna Perotti (Westport, EUA: Greenwood, 2002), p. 441-464.

4   A questão sobre o que é considerada uma "causa justa" tem sido debatida intensamente nos últimos anos. Em particular, os teóricos da guerra justa discutem se as justificativas "antecipadas" ou "preventivas" podem ser consideradas justas. O autor deste capítulo considera a primeira causa justa e, a outra, injusta. Para consultar uma comparação e um contraste entre as duas visões, veja Michael Walzer, *Just and Unjust Wars*: A Moral Argument with Historical Illustrations [Guerras justas e injustas: um argumento moral com ilustrações históricas], 4ª ed. (Nova York: Basic, 2006), p. 74-85.

370 ENGAJAMENTO CULTURAL

Decisão da autoridade competente: a decisão de ir à guerra necessariamente deve ser feita pelo governante ou pela instituição responsável pela manutenção da ordem e da segurança dessa nação.

Justiça comparativa: a nação deve ir à guerra somente se essa guerra levar a uma justiça maior do que se abster dela e tolerar a injustiça do outro país.

Intenção correta: o país pode ir à guerra somente se a intenção for restaurar a paz, não se autopromover, ampliar seu território ou humilhar seu adversário.

Último recurso: a nação deve esgotar todas as opções não violentas realistas (por exemplo, a diplomacia, as sanções econômicas) antes de se engajar em uma guerra.

Probabilidade de sucesso: a nação deve avaliar se tem uma esperança realista de alcançar a vitória.

Proporcionalidade do resultado esperado: a nação deve decidir se o resultado esperado da guerra vale mais do que os gastos previstos.

Atitude correta: a nação nunca deve ir à guerra com algum sentimento que não seja de pesar. Nunca se deve fazer guerra cobiçando poder ou se alegrando com a humilhação do inimigo.

Assim como existem critérios para entrar em uma guerra, também existem critérios para a conduta de uma nação durante o conflito. A nação não pode usar mais força ou matar mais pessoas do que o necessário para alcançar seus objetivos militares legítimos. Deve diferenciar combatentes de não combatentes, evitar o emprego de meios perversos, como o estupro ou a profanação de locais sagrados, tratar os prisioneiros de guerra com dignidade e humanidade e deixar o combate quando for evidente que não há chance de vitória.

Conclusão

Agostinho, pai da Igreja do século 5, escreveu:

> Contudo, talvez seja desagradável aos homens de bem [...] provocar com a guerra voluntária os vizinhos que são pacíficos e nada fazem de errado, [para] alargar as fronteiras de seu reino? Se eles se sentem assim, aprovo completamente e dou meu elogio.[5]

---

5 Agostinho, *A Cidade de Deus, parte 1*: livros I a X (São Paulo: Editora Vozes, 2013), p. 4.14.

Os pacifistas, os cruzados e os defensores da Guerra Justa concordam que o mundo está cheio de conflitos e que o *shalom* total de Deus não será restaurado até a vinda de Jesus. Inevitavelmente, em nosso mundo despedaçado, as nações e os reinos "provocarão [...] os reinos vizinhos [...] de modo a alargar seu reino". Logo, os cristãos não devem somente buscar a paz com o próximo, seja seu conterrâneo ou seja estrangeiro, mas devem incentivar os líderes das nações a buscar a paz e a só fazer uso da força depois de satisfazer critérios específicos que garantam que o conflito em que vão se envolver é justo.

Bruce Riley Ashford (doutor pelo Seminário Teológico Batista do Sudeste) é diretor e professor de teologia e cultura do Seminário Teológico Batista do Sudeste. Ele escreveu vários livros, entre eles *Letters to an American Christian* [Cartas para um cristão americano] e *The Gospel of Our King* [O evangelho do nosso Rei]. Ashford com frequência escreve artigos para o *Fox News Opinion* e outros meios de comunicação.

BEM-AVENTURADOS OS PACIFICADORES

Ben Witherington III

Quem sabe alguns de vocês tenham visto o filme altamente aclamado pela crítica, *Até o último homem*, lançado no outono de 2016. Ele conta a história de um cristão chamado Desmond Doss que combateu na Segunda Guerra Mundial em Okinawa, no Japão, e resgatou 75 soldados durante essa batalha, tudo isso sem carregar nenhuma arma e se recusando a fazê-lo. Ele é o único pacifista que recebeu a Medalha de Honra do Congresso norte-americano. O que sua história deixa bem claro é que o pacifismo cristão não tem nada a ver com covardia ou passividade. Na verdade, o testemunho de Doss sugere que é necessário ter mais coragem para engatinhar no campo de batalha e resgatar feridos sem arma nenhuma do que para fazer o mesmo portando alguma arma.

Pessoalmente, eu acredito que a base do compromisso com o pacifismo vem do desejo de obedecer de forma plena aos ensinos de Jesus e de Paulo sobre o assunto, que se encontram nos capítulos 5 a 7 de Mateus e na segunda metade dos capítulos 12 e 13 de Romanos. Como Wendell Berry explica, a essência da questão é que, quando Jesus nos chamou a amar o inimigo, ele não se referiu a amar o inimigo usando uma arma.[1] Ele realmente quis dizer "Não matarás", ou, se você preferir, "Não assassinarás" (Êxodo 20:13). Essa não é uma instrução extra e opcional de Jesus, mas algo que reflete a consequência direta do grande mandamento – "Ame o seu próximo como a si mesmo". Indica que se deve tratar cada vida humana com uma importância sagrada, seja a vida que ainda não nasceu ou aquela que já tenha nascido. Para mim, isso significa ser totalmente a favor da vida. Não posso ser conivente com o aborto, com a pena de morte ou com a guerra em nenhuma capacidade de combate. Estou impressionado com a falta de coerência da suposta ética em favor da vida de alguns cristãos. Ser pró-vida significa mais do que simplesmente garantir o nascimento dos seres humanos.

---

1   Wendell Berry, *Blessed Are the Peacemakers*: Christ's Teachings about Love, Compassion, and Forgiveness [Bem-aventurados os pacificadores: os ensinamentos de Cristo sobre o amor, a compaixão e o perdão] (Berkeley, EUA: Shoemaker Hoard, 2005).

Serei claro: isso não quer dizer que eu espere que o meu governo ou que qualquer governo seja pautado pelos princípios do Sermão do Monte. Conheço muito bem o capítulo 13 de Romanos e o que ele diz. Não concordo com a interpretação que os amish fazem desse texto, que sugere que Deus somente ordenou, sem autorizar, as autoridades e o governo humano. Na verdade, foi o próprio Jesus quem falou que toda autoridade humana legítima vem de Deus, e que até mesmo Pilatos tinha essa autoridade, dada a ele por Deus.

O que está em pauta não é o que é legítimo para um governo que não é cristão fazer ou deixar de fazer. Não se pode impor uma ética especificamente cristã a um governo secular, ou pelo menos não se deve fazer isso. As pessoas têm que ser convencidas, no seu próprio coração, da fé cristã e da sua ética – convencidas, não coagidas pelo governo. A ética do Reino consiste na ética dos discípulos de Jesus, e ela só passa a ter autoridade sobre alguém quando este se torna um discípulo.

O que Jesus pede de forma específica não é simplesmente que resistamos à retaliação quando somos atacados: ele pede que perdoemos aqueles que nos ofendem de algum modo. Isso faz lembrar a história de Mateus 18 em que Pedro pergunta a Jesus quantas vezes deve perdoar a pessoa que pecou contra ele. Jesus responde que se deve perdoar infinitamente. Na verdade, Jesus é descrito na narrativa que Lucas faz da crucificação como alguém que perdoa até aqueles que o pregaram na cruz! Isso não é natural, é o evangelho da graça – é sobrenatural! O perdão é a única coisa que pode romper o ciclo da violência. Desde Caim e Abel até agora, violência só gera mais violência.

Paulo se expressa da seguinte maneira em Romanos 12:17-21: "Não retribuam a ninguém mal por mal [...] mas deixem com Deus a ira, pois está escrito: 'Minha é a vingança; eu retribuirei', diz o Senhor" (essa também é a mensagem do livro mais sangrento do Novo Testamento, o Apocalipse). "Não se deixem vencer pelo mal, mas vençam o mal com o bem" (por exemplo, provendo seu inimigo de tudo o que ele necessita para viver). Aí se encontra uma verdade de que deveríamos ter suspeitado desde o princípio. Cometer atos de violência contra o próximo implica ser violento consigo mesmo, e ainda mais com sua consciência, que lhe foi concedida por Deus. Encontrar pessoas que acabaram de chegar do Iraque e do Afeganistão e descobrir que elas sofrem de transtorno de estresse pós-traumático não deveria surpreender o cristão. Matar alguém é o oposto de afirmar que essa pessoa tem valor sagrado, é o contrário de amá-la como se ama a si mesmo. Deus ouve o sangue dos inocentes clamando – e pode

374 ENGAJAMENTO CULTURAL

acreditar que sempre existem pessoas inocentes e não combatentes atingidas no fogo cruzado.

Acho bem irônico que tantas pessoas que insistem em levar a Bíblia não somente a sério, mas ao pé da letra, evitem falar dos ensinos de Jesus e de Paulo sobre o assunto. Elas ignoram o apelo: "Por que não preferem sofrer a injustiça? [...] Vocês mesmos causam injustiças e prejuízos" (1Coríntios 6:7-8). Elas descartam denominações inteiras, como os menonitas e os amish, que afirmam o pacifismo cristão. Elas ignoram o testemunho dos cristãos primitivos nos primeiros séculos da história da Igreja, que estavam prontos a dar sua vida pelo próximo, mas não tinham disposição nenhuma de tirar a vida de ninguém. Tenho idade suficiente para lembrar e para ter apoiado o movimento dos direitos civis dos anos de 1960, e mesmo hoje não devemos ignorar o testemunho de pessoas como o rev. Martin Luther King Jr., por meio do qual aconteceu uma grande transformação social com o confronto sem violência e o protesto contra o racismo. Ele aderiu ao "pacifismo ativista" e foi inspirado pelas discussões de E. Stanley Jones sobre a vida de Gandhi, que, por sua vez, foi inspirado por Jesus. Jones se formou no Asbury College e dá nome à nossa escola missionária no Seminário Asbury.

O significado do pacifismo pessoal para a minha vida é que eu não poderia prestar serviço militar em uma capacidade de combate, mas poderia servir como capelão ou médico – alguém que tenta resgatar e restaurar as pessoas, mesmo em uma zona de guerra. Poderia servir no departamento de polícia, ou como um operador dos serviços de emergência, ou algo parecido. O que eu não posso fazer nem nunca farei é ter ou carregar os instrumentos da morte – as armas. Existe uma cena forte em um filme mais antigo chamado *A Testemunha*, em que Harrison Ford faz o papel de um policial. Um avô amish diz a seu neto quando vê a arma de Ford sobre a mesa de manhã: "Não toque essa coisa impura, porque o assassinato é um pecado grave".

Por acaso eu acredito que, em uma sociedade da qual tanto cristãos quanto não cristãos fazem parte, existe um lugar para o testemunho de uma minoria fiel a respeito de um caminho melhor que a violência, isto é, o caminho da cruz e de Cristo. Eu amo meu país tanto quanto qualquer um, mas a minha função não é realizar todas as tarefas possíveis na nossa sociedade, e sim testemunhar sobre a conduta de um Reino melhor, de amar até os próprios inimigos, orando por aqueles que o perseguem e perdoando aqueles que o prejudicam.

Estou sendo ingênuo sobre os modos ímpios de um mundo decaído? Não, de forma alguma. Servirei ao meu país de maneiras que não levem a preju-

Guerra, armas e pena de morte 375

dicar os outros e, assim, trarão cenas dos próximos capítulos, porque, como Isaías nos disse, está chegando o dia em que não seremos mais treinados para a guerra e transformaremos nossas armas em arados (Isaías 2:4). Embora os impérios possam se levantar e cair, o Reino de Deus é eterno. Devido a esse conhecimento, escolho fazer com que a minha prioridade seja sempre servir a esse Reino de paz que um dia se manifestará por toda a terra como no céu.

Quando há um conflito entre os valores do meu Reino e os nossos valores dos Estados Unidos, os valores norte-americanos devem ser deixados de lado. Cristo e o seu evangelho devem estar em primeiro lugar, e o exemplo da vida de Cristo, que ajudou, curou, libertou, amou a cada um e a todos nós, e perdoou até seus inimigos, deve ser seguido. Repito que isso não é opcional, é obrigatório para o cristão.

Inevitavelmente surgem situações em que se escolhe o menor entre dois males. E quando a vida da mãe quase certamente se perderá se a gravidez prosseguir? O que se deve fazer? Alguns pacifistas diriam para orar e confiar em Deus. Outros dizem que, embora o assassinato seja um pecado grave, seria um pecado ainda mais grave tirar a mãe dos outros filhos, portanto o aborto é visto como uma transgressão, mas não uma imperdoável. Mesmo assim, a pessoa precisa se arrepender do pecado de interromper a vida daquele que não nasceu.

A mesma lógica se aplica se alguém ataca a família do pacifista. Pessoalmente, o que espero fazer em uma situação como essa é o seguinte: (1) tentar me colocar diante do agressor e convencê-lo a não ferir ninguém, mas voltar sua atenção à minha pessoa; (2) se for necessário, fazer uso de força não letal para dominá-lo e frustrar seus esforços (lembre-se de que os pacifistas se opõem ao uso da violência, particularmente a violência mortal, não ao uso da força em todas as circunstância); (3) se nem isso funcionar, tentar prejudicar o agressor, sem matá-lo.

Para o pacifista cristão, a coisa mais importante é a salvação, seja de sua própria família, seja do agressor. Quando se mata alguém, tira-se a oportunidade dessa pessoa de (1) conhecer a Cristo, ou (2) se arrepender se tiver se desviado da fé. É exatamente devido à crença do pacifista – de que somente Deus tem o conhecimento para estabelecer o juízo final sobre as pessoas e cuidará do assunto até que esse juízo aconteça – que não é necessário que seus filhos tentem ser juízes, jurados ou executores de outros seres humanos.

Para aqueles que procuram uma exegese detalhada sobre algumas passagens importantes, eu oriento que leiam meus comentários de Mateus e Romanos

376 ENGAJAMENTO CULTURAL

(parte da série Smyth & Helwys Commentary [Comentário bíblico Smyth e Helwys], Eerdmans). Para aqueles que desejam ler uma análise ponderada sobre a ética e a teologia do pacifismo cristão, eu recomendo o livro de Ron Sider, intitulado *Christ and Violence* [Cristo e a violência], o estudo clássico de John Howard Yoder, *A Política de Jesus*, e a obra de S. Hauerwas e W. Willimon, *Resident Aliens* [Estrangeiros residentes].

Ben Witherington (doutor pela Universidade de Durham) é o detentor da Cátedra Amos de Novo Testamento para Estudos de Doutorado no Seminário Teológico Asbury e professor nos cursos de doutorado da Universidade de St. Andrews, na Escócia. Ele escreveu mais de cinquenta livros, entre eles *The Jesus Quest* [A busca de Jesus] e *The Paul Quest* [A busca de Paulo], e é considerado um dos maiores intelectuais evangélicos da atualidade.

É PRECISO LIMITAR O PORTE DE ARMAS

Rob Schenck

"Para que eu possa começar o treinamento para usar armas de fogo, você tem que me garantir que usará essa arma para matar, sem vacilar. Você está me entendendo? Se não puder fazer isso, você acaba sendo mais perigoso com a arma do que sem ela, porque, em um confronto violento, seu oponente tomará a arma de você para matar outras pessoas."

Esse alerta que veio do meu instrutor voluntário para o uso de armas de fogo, um fuzileiro naval norte-americano da reserva, foi um grande desafio. As armas de fogo não faziam parte do meu mundo. Como ministro do evangelho, nunca imaginara usar uma força mortal em nenhuma situação. Minha tarefa era pregar, ensinar e fazer todo o possível para que houvesse harmonia entre o homem e Deus e entre os próprios homens. Matar alguém não estava no meu repertório, mas, como parte de um projeto de pesquisa sobre os evangélicos e a cultura armamentista norte-americana, eu queria conhecer o assunto de perto.

O exercício incomum começou quando Abigail Disney, uma premiada diretora de documentários, me procurou por ser um defensor evangélico da vida conhecido em todo o país. Ela era uma progressista sem religião, e começou a refletir sobre a posição fervorosa que a minha comunidade adotou a favor do porte de armas irrestrito, em contraste com nossa oposição ferrenha ao direito ao aborto. Ela perguntou: "Como você pode ser pró-vida e pró-armas?".

O que confundia a diretora era como alguém que acreditava no Sermão do Monte, com sua bem-aventurança em relação aos pacificadores, podia defender com tanto zelo o direito de usar armas de fogo. Afinal de contas, Jesus não ordenou que seus seguidores "amassem os seus inimigos"?

Para a maioria dos cristãos, não se mistura o assunto das armas de fogo com Jesus Cristo, mas é necessário que isso aconteça. Os evangélicos norte-americanos em particular são o setor demográfico com a maior tendência a defender o acesso e o porte de armas irrestrito. Outros cristãos defendem com entusiasmo a segunda emenda da Constituição norte-americana, que indica que a posse e o uso de armas para defesa pessoal são direitos protegidos pela lei suprema da nação. Outros, ainda, como os menonitas e a Igreja da Irmandade, adotam

378 ENGAJAMENTO CULTURAL

uma postura totalmente oposta, negando-se a usar armas de fogo de qualquer tipo, por questões de consciência.

Preocupados com a ameaça crescente de terrorismo, cada vez mais frequentadores de igrejas e pastores passaram a portar armas. As igrejas recrutam seguranças armados, enquanto alguns líderes cristãos até mesmo levam armas escondidas ao púlpito.

O emprego da força mortal pelos cristãos levanta várias questões morais, éticas e até mesmo teológicas que devem ser abordadas. De forma bem simples, em que situações o seguidor de Cristo pode matar outro ser humano? Quando é que a própria vida é mais importante do que a do semelhante, mesmo se for um inimigo? Como a rapidez em matar um aparente "inimigo" se encaixa no mandamento que Jesus deixou de "amar nossos inimigos e orar por aqueles que nos perseguem" (Mateus 5:44)?

As diferentes respostas a essas perguntas dividem os cristãos. Uma pesquisa rápida sobre "Deus e armas", "autodefesa bíblica" e "cristãos e matar" resultará em uma infinidade de páginas da internet com estudos bíblicos e livros geralmente apresentando conclusões divergentes baseadas nas mesmas referências bíblicas. Como podemos abordar uma questão tão controversa? Podemos começar concordando a respeito da autoridade. Quem – ou o que – tem a última palavra nesse questionamento?

A maioria dos evangélicos adota o princípio que define a Bíblia como "a única Palavra de Deus infalível, inspirada e confiável". Outros cristãos equilibram a Bíblia com credos, conselhos, tradições ou grupos de mestres, como o magistério católico, ou, na Igreja Ortodoxa, "a consciência da Igreja". Aparentemente, então, a questão sobre quando e como um cristão pode recorrer à força para matar alguém por legítima defesa deveria se basear no que a Bíblia e as autoridades da Igreja dizem. No entanto, os evangélicos – e todos os cristãos – ficam, no fim das contas, mais concentrados na pessoa e na obra de Cristo. Somos "cristocêntricos". Isso inclui o modo como lemos e interpretamos as Escrituras. Em outras palavras, o modelo e o ensino de Jesus são a chave definitiva para descobrir a vontade de Deus – nas páginas das Escrituras e no tratamento com a humanidade.

Em João 14:8-10, Filipe pediu a Jesus que "nos mostrasse o Pai". Em resposta a isso, Jesus disse: "Quem me vê, vê o Pai" e "As palavras que eu lhes digo não são apenas minhas. Pelo contrário, o Pai, que vive em mim está realizando a sua obra". Baseados nessa instrução, temos que nos perguntar:

Guerra, armas e pena de morte 379

"O que Cristo diz a respeito da vontade de Deus quanto ao uso defensivo de uma arma mortal?".

Quando se levanta a questão das armas e da força letal, cita-se com frequência a passagem de Lucas 22:36-38. Nessa passagem, Jesus orientou a seus discípulos: "Se não têm espada, vendam a sua capa e comprem uma", ao que eles responderam: "Vê, Senhor, aqui estão duas espadas". Esse breve diálogo é usado para justificar a compra e o uso de armas mortais para defesa pessoal. Além do problema de se basear em uma passagem isolada como autoridade de fé e prática, existe também um contexto histórico que deve ser considerado. Em primeiro lugar, o único poder de polícia que existia no tempo dos discípulos era a guarda romana e, na época em que Lucas escreveu, o império tinha passado a ser hostil contra os cristãos. A primeira força policial civil do mundo só seria criada alguns séculos depois. No tempo do Novo Testamento, você só podia contar consigo mesmo para se proteger. Levando esses aspectos em conta, é fácil perceber que Jesus simplesmente estava preparando os discípulos para o que os aguardava em seguida, inclusive as ameaças físicas. No entanto, ele ainda tinha mais coisas para ensinar, e isso viria por meio de sua prisão, de sua tortura e de sua execução. Em cada fase desses ataques físicos contra Jesus não somente não houve retaliação da sua parte, como também ele proibiu seus discípulos de usar qualquer tipo de força para protegê-lo.

Alguns dizem que os discípulos foram proibidos de usar a força para proteger Jesus só porque ele se encontrava em uma missão messiânica de entregar sua vida física para cumprir o plano divino de salvação. Entretanto, isso ainda não explica a razão pela qual os discípulos que orgulhosamente exibiram suas armas para Jesus não usaram essa força para proteger um deles, que se chamava Estêvão, quando ele foi martirizado posteriormente. O próprio Estêvão não ofereceu resistência alguma aos seus perseguidores. Se Cristo permitiu a autoproteção sensata, então por que os discípulos não fizeram uso dela?

A resposta se encontra no que é necessário para orientar a matar e nas consequências disso. O ato de matar alguém é fundamental nessa análise. Usar uma arma para "afastar" uma ameaça nunca é uma boa ideia. Em primeiro lugar, as armas podem acirrar um confronto. Em segundo lugar, o uso da arma é em si mesmo uma reação incerta a uma ameaça. É difícil atingir um alvo móvel, e as balas não escolhem quem vão acertar, expondo as pessoas em redor a um grande risco. Além de tudo isso, aquele que atira não tem como saber quem está do outro lado de uma porta ou de uma parede. Isso induz o atirador a

380 ENGAJAMENTO CULTURAL

erros quando defende sua própria vida à custa dos outros, uma posição de poder que defendo ser também uma postura orgulhosa. Ela entra, de fato, em choque com a seguinte advertência: "Nada façam por ambição egoísta ou por vaidade, mas humildemente considerem os outros superiores a si mesmos" (Filipenses 2:3). Em minha experiência com armas de fogo, senti o impulso de autoconfiança e até de dominação que geralmente vem junto de ter um poder de fogo letal à sua disposição imediata. Existe uma ponta de orgulho no processo que coloca aquele que atira em conflito com a escolha que Paulo apela que os cristãos façam.

Para os evangélicos, existe um problema teológico em particular no assunto do acesso fácil às armas de fogo. Acreditamos que todos os seres humanos estão perdidos no pecado: "Pois todos pecaram e estão destituídos da glória de Deus" (Romanos 3:23) e "Enganoso é o coração, mais do que todas as coisas, e perverso" (Jeremias 17:9, ACF). Jesus disse o seguinte a respeito da condição pecaminosa do ser humano: "Pois do coração saem os maus pensamentos, os homicídios, os adultérios, as imoralidades sexuais, os roubos, os falsos testemunhos e as calúnias" (Mateus 15:19). Portanto, por definição, todo aquele que porta uma arma de fogo é, conforme a Bíblia define, perverso.

Como meu instrutor para o uso de armas de fogo me disse, quem porta uma arma deve estar pronto para usá-la para tirar a vida humana em um instante. Visto que esse impulso de matar é influenciado pela nossa natureza pecaminosa, como a Bíblia deixa bem claro, então todo aquele que atira é passível de matar de forma injustificada. Com certeza, até mesmo na mais justificável das circunstâncias, a abreviação de uma vida humana é lamentável, e o atirador tem que estar preparado para experimentar uma ampla gama de emoções depois do acontecido, desde o triunfalismo ou o orgulho doentio até a dúvida, a culpa, a vergonha e o remorso. Os capelães militares falam sobre a "mágoa moral" debilitante que alguns soldados sofrem, mesmo tendo matado sob as circunstâncias mais justificáveis. Isso indica que o assassinato não é natural para os seres humanos, sendo sempre uma anomalia. Para os cristãos, o ato de matar, seja de forma ofensiva ou defensiva, é fruto do pecado e da rebelião espiritual.

Por todos esses motivos, além de muitos outros, as pessoas civilizadas delegaram a tarefa de matar, a título de proteção, um grupo seleto que é altamente treinado, extremamente regulamentado e munido de uma grande responsabilidade. Isso inclui os membros das Forças Armadas, os policiais, os agentes governamentais de todo tipo e, em especial, os profissionais de segurança pessoal. Desse modo, a sociedade limita o perigo de tiros trocados de forma indiscriminada.

Os evangélicos norte-americanos aplicam esforços conjuntos para preservar o direito constitucional do "porte de armas", mas devem questionar o motivo pelo qual não têm o mesmo entusiasmo por matar para autodefesa e por encontrar formas de proteção que não levem à morte. Quem crê na Bíblia celebra a vida humana como um dom de Deus. Nós nos dedicamos ao Senhor Jesus, que disse: "O ladrão vem apenas para furtar, matar e destruir; eu vim para que tenham vida, e a tenham plenamente" (João 10:10). Como somos cristãos, denunciamos o assassinato e o aborto porque violam a santidade da vida que nos é concedida por Deus. Com certeza, como seguidores de Cristo motivados pelas orações, podemos encontrar soluções para o perigo que não incluam uma disposição constante para matar.

Em um mundo decaído haverá homicídios – tanto como ato de assassinato quanto de autopreservação. No entanto, essa realidade não resolve as graves questões éticas, morais e espirituais do uso da força mortal por parte do cristão. O porte e o uso de armas podem ser franqueados pela lei, mas isso não faz com que essas coisas sejam moralmente lícitas. Matar outro ser humano pode ser uma realidade, mas isso não quer dizer que devemos ser coniventes com esse ato. Sugiro que sigamos o modelo de Jesus e nos abstenhamos, em todo momento e em todo lugar, de portar armas para defesa e da violência que as acompanha.

Rob Schenck é presidente do Instituto Dietrich Bonhoeffer e um ministro evangélico ordenado com diplomas de Bíblia, teologia, religião e ministério cristão. Ele escreveu o livro *Costly Grace: An Evangelical Minister's Rediscovery of Faith, Hope and Love* [Graça preciosa: a redescoberta da fé, da esperança e do amor por um ministro evangélico] e foi protagonista do documentário vencedor do prêmio Emmy, *The Armor of Light* [A armadura de luz], dirigido por Abigail Disney, que analisa a cultura das armas por parte dos evangélicos.

SERÁ QUE AS ARMAS PODEM SER PRÓ-VIDA?

Karen Swallow Prior

Não é em toda manhã de Natal que você acorda com uma pistola na sua meia de presentes.

Essa história começou no trecho isolado de uma estrada, evoluiu para mim, enquanto acenava para que uma viatura da polícia parasse, e se resolveu com mais ligações para a polícia, finalmente com uma visita surpresa dos guardas à casa de um senhor muito sujo. O epílogo foi a arma de fogo.

No entanto, essa não é uma história que gira em torno das armas, mas sim do modo como as mulheres cristãs devem pensar e agir quanto à sua defesa pessoal, diante da realidade de hoje. Para seu governo, sou a favor do controle das armas, mas essa posição aceita vários tipos diferentes de controle que escapam ao objetivo deste artigo.

Eu corro de 55 a 65 quilômetros por semana. Como resido em uma área rural, esse percurso passa por locais com níveis diferentes de habitação. Moro numa vizinhança na qual a incidência de crimes é pequena – mais uma razão para resistir ao conforto de uma sensação ilusória de segurança, especialmente quando basta ser uma mulher para se tornar vulnerável. Enfim, passo boa parte da duração dessa corrida em uma postura de cautela, de vigilância e de proatividade com estratégias de defesa pessoal.

O primeiro problema que tive, há anos, quando morava em outro Estado mais perigoso, foi com um exibicionista que parava o carro na estrada por onde eu passava pela manhã, me aguardando todos os dias. Ele se mantinha bem longe e se posicionava à minha frente para fazer o seu "espetáculo", tudo isso para depois entrar no carro e sair correndo antes que eu chegasse perto o suficiente para identificar a placa do carro dele. No entanto, eu e meu vizinho ficamos de olho e acabamos identificando a placa e comunicando à polícia, que pôs um fim às suas travessuras.

O incidente que levou à pistola inusitada começou com um caminhão parando ao meu lado, com o motorista me perguntando se eu queria uma carona. É surpreendente a frequência com que se recebe essa proposta quando se está correndo na rua. (Gostaria de observar que, se você me vir correndo pela estrada com tênis e short esportivos, pode ter certeza de que não estou nem um pouco interessada em uma carona. Além disso, estou louca para saber se essa proposta de fato já deu certo para alguém.) Quando o caminhão deu a volta e passou por mim novamente, apliquei minha primeira estratégia de defesa (que não contarei, para não estragar sua eficácia). Isso foi antes de eu começar a levar um celular comigo (porque o propósito dessas corridas, afinal de contas, era me sentir um pouco mais leve e desconectada), mas, por um milagre, quando cheguei à estrada principal, uma viatura da polícia passou por perto e eu pedi para que ela parasse. Mesmo assim, ainda tive que encontrar o homem mais uma vez para que a polícia o fizesse parar com essas ofertas caridosas.

Foi aí que meu marido comprou a arma para mim.

Então não fiquei nem um pouco surpresa quando li no jornal local que um novo clube de tiro nas proximidades estava atraindo um público significativo de clientes femininas. Essa tendência se verifica em várias partes do país. Uma enquete conduzida pelo Instituto Gallup em 2014 mostrou que 38% das mulheres que foram abordadas e 58% das mulheres que participaram dessa enquete achavam que ter uma arma em casa tornava esse ambiente mais seguro.[1]

Eu sei que os cristãos que desejam leis mais rígidas sobre o controle das armas afirmam que, como cristãos, particularmente aqueles como eu, que se identificam como pró-vida, nós devemos, acima de tudo, "amar os nossos inimigos" e "dar a outra face". Ainda assim, enquanto tento cultivar, como cristã, minha disposição de entregar a vida a favor do evangelho ou pela vida do próximo, não acredito que deva me arriscar por um possível estuprador. Para mim, ser "pró-vida" significa proteger a minha vida também.

Ninguém contesta com seriedade o direito à autodefesa. Esse é um direito inato que não precisa de explicação. O que se discute é simplesmente o quanto a pessoa está preparada para usar armas letais para reagir ao ataque contra um inocente. O resgate da pessoa inocente é um mandamento bíblico, como em Salmos 82:4, que diz: "Livrem os fracos e os pobres; libertem-nos das mãos dos ímpios", e Provérbios 25:26 afirma: "Como fonte contaminada ou nascente poluída, assim é o justo que fraqueja diante do ímpio".

Algumas pessoas podem dizer que eu deveria simplesmente desistir do meu amor pela vida ao ar livre e da minha corrida (que pratico desde o início do ensino médio, quando comecei a correr *cross country*), e quem sabe me inscrever

---

1   Justin McCarthy, *Gallup*, "More Than Six in 10 Americans Say Guns Make Homes Safer", 7 de novembro de 2014. Disponível em: https://news.gallup.com/poll/179213/six-americans-say-guns--homes-safer.aspx. Acesso em: 11 maio 2020.

384 ENGAJAMENTO CULTURAL

em uma academia, ou ir de carro para a cidade mais próxima para correr em um lugar menos isolado. Entretanto, renunciar à minha liberdade e ceder de boa vontade ao mal não parece combinar com o meu chamado de cristã. Devem-se levar em conta também as questões administrativas: a administração do tempo, dos talentos e da minha saúde mental e física. Acima de tudo, a corrida atende a essas necessidades da minha vida.

Além disso, a arma só serve como último recurso em minha estratégia de autodefesa. Agora corro com um telefone, sempre presto atenção por onde ando, mando mensagem de texto para o meu marido com a placa de veículos suspeitos (ou cujos motoristas me oferecem uma carona) e ligo imediatamente se estiver sozinha por um trecho muito longo e encontrar um veículo desconhecido estacionado ou se movendo lentamente. Também desisti de correr na estrada bem arborizada onde o homem do caminhão me abordou duas vezes (a última vez foi na minha própria estrada).

Por fim, quando corro, como em todos os momentos, ponho a minha confiança no Senhor, mas sem o colocar à prova.

Outro incidente que me aconteceu também me fez recordar a proteção soberana de Deus. Eu estava subindo um morro em um trecho de três quilômetros em uma estrada suja, afastada e desabitada, quando avistei um carro de modelo antigo com uma placa de fora do Estado estacionado logo à frente. Um homem estava apoiado no carro fumando um cigarro. Rapidamente tirei o celular da bolsa em que carrego tudo o que preciso e liguei para minha mãe, que eu sabia que estava em casa. Continuei falando com ela ao telefone enquanto me desviei o quanto pude do homem e do carro. Quando cheguei ao topo do morro, vi uma viatura da polícia estacionada. Sem que eu soubesse, a partir de sua posição elevada, o policial estava nos vigiando o tempo todo e esperou que eu chegasse em segurança.

De fato, Deus cuida de mim. Mesmo assim, ainda sou chamada a ter sabedoria e a administrar bem todos os dons que ele me concedeu, inclusive a minha vida e a minha saúde.

Este texto foi adaptado de um artigo que apareceu pela primeira vez no site *Christianitytoday.com*, em 26 de julho de 2012. Usado com permissão do periódico *Christianity Today*, Carol Stream, IL 60188, Estados Unidos. O título original era "Packing Heat and Trusting in Providence: Why I Own a Handgun" [Armada e confiando na providência divina: o motivo pelo qual tenho uma arma].

Karen Swallow Prior é uma premiada professora de inglês da Liberty University. Ela obteve seu doutorado em inglês na Universidade Estadual de Nova York, em Buffalo. Karen já escreveu para *The Atlantic*, *Christianity Today*, *The Washington Post*, *Vox*, *First Things*, *Sojourners*, *Think Christian* e outros veículos. Ela é associada sênior do Trinity Forum, pesquisadora da Comissão de Ética e Liberdade Religiosa da Convenção Batista do Sul, associada sênior do Centro de Apologética e Engajamento Cultural da Liberty University e membro do Conselho Deliberativo da Humane Society dos Estados Unidos.

PERGUNTAS PARA DISCUSSÃO

1. Schenck argumenta, em seu artigo contra o porte de armas por parte dos cristãos, que as usar envolve um elemento de orgulho. Explique sua lógica e depois esclareça por que concorda com essa ideia ou discorda dela.

2. Em seu artigo a favor da pena de morte, Carter usa o versículo 6 da aliança noética como a base do seu argumento de que a pena de morte é um mandato bíblico. Explique como alguém pode ver Gênesis 9:6 como um mandamento que não deve ser aplicado de forma universal.

3. Witherington usa o argumento específico de que, para ser a favor da vida, é necessário que o cristão seja pacifista. Será que alguém pode ser ao mesmo tempo a favor da vida e da Guerra Justa? Justifique.

4. Tanto Schenck quanto Witherington usam a vida de Jesus, o seu caráter e os seus ensinos para defender uma vida cristã altruísta, sem armas e pacifista. Como alguém que segue a tradição de Ashford responderia a esse uso da vida e dos ensinos de Jesus?

5. Como alguém que segue a posição de Schenck poderia responder à afirmação de Prior de que "ninguém contesta com seriedade o direito à autodefesa"?

6. Arbo apresenta estatísticas contra a pena capital que indicam uma possível corrupção extremamente grave na esfera da aplicação dessa pena. Será que alguém que apoia a pena de morte pode lidar com essas preocupações, ou elas exigem uma mudança de posição? Explique a sua resposta.

7. Schenck propõe a seguinte pergunta: "Como a rapidez em matar um aparente 'inimigo' se encaixa no mandamento que Jesus deixou de 'amar nossos inimigos'?". Como alguém que segue a posição de Prior ou de Ashford responderia a essa pergunta?

8. Ashford estabelece uma lista de critérios que devem ser levados em conta antes que uma guerra seja apoiada com a consciência limpa pelos cristãos. Como você acha que alguém da escola de Witherington responderia a esses critérios?

9. Algumas palavras diferentes foram empregadas por todos esses autores, mas cada um parece ter um conjunto diverso de definições predeterminadas. Como cada autor define "assassinato", "inimigo", "pró-vida", "proteger" e "egoísta/altruísta"?

10. Carter afirma, com termos fortes, que o versículo 6 da aliança noética "delega a responsabilidade [da pena de morte] à humanidade". Como Schenck poderia responder a essa afirmação, especialmente em sua análise sobre o orgulho e o egoísmo?

Parte 3

SEGUINDO EM FRENTE

Capítulo 13

ENGAJAMENTO CULTURAL ORIENTADO PELO EVANGELHO

Engajamento dentro da cultura

Os cristãos não são imunes à cultura. Ao refletirmos sobre ela, não estamos refletindo sobre algo que se encontra "lá fora", do qual podemos entrar e sair. Todos nós estamos nadando na cultura. Como analisamos no capítulo 1, a cultura traz uma grade de pressupostos em meio à qual vivemos e por meio da qual enxergamos o mundo. Isso indica que é impossível que nossa vida cristã não seja influenciada pela nossa posição cultural. Nenhum ser humano está isento da cultura, assim como nenhum cristão. A questão não é *se* nos engajaremos ou não na cultura, mas *como* viveremos em nosso espaço e tempo cultural em particular como cristãos. Ou, para formular essa pergunta de maneira diferente, como pode o próprio evangelho, a proclamação central da Igreja cristã, nos servir de guia para viver de modo fiel em nosso contexto atual?

1. O ENGAJAMENTO CULTURAL ORIENTADO PELO EVANGELHO EQUILIBRA O ACOLHIMENTO COM A CRÍTICA DA CULTURA

O historiador Andrew Walls afirma que o próprio evangelho dá a entender duas tendências opostas que devem servir como guias para a maneira como interagimos com o mundo à nossa volta. Na pessoa de Jesus Cristo, Deus se aproxima de nós, seja qual for a nossa situação. Deus se fez homem, penetrou no espaço e no tempo, se fez carne e viveu dentro de uma cultura em particular. Logo, Deus afirma a parte física do mundo e as particularidades que constituem a vida humana, que se deduzem das cenas iniciais da história bíblica e se estendem pela visão da Igreja do Novo Testamento e dos céus e terra vindouros. Ao afirmar as particularidades da humanidade – naquilo a que Walls se refere como "princípio de indigenização" –, a história do evangelho nos faz lembrar

392 ENGAJAMENTO CULTURAL

a "impossibilidade de separar o indivíduo dos seus relacionamentos sociais"[1] e a redenção futura da pessoa como um todo. Cada um de nós nasceu em uma época, em uma família e uma cultura em particular, e Deus nos aceita como seres socioculturais.[2] Com efeito, Deus nos redime – uma salvação que profundamente molda toda a nossa vida, inclusive nossos valores, prioridades, ideias, famílias e trabalho. No entanto, isso não resulta em uniformidade. O brilho das bodas do Cordeiro está no resplendor da diversidade, e, como aguardamos a implementação final do Reino, a Igreja cresce dentro da cultura, não fora dela. "O fato de que, 'se alguém está em Cristo, entrou em uma nova criação' (2Coríntios 5:17) não indica que ele começa ou continua sua vida em um vácuo, ou que sua mente passa a ser uma tela em branco."[3] Em vez disso, o cristão "foi formado em sua própria cultura e história e, já que Deus o aceitou como é, sua mente cristã continuará a ser influenciada pelo que estava nela antes, e isso é tão verdadeiro para os grupos quanto para as pessoas. Todas as igrejas são igrejas culturais – inclusive a nossa".[4] E ainda assim a indigenização deve ser equilibrada com um segundo princípio, que Walls chama de "princípio do peregrino".

O princípio do peregrino afirma que Deus transforma pessoas *pecadoras*. Como peregrinos, temos o grande anseio de morar na cidade eterna. Aqui não é o nosso lugar. A vida do cristão às vezes é alheia, chegando até mesmo a ser ofensiva às normas de qualquer sociedade. Portanto, enquanto o princípio da indigenização destaca que Deus não apaga sumariamente a dimensão social, a dimensão familiar e a dimensão vocacional de um indivíduo que se torna cristão, o princípio do peregrino nos recorda que as tramas culturais que formam o tecido individual precisam ser transformadas por Cristo. Walls explica: "Todos os relacionamentos com os quais o cristão foi criado são santificados por Cristo, que habita nele, mas ele também passa a ter todo um conjunto de relacionamentos com outros membros da família da fé da qual começa a fazer parte, os quais ele tem que aceitar, com todos os encontros (e desencontros) sociais que têm, do mesmo modo que Deus o aceitou com todas as suas questões individuais".[5]

---

1   Andrew F. Walls, *The Missionary Movement in Christian History* [O movimento missionário na história cristã] (Maryknoll, EUA: Orbis; Edimburgo: T&T Clark; Oxford: Oxford University Press, 1996), p. 7.

2   Ibid., p. 7-8.

3   Ibid.

4   Ibid.

5   Ibid., p. 9

Engajamento cultural orientado pelo evangelho **393**

De maneira parecida, o teólogo Miroslav Volf destaca a importância de reconhecer que estarmos distantes da cultura com uma postura crítica não indica que devamos, ou sequer possamos, viver completamente isolados dela. "A distância adequada com relação à cultura não exclui o cristão dela. Os cristãos não são participantes da cultura que fugiram dela para uma nova 'cultura cristã', tornando-se alheios ao seu próprio ambiente cultural. Pelo contrário, quando atendem ao chamado do evangelho, eles colocam um pé para fora da sua cultura, mas continuam com o outro firmemente plantado nela. Eles estão distantes, mas ainda assim fazem parte da sua identidade".[6]

O princípio de indigenização e o princípio do peregrino servem como guarda-corpos do nosso engajamento cultural. O princípio do peregrino nos afasta do erro da servidão cultural, no qual adotamos de forma ingênua as prioridades da nossa cultura e consumimos seus artigos sem nenhum discernimento. O mundo particular onde habitamos não consiste simplesmente em "senso comum" ou na "forma como as coisas são feitas". Todas as culturas humanas são distorcidas pelo pecado, e o princípio do peregrino nos relembra que temos a tendência de ignorar cegamente os males da nossa própria cultura, participando deles e até promovendo seus vícios como virtudes. Isso acontece porque, como discutimos no capítulo 1, esses transtornos fazem parte do que geralmente consideramos um comportamento normal. No entanto, como cristãos, agora nós habitamos na história verdadeira (criação, queda, redenção, nova criação), com conhecimento do objetivo final (Cristo e seu Reino), então estamos em uma posição melhor para encarar a realidade e abordar de forma crítica a nossa própria cultura e suas várias mitologias falsas e ambições caóticas.

O princípio da indigenização nos faz lembrar que "o distanciamento de uma cultura nunca deve degenerar-se em uma fuga dessa cultura, mas deve ser um estilo de vida dentro dela".[7] "O distanciamento sem participação nos isola" do mundo ao nosso redor e apresenta o perigo de descuidar da bondade da ordem criada. Além disso, ironicamente, a negligência do princípio da indigenização também pode causar uma regressão a uma "participação traiçoeira sem distância", levando-nos a uma contradependência e nos conduzindo a

---

6   Miroslav Volf, *Exclusion & Embrace* [Exclusão e acolhimento] (Nashville, EUA: Abingdon, 1996), p. 49.

7   Ibid., p. 50

394 ENGAJAMENTO CULTURAL

encontrar nossa identidade em um subgrupo que demoniza todos que são diferentes de *nós*.[8] O evangelho nos leva adiante rumo à unidade encontrada em Cristo e à diversidade encontrada em um leque de lindo talento artístico e criatividade dentro de culturas diferentes. Nós não perdemos nossas características étnicas e culturais quando nos tornamos cristãos. A nossa identidade em Cristo e a nossa cidadania no seu Reino transcendem, mas não apagam as nossas particularidades culturais. Logo, essas características são cultivadas, mas não idolatradas. Devido ao fato de não estarmos presos à supremacia de nenhuma cultura, nos mantemos abertos à contribuição das outras culturas e livres para confrontar os pecados de cada uma, começando com a nossa. Isso nos livra da nostalgia falsa que casualmente insiste na volta de uma "era dourada" dentro da nossa cultura nativa ao mesmo tempo que nos impede de demonizar tudo que esteja incluído em uma cultura ou uma época em particular.

2. O ENGAJAMENTO CULTURAL ORIENTADO PELO EVANGELHO É ESCLARE-CIDO E SÁBIO

A sabedoria e a humildade estão intimamente ligadas nas Escrituras. A humildade nos leva a aprender com os especialistas, mesmo com aqueles de quem discordamos no final das contas. Escutar e aprender são os pré-requisitos para o engajamento fiel.

Vivemos em um mundo que é um turbilhão de informações. A *web* facilitou bastante pesquisar assuntos e aprender dos "especialistas" mais importantes ao redor do mundo, e não há limite para a publicação de livros. Seria possível presumir que os imensos tesouros de informação na ponta dos nossos dedos aumentariam o potencial do engajamento informado e, de certa maneira, obviamente isso pode acontecer.

Entretanto, a grande proliferação de pesquisas sobre determinado assunto pode ser avassaladora. A *web* cria um mundo igualitário que às vezes induz ao erro – um PhD em economia pode ser desafiado por um calouro da faculdade. Suas opiniões são colocadas lado a lado. Todos podem falar e ser ouvidos, dificultando o processo de peneirar aquilo que é confiável em meio a tudo a que temos acesso fácil. Em um lugar no qual todos afirmam ser "especialistas", e sempre se pode achar alguém com um diploma avançado que apoie pratica-

---

8 Ibid.

mente qualquer teoria, pesquisar no Google não basta para obter a informação correta. Pode-se chegar facilmente ao conhecimento, ou à posse de informações, mas, para entender o sentido desses dados, a necessidade atual é o resgate da sabedoria – conhecer os princípios mais importantes e ser capaz de vivê-los de forma prática em cada contexto em particular.

O engajamento esclarecido e sábio não implica deixar a questão com "os especialistas acadêmicos". O triste hábito de alguns cristãos de se exibirem como especialistas não deve fazer com que as pessoas com mensagens mais humildes e moderadas se intimidem e permaneçam no anonimato. É necessário que aconteça justamente o oposto – nós *precisamos* desses cristãos que agem de forma diferente.

Esse engajamento não deve se limitar a uma pequena elite, porque com frequência os "especialistas" tendem a ter um foco bastante limitado, sem perceber as questões mais amplas ou a integração entre as disciplinas. Os programas de pesquisa universitária são criados para formar especialistas em determinado assunto em um campo em particular. O resultado pode ser uma pessoa que é um gênio quando se trata, por exemplo, do mapeamento do genoma humano ou dos acontecimentos históricos que levaram à Guerra dos Trinta Anos, mas é reticente e geralmente avessa a aplicar esse talento às questões mais amplas e importantes – por exemplo, sobre o que é bom, verdadeiro e belo. Nossa ideia não é diminuir os especialistas; devemos ser gratos a eles, e o nosso dever é consultar suas obras. Contudo, "talento" não equivale à "sabedoria".

Ainda assim, parte do engajamento esclarecido implica pesquisar o que os especialistas de uma área específica estão dizendo. Quando não fazemos isso, estamos suscetíveis ao erro e, quase certamente, perdemos a credibilidade. A necessidade urgente é de generalistas que trabalhem com os especialistas. Precisamos de pessoas que olhem o mundo com um telescópio e de outras que olhem para ele com um microscópio. Isso levará a uma comunidade esclarecida e sábia.

A renovação da imaginação também é necessária para cultivar comunidades sábias, com uma verdadeira "capacidade de perceber o todo".[9] Como o teólogo Kevin Vanhoozer explica: "A pessoa sábia se relaciona com Deus, com o mundo e com os outros de maneira adequada e, por causa disso, esse

---

9   Kevin Vanhoozer, *Teologia primeira*: Deus, Escritura e Hermenêutica (São Paulo: Shedd Publicações, 2016).

396 ENGAJAMENTO CULTURAL

modo de agir leva à prosperidade humana (e à glória de Deus): 'Tudo o que ele faz prospera' (Salmos 1:3)".[10] Como podemos nos beneficiar dessa sabedoria temente a Deus?

Temos que aprender a viver e respirar a narrativa bíblica. A história do evangelho nos dá a visão de uma lente grande-angular que nos permite entender o mundo e dar asas à nossa imaginação a respeito de como as coisas podem ser diferentes – até mesmo como elas devem ser diferentes. Vivemos, aprendemos e interagimos com as pessoas usando esse prisma. De fato, a história da cruz e da ressurreição nos dá conhecimento da realidade, mas nos chama a uma experiência vivida – uma história – que é a síntese da sabedoria. Era isso que C. S. Lewis queria dizer com suas palavras famosas: "Eu acredito no cristianismo como acredito que o Sol nasceu: não somente porque posso vê-lo, mas porque com ele posso ver tudo mais".[11] O cristianismo proporciona um modo de observar o mundo que ilumina tudo o que está ao nosso redor. Cremos para entender. Em vez de nos isolar em nossos mundos provincianos, o evangelho nos convida a abrir os olhos para tudo – a absorver o conhecimento onde o encontrarmos e a entender o que descobrimos pelo prisma do evangelho, a história verdadeira que ilumina cada aspecto da vida. No entanto, além da nossa visão da vida de acordo com essa história, a sabedoria surge do nosso envolvimento nessa história – aprendendo a refletir, viver e interagir de forma comprometida com ela. Isso acontece quando nossa vida cria raízes na Igreja, a comunidade que Deus formou com os portadores da sabedoria e o local de treinamento para a narrativa do evangelho. Por meio da nossa adoração comunitária, das orações, dos sacramentos, das confissões, do ouvir e do ensinar, nós nos situamos na história de Deus e o Espírito Santo nos ensina a experimentar o mundo e imaginar como ele poderia ser de acordo com o Reino vindouro.

3. O ENGAJAMENTO CULTURAL ORIENTADO PELO EVANGELHO DEMONSTRA UMA CONFIANÇA HUMILDE

O evangelho cria um povo que tem duas qualidades aparentemente opostas uma à outra: humildade e confiança. Um princípio central das boas novas é que somos pecadores salvos pela graça. Quanto maior o entendimento que

---

10 Ibid.

11 C. S. Lewis, "A teologia é poesia?", em *O peso da glória* (Rio de Janeiro: Thomas Nelson Brasil), p. 140.

temos de nós mesmos de acordo com a luz de Deus, mais desenvolveremos a consciência avassaladora das nossas próprias limitações – e, ainda mais, da nossa própria maldade. "Ai de mim! Estou perdido! Pois sou um homem de lábios impuros e vivo no meio de um povo de lábios impuros; e os meus olhos viram o Rei, o Senhor dos Exércitos!" (Isaías 6:5). A humildade vem de entender nossa falência pessoal diante de Deus. Do que podemos nos orgulhar? Paulo responde: "Que eu jamais me glorie, a não ser na cruz de nosso Senhor Jesus Cristo, por meio da qual o mundo foi crucificado para mim, e eu para o mundo" (Gálatas 6:14). A cruz nos lembra constantemente que não temos nada de que nos orgulhar além da obra de Deus (Efésios 2:8-9). Que coisas boas temos que não nos foram concedidas por Deus (Tiago 1:17)? Nossos talentos, capacidades e ética de trabalho são dons que vêm das mãos providenciais de Deus. Essa postura de humildade e de gratidão diante do Senhor deve influenciar *a maneira* como nos engajamos. "Mansidão e respeito" (1Pedro 3:15) não são coisas que venham por decreto; a humildade verdadeira vem do descanso em sua graça. Esse descanso na graça divina também nos faz encontrar a verdadeira confiança: "Se Deus é por nós, quem será contra nós?" (Romanos 8:31). Nosso engajamento é corajoso, mas sem ares de superioridade.

A cruz não somente impacta o tom das nossas interações ou a nossa postura, mas também muda nossa expectativa quanto ao engajamento. Afinal de contas, o caminho da glória passou pelo Gólgota. Tendo em vista o modo como perseguiram o nosso Salvador, precisamos realinhar a nossa expectativa quanto à nossa recepção. O Messias crucificado nos coloca no caminho de uma vida crucificada, com expectativas limitadas a respeito do que o engajamento cultural alcançará até que ele retorne. Nossa vida pode apontar para o Reino, mas não tem o poder de fazer com que ele venha.

Por isso, o evangelho não se presta ao otimismo ingênuo. Vivemos em um mundo pecaminoso, e a salvação veio por meio da vergonha da cruz. Todavia, o evangelho também não nos deixa em uma situação desesperadora. A morte não é a cena final. A ressurreição e o Pentecostes aconteceram logo em seguida, e com eles veio a esperança. O Espírito Santo direciona nossos olhos ao que ainda virá: as promessas serão cumpridas em Cristo, impulsionando a Igreja com alegria para missões. A visão das realidades definitivas do Reino vindouro, que apresenta qualidades como justiça, amor e beleza, é "a norma para como deve ser a boa elaboração da cultura em uma criação decaída, porém

398 ENGAJAMENTO CULTURAL

redimida".[12] A Igreja, pela obra do Espírito Santo, é separada para trazer uma amostra desse Reino futuro.

Portanto, enquanto aguardamos a volta de Cristo com uma confiança humilde, o evangelho nos liberta da ingenuidade e do desespero sobre a mudança cultural. Em vez disso, com esperança e alegria, partimos para nossa missão de fazer discípulos, amar o próximo e orar como Jesus nos ensinou: "Venha o teu Reino; seja feita a tua vontade, assim na terra como no céu" (Mateus 6:10).

---

12 James K. A. Smith, *Awaiting the King*: Reforming PublicTheology [Aguardando o Rei: reformando a teologia pública] (Grand Rapids, EUA: Baker Academic, 2017), p. 31.

Capítulo 14

CRIANDO CULTURA

Andy Crouch

A nossa *postura* é o nosso posicionamento padrão inconsciente, que nada mais é que a nossa posição natural. Trata-se da posição que o nosso corpo assume quando estamos descontraídos, a atitude básica que adotamos em meio à vida. Geralmente é difícil discernir nossa própria postura – como adolescente desajeitado e desastrado, sem perceber eu andava encurvado para diminuir minha altura, algo que nunca teria notado se minha mãe não tivesse chamado minha atenção para isso. Foi somente com uma grande dose de esforço consciente que minha postura se tornou menos discreta e mais confiante.

Logo, posso precisar de vários *gestos* do corpo durante o dia. Quem sabe precise me agachar para pegar os envelopes que vieram pela caixa de correio. Posso me acomodar em nossa cadeira grande com minha filha para ler uma história, ou me esticar para alcançar um livro na prateleira mais alta da estante. Se for um dia bom, abraçarei minha mulher. Se o dia não for tão bom, levarei minhas mãos ao alto para evitar o ataque de um assaltante. Todos esses gestos podem fazer parte do repertório da vida diária.

Com o passar do tempo, alguns gestos podem se tornar um hábito – isto é, fazer parte da nossa postura. Já conheci ex-marinheiros da Força Especial que caminham em uma postura meio agachada, prontos para se lançar sobre o inimigo ou se proteger. Já conheci modelos que mantêm uma postura diferenciada, mesmo quando estão em casa, como se estivessem em uma passarela. Isso sem falar nos jogadores de futebol que andam com o corpo balançando na ponta dos pés em todos os lugares a que vão, de forma ágil e rápida, ou nos adolescentes viciados em *videogames* cujos polegares não param e cujos ombros parecem estar sempre arqueados diante de uma tela imaginária. O que começa como um gesto ocasional adequado para uma oportunidade ou um desafio passa a ser uma abordagem básica para a vida.

Gestos relativos à cultura

O meu parecer é que aconteceu algo similar a cada estágio do engajamento dos cristãos norte-americanos com a cultura. Os gestos apropriados para as manifestações culturais se tornaram, com o passar do tempo, parte da postura que os cristãos adotam inconscientemente em toda situação e em todo ambiente cultural. Certamente, o apelo das várias posturas de condenação, de crítica, de cópia e de consumo é que cada uma dessas reações à cultura constitui um gesto necessário em determinadas épocas e em relação a determinadas manifestações culturais.

CONDENAÇÃO

Algumas manifestações culturais só podem ser alvo de condenação. A rede internacional de violência e de crime que sustenta o tráfico sexual do mundo todo é parte da cultura, mas nada deve ser feito quanto a ela senão erradicá-la da forma mais rápida e eficaz possível. A única coisa que o cristão pode fazer é rejeitá-la. Do mesmo modo, o nazismo, uma tentativa deliberada de entronizar uma cultura em particular e destruir as outras, foi outro fenômeno cultural de amplo alcance que exigiu a condenação da parte dos cristãos, como fizeram Karl Barth, Dietrich Bonhoeffer e outros cristãos corajosos na década de 1930. Não seria o suficiente criar uma missão cristã para servir às necessidades espirituais daqueles que acabavam de entrar para o Partido Nazista. Em vez disso, Barth e Bonhoeffer assinaram a Declaração Teológica de Barmen, uma rejeição categórica de todo o aparato cultural que constituía a Alemanha Nazista.

Na produção cultural que circula entre nós na atualidade, existem sem dúvida muitas manifestações condenáveis. A pornografia consiste em uma indústria incrivelmente grande e poderosa que não cria nada de bom e destrói muitas vidas. Nossa economia passou a depender de uma forma perigosa de indústrias em países distantes onde se exploram os trabalhadores em um regime praticamente escravo. Nossa nação permite o assassinato de crianças vulneráveis que ainda não nasceram e faz vista grossa enquanto fábricas próximas a comunidades carentes poluem o meio ambiente de crianças que já nasceram. O gesto adequado diante dessa notória destruição da vida humana digna é um grito de "Pare!", dado com toda a nossa força.

CRÍTICA

Algumas manifestações culturais merecem ser analisadas e debatidas. É possível que o exemplo mais claro sejam as belas artes, cujo propósito é principalmente incentivar o diálogo sobre ideias e ideais, levantar questões a respeito do nosso momento cultural e apontar novas maneiras de encarar o mundo natural e o mundo cultural. Pelo menos desde a Renascença, os artistas na tradição ocidental querem que nós analisemos o seu trabalho, que pensemos algo a respeito do que eles criaram. De fato, quanto melhor a arte, mais ela nos leva à crítica. Pode até ser que assistamos a um filme *blockbuster* por simples escapismo, ou para rirmos como loucos, sem nunca dizer uma palavra sobre ele depois de sairmos do cinema, mas, quanto mais cuidado e honestidade se colocam na produção de um filme, mais somos motivados a perguntar uns aos outros: "O que você entendeu de tudo isso?".

Em contrapartida, outros "gestos" relativos à arte estão praticamente fora de questão. Obras de arte sérias não são criadas para ser consumidas – simplesmente jogadas sem nenhum questionamento no nosso cotidiano – nem, inclusive por lei, podem ser simplesmente copiadas e apropriadas para o uso cristão. De todos os gestos demonstrados quanto à cultura, a condenação, em particular, acaba soando um tanto estridente e tola quando se aplica à arte. É difícil pensar em um único exemplo em que a condenação de uma obra de arte tenha produzido outro resultado além de chamar mais atenção para a obra e para o artista.

CONSUMO

Existem muitos bens culturais aos quais a reação mais adequada é, de longe, o consumo. Quando faço um bule de chá ou um pão, não condeno isso como uma distração mundana das coisas espirituais, nem examino sua cosmovisão e suas premissas sobre a realidade; simplesmente bebo o chá e como o pão, desfrutando-os em sua bondade efêmera, sabendo que amanhã o chá ficará amargo e o pão se estragará. A única coisa apropriada a fazer com esses bens culturais é consumi-los.

CÓPIA

Até a cópia de bens culturais, tomando emprestado sua forma da cultura convencional e acrescentando-lhes algum conteúdo cristão, tem o seu lugar. Quando nos dedicamos a comunicar ou viver o evangelho, nunca começamos do nada. Até mesmo antes de as igrejas se parecerem com imensas lojas

402 ENGAJAMENTO CULTURAL

atacadistas, os arquitetos eclesiásticos já importavam alguns elementos dos arquitetos "seculares". Bem antes de a música cristã contemporânea desenvolver sua habilidade impressionante de imitar todas as tendências musicais do momento, Martinho Lutero e a família Wesley acrescentavam letras cristãs às melodias das músicas das tavernas e das salas de dança. O que impede a Igreja de pegar emprestadas todas as formas culturais com o propósito de adoração e discipulado? Afinal de contas, a própria Igreja é uma comunidade geradora de cultura, interessada em transformar o mundo à luz da história que nos surpreendeu e estabeleceu nossas premissas sobre ele. Copiar a cultura pode até ser, na sua melhor expressão, um meio de honrá-la, demonstrando a lição do dia de Pentecostes de que todas as línguas humanas e todas as formas culturais são capazes de transmitir as boas novas.

Quando os gestos se transformam em posturas

O problema não se encontra em nenhum desses gestos. Todos eles são reações adequadas a determinados patrimônios culturais. De fato, cada um deles pode ser a única reação adequada para um bem cultural em particular. No entanto, o problema surge quando esses gestos se tornam generalizados e passam a ser a nossa única reação à cultura, incorporando-se à nossa posição inconsciente em relação ao mundo e transformando-se em posturas.

Embora haja muita coisa condenável na cultura humana, a postura de condenação nos afasta da beleza e da possibilidade, bem como da graça e da misericórdia, em muitas formas de cultura. Isso também nos transforma em hipócritas, já que nós mesmos dificilmente estamos isentos da cultura. A cultura das nossas igrejas e das comunidades cristãs geralmente é tão lamentável quanto a cultura "secular" da qual reclamamos tanto, algo que nossos vizinhos podem enxergar perfeitamente bem. A postura de condenação nos deixa sem nada a oferecer, mesmo quando tentamos convencer nossos vizinhos de que um bem cultural em particular deve ser descartado. O mais fundamental é que cultivar a condenação como nossa postura padrão torna praticamente impossível que reflitamos a imagem de um Deus que chamou sua criação de "muito boa" e que, mesmo com o surgimento de uma profunda corrupção cultural que levou ao dilúvio, prometeu nunca mais destruir a humanidade nem a cultura humana novamente. Se formos conhecidos como pessoas que têm a habilidade de depreciar todo e qualquer projeto humano, provavelmente não seremos conhecidos como pessoas que transmitem a esperança e a misericórdia de Deus.

Existe muita coisa a ser dita sobre a crítica de bens culturais específicos, mas, quando a crítica passa a ser uma postura, acabamos nos tornando estranhamente passivos, esperando que a cultura nos traga alguma coisa nova de que possamos falar. A crítica como postura, enquanto é melhor que a condenação, pode nos tornar plenamente incapazes de desfrutar qualquer bem cultural, já que ficamos obcecados com a investigação de sua "cosmovisão" e de seus "pressupostos". A postura de crítica também nos tenta a adotar a falácia acadêmica de acreditar que basta analisar determinada coisa para que possamos entendê-la. Geralmente o verdadeiro entendimento exige participação – nos dedicarmos totalmente a desfrutar e vivenciar algo ou alguém sem nenhuma reserva intelectual nem analítica que nos deixe de fora da experiência, como um bibliotecário desconfiado e atento.

A cópia cultural também é um bom gesto e uma péssima postura. É bom honrar as coisas boas da nossa cultura trazendo-as para a vida da comunidade cristã, seja um grupo de norte-americanos descendentes de coreanos servindo um suntuoso jantar com *bulgogi* e *ssamjang,* seja um guitarrista cheio de *dreads* expressando seu lamento e sua esperança por meio de seu amplificador à moda antiga.

Entretanto, quando a cópia passa a ser a nossa postura, são muitas as consequências indesejáveis. Assim como os críticos, passamos a adotar uma postura passiva, esperando para ver quais são os bens culturais interessantes que serão servidos em seguida para que possamos imitá-los ou nos apropriarmos deles. Em domínios culturais que mudam rapidamente, aqueles que adotam uma postura de imitação sempre parecerão ultrapassados. As músicas de adoração das igrejas tendem a ser dominadas por estilos que desapareceram da cena musical muitos anos antes. Todo o constrangimento por sermos culturalmente lentos é amenizado pelo fato de que nossa cultura copiada, por definição, nunca será vista pela maior parte da cultura convencional. Ao mesmo tempo, quando *tudo* o que fazemos é copiar para consumo restrito aos cristãos, a cópia cultural deixa de amar e servir o próximo.

O maior perigo de assumir a postura de cópia da cultura é que tudo pode ser um sucesso retumbante. Acabamos criando todo um mundo subcultural em que os cristãos vivem confortavelmente e expressam sua identidade sem nunca conviver com o mundo cultural mais amplo que estão imitando. Cultivamos uma geração que prefere a cópia à realidade, a simplicidade à complexidade

404 ENGAJAMENTO CULTURAL

(porque a cópia cultural, quase que por definição, apara as arestas ásperas e surpreendentes de qualquer bem cultural de que se apropria), e o que já se conhece ao que é novo. Essa geração não somente é incapaz de participar de forma realmente criativa do drama contínuo da elaboração da cultura, mas também se afasta de maneira perigosa de um Deus que não é nem um pouco previsível nem seguro.

Por fim, o consumo é a postura dos naturalizados culturais que simplesmente desfrutam de tudo que lhes é oferecido pelos sempre ocupados fornecedores de emoções novas e sem riscos e de oportunidades para evitar a dor. Não seria totalmente exato dizer que os consumidores não são conscientes da sua atitude em relação à cultura, porque o discernimento com certeza é a parte principal da cultura de consumo. Essa cultura consumista nos ensina a dar uma atenção exagerada a nossas próprias preferências e desejos. Alguém cuja postura consiste no consumo pode passar horas pesquisando qual é o celular mais chique e com mais recursos; pode saber exatamente qual é a melhor combinação para fazer seu *latte* preferido (café normal ou descafeinado, leite integral ou desnatado, amaretto ou chocolate); pode se afundar em dívidas e dobrar o tempo de deslocamento para o trabalho para morar no melhor bairro. No entanto, mesmo que tudo isso envolva cuidado e trabalho – podemos até falar de "engajamento cultural" –, o foco nunca sai da premissa principal da cultura de consumo: somos mais humanos quando compramos alguma coisa que outra pessoa fez.

De todas as posturas culturais possíveis, o consumo é a que vive de forma mais inconsciente entre os horizontes predeterminados de possibilidade e impossibilidade de uma cultura. A pessoa que condena a cultura faz isso em nome de outro conjunto de valores e possibilidades. O propósito da crítica é conscientizar sobre os horizontes criados por determinada cultura, para o bem e para o mal. Até copiar a cultura e trazê-la para a vida da comunidade cristã coloca-a a serviço de algo que é mais verdadeiro e duradouro. No entanto, o consumo, como postura, é se render: é deixar a cultura ditar as normas, supondo que ela sabe o que é melhor; até os nossos anseios (de beleza, verdade e amor) e os nossos medos (da solidão, da perda e da morte) mais profundos têm alguma solução que se encaixa de forma confortável dentro dos horizontes da nossa cultura. Basta termos dinheiro suficiente para adquiri-la.

Os artistas e os jardineiros

Concluo que o que falta em nosso repertório são as duas posturas mais tipicamente bíblicas e menos exploradas pelos cristãos no século passado. Elas se encontram bem no início da história humana, de acordo com Gênesis: como nossos primeiros pais, devemos ser criadores e cultivadores, ou, de forma mais poética, somos artistas e jardineiros.

As posturas do artista e do jardineiro têm muita coisa em comum. Os dois começam com a contemplação, prestando muita atenção no que já se encontra ao seu redor. O jardineiro se concentra na paisagem: quais são as plantas disponíveis, tanto as flores quanto as ervas daninhas, e o modo como o Sol brilha sobre a terra. O artista analisa seu tema, sua tela e suas tintas para discernir o que pode fazer com esse material.

Em seguida, depois da fase de contemplação, o artista e o jardineiro adotam uma postura de trabalho intencional. Eles aplicam a sua criatividade e o seu esforço à sua vocação. O jardineiro trata aquilo que está seco, despertando ao máximo a beleza e descartando o que distrai ou é inútil. O artista pode ser mais ousado: pode começar com uma tela em branco ou uma pedra bem sólida e pouco a pouco despertar nela algo que nunca esteve ali antes. Ambos agem à imagem daquele que chamou o mundo à existência pela sua palavra e se inclinou para formar criaturas do pó da terra. Eles são criaturas que criam, preservando e moldando o mundo que o criador original fez.

Fico pensando em como os cristãos são conhecidos fora das quatro paredes das igrejas. Será que somos conhecidos como pessoas que criticam, consomem, copiam ou condenam a cultura? Imagino que todas essas situações representem nosso caso. Por que não somos conhecidos como cultivadores – pessoas que tratam e inspiram o que há de melhor na cultura humana, que assumem o trabalho árduo e doloroso de preservar tudo o que foi feito de melhor pelos que vieram antes de nós? Por que não somos conhecidos como criadores – pessoas que ousam pensar e fazer uma coisa que nunca foi pensada ou feita antes, algo que faz com que o mundo seja mais acolhedor, emocionante e lindo?

A verdade é que, na cultura convencional, o cultivo e a criatividade são as posturas que legitimam todos os outros gestos. As pessoas que se consideram curadoras fiéis da cultura, guardiãs do que há de melhor em seu bairro, em sua instituição ou em um campo de prática cultural, conquistam o respeito da comunidade. Indo ainda mais longe, aqueles que não se limitam a ser simples

406 ENGAJAMENTO CULTURAL

guardiães, mas também produzem novos bens culturais são os que atraem a atenção do mundo. De fato, aqueles que cultivam e criam são exatamente os que têm o direito de condenar, porque sua denúncia, que tem argumentos raros e escolhidos com cuidado, detém um peso imenso. Os que cultivam e os que criam são aqueles convidados a analisar, e a sua avaliação geralmente é a mais reveladora e frutífera.

Aqueles que cultivam e aqueles que criam podem até copiar sem se tornar meros imitadores, baseando-se no trabalho de outras pessoas, mas desenvolvendo esse trabalho de maneiras novas e empolgantes – pense no melhor da cultura *hip-hop* da sampleagem, que não se contenta em simplesmente reproduzir as lendas do jazz e do R&B, mas coloca a obra deles em novos contextos sonoros. Além disso, quando consomem, aqueles que cultivam e criam participam desse processo sem se tornar simples consumidores. Eles não derivam sua identidade do que consomem, mas daquilo que criam.

Se existe algum caminho construtivo para os cristãos em meio a nossas culturas despedaçadas, porém lindas, ele vai precisar que resgatemos essas duas posturas bíblicas de cultivo e criação, e faz parte desse resgate que se releia a própria história bíblica, em que descobrimos que Deus está interessado de forma mais íntima e eterna na cultura do que possamos acreditar.

Este artigo foi publicado na edição de setembro de 2008 do periódico *Christianity Today*. Usado com permissão de Christianity Today, Carol Stream, IL 60188, Estados Unidos.

Andy Crouch (mestre em teologia pela Escola de Teologia da Boston University) é um colaborador de teologia e cultura na organização Praxis, que trabalha como oficina de inovação para o empreendedorismo redentor. Entre seus livros mais recentes se encontram *The Tech-Wise Family: Everyday Steps for Putting Technology in Its Proper Place* [A família que usa sabiamente a tecnologia: estratégias diárias para colocar a tecnologia em seu lugar] e *Strong and Weak: Embracing a Life of Love, Risk, and True Flourishing* [Sendo fraco e forte: assumindo uma vida de amor, riscos e prosperidade verdadeira].

ÍNDICE

4'33", 321, 339
A arte e a Bíblia, 321
aborto
a Igreja como pró-escolha, 175
administração responsável, 243, 250, 251, 272, 283, 295, 300, 356
adoração
adormecida, 287
com discipulado, 402
com música, 403
como uma espécie de trabalho, 286
comunitária, 396
outras formas de, 170, 320
Agostinho, 21, 28, 65, 196, 313, 333, 352, 353, 354, 359, 370
Alsdorf, Katherine Leary, 138
Alsup, Wendy, 118, 120
Alÿs, Francis, 341
amor
ao pecado, 353
de Deus, 65, 192, 213, 247, 323
verdade dita com amor, 151
Anderson, Jonathan A., 321, 338
Aquino, Tomás de, 21, 245
Aradhna, 330
Arbo, Matthew, 150, 355, 357
Aristóteles, 59, 218
Arrhenius, Svante, 222
arte, 319, 337, 340
arte contemporânea e cristianismo, 342

arte pela arte, 320
como asas à imaginação, 336
como bela, 333
como bem de consumo, 324
como campo de estudo robusto, 338
como dom, 324
como engajamento cultural, 323
como hospitaleira, 335
como obra de habilidade e destreza, 320
como profética, 334
da era primitiva do cristianismo, 319
de acordo com uma cosmovisão cristã, 321
Deus e a arte, 319
diferenciação entre erudita e a popular, 320
e a Igreja, 321
e a tradição judaico-cristã primitiva, 320
e conhecimento de Deus, 328
e criatividade, 336
e cristianismo, 342
e Francis Schaeffer, 321
e mistério da existência, 324
e propósito, 333
e rendição, 332
e Trindade, 331
história da arte moderna e contemporânea, 342
moderna e contemporânea, 336, 338
na Renascença, 320
nos tempos antigos e medievais, 320

obra de arte, 324, 331, 332, 333, 334, 335, 338, 340, 401
para evangelismo, 323
pela fé, 328
valor da arte em si mesma, 320
vocação da arte, 340
Art in Action: Toward a Christian Aesthetic, 332
Ashford, Bruce, 355, 367
Atanásio, 196
Atenágoras, 180
Até o último homem, 372
Atkin, Douglas, 28
Bacote, Vincent, 256, 271
Banquete, O, 71
Barna Group, 247
Barth, Karl, 147, 400
batismo, 128, 131, 158, 266
Bauckham, Richard, 219
Baxter, Richard, 320
Beaty, Katelyn, 119, 138
Beckinsale, Kate, 346
Bell, Stephen e Brianne, 150, 152
Benda, Vaclav, 263
Berardinelli, James, 346
Berry, Wendell, 172, 372
Bird, Michael, 73, 92
Black Lives Matter, 185, 200, 201
Blanchard, Kathryn, 147
boas obras, 290, 291
Bock, Darrell, 211, 300
Bonhoeffer, Dietrich, 180, 400
Boyd, Gregory, 115, 117

408 ENGAJAMENTO CULTURAL

Brooks, David, 26, 213
Broome, Arthur, 244
Brownson, James, 84
Buchanan, Pat, 179
Buckley, William F., 265
budismo, 339
Buechner, Frederick, 298
Butterfield, Rosaria, 73, 76, 89
Cabaret, 300
Cage, John, 321
Calvino, João, 21, 147, 247
Camosy, Charles, 151, 162
capitalismo, 303
carbono, 235
Carlson, Allan, 146
Carson, Ben, 174
Carson, D. A., 36
Carter, Joe, 355, 363
casamento, 73, 75, 76, 77, 78, 79, 80, 83, 85, 86, 110, 112, 113, 124, 137, 146, 147, 149, 157, 159, 234, 254, 258, 323, 326
  casamento gay, 261
  divórcio, 83, 84
  novo casamento, 83, 84
  visão cristã, 77
  visão cristã clássica e histórica, 77
Catecismo da Igreja Católica, 245
catolicismo romano, 266
Centro de Promoção da Bioética e da Cultura, 161
chamado cristão, 225, 294
  ativismo cristão, 21, 225
  chamado cristão ambiental, 227, 233
  chamado cristão global, 118, 306
  chamado cristão nacional, 257
  chamado cristão vocacional, 245, 286, 288, 294, 299, 329
  como descobri-lo?, 298
  como portadores da imagem de Deus, 76

como realidade distinta da cultura, 326
  da Igreja, 256
  da mulher, 134, 136
  de servir ao próximo, 286
  para a liberdade, 347
  para amar o próximo, 206
  para cuidar da criação, 43, 224
  para cuidar da sua criação, 295
  para falar sobre política de imigração, 210
  para generosidade e compaixão, 305
  para governar, 41
  para manifestar o fruto do Espírito, 65
  para papéis diferentes homem e mulher, 117
  para relacionamento com Deus, 41
  para ser um bom administrador, 299
  para trabalhar, 285
  para usar dons e talentos, 294
  vocacional, 53
Chamberlain, John, 330
Chatraw, Joshua D., 208
Chave do sucesso, A, 289
Chediak, Alex, 288, 289
Chenoweth, Robert, 244
Christianity Today, 19, 132, 141, 176, 237, 282, 384, 385, 406
Cipriano, 180
clemência, 358
Clemente de Alexandria, 180
clima
  bem-estar dos animais, 220, 233
  mudança climática, 219, 221, 222, 223, 224, 225, 231, 250
Coalizão pelo Evangelho, 91
Cohick, Lynn, 141
comunhão, 42, 193, 312
confissão de pecado, 132
conflitos raciais, 189, 197

conservadorismo, 57, 149, 254
contracepção, 146
Convenção Batista do Sul, 148, 176, 199, 248, 249, 385
Corbett, Steve, 304, 305
Credo Ortodoxo, 266
Crime e Castigo, 329
Crisóstomo, João, 98
cristãos gays, 73
cristianismo, 30, 33, 34, 47, 48, 53, 57, 59, 170, 184, 186, 195, 198, 202, 209, 217, 218, 219, 224, 225, 226, 242, 251, 253, 254, 268, 291, 319, 333, 342, 396
Cristo
  como novo Adão, 44
  identidade em Cristo, 76, 96
  Reino de Cristo, 43, 290
  restauração, 226, 336
Crossfire, 179
Crouch, Andy, 15, 19, 323, 399
Cruzadas, 354, 369
  Atitude correta, 370
  causa justa, 369
  Decisão da autoridade competente, 370
  Intenção correta, 370
  Justiça comparativa, 370
  Probabilidade de sucesso, 370
  Proporcionalidade do resultado esperado, 370
  Último recurso, 370
cultura, 391, 392, 400
  armamentista, 377
  bíblica, 41
  classificação cultural, 36
  como cristã ou secular, 23
  como produto de acontecimentos históricos complexos, 25
  como um ecossistema, 326
  cópia da, 403
  copiar a, 402

das igrejas, 402
de consumo, 404
definição, 21
definições, 22
de morte, 155
determina as sensações, 27
diferenças entre cultura
    geral e religião, 35
dimensões sociais e físicas
    da vida, 22
distanciamento da, 393
do futebol, 30
do "grande Eu", 55
e cristianismo, 393
e erotismo, 344
e gênero, 92, 120
e gênero na cultura
    ocidental moderna, 121
e influência, 65
e interpretação da vida e
    do mundo, 24
e política, 255, 261, 262,
    265
e tecnologia, 224
herdada e adaptada, 29
hip-hop, 406
humana, 65, 402
humana e natureza, 221
ideias/cosmovisões, 22
marginal, 190
ocidental moderna, 24
política e política, 254
relacionamento com a, 60
religião e Igreja Primitiva,
    35
secularizante, 134, 234
se replica, 29
subserviência à, 22
traz sentido às coisas, 26
três dimensões da, 22
vieses cognitivos
    transmitidos ou
    herdados, 22
cultura judaica, 86, 311, 313
da Vinci, Leonardo, 320
Dawn, Marva, 312
Dear, Robert Lewis, 173, 176
desânimo, 224
Destroyer of the Gods: Early
Christian Distinctiveness in
the Roman World, 35

DeVito, Danny, 289
DeYoung, Kevin, 77
dicotomia falsa, 289
Didaquê, 180
dióxido de carbono, 223,
    229, 231
disciplina espiritual, 52, 53
disciplina social, 319
discipulado, 124, 132, 138,
    205, 266, 268, 283, 323,
    352
Divina Comédia, A, 329
Docter, Pete, 330
Dollar, Ellen Painter, 151, 167
Dong, Y. Liz, 186, 202
Donovan, Tara, 341
Dostoiévski, Fiódor, 334
Douglass, Frederick, 198
Doutrina cristã, A, 65
Dreher, Rod, 46, 54, 153,
    254, 256, 260, 265, 268
Dr. Seuss, 329
Duke, Barrett, 243
Dyrness, William, 343
Eddy, Paul, 115, 117
efeito estufa, 222, 223
E. Lee, Robert, 197
eleição, 186, 188, 197, 208,
    214, 283
Elliot, Elisabeth, 134, 136
Emerson, Michael, 189, 194
engajamento cultural, 2, 13,
    15, 19, 20, 21, 33, 39, 53,
    54, 57, 60, 61, 62, 63, 65,
    66, 221, 273, 274, 306,
    323, 325, 391, 393, 394,
    396, 397, 404
engajamento político, 260
escravidão, 117, 183, 184,
    194, 195, 197, 198, 219,
    243, 257, 302, 307, 400
esperança, 104, 121, 123,
    124, 125, 149, 152, 156,
    162, 188, 205, 215, 225,
    262, 282, 292, 335, 336,
    337, 370, 397, 398, 403
Espírito Santo
    como doador da vida, 330

como inspirador, 331
como revelador, 330
na vida do cristão, 116,
    193, 324, 397
pessoa da Trindade. *Veja*
    Trindade, Deus Espírito
    Santo, 328
restaurados pelo, 273
transformados pelo, 291
Ester, 292
estética das próteses, 329
Eusébio de Cesareia, 330
Evangelicals and Catholics
    Together e Declaração de
    Manhattan, 268
evangelismo, 54, 195, 196,
    267, 289, 294, 295, 323
Everyday Theology, 23
falso testemunho, 380
Federação da Paternidade
    Planejada da América, 173
feminismo, 94, 125, 134,
    142
fertilização *in vitro*, 149, 150,
    152, 153, 154, 155, 156,
    158, 159, 160, 162, 163,
    164, 165, 167, 168, 169,
    172, 181, 182
fidelidade, 54, 57, 65, 191,
    352
Fields, Lisa, 186, 193
Fikkert, Brian, 304, 305
Finn, Nathan, 256, 265
Foh, Susan, 116
Ford, Harrison, 374
Foucault, Michel, 72
Francisco de Assis, 245, 265
fruto do Espírito, 65
Fugard, Athol, 330
Fujimura, Makoto, 321, 323
funções da arte, 333
fundamentalismo, 255, 337
Gagnon, Robert, 73, 80
Galileu, 97
Gandhi, 374
Gates, Theaster, 341
Gedmintas, Ruta, 345

410 ENGAJAMENTO CULTURAL

gênero, 93
  disforia de gênero, 74, 92, 95, 102, 104, 105, 106, 107, 108, 109, 110, 113, 121
  funções do gênero, 106, 115, 117, 124
  identidade de, 72
  identidade de gênero, 72, 94, 102, 107, 108, 109, 110
  pangênero, 94
George, Robert P., 256, 257
George, Timothy, 268
gnóstica, 94
gnóstico, 122
gnósticos, 121
God's Politics: Why the Right Gets it Wrong and the Left Doesn't Get it, 255
Goldsworthy, Andy, 330
graça comum, 49, 50, 51, 52, 53, 65, 136, 272, 273
graça média, 50, 51, 53
Graham, Billy, 248
Grande Reavivamento, 30
Grudem, Wayne, 116
Guerra Civil Inglesa, 266
Gutleben, Christine, 220, 242
Guyton, Wade, 342
Hannam, James, 218
Hauerwas, Stanley, 355, 376
Havel, Václav, 260, 263
Havergal, Frances, 330
Hawkinson, Tim, 341
Hayek, Salma, 346
Hayhoe, Katherine, 222
Hays, Richard B., 69, 70, 98
Heschel, Abraham Joshua, 312, 313, 314, 315
heteronormatividade, 72
Hickenlooper, John, 173
Hipólito, 180
história afro-americana, 186
história dos latinos nos EUA, 186
  crenças, 186
Hodges, Jim, 341

hospitalidade, 203, 205, 214, 332, 335, 336
House, Wayne, 116
Hoyt, John A., 244
Hulme, Mike, 221
Humane Society, 176, 233, 242, 244, 385
humildade, 15, 58, 62, 63, 64, 65, 136, 191, 225, 273, 274, 288, 394, 396
Hospitalidade: o mandamento negligenciado, 91
Hunter, James, 25, 30, 39, 55, 254, 323
Hurtado, Larry, 35
Hyde, Lewis, 324
idolatria, 39, 42, 70, 197, 199, 215, 268
ídolo, 76, 199, 281
igreja
  branca, 198
  como corpo de Cristo, 103
  corpo de Cristo, 103, 116, 118, 123, 124, 201, 294, 331
  e as mulheres, 134
  história da igreja, 40, 70, 97, 116, 145, 172, 186, 193, 254, 256, 351, 352, 354, 374
  história da Igreja, 40, 70
  mensagem do evangelho, 91, 104, 113, 186, 196
  povo de Deus, 38, 39, 41, 46, 116, 124, 170, 247
  templo, 39, 87, 319, 368
Igreja Católica, 118, 146, 147, 245
Igreja Católica Romana, 146
Igreja centrada, 47
Igreja Primitiva, 35, 118, 121, 180, 286
  pais da, 351
igualitarismo, 127, 262
Iluminismo, 30
imigração, 185, 186, 187, 202, 203, 204, 206, 208, 209, 210, 211, 212, 213, 280

indigenização, 392
individualismo, 262, 267
indústria
  da pornografia, 400
  de doação de esperma, 165
  de *fast-food*, 220
  do entretenimento, 322, 346
  do futebol americano profissional, 29
  e a arte, 324
  influência nos gêneros, 139
  trabalhadores explorados, 400
Interestelar, 329
Irwin, Paul G., 244
israelitas, 145, 209, 351, 363
Jacobs, Alan, 65
Jones, E. Stanley, 374
Kaprow, Allan, 341
Keller, Timothy, 37
Kentridge, William, 342
King Jr., Martin Luther, 186, 198, 374
Kinsley, Michael, 179
Kinzer, Lance, 261
Köstenberger, Andreas, 60, 62, 64, 116
Koyzis, David, 271
Kroeger, Catherine, 129
Ku Klux Klan, 189
Kuyper, Abraham, 256, 265, 271, 272, 273, 274
Lago dos Cisnes, O, 329
Lahl, Jennifer, 151, 157
Lappé, Anna, 347
Larsen, Timothy, 193
Lawrence, Jennifer, 344, 345
Lee-Barnewall, Michelle, 118
Legend, John, 154
lei levítica, 70
Leithart, Peter J., 51
Levin, Yuval, 261
Lewis, C. S., 75, 160, 332, 396
liberalismo, 258
liderança, 127

Índice 411

doméstica, 117
eclesiástica, 115, 117, 132
masculina, 116
política, 279
teológica, 79
Liga Nacional Americana
Pró-Escolha em Defesa do
Direito ao Aborto, 175
Lincoln, Abraham, 197, 198
linguagem
da moralidade, 59
da oposição ao aborto, 173
da virtude, 58
e arte, 325
e emotivismo, 59
figuras de, 57, 334
limites da linguagem
humana, 175
sobre o aborto, 180
uso equivocado, 176
localismo, 260, 261
Loftus, Matthew, 306
Looney Tunes, 329
Loving, 330
*Loving To Know: Covenant
Epistemology*, 325
Lowe, Ben, 186, 202
Lutero, Martinho, 146, 147,
246, 286, 297, 402
MacIntyre, Alasdair, 40,
58, 59
Macy, Gary, 130
Madigan, Kevin, 130
Madison, James, 275
Magnuson, Kenneth, 151,
177
mandato cultural, 41, 43, 44,
45, 46, 51, 272, 290
Mandeville, Ellen, 120
Marco Aurélio, 352
Marcos Minúcio Félix, 180
Maritain, Jacques, 319
Mártir, Justino, 352
marxismo, 133, 142, 240
M*A*S*H, 329
Mason, Matthew, 74, 102
McGlade, Amy, 154
Meek, Esther, 325

Michelangelo, 320
Miller, Ron, 186, 197
Missa Luba, 330
Moo, Jonathan A., 219, 221
Moon, Lottie, 134
Moore, Scott, 262
More, Hannah, 184
mulheres
e chamado normativo de
Deus, 134
e feminilidade, 135
e liberdade, 135
e o trabalho, 133
e trabalho, 134
modo de viver, 134
Mwesigye, Gordon, 230
Myers, Ken, 21, 27
Napoleão, 271
nazismo, 400
Newbigin, Lesslie, 286
Nichols, Jeff, 330
Niebuhr, H. Richard
Cristo contra a cultura, 36
Cristo da cultura, 36
Cristo e a cultura em
paradoxo, 37
Cristo transformando a
cultura, 37
síntese, 37
Nolan, Christopher, 329
Noll, Mark, 21, 186
Obama, Barack, 188, 197,
198
O'Donovan, Oliver, 102,
159, 359
Opção Beneditina, 256, 260,
261, 262, 264, 265, 268
Opção beneditina, A (livro),
54, 153, 256, 264, 265
Opção Paleobatista, 265,
269, 283
Ordem de São Bento, 260,
262
orgulho, 59, 62, 63, 70, 380,
386, 387
orientação das Escrituras,
168, 204
orientação sexual, 72, 91, 96,
97, 98

Orozco, Gabriel, 330
Osiek, Carol, 130
pacifismo, 266, 355, 356,
368, 372, 374, 376
papa Francisco, 245
papa Leão XIII, 308
papa Paulo VI, 148
Partido Democrata, 275,
279, 280, 281
Partido Republicano, 260,
267, 275
patriarcado, 100, 128
Patterson, Dorothy, 116
Pearcey, Nancy, 139
pena de morte, 80, 99, 351,
354, 355, 357, 358, 359,
360, 361, 362, 363, 365,
372, 386, 387
período helenístico, 98
perseverança, 60
Peters, James, 241
Piper, John, 116, 149, 150
Pittman, Tom, 220, 237
Platão, 71, 98, 218
pluralismo, 256, 272
Pokémon, 329
pornografia, 307, 308, 348,
400
pregações, 139
princípio da indigenização,
391, 392, 393
princípio do peregrino, 392,
393
Prior, Karen Swallow, 151,
173, 177, 178, 179, 382
procriação, 78, 79, 145, 147,
148, 150, 151, 154, 158,
159, 161, 162, 182
raça
decaída, 44
destruição da, 366
diversidade, 183, 191
e escravidão, 184
e reconhecimento, 199
humana, 44, 45, 95
majoritária, 185
racismo, 183
como pecado, 206

412 ENGAJAMENTO CULTURAL

como problema moral, 198
como se manifesta, 188
dupla face, 191
e as igrejas evangélicas, 193, 194
efeitos do, 185
em escala nacional, 185
estrutural, 185, 188, 189, 190
formas de, 186
individual, 188, 189
não é coisa do passado, 185
origem no texto bíblico, 191
resquícios, 184
sistemático, 185
sistêmico, 190, 198
Rae, Scott, 149
Reagan, Ronald, 262
Reforma Protestante, 30
reformas abolicionistas, 30
Renascença, 320
Renascença Carolíngia, 30
ressurreição, 103
com base do evangelho, 102
da humanidade em Cristo, 102
de Cristo, 96, 102, 103
do corpo e mudança de sexo, 104
dos cristãos, 103
e choque de realidade, 104
e conhecimento da realidade, 396
e diferença entre os sexos, 76
e esperança, 397
e mulheres como testemunha, 128
e o compromisso do Criador, 104
e restauração, 104
e transformação do mundo, 336
física de Jesus, 43
nova realidade, 336
renovação completa, 104
revelação geral, 49, 50, 51

revelação particular, 50
Revolução Francesa, 271
Revolução Industrial, 119, 140, 141, 142, 223, 241, 302
revolução sexual, 75, 119, 260
Roosevelt, Franklin Delano, 280
Rozendaal, Raphaël, 342
Russell, Mary Doria, 330
sabedoria, 64, 227, 301, 384, 394, 395, 396
bíblica, 137
como base do engajamento cultural, 39
como virtude mais difícil de alcançar, 64
cultural, 22
das ideias bíblicas antigas, 2
de Deus, 55, 365
diante de desafios culturais, 13
dom de Deus, 65
e administração de recursos, 232
e ajuda aos pobres, 304
e aplicação de conhecimento, 64
e graça comum, 65
e história do povo de Deus, 170
e humildade, 62
e porte de armas/violência, 356
e Salomão, 64
e talento, 395
falta de, 21
humana, 64
moral, 288
para cuidar da terra, 222
piedosa, 64, 65
que vem do alto, 64
que vem do convívio, 11
sacramentos, 396
Sadusky, Julia, 74, 106
Salatin, Joel, 220, 233
Salcedo, Doris, 341
samaritanos, 203

Sandel, Michael, 210
Sanders, Bernie, 174, 176
santificação, 273
São Bento, 262
Satanás, 90
Sayers, Dorothy, 287, 296
Schaeffer, Francis, 219, 321
Schenck, Rob, 377
Schneider, Maria, 346
Schreiner, Thomas, 116
secularismo, 57, 58, 59, 134, 149, 255, 262, 268, 333
Segunda Confissão de Londres (1689), 266
seitas, 196, 354
Sermão do Monte, 46, 49, 364, 368, 373, 377
serviço
a Cristo, 29
como resultado de riqueza e sabedoria, 301
cristão, 268
de aborto, 175, 178
de trânsito, 191
doméstico, 137
e classe operária, 140
e cultura, 404
e escravidão, 302
e política, 262
e trabalho, 296
fiel, 43
gestacional, 163, 165, 166
humilde, 269
judaico-cristão e arte, 320
justo, 308
militar, 352, 374
na igreja e mulheres, 129
social, 257
sexo, 93
a posição histórica da Igreja, 75
biológico, 92, 94, 102, 106, 107, 108, 109, 110, 112, 113, 115, 120, 121, 122, 123, 124
casamento gay, *Veja casamento, casamento gay*, 261
casamento. Veja casamento., 147

Índice 413

cena de sexo, 344, 345
como consumação do
casamento, 78
com pessoas do mesmo
sexo, 69, 70, 71, 72, 73,
74, 79, 83, 97, 98, 99,
100
diferença entre os sexos,
75, 76, 95, 135, 183
divisão de tarefas, 116
e corpo ressuscitado, 76
e gênero, 92, 93, 94, 104
e reprodução, 124, 145,
162
gênero e identidade cristã,
96
gênero e mulheres, 93
heterossexual, 71, 72, 85
homossexual, 70, 71, 72,
73, 80, 81, 82, 83, 84,
88, 89, 98, 99, 101, 108,
112, 113
homossexualidade, 89, 99
igualitarismo, 127
intersexo, 92, 95
mudança, 106
mudança de, 104, 107,
109
orientação sexual. *Veja
orientação sexual*, 72
papéis dos sexos, 116
propósito do, 75, 78
propóstio do, 78
reconciliação entre os
sexos, 125
sexualidade, 69, 72, 73,
75, 76, 85, 87, 112, 113,
162, 170, 346, 348, 349
visão complementarista,
120
visão cristã sobre sexo e
gênero, 110
S. Grant, Ulysses, 197
Shabat, 308, 311, 312, 313,
314, 315, 316
Sherman, Amy, 297
Sider, Ron, 207, 376
Silverman, Sarah, 346
Simpson, Lorna, 342
Smith, Christian, 189, 194
Smith, James K. A., 28, 54

Snow, Kayla, 11, 288, 311
socialismo, 303
entre os cristãos, 254
europeu, 30
sociedade pós-cristã, 19, 57
Sociedade Real para a
Prevenção da Crueldade
contra os Animais, 242,
244
Sodoma, 70, 99
e Gomorra, 70, 99
Spacey, Kevin, 289
Stanford Daily, 165
Stewart, Cap, 322, 344
Stott, John, 15, 219
Strachan, Owen, 119, 133
Strickland II, Walter, 186,
188
Suh, Do-Ho, 341
Suprema Corte dos Estados
Unidos, 148, 267
Taylor, Charles, 24, 58
Taylor, W. David O., 321,
328
Tchaikovski, 329
Teigen, Chrissy, 154
Tennent, Timothy, 205
teologia, 49, 101, 272, 321
sobre os dois tipos de
racismo, 188
teologia bíblica do labor, 288
teologia conservadora, 57,
148
teologia da prosperidade,
307
teologia do pacifismo, 376
teologia evangélica de
Lutero, 146
teologia liberal clássica, 47
Teoria do Sexo do Cérebro,
107, 108, 112
Terrell, Timothy, 219, 227
Tertuliano, 180
testemunho
cristão, 48, 268, 269, 374
da Bíblia, 100
da Igreja, 13
da verdade, 263

do Evangelho, 124
do Novo Testamento, 130
dos cristãos primitivos,
374
fiel, 46, 54
profético, 334, 335
*Theology of Reading: The
Hermeneutics of Love,
A*, 65
Thurman, Howard, 194, 195
Tither-Kaplan, Sarah, 346
Tocqueville, Alexis de, 140
tradição cristã, 62, 75, 78,
217, 281, 349
Treat, Jeremy, 288, 294
Trindade, 266, 328, 331
Deus Espírito Santo, 328,
330
Deus Filho, 328, 329
Deus Pai, 328
Trump, Donald, 198
Twitter, 19, 55, 154
Última Ceia, 320
Última das guerras, A, 291
Uma vida com propósito, 206
USA Today, 154
VanDrunen, David, 43, 44
Vanhoozer, Kevin J., 23, 26,
395
Vines, Matthew, 73, 97
Viola, Bill, 342
Volf, Miroslav, 393
Wallis, Jim, 255
Walls, Andrew, 391, 392
Walzer, Michael, 210
Ware, Lawrence, 199
Warren, Rick, 206
Warren, Tish Harrison, 119,
127
Washington, George, 367
Wearing, Gillian, 342
Wear, Michael, 256, 275
Wesley, John, 193, 246
Whelchel, Hugh, 315
Whitefield, George, 193
White, Lynn, 219
Wilberforce, William, 184,
243, 244, 265

414 ENGAJAMENTO CULTURAL

Willimon, William, 376
Wilson, Todd, 73, 75
Wingren, Gustav, 290
Wirzba, Norman, 311, 312,
   313
Witherington III, Ben, 356,
   372
Witt, William, 129
Wolterstorff, Nicholas, 332
Worley, Taylor, 321, 332
Wright, N. T., 118, 128, 129,
   255, 256
Yarhouse, Mark, 74, 106
Yoder, John Howard, 376

Este livro foi impresso pela Assahi, em 2021,
para a Thomas Nelson Brasil. O papel do miolo
é pólen soft 70 g/m^2 e, o da capa, cartão 250 g/m^2.